2025年受検用　全国公立中高一貫校
適性検査 問題集
もくじ

受検情報は
コチラ

JN061108

※「宮城県立中学校」の2は，学校ごとに問題が異なります。
※「東京都立中学校・中等教育学校」は共同作成問題と自校独自問題を組み合わせた問題になっています。
　各校の問題の組み合わせについては3ページをご覧ください。

公立中高一貫校とは？

　公立中高一貫校とは，「中学校から高校までの６年間を接続し，生徒の個性や創造性を伸ばす」ために設置された学校です。

　中高一貫校では，高校に進学するときに入学試験を受けなくてよいので，中学校からの６年間，ゆとりを持って生活し，各校によって特色のある計画的・継続的な教育を受けることができるなど，色々な良い点があります。

　しかし，多くの学校で，公立中高一貫校に入るために適性検査・作文・面接などの試験があり，「適性検査」は，小学校の学力だけではなく，身近な暮らしの中で起こる色々な問題を解決する力もためされます。

　そのような中で，自分が行きたい学校で過去に出された問題をみて，解いてみることは，自分の力をのばすだけでなく，その学校がどんな学校なのか，どんな生徒に来て欲しいのかを知る１つの手がかりとなります。

　公立中高一貫校を進路の１つと考えてこの問題集を手にした君たちも，実際に問題を解き，しっかりと準備してから入試にのぞめるようがんばりましょう。

本書のしくみと特長

● 　全国の公立中高一貫校の令和６年度入学者選抜で実施された適性検査問題（名称は各校によって異なります）を，68校分のせてあります（県によって複数の学校が同じ問題を使っています）。
　※著作権の関係で，一部掲載されていない問題もあります。
● 　そのままの形でのせてあるので，本番と同じように問題に取り組むことができます。
● 　問題を解くときの「検査時間」は問題の最初に示してあり，解答例のページも示してあります。また，※印のついたものは当社編集部で付け加えたものです。

効果的な学習のしかた

◆ 　問題は本番のつもりで，決められた時間にしたがって，集中して解きましょう。
◆ 　解き終わったら必ず解答例をみて答え合わせをしましょう。また，問題によっては解答例以外にも色々な解答がある場合もあります。そのようなときは，自分の解答を先生や周りの人にみてもらったり，自分で調べたりして必ず解決しましょう。自分の解答が正しいかどうかだけでなく，別の答え，考え方に気づくかもしれません。
◆ 　自分の志望する学校の問題だけでなく，他の学校の問題にもチャレンジしてみましょう。他の学校の問題を解くことで色々なパターンの問題に慣れていきましょう。

共通問題と独自問題について

● 東京都立中学校・中等教育学校では，平成27年度入学者選抜より適性検査問題を，各校独自問題と共同作成問題を組み合わせて実施しています。各校の適性検査問題の構成は下の表の通りです。

本書では、共同作成問題とそれ以外の各校の独自問題をわけて掲載していますので，下の表に対応するページを確認しながら問題を解いてください。

また，共同作成問題と独自問題を組み合わせている学校の問題を掲載してある場合，解答用紙は各校ごとに掲載してあります。（共同作成問題と独自問題の解答を，それぞれの解答用紙に書く必要はありません）

東京都立中学校 中等教育学校	白鷗	小石川	両国	桜修館	武蔵	大泉	南多摩	三鷹	富士	立川
適性検査Ⅰ	非掲載	○	○	非掲載	○	○	非掲載	非掲載	○	非掲載
適性検査Ⅱ	1	1	1	独自	1	1	1	独自	1	1
	2	独自	2	2	独自	2	2	2	2	2
	3	3	3	3	3	3	3	3	3	3
適性検査Ⅲ	あり 非掲載	あり	あり	なし	あり	あり	なし	なし	あり 非掲載	なし

※表中の「非掲載」は，著作権や紙面の都合により掲載していないことを表しています。
本紙非掲載の問題で，学校ホームページ等で掲載されている場合もありますので，そちらもご確認ください。
また，適性検査Ⅲについては学校によって実施している学校としていない学校があります。
※表中「適性検査Ⅰ」の○は，共同作成問題であることを，「適性検査Ⅱ」の1～3の数字は，共同作成問題の1～3の対応する大問番号の問題を実施していることを示しています。

● 宮城県の適性検査問題は，共通問題と学校独自の問題を組み合わせて実施しています。

本書では，宮城県の共通問題は「仙台二華中学校」のページに掲載してあります。また，解答用紙は共通問題のものを前に，学校独自の問題のものを後に掲載してあります。

宮 城 県 立 中 学 校 （ 仙 台 二 華 ）　　総合問題　（検査時間 60 分）

（解答用紙は別冊２Ｐ）（解答例は別冊２Ｐ）

令和６年度宮城県立中学校入学者選抜適性検査
総合問題（外国語（英語）のリスニング）台本

1　宮城県に住む小学校６年生の誠さんと久美さんが、英語の授業でＡＬＴに冬休みの思い出を紹介しています。No. 1 と No. 2 の内容をもっとも適切に表しているものを、次のＡ、Ｂ、Ｃの中から、それぞれ１つずつ選び、記号で答えなさい。英語は２回放送されます。【空白２秒】では、始めます。【空白２秒】

No.1

Hello. I'm Makoto. I enjoyed winter vacation. On New Year's Eve, I ate a cake with my grandfather. On New Year's Day, I ate sushi. It was delicious.

【空白５秒】

くり返します。

Hello. I'm Makoto. I enjoyed winter vacation. On New Year's Eve, I ate a cake with my grandfather. On New Year's Day, I ate sushi. It was delicious.

【空白１０秒】

No.2

Hi. I'm Kumi. I went to Osaka by train with my family. It was fun. I like traveling. I want to visit Hokkaido by airplane.

【空白５秒】

くり返します。

Hi. I'm Kumi. I went to Osaka by train with my family. It was fun. I like traveling. I want to visit Hokkaido by airplane.

【空白１５秒】

つぎの問題に移ります。２ページを見てください。

2 トムさんと美紀さんが、会話をしています。二人の会話を聞いて、トムさんが土曜日と日曜日によく見ているテレビ番組として正しい組み合わせを、次のA、B、C、Dの中から1つ選び、記号で答えなさい。会話は2回放送されます。【空白2秒】では、始めます。【空白2秒】

Tom　　: Miki, what do you usually do on Saturdays?

Miki　　: I usually play soccer with my friends, and I watch *Cats and Dogs in the World.*

Tom　　: *Cats and Dogs in the World* ?

Miki　　: It's an animal TV program. It's interesting. I like cats.

Tom　　: I see. I like animals. I want to watch it.

Miki　　: Oh, you can watch it at 7.

Tom　　: Oh, no. I usually watch *Exciting Volleyball* at 7.

Miki　　: *Exciting Volleyball* ? Is it a TV program?

Tom　　: Yes, I like sports. And I usually watch *Enjoy Basketball* on Sundays.

Miki　　: Me, too. It's fun.

【空白15秒】

くり返します。

Tom　　: Miki, what do you usually do on Saturdays?

Miki　　: I usually play soccer with my friends, and I watch *Cats and Dogs in the World.*

Tom　　: *Cats and Dogs in the World* ?

Miki　　: It's an animal TV program. It's interesting. I like cats.

Tom　　: I see. I like animals. I want to watch it.

Miki　　: Oh, you can watch it at 7.

Tom　　: Oh, no. I usually watch *Exciting Volleyball* at 7.

Miki　　: *Exciting Volleyball* ? Is it a TV program?

Tom　　: Yes, I like sports. And I usually watch *Enjoy Basketball* on Sundays.

Miki　　: Me, too. It's fun.

【空白15秒】

これで、第1問　外国語、英語のリスニングのテストは終わります。

次の問題に　移ってください。【空白2秒】

1 　外国語（英語）のリスニング

1 　宮城県に住む小学校6年生の誠さんと久美さんが、英語の授業でＡＬＴに冬休みの思い出を紹介しています。No.1とNo.2の内容を**もっとも適切に表しているもの**を、次の**Ａ、Ｂ、Ｃ**の中から、**それぞれ1つずつ選び、記号で答えなさい**。英語は**2回放送され**ます。

No. 1

No. 2

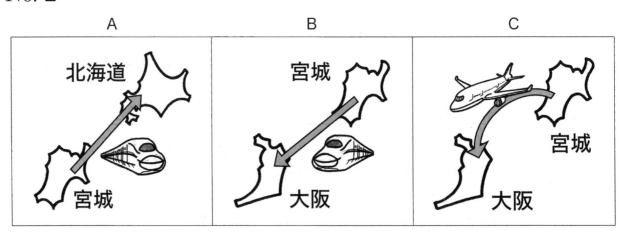

2 トムさんと美紀さんが、会話をしています。二人の会話を聞いて、**トムさん**が土曜日と日曜日によく見ているテレビ番組として**正しい組み合わせ**を、次のA、B、C、Dの中から**1つ選び**、記号で答えなさい。会話は**2回**放送されます。

	土曜日に見ているもの	日曜日に見ているもの
A		
B		
C		
D		

2 友也さんは、休日に家族と一緒に山の中のキャンプ場に行きました。次の1、2の問題に答えなさい。

1 友也さんは、キャンプ場へ向かう途中に立ち寄ったダムの事務所で、家族と話をしています。あとの（1）～（4）の問題に答えなさい。

> 友也さん　山の中にダムがあるんだね。ダムにたくさんの水が貯まっていたら、⑦ダムの水がなくなることはないね。
>
> お母さん　それはどうかな。もし雨が降らなかったら、ダムの水はどうなるか考えてごらん。
>
> 友也さん　水がどんどん少なくなって、そのうちなくなってしまうかもしれない。④水は大切にしないといけないね。
>
> お父さん　そうだね。ダムにはいろいろな役割があるんだよ。ダムの事務所ではダムについてまとめられた⑰パンフレットがもらえるよ。

（1）「⑦ダムの水」とありますが、友也さんは、ダムの水について興味をもち、ダムの事務所にはってあった資料1を見ながら考えたことをメモにまとめました。資料1を参考にして、メモの あ に入るもっとも適切な言葉を、あとのア～エから1つ選び、記号で答えなさい。

資料1　ダムの事務所にはってあった資料の一部	メモ
《ダムのはたらき》　ダムの膨大な貯水のおかげで、水の使用量が多い時期であっても、下流域に安定して水を行き渡らせることができます。	・下流域に安定して水を行き渡らせるために、 あ にダムを造り、そのダムに水を貯める。 ・川の水が少なくなったら、ダムの水を川に流す。

ア　山頂　　イ　海岸　　ウ　川の上流　　エ　川の下流

（2）「④水は大切にしないといけない」とありますが、キャンプ場でバーベキューを終えた友也さんが炊事棟の洗い場に行くと、ポスターがはってありました。食器や調理器具についた油汚れを、新聞紙でふき取ってから洗うことが、どうして自然を守ることにつながるのだと考えますか。水という言葉を用いて書きなさい。

ポスター

自然を守ろう！

汚れはふき取ってから洗おうね！

洗い場で何気なく流している油や洗剤が、魚を苦しめています。

（3）「㋑パンフレット」とありますが、友也さんは帰宅後、パンフレットを見て、**ダムの水をせき止める部分のおよその面積**がどのくらいになるかを考え、**ノート1**にまとめました。図を参考にして、　**い**　にあてはまる**数字**を答えなさい。

図　パンフレットの一部	ノート1
堤高とは、ダムの高さのことをいいます。また、堤頂長とは、ダムの上部の右端から左端までの長さのことをいいます。 　このダムの堤高は120m、堤頂長は360mです。  ダムの水をせき止める部分	ダムの水をせき止める部分を、向かい合った1組の辺が平行で、その1組の辺の長さの比が4：3の四角形とみる。 　すると、この四角形の面積は　**い**　m² と計算できる。 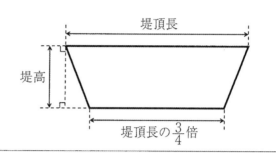

（4）　友也さんは、パンフレットを見て、このダムでは、水力発電を行っていることを知り、発電について調べを進めていくうちに、**資料2**と**資料3**を見つけました。**資料2**と**資料3**を見た友也さんは、再生可能エネルギーを使って発電した方が、地球温暖化の進行を防ぐことができると考えました。**資料2**と**資料3**を参考にして、**友也さんがそのように考えた理由**を、**化石燃料、再生可能エネルギー**という2つの言葉を用いて書きなさい。

資料2　発電方法別の二酸化炭素排出量

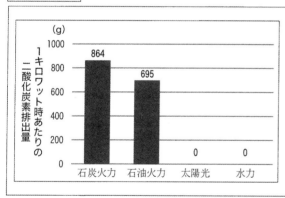

・グラフは、石炭火力、石油火力、太陽光、水力の、それぞれで発電したときに大気中に排出される、1キロワット時あたりの二酸化炭素排出量を示している。
・石炭や石油は、化石燃料である。
・太陽光や水力は、再生可能エネルギーである。

（電力中央研究所「日本における発電技術のライフサイクルCO₂排出量総合評価」より作成）

資料3　地球温暖化と二酸化炭素の関係

・二酸化炭素は、地球温暖化の原因の1つとされている。
・18世紀後半から化石燃料の使用が増え、その結果、大気中の二酸化炭素が増加している。

（全国地球温暖化防止活動推進センター「地球温暖化の原因と予測」より作成）

2　キャンプの翌日、友也さんは、学校の先生と話をしています。あとの（1）、（2）の問題に答えなさい。

> | 友也さん | 昨日、キャンプからの帰り道に、川を見て気づいたのですが、きつい坂道が多い山の中の川岸は、家の近くの平地の川原の様子とはだいぶちがっていて、けずられて谷のようになっていました。 |
> | 先　　生 | よく気づきましたね。ほかにちがいはありましたか。 |
> | 友也さん | 山の中の川は、平地の川よりも水の流れが速かったです。 |
> | 先　　生 | そうですね。土地のかたむきが大きいと、川の流れも速くなりますね。 |
> | 友也さん | 水の流れの速さと土地の様子には関係があるかもしれません。変える条件と変えない条件を考えて、㋐実験を計画してみます。 |

（1）「㋐実験」とありますが、友也さんが行った**実験1**を参考に、あとの**ア、イ**の問題に答えなさい。

実験1

[予想]　川を流れる水の速さは、土地のかたむきが大きい方が速いので、流れる水の量が同じ場合、土地のかたむきが大きい方が土地は大きくけずられると思う。

[装置]
1　水をかけてしめらせた土砂を準備する。
2　同じ大きさ、材質の容器を2つ準備する。
3　**装置1、2の図**のように、**装置1**は容器の下に台を2つ重ねて置き、**装置2**は容器の下に台を1つ置く。
4　容器内に土砂を入れ、水を流す斜面を作る。
5　斜面に水を流すため、幅、深さが2.5mmになるように、みぞを作る。
6　**装置1、2の図**のように、みぞの位置に合わせて、直径2mmの穴を1つ開けておいた紙コップを置く。
7　**装置1、2**で、紙コップの穴から15cmの場所をそれぞれ地点A、地点Bとする。

[手順]　次の手順を3回行う。2回目、3回目は、土砂を新しいものに入れかえ、**装置1、2**を整えてから行う。
1　紙コップに100mLの水を入れ、開けた穴から全ての水を流す。
2　地点A、地点Bの水の速さを観察し、水が全て流れたあとのみぞの幅と深さを計測する。

[装置1、2の図]

[みぞの幅と深さの図]

　ア　友也さんは、**実験1**の結果を**表1**に記録しました。**地点A**において、水が流れたあとのみぞの幅を記録した3回の平均は何mmですか。**四捨五入して上から2けた**のがい数で答えなさい。

表1

・流れる水の速さの比較

地点A	地点B
速い	おそい

・水が流れたあとのみぞの幅

	地点A	地点B
1回目	8mm	4mm
2回目	11mm	3.5mm
3回目	9mm	4.5mm

・水が流れたあとのみぞの深さ

	地点A	地点B
1回目	5mm	3.5mm
2回目	6mm	3mm
3回目	5mm	3mm

イ　友也さんは、**実験1**の結果について**考察**したことを**ノート2**にまとめました。
ノート2の　う　に入る言葉をあとの**A**、**B**から、　え　に入る言葉をあ
との**C**、**D**からそれぞれ**1つずつ**選び、記号で答えなさい。

ノート2

容器のかたむきが地点Bよりも大きい地点Aは、流れる水の速さが速い。
また、流れる水の速さが速い地点Aは、水が流れたあとの、みぞの幅の平均と深
さの平均が地点Bよりもそれぞれ　う　。つまり、予想は　え　といえる。

う　**A**　大きい　　　　**B**　小さい

え　**C**　正しい　　　　**D**　まちがっている

（2）　友也さんは、考察したことをもとに、新たに**実験2**を行いました。あとの**ア**、**イ**の
問題に答えなさい。

実験2

[**予想**]　川を流れる水の速さは、流れる水の量が増えた方が速くなり、土地のかたむき
　　　　の大きさが同じ場合、流れる水の量が増えた方が土地は大きくけずられると思う。

[**装置**]　実験1で用いた**装置2**の土砂を新しいものに入れかえ、**実験の条件を1つだけ**
　　　　変えて、**装置3**とする。また、紙コップの穴から15cmの場所を地点Cとする。

[**手順**]　実験1の手順と同じ手順で行う。ただし、観察・計測場所は、装置3の地点C
　　　　とする。

ア　友也さんは、**実験2**の結果を**表2**に記録しました。**実験2**の予想と表2をもとに、
実験2の装置で、変えた実験の条件として適切なものを、あとの①〜③から**1つ**
選び、番号で答えなさい。

表2

・流れる水の速さ
地点C
速い

※速さは**実験1**の地点Bと
　比較したもの

・水が流れたあとのみぞの幅

	地点C
1回目	7mm
2回目	8mm
3回目	8.5mm

・水が流れたあとのみぞの深さ

	地点C
1回目	4.5mm
2回目	6mm
3回目	5mm

①　容器の下に置いた台を外す。

②　容器の下に台を3つ重ねて置く。

③　紙コップに開けた穴のすぐ上に直径2mmの穴をもう1つ開ける。

イ　友也さんは、これまでの結果をもとに、大雨が降ると、川を流れる水の量が増え、
川の災害が発生すると考えました。そこで、川の災害を防ぐ方法を調べ、**ノート3**
にまとめました。**表1、表2**をもとにして、　お　に入る**適切な説明**を、**川の**
水の流れ、しん食、運ぱんという**3つの言葉**を用いて書きなさい。

ノート3

《川の災害を防ぐ方法の一つ》

　川にコンクリート製のブロックを設置する。

《ブロックを設置する理由》

　ブロックを設置することで、　お　ことが
でき、川岸がけずられることを防いでいる。

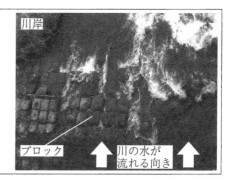

- 11 -

③ 華子さんと弘二さんは、校外学習の準備を進めています。次の1〜3の問題に答えなさい。

1 校外学習において夜に行う予定の、月や星の観測について、弘二さんと華子さんが先生と話をしています。あとの（1）〜（5）の問題に答えなさい。

先　　生	夜は夏の大三角と満月の観察をします。弘二さんは、月や星の観測について、どんなことに興味をもっていますか。
弘二さん	満月の観察です。㋐しゃ光板を使って太陽を観察したときに、㋑太陽と満月は同じくらいの大きさに見えると学びました。満月を観察して、太陽と同じくらいの大きさに見えるのか確かめたいです。
先　　生	月の形は日によって変わって見えますから、㋒満月はいつも観察できるわけではないので、満月の大きさを確かめる貴重な機会ですね。華子さんはどうですか。
華子さん	わたしは星の明るさに興味があります。㋓夏の大三角をつくるデネブ、アルタイル、ベガはどれも一等星ですが、同じ明るさなのでしょうか。
先　　生	同じ一等星でも明るさにちがいがあります。例えば、㋔ベガはアルタイルよりも地球から遠くにありますが、アルタイルよりも明るく見えるんですよ。

（1）「㋐しゃ光板」とありますが、太陽を安全に観察するためにしゃ光板を用いるのは、太陽の光の一部に対してしゃ光板がどのようなはたらきをするからですか。**もっとも適切なもの**を、次の**ア〜エから1つ選び、記号で答えなさい**。
　　ア　はね返す　　イ　集める　　ウ　さえぎる　　エ　重ねる

（2）「㋑太陽と満月は同じくらいの大きさに見える」とありますが、弘二さんは月と太陽の大きさについてノート1にまとめました。ノート1の　あ　に**あてはまる数**を答えなさい。

　ノート1

　　実際の月の直径は3500km、太陽の直径は140万kmである。まず、模造紙に油性のペンで直径1mmの点をかいて、これを月と見立てた。次に、実際の月と太陽の直径の比と同じになるように太陽の大きさを計算したら、直径　あ　cmであることが分かった。実際に模造紙で太陽を作ってみたら、太陽は月よりもとても大きいということが分かった。このことから、太陽が月と同じくらいの大きさに見えているということは、太陽はとても遠くにあるのだと思った。

（3）「㋒満月はいつも観察できるわけではない」とありますが、校外学習で観測した場所と同じところで1週間後に観察を行うと、月はどのような形に見えますか。**もっとも適切なもの**を次の**ア〜エから1つ選び、記号で答えなさい**。ただし、図のように、月は約1か月間で地球の周りを1回転するものとします。
　　ア　満月　　イ　半月　　ウ　三日月　　エ　新月

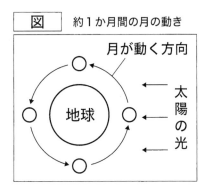

図　約1か月間の月の動き

（4）「㋑夏の大三角」とありますが、華子さんは、校外学習から帰ってきたあと、家族と一緒に夏の大三角を観察して、**ノート2**にまとめました。**ノート2**の　い　、　う　に入る言葉の組み合わせとして**もっとも適切なもの**を、あとの**ア〜エ**から１つ選び、記号で答えなさい。

ノート2

[観察日]　９月１日
[観察結果]
　２時間経過すると、星の見える位置が　い　へ変わった。
　星の並び方は　う　。

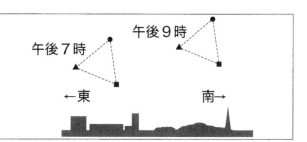

ア　い：東の方から南の方　　**う**：変わった
イ　い：東の方から南の方　　**う**：変わらなかった
ウ　い：南の方から東の方　　**う**：変わった
エ　い：南の方から東の方　　**う**：変わらなかった

（5）「㋒ベガはアルタイルよりも地球から遠くにありますが、アルタイルよりも明るく見える」とありますが、華子さんはベガとアルタイルの明るさについて疑問に思ったことを調べて、自分の考えを**ノート3**にまとめました。**ノート3**の　え　、　お　にあてはまる数を**分数**で答えなさい。

ノート3

[疑　問]　ベガとアルタイルを地球から同じ距離にしたとすると、地球から見えるベガとアルタイルの明るさはどのようになるだろうか。

[調べたこと]
・地球とベガの距離を３とすると、地球とアルタイルの距離は２となる。
・地球から見えるベガは、地球から見えるアルタイルよりも２倍明るく見える。
・星を地球から遠ざけると、明るさが減って暗く見える。距離の変わり方と明るさの変わり方の関係は、下の表のようになる。

距離	２倍	３倍	４倍	…
明るさ	１÷（２×２）倍	１÷（３×３）倍	１÷（４×４）倍	…

[私の考え]
・下の図のように、アルタイルをベガと同じ距離にしたと考える。

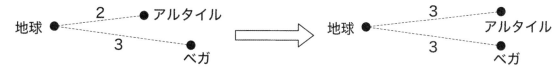

・アルタイルを地球から遠ざけるので、地球から見えるアルタイルの明るさは、表から考えると、遠ざける前と比べて　え　倍になる。
・ベガと地球の距離は変えていないので、地球から見えるベガの明るさは変わらない。
・ベガの明るさは、アルタイルの明るさと比べて　お　倍になる。

2 校外学習で訪れることになっている歴史博物館について、華子さんと弘二さんが先生と話をしています。あとの **(1)**、**(2)** の問題に答えなさい。

> | 華子さん | 歴史博物館には、授業で学習した江戸時代に関する展示がありますか。 |
> | --- | --- |
> | 先　生 | 江戸時代の百姓のくらしが分かる建物として、古民家が見学できます。江戸時代の人々は<u>㋕身分に応じたくらし</u>をしていたんですよ。 |
> | 弘二さん | 身分に応じたくらしがどんなものだったのか、興味があります。 |
> | 先　生 | 百姓は、年貢を納めることを求められていました。<u>㋖江戸時代の百姓のくらしは、幕府の取り組みによっていろいろな制限を受けていた</u>ので、幕府の取り組みも調べてみるといいですよ。 |

(1) 「㋕身分に応じたくらし」とありますが、弘二さんは、江戸時代の身分制度について、社会科の授業で配布された**資料1**を見直しました。**資料1**から読み取ることができる人々のくらしと身分について、**正しいもの**をあとの**ア〜エ**から**1つ選び**、**記号**で答えなさい。

資料1 社会科の授業で配布されたプリントの一部

《人々のくらしと身分》
・百姓の大部分は農民だが、漁業に従事する人々なども百姓と呼ばれた。
・商人や職人は、町人と呼ばれた。
・武士や町人は、政治や経済の中心である城下町に集められた。
・厳しく差別されてきた人々は、祭りへの参加をことわられたり、住む場所を制限されたりした。

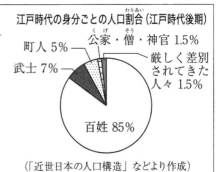

江戸時代の身分ごとの人口割合（江戸時代後期）
町人 5%　武士 7%　公家・僧・神官 1.5%　厳しく差別されてきた人々 1.5%　百姓 85%

（「近世日本の人口構造」などより作成）

> **ア** 人口の割合が最も大きい身分の人たちが城下町に集められた。
> **イ** 農民が含まれる身分の人たちの割合は、人口の半分ほどだった。
> **ウ** 人口の割合が2番目に大きい身分の人たちは、祭りへの参加をことわられるなどの厳しい差別を受けた。
> **エ** 商人や職人は、人口の1割に満たなかった。

(2) 「㋖江戸時代の百姓のくらしは、幕府の取り組みによっていろいろな制限を受けていた」とありますが、江戸時代に興味をもった弘二さんは、**資料2**を見つけ、社会科の授業で配布された**資料3**も用いて、江戸幕府の百姓のくらしに対する取り組みについて考えることにしました。**資料2**と**資料3**をふまえて、**江戸幕府が行った百姓のくらしに対する取り組みについて、取り組みの目的にふれながら説明しなさい。**

資料2 江戸時代中期の幕府の収入内訳

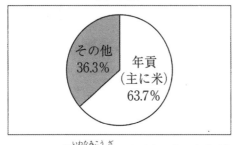

その他 36.3%　年貢（主に米）63.7%

（「岩波講座日本歴史12」より作成）

資料3 社会科の授業で配布されたプリントの一部

《江戸幕府の百姓のくらしに対する取り組み》
・江戸幕府は、百姓の五人組を決めておき、共同責任を負わせた。また、きまりを守らなかった者や、悪事を働いた者がいたら、自分たちの組からすぐに報告させていた。
・江戸幕府は、百姓がたばこ・木綿・菜種などの*商品作物を栽培することを制限していた。
*商品作物：食べるためでなく売ることを目的として栽培する作物

3 校外学習で泊まる宿の部屋番号について、華子さんと弘二さんが先生と話をしています。あとの（1）～（3）の問題に答えなさい。

先　　生　　この宿の部屋番号は3けたの数字で表され、101から始まっています。ただし、部屋番号に「4」と「9」の数字が使われていないそうです。

華子さん　　㋗わたしの部屋番号は185です。先生の部屋番号はいくつですか。

先　　生　　先生の部屋番号は、予約した部屋の番号の中で㋘一番大きい数です。

弘二さん　　先生、この宿の部屋番号を利用して、㋙宝探しゲームをしたいです。

先　　生　　おもしろそうですね。どんなことをやるのか、ノートに書いて持ってきてください。

（1）「㋗わたしの部屋番号は185です」とありますが、華子さんは自分の部屋番号が、101から数えて何番目になるか考え、ノート4にまとめました。ノート4の　か　、　き　、　く　にあてはまる数を答えなさい。

ノート4

101、102、103、105、…　　10で始まる部屋は、　か　部屋ある。

110、111、112、113、…　　11で始まる部屋は、　き　部屋ある。

⋮

180、181、182、183の次にわたしの部屋番号の『185』がくるから、
わたしの部屋番号は、101から順番に数えて　く　番目である。

（2）「㋘一番大きい数」とありますが、先生は、**ある部屋番号から順番に32部屋を予約**していました。華子さんの部屋番号は、予約した部屋の番号の中でもっとも小さい部屋番号から数えて20番目でした。先生の部屋番号を答えなさい。

（3）「㋙宝探しゲーム」とありますが、弘二さんは、宝探しゲームの手順をノート5にまとめました。ノート6は、宝探しゲームの手順を華子さんの部屋番号を使って確認したものです。弘二さんが宝をかくした部屋番号を3つすべて答えなさい。

ノート5

〔宝探しゲーム〕

　予約した部屋の中の3つの部屋にそれぞれ異なる宝をかくした。次の手順にしたがって宝を見つけだせ！君の班はすべて見つけられるかな。

手順1　部屋番号の数と部屋番号の数をかけ算せよ。

手順2　計算結果のうち下から2けたの数字を抜き出せ。

手順3　部屋番号の下から2けたの数字を抜き出せ。

手順4　手順2と手順3の数字が同じか確認せよ。
　　　　数字が同じになる部屋に宝をかくした。

ノート6

華子さんの部屋番号
185の場合

手順1　$185 \times 185 = 34225$

手順2　34225 ⇒「25」

手順3　185 ⇒「85」

手順4　「25」と「85」は同じではない。

だから、華子さんの部屋に宝はない。

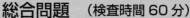

宮城県立中学校（古川黎明）　総合問題　（検査時間60分）

（解答用紙は別冊4P）（解答例は別冊3P）

※ 1, 2 は、仙台二華中学校と同じです。

3 小学生の黎さんと中学生の明さんはいとこ同士です。夏休みを利用して、東京に住んでいる明さんが黎さんを訪ねてきました。次の1、2の問題に答えなさい。

1 黎さんと明さんは、近くに住んでいるおばあさんの家を歩いて訪ねようと話をしています。あとの（1）～（5）の問題に答えなさい。

> 明さん　おばあさんと会うのは久しぶりだな。
> 黎さん　そういえば、おばあさんの家の近くに㋐漫画の主人公の銅像が3体できたよ。
> 明さん　せっかくだから、おばあさんの家だけでなく、銅像も見に行きたいな。
> 黎さん　おばあさんの家に行く途中に㋑公園もあるから、そこにも寄っていこうよ。
> 明さん　それはいいね。どの道を通って行くか、地図アプリで調べてみよう。
> 黎さん　うん、そうしよう。じゃあ、午前10時に出発しよう。
> 明さん　外は暑いから、氷を入れた冷たい飲み物を持っていこう。
> 黎さん　そうだね。そういえば、㋒水は何℃でこおり始めるのかな。
> 明さん　帰ってきたら、実験して調べてみよう。

（1）　明さんが、黎さんの家からおばあさんの家までと、おばあさんの家から銅像A、B、Cまでの道のりを地図アプリで調べたところ、図1の太線のように表示されました。おばあさんの家からそれぞれの銅像までの道のりについて、**長い方から順番に、銅像の記号A、B、Cで答えなさい**。

図1

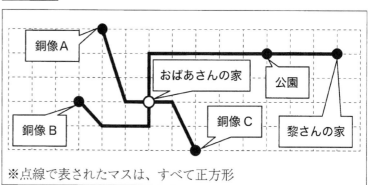

※点線で表されたマスは、すべて正方形

（2）　「㋐漫画の主人公の銅像」とありますが、黎さんと明さんが銅像Aのキャラクターについて調べたところ、漫画の設定の身長は250cmであり、銅像Aの身長は160cmであることが分かりました。**銅像Aの身長は、漫画の設定の身長の何%にあたるか答えなさい**。

（3）　「㋑公園」とありますが、黎さんと明さんは、午前10時に黎さんの家を出発し、途中に立ち寄った公園で20分間休みました。その後、おばあさんの家に向かったところ、午前10時44分に到着しました。黎さんの家からおばあさんの家までの道のりが1.2kmであるとき、**1分間あたりに歩いた平均の距離は何メートルか答えなさい**。ただし、公園で休んだ時間は歩いていないものとします。

（4）　黎さんと明さんは、おばあさんの家を出発して帰宅するまでの計画を立て、**メモ**にまとめました。計画どおりに実行したところ、午後2時40分に帰宅しました。同じ計画のまま午後2時30分に帰宅するためには、**計画どおりに歩いた速さの何倍の速さで歩けばよかったのか答えなさい**。

メモ　帰宅するまでの計画
・午後2時に出発する。 ・銅像A、Bの順に見に行く。 ・各銅像を5分間鑑賞する。 ・途中で休憩はしない。

（5）「㋒水は何℃でこおり始めるのかな」とありますが、黎さんと明さんは、水がこおり始める様子について調べるために、次のように実験を行いました。あとのア～ウの問題に答えなさい。

実験

[手順]
1　試験管を1本準備し、試験管に水を6mL入れる。
2　ビーカーの中に、食塩がとけ残るまでとかした食塩の水溶液と氷を入れる。
3　図2のように、手順1で準備した試験管を手順2で用意したビーカーの中に入れて固定し、試験管の中に、ぼう温度計を入れ、ぼう温度計が示す温度と試験管に入れた水の様子を記録する。
4　1分ごとに、ぼう温度計が示す温度と試験管に入れた水の様子を確認して、記録する。
5　ビーカーの中に試験管を入れてから15分後の、ぼう温度計が示す温度と試験管に入れた水の様子を確認して、記録する。
6　手順3～5の結果をもとに、ビーカーの中に試験管を入れてからの時間と、ぼう温度計が示す温度の関係をグラフにする。また、試験管に入れた水の様子を図3にまとめる。

図2

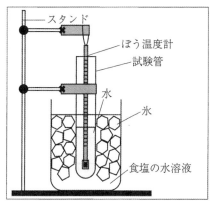

グラフ　ビーカーの中に試験管を入れてからの時間とぼう温度計が示す温度の関係

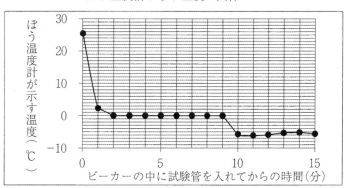

ア　試験管に入れた水がこおり始めたとき、試験管に入れた水の温度は何℃か答えなさい。

イ　ビーカーの中に試験管を入れてから5分後の試験管に入れた水のすがたを表すものを、次のあ～えから1つ選び、記号で答えなさい。
　あ　固体のみ
　い　液体のみ
　う　気体のみ
　え　固体と液体がまざっている

図3　試験管に入れた水の様子

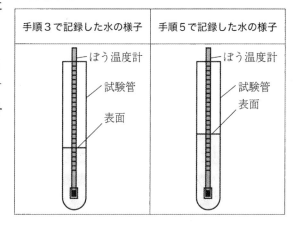

ウ　黎さんは、この実験で分かった現象に関わりがあることがらとして、寒い地域で行われている「水抜き」を知りました。「水抜き」とは、冬場の夜に家の水道管の中の水を抜く作業のことをいいます。何のために「水抜き」を行うのか、図3を参考に、水の性質にふれて説明しなさい。

2 おばあさんの家から帰ってきた黎さんは、明さんに夏休みの自由研究について相談することにしました。あとの **（1）〜（3）** の問題に答えなさい。

> 黎さん　夏休みの自由研究について、テーマが決まらなくて悩んでいるんだ。
> 明さん　学校での勉強で、興味をもったことはあるかな。
> 黎さん　うん。社会科の授業で知った世界遺産の㋓平泉が興味深かったかな。
> 明さん　そうなんだね。平泉といえば、江戸時代に㋔松尾芭蕉が訪れていることが『おくのほそ道』を読むと分かるよ。
> 黎さん　知っているよ。俳句で有名な人だよね。平泉までどこを通って行ったのかな。
> 明さん　現在の宮城県の仙台市や多賀城市、松島町などを通って平泉に行ったみたいだね。そういえば、新聞記事にあったけれど、㋕多賀城がつくられてから1300年になることを記念して、南門を復元しているみたい。完成したら行きたいな。

（1） 「㋓平泉」とありますが、黎さんは平泉について調べを進めていくうちに、平泉が栄えた平安時代のできごとに興味をもちました。社会科の授業で配布された**資料1**から読み取れる平安時代のできごとについて、あとの**ア〜エ**から**1つ選び**、記号で答えなさい。

資料1　社会科の授業で配布されたプリントの一部

《平安時代のできごと》

年	○全国のできごと　●東北地方のできごと
794	○平安京に都が移る。
802	●蝦夷のリーダーであるアテルイが、征夷大将軍の坂上田村麻呂に降伏する。※1
894	○中国への使節である遣唐使の派遣が中止される。※2
1016	○藤原道長が摂政に就任する。※3
1087	●前九年合戦に続いて起きた後三年合戦という大きな戦乱が終わる。源義家の助けを借りて勝利した藤原清衡は平泉を中心に東北地方に勢力を築く。※4
1189	●藤原泰衡が源義経を倒す。その後、奥州藤原氏は源頼朝により滅ぼされる。

《解説》
※1　朝廷は、主に東北地方に住む朝廷に従わない人々を「蝦夷」と呼び、従わせるためにたびたび軍を派遣していた。坂上田村麻呂は軍を率いた「征夷大将軍」であった。
※2　遣唐使の派遣が中止された後、中国から取り入れた文化も参考にして、かな文字や大和絵など朝廷を中心とした華やかな日本風の文化が発展した。
※3　摂政とは、天皇が幼い時などに天皇を補佐する役職である。藤原道長は娘を天皇の妃にして、天皇との間に生まれた子を天皇に即位させ、摂政に就任し、政治を行った。
※4　勢力を広げた藤原清衡は中尊寺金色堂を建て、その子孫である基衡、秀衡は毛越寺を再建した。平泉には、奥州藤原氏（藤原清衡、基衡、秀衡、泰衡）によって築かれた文化遺産が現在も残っている。

　ア　アテルイは東北地方で朝廷の軍と戦ったが、源頼朝に降伏した。
　イ　朝廷は894年以降も遣唐使を派遣し、遣唐使は日本にかな文字を伝えた。
　ウ　藤原道長は蝦夷を攻める軍を率いた摂政として、平泉で天皇とともに政治を行った。
　エ　11世紀の大きな戦乱の後、藤原清衡は平泉に中尊寺金色堂を建てた。

（2）「⑦松尾芭蕉」とありますが、黎さんは、社会科の授業で配布された、松尾芭蕉と平泉についての**資料２**をふまえて、**ノート**を作成しました。**資料２**を参考にして、**ノート**の　あ　に入る**適切な説明**を書きなさい。

| 資料２ | 社会科の授業で配布されたプリントの一部 |

《松尾芭蕉と平泉》
・松尾芭蕉は江戸時代に俳句の作者として活躍した。
・1689年に東北、北陸地方などをめぐる旅に出た。その旅の様子や旅先などで作った俳句を1694年頃に『おくのほそ道』としてまとめた。
・旧暦５月（現在の６月頃）に平泉を訪れ、次の俳句を作った。
　「五月雨の　降り残してや　光堂」
　［現代語訳］五月雨はすべてのものを腐らすのだが、ここだけは降らなかったのであろうか。五百年の風雪に耐えた光堂のなんと美しく輝いていることよ。
・光堂とは、中尊寺にある金色堂のことである。
・光堂のまわりや屋根におおいかぶせるように、「おおい堂」がつくられている。

（「芭蕉　おくのほそ道」より作成）

| ノート |

　松尾芭蕉は、「五月雨の　降り残してや　光堂」という俳句を作ったが、500年もの間、雨が降らないことはないはずだ。500年たっても光堂が朽ち果てなかったのは、　あ　からだと考えた。

（3）「⑦多賀城」とありますが、黎さんは多賀城が最初につくられた頃の東北地方の様子について興味をもち、調べを進めていくうちに、**資料３**と**資料４**を見つけました。**資料３**と**資料４**をふまえ、朝廷は８〜９世紀の東北地方をどのように支配していったのか、胆沢城や志波城の役割にふれながら説明しなさい。

| 資料３ | 朝廷の支配領域の変化 |

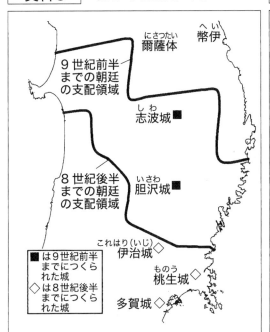

| 資料４ | ８〜９世紀の東北地方（太平洋側）の様子 |

・東北地方には、朝廷に従わない人や、朝廷に対して反乱を起こす人もいたため、朝廷はたびたび軍を派遣した。
・724年に、東北地方（太平洋側）の政治の拠点として多賀城がつくられた。
・坂上田村麻呂は、801年に胆沢地方の蝦夷との戦いに勝利し、802年に胆沢城をつくった。
・坂上田村麻呂はさらに軍を進めて、803年に志波城をつくった。
・志波城は811年に爾薩体や幣伊の地方を攻撃するときの拠点になった。
・この頃の城には、戦いのための拠点としての役割と、支配するための行政的な役割があった。

（「東北の古代史３　蝦夷と城柵の時代」より作成）

（解答用紙は別冊５Ｐ）（解答例は別冊４Ｐ）

※「放送による問題」の台本です。

（◆電子音　ポン　ポン　ポン　ポン）

　これから第１問の放送による問題を行います。放送を聞いて　**１～３**の問題に答えなさい。英語はそれぞれ**２回**放送されます。
　放送中に検査用紙にメモをとってもかまいません。答えはすべて解答用紙に記入しなさい。

（この間約３秒）

　問題１　家族で日本に住んでいるエミリーさんと同じクラスのけんたさんは，**図１**のカレンダーを見ながら会話をしています。２人の会話を聞いて，エミリーさんの週末の予定になるように**表**の**（１）～（４）**の空らんに合う絵を，**あ，い，う，え，お**の中から１つずつ選び，記号で答えなさい。

【２人の会話】

けんた：　We have Wakaba Festival on July 8th and 9th.

　　　　　We can see traditional Japanese dance at the festival.

　　　　　Do you want to see the dance?

エミリー：　Yes. Sounds nice. Oh no・・・on Saturdays, I always practice the piano

　　　　　with my mother in the morning.

けんた：　Oh, the dance show starts at 2:30 p.m. on Saturday and Sunday.

エミリー：　Sorry, I can't.　I go to a tennis school in the afternoon on Saturdays.

けんた：　How about Sunday?

エミリー：　On Sundays, I always clean my room in the morning.

　　　　　In the afternoon, I sometimes go shopping with my family.

　　　　　Oh we can go shopping on July 16th.

けんた：　That's good.　Let's go to the festival together on Sunday afternoon.

エミリー：　Yes, let's.

（この間約８秒）

繰り返します。

【２人の会話】

けんた：　We have Wakaba Festival on July 8th and 9th.

　　　　　We can see traditional Japanese dance at the festival.

　　　　　Do you want to see the dance?

エミリー：　Yes. Sounds nice. Oh no・・・on Saturdays, I always practice the piano

　　　　　with my mother in the morning.

けんた：　Oh, the dance show starts at 2:30 p.m. on Saturday and Sunday.

エミリー：　Sorry, I can't.　I go to a tennis school in the afternoon on Saturdays.

けんた：　How about Sunday?

エミリー：　On Sundays, I always clean my room in the morning.

　　　　　In the afternoon, I sometimes go shopping with my family.

　　　　　Oh we can go shopping on July 16th.

けんた：　That's good.　Let's go to the festival together on Sunday afternoon.

エミリー：　Yes, let's.

（この間約８秒　：　p.2に進む）

次に問題2に移ります。

問題2 エミリーさんとけんたさんは，若葉まつりのダンスショーに参加している友達のつとむ
さんを探（さが）しています。エミリーさんにつとむさんから事前に届（とど）いたメールと，エミリーさ
んとけんたさんの会話を聞いて，**図2**の中から，つとむさんを探し，**あ，い，う，え，お，
か**の中から1つ選び，記号で答えなさい。
　　　最初につとむさんから届いたメール，続いて，エミリーさんとけんたさんの会話を放送
します。

それでは，最初にメール文を読みます。
　【メールのメッセージ】
　　Hi, Emily.
　　Do you like traditional Japanese dance?
　　We have a dance show at the Wakaba Festival on July 8th and 9th.
　　My friends can dance well.　And I am good at playing the drum.
　　At the dance show, I play the drum.
　　Please come to the Wakaba Festival.
　　Tsutomu
（この間約3秒）

次に2人の会話です。
　【2人の会話】
　エ ミ リ ー：　Look at the stage!　I want to see Tsutomu.
　　　　　　　　Where is he?　He is by the flowers?
　け ん た：　Well…, no. The second from the right.
　エ ミ リ ー：　I see.　Wow !　He can play the drum well.　He is cool!
　け ん た：　Yes. This show is fantastic!

（この間約8秒）

繰り返します。
それでは，最初にメール文を読みます。
　【メールのメッセージ】
　　Hi, Emily.
　　Do you like traditional Japanese dance?
　　We have a dance show at the Wakaba Festival on July 8th and 9th.
　　My friends can dance well.　And I am good at playing the drum.
　　At the dance show, I play the drum.
　　Please come to the Wakaba Festival.
　　Tsutomu
（この間約3秒）

次に2人の会話です。
　【2人の会話】
　エ ミ リ ー：　Look at the stage!　I want to see Tsutomu.
　　　　　　　　Where is he?　He is by the flowers?
　け ん た：　Well…, no. The second from the right.
　エ ミ リ ー：　I see.　Wow !　He can play the drum well.　He is cool!
　け ん た：　Yes. This show is fantastic!

（この間約8秒　：　p.3に進む）

次に問題3に移ります。

問題3　エミリーさんと担任の先生は若葉まつりの**図3**のチラシと**図4**の100名の学生に聞いたアンケート結果のグラフを見ながら会話をしています。2人の会話を聞いて，**図4**のグラフの**A**の部分に当てはまるイベントを，下の**あ，い，う，え，お**の中から1つ選び，記号で答えなさい。

【2人の会話】

先　　生　We can see popular events in Wakaba Festival.
　　　　　Did you go to the Wakaba Festival?

エミリー：Yes. I enjoyed the Wakaba Festival with Kenta.

先　　生　Oh, nice.
　　　　　Look. 28 students enjoyed the special Japanese food shops "yatai".
　　　　　What did you eat ?

エミリー：We ate yakisoba.　It was delicious.

先　　生　Good. How was the Japanese culture event ?

エミリー：In this event, we enjoyed playing kendama and karuta.
　　　　　Oh, 36 students enjoyed the Japanese culture event.

先　　生　Sounds fun. I want to play karuta with you.
　　　　　Oh, look. 24 students enjoyed watching Japanese traditional dance show.

エミリー：It was great.
　　　　　At the special stage, we enjoyed the dance show and brass band music.

先　　生　Oh, you had a wonderful time.

（この間約8秒）

繰り返します。

【2人の会話】

先　　生　We can see popular events in Wakaba Festival.
　　　　　Did you go to the Wakaba Festival?

エミリー：Yes. I enjoyed the Wakaba Festival with Kenta.

先　　生　Oh, nice.
　　　　　Look. 28 students enjoyed the special Japanese food shops "yatai".
　　　　　What did you eat ?

エミリー：We ate yakisoba.　It was delicious.

先　　生　Good. How was the Japanese culture event ?

エミリー：In this event, we enjoyed playing kendama and karuta.
　　　　　Oh, 36 students enjoyed the Japanese culture event.

先　　生　Sounds fun. I want to play karuta with you.
　　　　　Oh, look. 24 students enjoyed watching Japanese traditional dance show.

エミリー：It was great.
　　　　　At the special stage, we enjoyed the dance show and brass band music.

先　　生　Oh, you had a wonderful time.

（この間約8秒）

これで放送による問題を終わります。次の問題に移ってください。

1 放送による問題
　　放送を聞いて**1〜3**の問題に答えなさい。英語はそれぞれ**2回**放送されます。
　　放送中に検査用紙にメモをとってもかまいません。答えはすべて解答用紙に記入しなさい。

1　家族で日本に住んでいるエミリーさんと同じクラスのけんたさんは，**図1**のカレンダーを見ながら会話をしています。2人の会話を聞いて，エミリーさんの週末の予定になるように**表**の**（1）〜（4）**の空らんに合う絵を，**あ〜お**の中から1つずつ選び，記号で答えなさい。

図1　カレンダー

7月

日	月	火	水	木	金	土
						1
2	3	4	5	6	7	8 若葉まつり
9 若葉まつり	10	11	12	13	14	15
16	17	18	19	20	21	22
23	24	25	26	27	28	29
30	31					

表　エミリーさんの予定表

7月8日（土）	
午前	（1）
午後	（2）
7月9日（日）	
午前	（3）
午後	（4）

あ

い

う

え

お

2 エミリーさんとけんたさんは，若葉まつりのダンスショーに参加している友達の
つとむさんを探しています。エミリーさんにつとむさんから事前に届いたメールと，
エミリーさんとけんたさんの会話を聞いて，**図2**の中から，つとむさんを探し，**あ〜か**
の中から１つ選び，記号で答えなさい。

最初につとむさんから届いたメール，続いて，エミリーさんとけんたさんの会話を放
送します。

図2　若葉まつりのダンスショー

3 エミリーさんと担任の先生は若葉まつりの**図3**のチラシと**図4**の100名の学生に聞い
たアンケート結果のグラフを見ながら会話をしています。２人の会話を聞いて，**図4**の
グラフの**A**の部分に当てはまるイベントを，下の**あ〜お**の中から１つ選び，記号で答え
なさい。

図3　チラシ

図4　グラフ

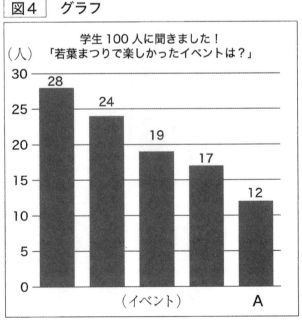

| あ | けん玉体験 | い | カルタ体験 | う | 屋台 |
| え | ダンスショー | お | ブラスバンド演奏 | | |

2　たろうさんは職場体験学習でスーパーマーケットの仕事をすることになりました。次の1，2の問題に答えなさい。

> 店　　　長　これからフルーツコーナーに商品を並べる仕事をするよ。
> たろうさん　並べる商品の数はどのように決めているのですか。
> 店　　　長　毎日どのくらいの商品が売れているのかを，お店で管理して決めているよ。
> たろうさん　ア情報通信技術を利用しているのですね。
> 店　　　長　よく勉強しているね。他にも情報通信技術を利用しているものがあるよ。
> たろうさん　向こうで動いているロボットですか。
> 店　　　長　そうだよ。あれはイ案内ロボットだよ。ディスプレイに商品名を入力すると，商品がある場所まで案内してくれたり，品切れの場合はその場で教えてくれたりするよ。
> たろうさん　すごく便利なロボットですね。

1　下線部ア「情報通信技術」とあります。お店のフルーツコーナーでは，表1のように商品を商品データに記録していて，表2のように商品の売り上げを売り上げデータへ記録しています。あとの（1），（2）の問題に答えなさい。

表1　商品データ

商品番号	商品名	値段（円）
1100	いちご	390
1200	りんご	300
1300	もも	150
1400	みかん	40

表2　9時から10時までの売り上げデータ

売れた時間	商品番号	個数
9：03	1100	2
9：10	1400	15
9：27	1300	2
9：27	1200	3
9：45	1300	3
9：58	（ a ）	（ b ）

（1）　表2の「9：03」から「9：45」までに売れた商品で売上金額が1番多い商品を，次のあ～えから1つ選び，記号で答えなさい。

> あ　いちご　　い　りんご　　う　もも　　え　みかん

（2）　表2のデータの中で，売上金額の合計が2番目に多い商品と，売上金額が1番少ない商品との合計金額の差は30円でした。このことから，（ a ）と（ b ）にあてはまる数字を答えなさい。

2　下線部イ「案内ロボット」とあります。
　図1は店内の様子を簡単に示したものです。図1の☆にいる案内ロボットは店内を回りながら，お客さんが探したい商品の場所まで案内しています。あとの（1）～（3）の問題に答えなさい。

図1　店内の地図

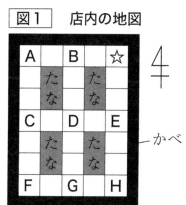

（1） 案内ロボットが，**条件1**にしたがって99回動いたとき，ロボットのいる位置を**図1**のA〜Hから1つ選び，記号で答えなさい。ただし，スタート位置の ☆ では，ロボットは南を向いており，**条件1**の①と②で1回分の実行とします。

条件1

①	かべまでまっすぐ進む
②	右を向く

（2） たろうさんは，**図1**の通路に**条件2**のプログラムを覚えさせた2台のロボットを置き，同時にスタートすることを考えました。1台目は ☆ にいます。2台のロボットがすべての通路をたなやかべにぶつからずに通過するためには，2台目はどの位置に，どの方位に向けて配置すればよいでしょうか。配置する位置をA〜Hから1つ選び，またロボットが向いている方位とあわせて答えなさい。

ただし，**条件2**のプログラムをすべて実行し，通路でロボット同士はすれちがうことはできません。

条件2

【プログラムの条件】
ア　3マス進む　　イ　2マス進む　　ウ　右を向く　　エ　左を向く
【2台のロボットのプログラム】
ア→ウ→イ→イ→ウ→ア→ウ→イ→ウ→ア→エ→イ→エ→ア→エ→イ

（3） たろうさんは，**図2**のように，案内ロボットがお客さんを商品のある場所まで案内する流れを考えました。**図2**の**ア**〜**エ**に入るロボットの動きを**条件3**から，それぞれ1つ選び，①〜⑥の番号で答えなさい。ただし，番号は1度しか使えません。

図2 お客さんを案内するまでの流れ図

条件3

①売り切れです
②商品の個数を入力してください
③案内します
④レジに進みますか
⑤商品名を入力してください
⑥別の商品を探しますか

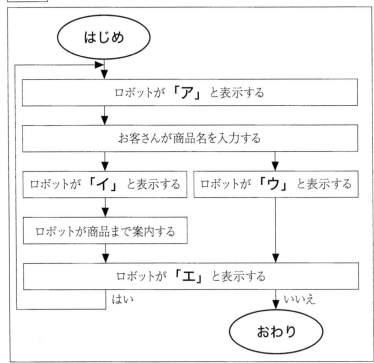

3 よしとさんとかえでさんは社会科の授業で研究発表を行いました。
次の1〜4の問題に答えなさい。

＜よしとさんの発表＞

　私は災害をテーマに調査し，その中でア自然災害と日本の地形との関わりに注目しました。調べると日本は国土にしめる平野部の割合が少なく，その平野部に人口が集中していることで，被害が大きくなるという関係が分かりました。日本の災害の歴史をふり返ると，イ奈良時代にも多くの災害があったことが分かります。自然災害はいつ発生するか分かりません。私たちは自然災害から命を守るために，一人ひとりが正しい知識と防災意識を持って，常にウ災害に備えることが大切です。

1　下線部ア「自然災害と日本の地形との関わり」とあります。図1，写真1をもとに，あとの（1），（2）の問題に答えなさい。

（1）　図1は，ある川の流れを表したものです。川の流れの特ちょうから，平地の部分が広がる場所を**あ〜か**からすべて選び，記号で答えなさい。ただし，川は西から東に流れています。

図1　川の流れの様子

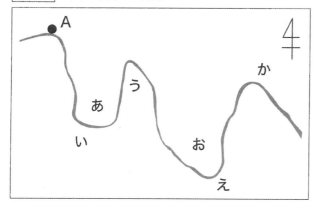

写真1　A地点の様子

（2）　写真1は，図1のA地点での様子です。川による災害を防ぐために左岸のみ護岸工事をしています。なぜ左岸のみ工事をしたのか，その理由として正しいものを**あ〜か**から1つ選び，記号で答えなさい。

あ　左岸は，右岸よりも川の流れが速く，土や石をたい積させるため。
い　左岸は，右岸よりも川の流れがおそく，土や石をたい積させるため。
う　左岸は，右岸よりも川の流れが速く，岸がけずられやすいため。
え　左岸は，右岸よりも川の流れがおそく，岸がけずられやすいため。
お　左岸は，右岸よりも水深が浅く，水があふれやすいため。
か　左岸は，右岸よりも水深が深く，水があふれやすいため。

2　下線部イ「奈良時代」とあります。奈良時代には聖武天皇が東大寺に大仏をつくる詔を出しました。資料1は奈良時代の主なできごと，資料2は聖武天皇が出した詔の一部を示したものです。
　資料1，資料2をもとに，当時の社会情勢をふまえて聖武天皇が大仏をつくる詔を出した理由を説明しなさい。

資料1	奈良時代の主なできごと

年	できごと
710	都が平城京に移る
720	九州で反乱が起きる
724	聖武天皇が天皇の位につく
734	大きな地しんが起こる
737	都で病気が流行する
740	貴族の反乱が起きる
741	国分寺を建てる詔を出す
743	大仏をつくる詔を出す
747	奈良で大仏づくりが始まる
752	大仏の開眼式が行われる

資料2　奈良時代に聖武天皇が出した詔の一部

本日、天平十五年十月十五日を もって、ひろく人びとを救済しよ うと思い、大仏の金銅像一体をお つくりすることを決めた。国中 の銅をつくして像をつくり、大き な山をけずって仏殿を構え、広く 世の中に伝えて、ともに仏恩を受 け、ともに救われたいと思う。 天下の富をもつ者は私であり、 天下の勢いをもつ者も私である。

写真2　貯水そうにつながるじゃ口

（出典　仙台市水道局ＨＰ）

3　下線部**ウ**「災害に備えること」とあります。学校や公園などに非常用飲料水貯水そうがあり，1万人が3日間必要とする水が貯水されています。**写真2**のように四つのじゃ口からそれぞれ毎分20Lの水を放出すると，何時間何分で貯水そうの水がなくなるか，答えなさい。

ただし，一人あたり1日3Lの水を必要とすることとします。

＜かえでさんの発表＞

　私は持続可能な社会をテーマに調査しました。まず注目したのが環境問題です。様々な課題がある中で，これまで**エ**環境に配りょした取り組みが行われていることが分かりました。資源が少ない日本だからこそ，再生可能エネルギーの利用にも積極的に取り組んでいます。私たち自身も意識を高く持ち，環境を守るために行動を起こすことがとても大切です。

4　下線部**エ**「環境に配りょした取り組み」とあります。下の**図2**，**図3**は，国内で過去に発電に使用したエネルギーの割合と，将来に使用するエネルギーの割合を予想したものです。2030年までにはその割合はどのように変化するか。また，変化は環境を守るためにどのような効果があると考えられるか，それぞれ答えなさい。

図2　2019年の使用エネルギーの割合

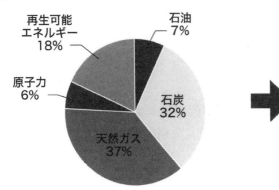

再生可能エネルギー 18%
石油 7%
原子力 6%
石炭 32%
天然ガス 37%

図3　2030年の使用エネルギーの割合予想

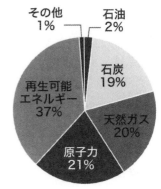

その他 1%
石油 2%
石炭 19%
再生可能エネルギー 37%
天然ガス 20%
原子力 21%

（出典　資源・エネルギー庁ＨＰを元に作成）

1　りかさんとさとしさんは野外活動で宿泊施設の自然の家に行きました。始めに自然の家周辺のボーリング試料を使って地層の学習を行います。

次の1〜3の問題に答えなさい。

りかさん	ボーリング試料を見ると，自然の家の地下10mまでは，砂岩の層が続いています。
さとしさん	さっき通ってきた駅の周辺は，もう少し深い位置に砂岩の層があります。駅の地下10mまでは，れき岩の層が続いています。
先　　生	それぞれの場所で出てきたぎょう灰岩は，どれも同じ時期にできたものです。そこから考えると，自然の家の下にある砂岩の層と駅周辺の下にある砂岩の層は，ちがう時代に作られたものだということが分かりますね。
りかさん	駅の砂岩の方が古い層ですね。あと，四つのボーリング試料を比べると，北から南に向かって層がかたむいていることが分かります。

1　自然の家と駅は図1のA〜Dのそれぞれどこですか。会話と図1，図2をもとに，記号で答えなさい。

図1　自然の家周辺の地図

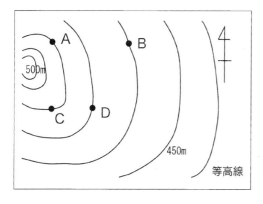

図2　図1A〜D地点における地下の様子を表したもの

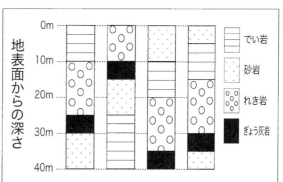

2　さとしさんと先生が自然の家の中にある花びんを見て会話をしています。あとの（1），（2）の問題に答えなさい。

さとしさん	植物を入れている花びんの水の量が減っていました。減った水は，植物が吸い上げ，ア その水は，葉からだけ出ていくんですよね。
先　　生	植物には，気孔という穴があって，そこから水が出ていくんだよ。イ 水が出ていく穴は葉だけでなく，くきにもあるんです。
さとしさん	え，そうなんですか。本当かどうか実験をして確かめてみたいです。
先　　生	では，次はそのことを調べてみましょう。

（1）下線部ア「その水は，葉からだけ出て行く」とあります。実験1を行ったとき，さとしさんの考えが正しかった場合どのような結果になると考えられるか，答えなさい。

実験1

> ① 右のように植物を試験管の中に入れる。
> ② 蒸発を防ぐために水面を食用油でおおう。
> ③ 始めの水面の位置に印をつける。
> ④ 葉全体にワセリンをぬり，水が出ていく穴をふさぐ。
> ⑤ 日光があたるベンチに1時間置く。
> ⑥ 水面の位置の様子を確かめる。

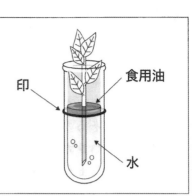

印　食用油

水

（2）　下線部**イ**「水が出ていく穴は葉だけでなく，くきにもある」とあります。それを確かめるために条件を変えて**実験2**を行いました。減った水の量をそれぞれ**a～d**とすると**a**と**b**，**c**，**d**にはどのような関係があるか，**a**を**b**，**c**，**d**を使った式で答えなさい。ただし，植物ごとのちがいは考えないものとします。

実験2

> ① 水を入れた試験管の中に植物を入れ，水面を食用油でおおう。これを4組用意し，下の表のようにそれぞれワセリンのぬり方を変える。
> ② 日光があたるベンチに1時間置く。
> ③ a～dの量をそれぞれ調べる。

印　食用油

水

ワセリンのぬり方	ワセリンをぬらない	ワセリンを葉の表と裏にぬる	ワセリンを葉の表にだけぬる	ワセリンを葉の裏にだけぬる
減った水の量	a	b	c	d

3　自然の家で，野菜のなえを植える活動を行いました。先生，さとしさん，りかさんの3人が10分交代で畑に植える作業をした時，次のようになりました。あとの**（1）**，**（2）**の問題に答えなさい。

　　ただし，3人が1分間に植える本数はそれぞれ一定であるものとします。

> ・先生→さとしさん→りかさん→先生の順に植えると，90本植え終わりました。
> ・さとしさん→りかさん→先生→さとしさんの順に植えると，70本植え終わりました。
> ・りかさん→先生→さとしさん→りかさんの順に植えると，80本植え終わりました。
> ※りかさんが一人で90本植える時，45分かかりました。

（1）　先生，さとしさん，りかさんが1分間で植えるなえの本数の比を求め，答えなさい。ただし，答えはできるだけ小さい整数の比で答えることとします。

（2）　152本のなえを3人が順番に10分ずつ交代しながら植えるとき，最も早く植え終えるにはどの順番で植えるとよいか，また何分で植え終わるか答えなさい。

2　　じろうさんはお母さんと洗たくをしています。
　　　次の1〜3の問題に答えなさい。

> お母さん　洗たく機は，洗たく物を回転させて洗っているのよ。
> じろうさん　モーターを利用して回転させているんだね。
> お母さん　モーターには電磁石が使われているのよ。
> じろうさん　そうなんだね。洗たくが終わったらぼくがハンガーに干すよ。
> お母さん　ハンガーがかたむかないように干してね。終わったら少し休みましょう。

1　下線部「モーターには電磁石が使われている」とあります。じろうさんは，電磁石について調べる次のような実験をしました。じろうさんは，かん電池，スイッチ，コイルを直列につなぎ，電流を流して電磁石を作ると，方位磁針は図1のようになりました。その後じろうさんが，コイルの巻き数を変化させたところ，方位磁針は図2のようになりました。図2となった理由をコイルの巻き数の変化をもとに答えなさい。

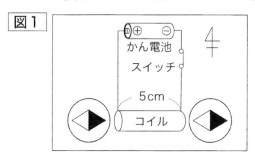

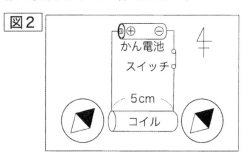

2　じろうさんは，図3のようなハンガーに洗たく物を干しました。図4は何も干していないハンガーを横から見た様子を簡単に表したものです。中心を0として，同じ間かくで1〜8まで左右に番号をつけています。図5のように左側の6の位置にぬれたシャツを干し，右側の8の位置に重さが300gのぬれたタオルを干すと，ハンガーは水平になりました。しばらくすると洗たく物がかわき，ハンガーがかたむいていたので，図6のようにシャツを左側の5の位置に移動させると，ハンガーは水平になりました。このときのかわいたタオルの重さは200gでした。シャツがかわいたときに何gの水が蒸発したか答えなさい。

図4　何も干していないハンガーを横から
　　　見た様子を簡単に表したもの

図3　ハンガー

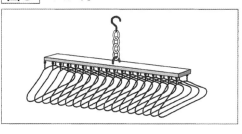

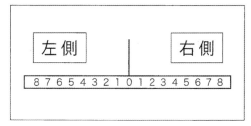

図5　300gのぬれたタオルと
　　　ぬれたシャツを干した様子

図6　200gのかわいたタオルと
　　　かわいたシャツを干した様子

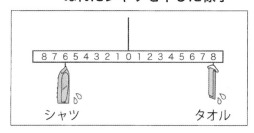

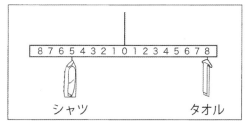

3　洗たく物を干し終えたじろうさんはお母さんと飲み物を飲みながら,休むことにしました。あとの**（1）**,**（2）**の問題に答えなさい。

> じろうさん　お母さんは,コーヒーに砂糖を入れるの。
> お母さん　私は,入れるよ。昔は温かいコーヒーには角砂糖をよく使ったわ。今は,**ア**スティックシュガーを使うことが多いわね。
> じろうさん　冷たいコーヒーにはシロップを使うことが多いね。シロップには,砂糖と比べて,よりあま味を感じる種類の糖分が入っているらしいよ。
> お母さん　そうね。そしてシロップには**イ**糖分がたくさん入っているから入れすぎには注意が必要よ。
>
> 　　　　　　　　　　　　　　　　　　　［注］角砂糖とは,砂糖を立方体状に固めた物

（1）　下線部**ア**「スティックシュガーを使うことが多い」とあります。じろうさんは,その理由を「角砂糖よりスティックシュガーの方が速くとけるから」と予想して,それを確かめるための実験を考えました。実験として,ふさわしいと考えられるものを次の**あ～か**から**2つ**選び,記号で答えなさい。

　　ただし,実験で使用する角砂糖とスティックシュガーの成分は同一のものとします。

> **あ**　20℃の水500mLに3gの角砂糖を2個加え,放置する。
> **い**　20℃の水250mLに3gのスティックシュガーを2本加え,スプーンで混ぜる。
> **う**　70℃の水250mLに3gの角砂糖を1個加え,放置する。
> **え**　20℃の水250mLに3gのスティックシュガーを1本加え,スプーンで混ぜる。
> **お**　70℃の水250mLに3gのスティックシュガーを1本加え,放置する。
> **か**　70℃の水250mLに3gの角砂糖を1個加え,スプーンで混ぜる。

（2）　下線部**イ**「糖分がたくさん入っている」とあります。お母さんは温かいコーヒーに1本3gのスティックシュガーを,じろうさんは冷たいコーヒーに1個11gのシロップを入れて飲みました。なお,**図7**は,じろうさんが使ったシロップ1個あたりの成分量の割合を示したグラフです。

　　じろうさんが使ったシロップ1個には,お母さんが使ったスティックシュガー1本の何倍の量の糖分が入っているか答えなさい。

　　ただし,お母さんが使ったスティックシュガーには,糖分である砂糖以外の成分は入っていないものとし,答えは小数第二位を四捨五入して,小数第一位まで表すこととします。

図7　じろうさんが使ったシロップ1個あたりの成分量の割合

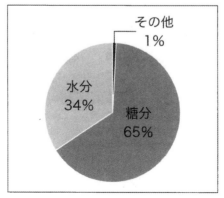

3　すすむさんとお父さんは来週行くキャンプについて話をしています。
　　次の1～3の問題に答えなさい。

すすむさん　来週のキャンプ楽しみだね。
お父さん　**ア**午後1時丁度にキャンプ場に着きたいな。
すすむさん　うん。そのキャンプ場では何ができるの。
お父さん　このキャンプ場では**イ**ドラムかんのふろに入る体験ができるんだ。
　　　　　そのドラムかんに人が入ってもあふれない量の水を入れるよ。
すすむさん　大変そうだけどがんばってみるよ。
お父さん　たのんだよ。それと**ウ**キャンプ場にテントを張るよ。

1　下線部**ア**「午後1時丁度にキャンプ場に着きたい」とあります。家からキャンプ場までは車と徒歩で移動します。キャンプ場までは52kmの道のりがあり、最後の2kmは徒歩です。車は時速40km、徒歩は時速4kmで移動すると考えると、午後1時丁度に着くには家を何時何分に出発するとよいか答えなさい。

2　下線部**イ**「ドラムかんのふろ」とあります。あとの**(1)**, **(2)** の問題に答えなさい。

(1)　お父さんが、かたまでふろに入ったとき、あふれないように水を入れます。**図1**のようにドラムかんは直径60cmで高さが90cmの円柱です。また、ふろの底に設置しているやけど防止の板は、縦40cm、横40cm、高さ2cmの直方体です。お父さんのかたまでの体積が70Lとすると、水は最大何L入れることができるか答えなさい。
　　ただし、水面は円柱の高さをこえないものとし、円周率は3.14とします。

(2)　**(1)** で求めた水の体積とやけど防止の板の体積の合計は、ドラムかんの容積の何%になるか答えなさい。答えは小数第二位を四捨五入して、小数第一位まで表すこととします。

図1　ドラムかんのふろ

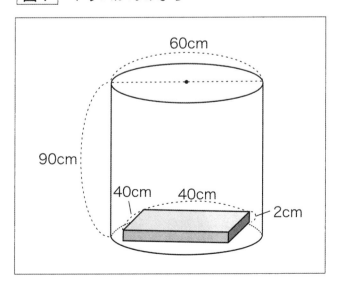

3　下線部**ウ**「キャンプ場にテントを張る」とあります。キャンプ場は**図2**のようにA区画（縦2m，横3m），B区画（縦4m，横5m），通路（はば1m）で区切られています。あとの**(1)**，**(2)**の問題に答えなさい。

図2　キャンプ場の区画と区画の区切り方

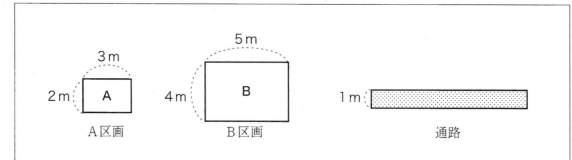

区画の区切り方
（Ⅰ）南北方向はA区画，通路，B区画，通路，A区画，…の順をくり返して区切る。
（Ⅱ）東西方向はA区画，B区画をそれぞれ横につなげていき，縦の区切りがそろったところを通路で区切る。

(1)　一辺が15mの正方形の区画を**図2**の区切り方で切ると**図3**のようになります。このとき，**図3**全体のA区画の面積，B区画の面積，通路の面積の比を求め，答えなさい。

　　　　ただし，答えはできるだけ小さい整数の比で答えることとします。

(2)　キャンプ場は**図4**のように一辺が255mの正方形です。この区画を**図2**の区切り方で区切ったとき，縦（南北）と横（東西）の通路はそれぞれ何本か答えなさい。

図3　一辺が15mの正方形の区画　　**図4**　一辺が255mの正方形の区画

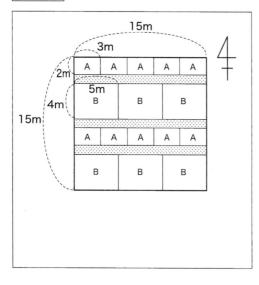

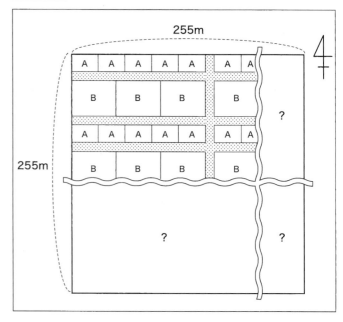

茨城県立中学校・中等教育学校

1

　あおいさんは、おじいさんの家に遊びに行きました。おじいさんが飼っているメダカを見ながら2人で話をしています。

あおい：おじいさん、わたしも家でメダカを飼うことにしたんだ。インターネットで
　　　　調べてみたら、こんなページ（**資料**）があったよ。

おじいさん：よく見つけたね。分からないことについて、何でも自分で調べるのはいいこと
　　　　だね。

資料　メダカの飼い方のページ

☆メダカの飼い方☆
おすすめの水そうと水の量について

　メダカを飼うときの水そうは、置く場所やメダカの数などを考えて選びましょう。

【おすすめの水そう】

　いろいろな大きさや形の水そうがありますが、その中でもおすすめの直方体の形をした水そうをしょうかいします。

商品名	縦 (cm)	横 (cm)	高さ (cm)	容積 (L)
A	20	30	24	14.4
B	24	45	30	32.4
C	30	60	36	64.8
D	45	90	42	170.1

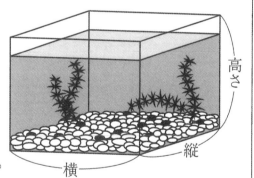

※　縦、横、高さは水そうの内側の長さを表します。

【メダカの数と水の量の関係】

　メダカ1ぴきあたりの水の量は1Lくらい必要と言われています。しかし、水のよごれ方や水の温度の変化のことを考えると、メダカ1ぴきあたりの水の量はさらに多いほうが育てやすいです。

おじいさん：いろいろなことが書いてあるね。うちの水そうの大きさは、縦30cm、横60cm、高さ36cmだから、**メダカの飼い方のページ（資料）** のCの水そうと同じだよ。

あおい：おじいさんの家の水そうは大きいね。わたしは、置く場所のことを考えて一番小さいAの水そうにするよ。

おじいさん：値段はいくらなの。

あおい：Aの水そうは、定価3200円って書いてあったよ。今なら1割引きの値段で売ってるよ。

問題1 定価3200円の1割引きの値段を求めるための式を書きなさい。また、その値段は何円かを求めなさい。ただし、消費税は考えないものとする。

おじいさん：ところで、メダカは何びき飼うの。

あおい：できるだけたくさん飼いたいとは思っているんだ。**メダカの飼い方のページ（資料）** の **【メダカの数と水の量の関係】** を読むと、1ぴきあたりの水の量を考えてメダカの数を決めたほうがいいようだね。

おじいさん：そうだよ。それは、おじいさんも気をつけているんだ。でも、きちんと計算したことはないな。

あおい：それじゃ、計算してみようよ。おじいさんの家ではメダカを何びき飼っているの。

おじいさん：30ぴきだよ。水そうに水だけを入れたとき、水そうの底から水面までの高さは、水そうの高さの $\frac{5}{6}$ 倍にしているよ。

問題2 おじいさんの家の水そうのメダカ1ぴきあたりの水の量は何Lかを求めなさい。ただし、水そうの底と水面はつねに平行になっているものとする。

あおい：**メダカの飼い方のページ（資料）**を読むと、「水の量はさらに多いほうが育て
　　　　やすい」と書いてあるから、わたしはメダカ1ぴきあたりの水の量を2L以上
　　　　にしようかな。

おじいさん：それがいいね。そうすると、何びき飼うことができるかな。水そうをそうじ
　　　　するときに水がこぼれちゃうから、水そうの底から水面までの高さは、水そう
　　　　の高さより3cm以上低くしたほうがいいよ。

あおい：うん、気をつけるよ。それに、メダカを飼うときには水そうに小石と水草も
　　　　入れないとね。

おじいさん：うちの水そうに小石と水草を入れたら、水そうの底から水面までの高さが
　　　　水そうに水だけを入れたときより1cm高くなったよ。

あおい：Aの水そうはおじいさんの家の水そうより小さいから、おじいさんの家の
　　　　水そうに入れた小石と水草のちょうど半分にするよ。計算すると水そうに入れ
　　　　られる水の量は最大でこうなるね。

> **あおいさんの考え**
>
> 　Aの水そうの容積から、条件に合うように水の量を減らせばよいので、
> 14400 −（1800 + <u>900</u>）= 11700

おじいさん：そうだね。

あおい：だから、メダカは**最大**　　　　　飼うことができるよ。

問題3　あおいさんとおじいさんの会話文中の　　　　　にあてはまる最も適切なものを、
　　　　次の**ア〜エ**から1つ選んで、その記号を書きなさい。

　　　　また、**あおいさんの考え**の中の下線部「<u>900</u>」はどのように求めたのか、言葉や
　　　数、式などを使って説明しなさい。ただし、文字に誤りがないようにしなさい。

　　ア　4ひき　　　　　**イ**　5ひき　　　　　**ウ**　6ぴき　　　　　**エ**　7ひき

2

けんたさんとゆうかさんは、きれいな模様に興味をもったので、正方形を組み合わせてできる簡単なデザインを考えています。

けんた：こんなデザイン（**図1**）を考えたけど、どうかな。

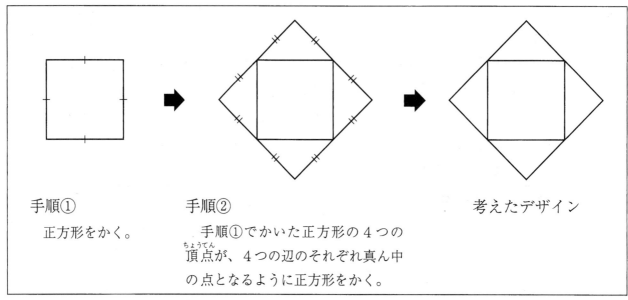

手順①　　　　　　　手順②　　　　　　　　　　　　　　考えたデザイン

正方形をかく。　　　手順①でかいた正方形の４つの
　　　　　　　　　　頂点が、４つの辺のそれぞれ真ん中
　　　　　　　　　　の点となるように正方形をかく。

図1　けんたさんの考えたデザイン

　　ゆうか：いいデザインだね。あとは、内側の正方形とまわりの４つの三角形を合わせた
　　　　　　５つの部分に、色をどうぬるかだね。
　　けんた：赤、青、黄の３色全部使ってぬり分けようと思うんだ。
　　ゆうか：内側の正方形とまわりの三角形が同じ色にならないようにしようよ。
　　けんた：そうだね。

ゆうか：そうすると、まわりの４つの三角形のうちどれかは同じ色になるから、
　　　　ぬり分け方は、この３つの場合（**図２**）があるね。

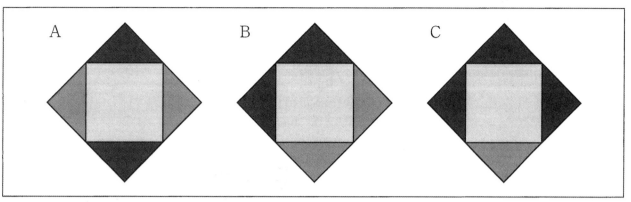

図２　色のぬり分け方の３つの場合

けんた：そうだね。Ａのようなぬり分け方は、どこに何色をぬるかを考えると、全部で
　　　　何通りあるのかな。
ゆうか：回転して同じになるものがあるから、３通りだね。
けんた：なるほど。同じように考えると、Ｂの場合は全部で　①　だね。
ゆうか：そうだね。それから、Ｃの場合は全部で　②　だね。
けんた：そうすると、３色での色のぬり分け方は、この３つの場合を合わせて、全部で
　　　　　③　だね。どのぬり分け方にしようかな。

問題１　けんたさんとゆうかさんの会話文中の　①　～　③　にあてはまる最も
　　　　適切なものを、次の**ア～オ**からそれぞれ１つ選んで、その記号を書きなさい。ただし、
　　　　同じ記号は何度使ってもよいものとする。また、回転して同じになるものは同じ
　　　　ぬり分け方とする。

　ア　３通り　　　**イ**　６通り　　　**ウ**　９通り　　　**エ**　12通り　　　**オ**　15通り

ゆうか：わたしは**けんたさんの考えたデザイン**（**図1**）の外側に、同じ手順で、あと
　　　　3つ正方形を増やして、こんなデザイン（**図3**）にしようかな。

けんた：それなら、シンプルに白、黒の2色でぬり分けるといいんじゃない。

ゆうか：すごくいいね。

けんた：そうすると、この**白、黒2色でぬり分けたデザイン**（**図4**）で、白の部分の
　　　　面積は一番内側の黒の正方形の面積の　④　倍だね。

ゆうか：そうだね。それから、黒の部分の面積は、白の部分の面積の　⑤　倍だね。

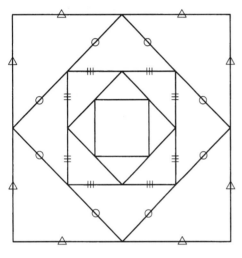

図3　ゆうかさんの考えたデザイン

図4　白、黒2色でぬり分けたデザイン

問題2　けんたさんとゆうかさんの会話文中の　④　、　⑤　にあてはまる数を
　　求めなさい。

3

4月のある日、緑化委員のけんたさんとゆうかさんは、理科の授業で育てたツルレイシが、窓（まど）から入る日差しを防ぎ、室内の温度が上がるのをおさえる**緑のカーテン**（図1）になることを学習しました。そこで、学校の窓辺（まどべ）でツルレイシをさいばいしようと相談しています。

図1　緑のカーテン

図2　すだれ

けんた：最近、電気代が高くなっているって、ニュースで見たよ。

ゆうか：そうだね。電気を節約しないといけないね。わたしたちにできることはないかな。

けんた：エアコンの設定温度を上げる方法があるね。

ゆうか：でも、設定温度を上げたら室内が暑くなってしまうじゃない。

けんた：理科の授業で学習したツルレイシの**緑のカーテン**なら、窓から入る日差しを防ぐものがない（**何もなし**）ときと比べて、室内の温度が上がるのをおさえられるんじゃないかな。

ゆうか：なるほどね。でも、前にツルレイシを育てたとき、世話をするのが大変だったな。日差しを防ぐなら**すだれ**（図2）でもいいんじゃないかな。

けんた：たしかに、ツルレイシを育てるのは大変なこともあるけれど、このグラフ（図3）を見てごらんよ。**すだれ**よりもツルレイシの**緑のカーテン**のほうが室内の温度が上がらないんだよ。

ゆうか：本当だね。でも、**すだれ**も同じように日差しを防いでいるのに、どうして**緑のカーテン**のほうが室内の温度が上がらないんだろう。

けんた：それは、ツルレイシが日差しを防ぐだけじゃなくて、葉から水を出しているからじゃないかな。

ゆうか：それはどういうことかな。

けんた：a 葉の気孔（きこう）から水が水蒸気（すいじょうき）として出ていくときに、　　　　　からだよ。

ゆうか：なるほど。それじゃあ、b葉からどのくらいの水が出ているのか調べてみよう。

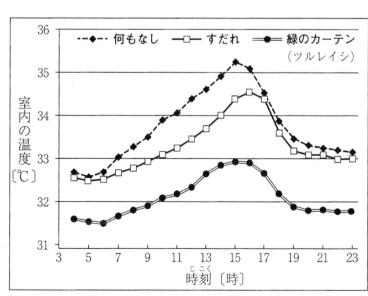

図3　室内の温度の変化

（国立研究開発法人建築研究所の資料より作成）

問題1　図3のグラフから読み取れる内容として、次の**ア〜エ**のうち正しいものには**〇**を、誤（あやま）っているものには**✕**を書きなさい。

ア　どの時刻（じこく）でも、**緑のカーテン**と**何もなし**の温度差は、**すだれ**と**何もなし**の温度差と比べて大きい。

イ　15時のときの**何もなし**の室内の温度は、**緑のカーテン**の室内の温度の2倍以上である。

ウ　**何もなし**、**すだれ**、**緑のカーテン**のどの室内の温度でも最高温度を記録した時刻は15時である。

エ　7時から14時の間で、室内の温度変化が最も大きいものは**何もなし**である。

問題2　下線部 **a**「葉の気孔（きこう）から水が水蒸気（すいじょうき）として出ていく」のことを何というか、最も適切なものを、次の**ア〜オ**から1つ選んで、その記号を書きなさい。また、**緑のカーテン**のほうが、**すだれ**よりも室内の温度が上がらない理由を、会話文中の　　　　　　　　　　に入るように、**15字以内**で書きなさい。ただし、「、」も1字として数え、文字に誤りがないようにしなさい。

ア　蒸散（じょうさん）　　イ　放出　　ウ　光合成　　エ　吸収（きゅうしゅう）　　オ　呼吸（こきゅう）

問題3　下線部 **b**「葉からどのくらいの水が出ているのか調べてみよう」について、けんたさんとゆうかさんは、**緑のカーテン**全体から出るおおよその水の量を調べるために方法を考えた。次の**ア〜オ**のうちどれを組み合わせるとよいか、**3つ**選んで、その記号を書きなさい。ただし、すべての葉は同じものとし、**緑のカーテン**の葉にはすき間や重なりがないものとする。

ア　1枚（まい）の葉の面積を調べる。

イ　1枚の葉の気孔の数を調べる。

ウ　1枚の葉から出る水の量を調べる。

エ　**緑のカーテン**全体の面積を調べる。

オ　**緑のカーテン**の温度を調べる。

その後、ツルレイシが育ち、**緑のカーテン**が完成しました。けんたさんとゆうかさんが話をしています。

ゆうか：授業で学習したとおり、**緑のカーテン**があるとすずしく感じるね。

けんた：そうだね。これで電気を節約できると思うけど、どのくらいの効果があるのかな。

ゆうか：インターネットで調べてみると、月別の電気使用量は、消費電力量で表されるんだって。だから、消費電力量を比べれば、どのくらい節約できたかわかるんじゃないかな。

けんた：なるほど。消費電力量の単位はkWh（キロワット時）が使われているね。

ゆうか：確か理科室に消費電力量を調べることができる測定器があったよ。

けんた：それなら、この部屋（**緑のカーテン**がある）と、となりの部屋（**緑のカーテン**がない）を比べて、どのくらい電気を節約できるか確かめてみようよ。

ゆうか：となりの部屋なら、大きさや日当たりも同じだし、エアコンも同じものが使われているから比べられるね。さっそくエアコンの設定温度を28℃にして、8時から11時の間の消費電力量を調べてみよう。

けんたさんとゆうかさんは、6日間の消費電力量を測定しました。次の**表**は、その記録をまとめたものです。

表 設定温度28℃のときの6日間の消費電力量（kWh）

緑のカーテン	1日目	2日目	3日目	4日目	5日目	6日目
あり	1.08	0.97	0.39	0.60	0.74	0.90
なし	1.55	1.40	0.67	0.90	0.94	1.25

ゆうか：**緑のカーテン**がある部屋のほうが**緑のカーテン**がない部屋より、電気を節約できていることがわかるね。

けんた：これなら、エアコンの設定温度をもう少し上げても過ごせるかもしれないね。設定温度を上げて、**緑のカーテン**と組み合わせれば、もっと電気を節約できるんじゃないかな。

ゆうか：それはいいアイデアだね。**緑のカーテン**があって、エアコンの設定温度を上げたときにどのくらい電気を節約できるか考えてみよう。

問題4　**緑のカーテン**がある部屋でエアコンの設定温度を1℃上げた場合、設定温度28℃で**緑のカーテン**がない部屋と比べて、6日間の消費電力量の合計は何％減少することになるか、小数第1位を四捨五入して**整数で書きなさい**。ただし、エアコンの消費電力量は設定温度を1℃上げると、温度を上げる前に対して13％節約できるものとする。

けんたさんとゆうかさんは、授業で作った電磁石に興味をもち、その性質をくわしく調べようとしています。

けんた：鉄くぎにビニル導線を200回巻いて、コイルを作り、電磁石を作ったよ。

ゆうか：実験台に電磁石の性質を調べる回路（図1）を用意したよ。電磁石に電流を流して、鉄のクリップがいくつ引きつけられるか調べてみよう。

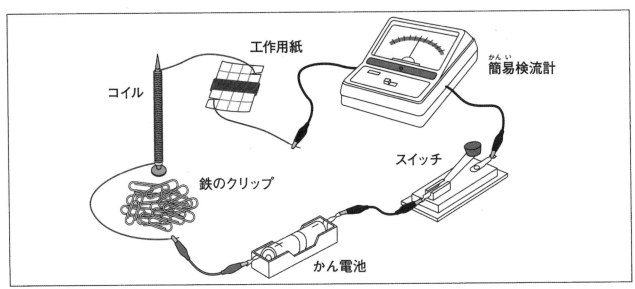

図1　実験用の回路
（大日本図書「たのしい理科5年」より作成）

けんた：クリップがたくさん引きつけられたね。200回も巻いたから、たくさん引きつけられたのかな。巻き数を半分にしたら、引きつけられるクリップの数はどう変わるのだろう。

ゆうか：巻き数が半分なら、クリップの数も半分になると思う。コイルのビニル導線を巻き直して、100回巻きのコイルでもう一度実験してみようよ。

けんた：100回巻きのコイルを作ってみたけど、200回巻きのときに比べて、ビニル導線がかなり余ったよ。

ゆうか：ペンチを使って、ビニル導線を切って短くしよう。

けんた：あっ、今はコイルの巻き数と電磁石の強さの関係を調べたいから、ビニル導線は切らないほうがいいと思うよ。

ゆうか：確かにそうだね。切らずに工作用紙に巻きつけておくよ。

問題1　けんたさんが下線部「コイルの巻き数と電磁石の強さの関係を調べたいから、ビニル導線は切らないほうがいい」のように考えたのはなぜか、その理由を解答らんの「コイルの巻き数」の後に続けて、**15字以内**で書きなさい。ただし、「、」や「。」も1字に数え、文字に誤りがないようにしなさい。

電磁石に興味をもったけんたさんとゆうかさんは、小学校に設置されている火災報知器に電磁石の性質が利用されていると知り、火災報知器の模型を作ることにしました。

けんた：先生、火災報知器の模型（**図2**）を作ってみました。

先　生：スイッチを入れると、コイルに電流が流れるようになっているのですね。

ゆうか：電流が流れると、鉄の棒が動いてかねをたたき、音が鳴ります。

先　生：よくできていますが、この模型はくり返し音が鳴らないと思います。くり返し音が鳴ったら、さらに実際の火災報知器に近づきますね。

ゆうか：音を鳴らした後に、鉄の棒がもとの位置にもどればいいですよね。先生、この絵（**図3**）を見てください。こんなふうに、よくしなるうすい鉄の板に、鉄の棒をしばりつけるのはどうでしょうか。

先　生：それなら鉄の棒は音を鳴らした後、自然にもとの位置にもどりそうですね。

ゆうか：スイッチを入れたままにしておけば、鉄の棒はまたすぐに動いて、もう一度音が鳴ると思います。

けんた：その方法なら、くり返し音が鳴る火災報知器の模型になりそうですね。

先　生：実際に模型を作る前に、1つ1つの動きを書き出して図にまとめてみると、全体のしくみがより理解しやすくなりますよ。やってみてください。

茨城県立中学校 中等教育学校

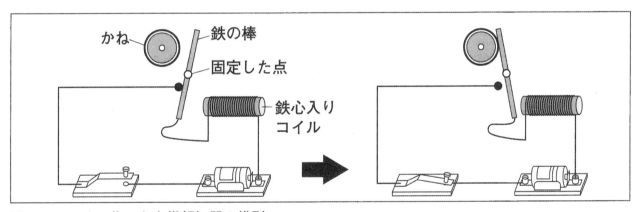

図2　はじめに作った火災報知器の模型

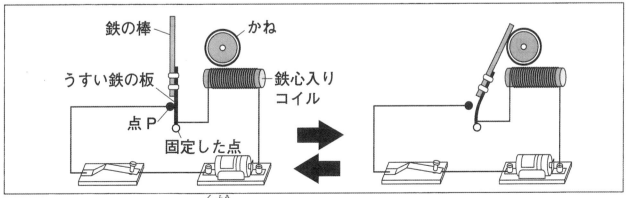

図3　くり返し音が鳴るように工夫した火災報知器の模型図

問題2 次の**ア**〜**オ**に示された電磁石の性質のうち、**図3**の火災報知器の模型（もけい）に利用されているものには**〇**を、利用されていないものには**×**を書きなさい。

ア コイルの巻き数が変わると、鉄を引きつける力の大きさが変わる。
イ かん電池の数を増やすと、鉄を引きつける力の大きさが変わる。
ウ 電流が流れるときだけ、鉄心入りコイルが磁石のようなはたらきをする。
エ 電流が流れる向きを反対にすると、N極とS極が反対になる。
オ はなれていても鉄を引きつけることができる。

問題3 けんたさんとゆうかさんは、**図3**の火災報知器の模型について、**図4**のように短い文をつなげてくり返し音が鳴るしくみをまとめることにしました。**図4**の①〜③にあてはまる文として最も適切なものを、次の**ア**〜**オ**からそれぞれ1つずつ選んで、その記号を書きなさい。

ア 「うすい鉄の板」と「点P」がつながる。
イ 電磁石のN極とS極の向きが反対になる。
ウ 「鉄の棒（ぼう）」が「かね」からはなれる。
エ 電磁石が「鉄の棒」を引きつける。
オ 「鉄の棒」が電磁石にしりぞけられる。

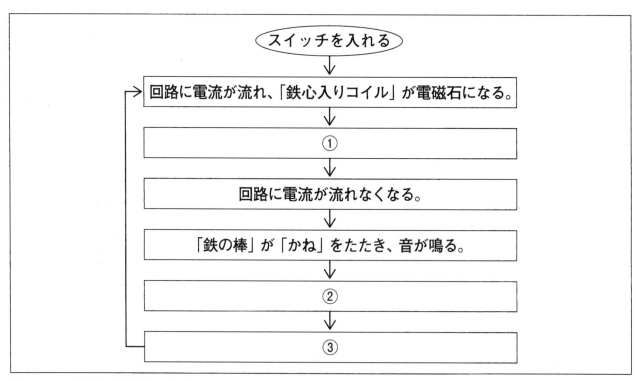

図4　くり返し音が鳴るしくみ

茨城県立中学校 中等教育学校

問題4 くり返し音が鳴る火災報知器の模型を作ったけんたさんとゆうかさんは、かねをたたく鉄の棒がどのくらいの速さで動いているのか気になり、調べてみることにしました。次の2人の会話文中の　　　　　にあてはまる数を書きなさい。

けんた：鉄の棒はとても速く動いているように見えたよ。鉄の棒の動きを動画にとって速さを調べてみよう。

ゆうか：タブレット端末を使って動画をとってみるね（**図5**）。よし、上手にとれたと思う。

けんた：ありがとう。スロー再生して、鉄の棒の動きを観察してみよう。

ゆうか：鉄の棒が何度も往復してかねをたたいていることがよくわかるね。かねをたたいた瞬間を0回目とすると、そこから5回かねをたたくのに1.25秒かかっているみたい。あとは鉄の棒の先端が動いた道のりを調べれば、速さがわかるね。

けんた：鉄の棒の先端が1往復する道のり（**図6**）を測ってみたら、8mmだったよ。計算して速さを求めてみよう。速さの表し方には、時速、分速、秒速の3つがあるけれど、時速なら自動車や新幹線などの速さと比べることもできそうだね。

ゆうか：時速ではよくキロメートルを使うから、長さの単位はキロメートルにしてみよう。計算すると、鉄の棒の速さは時速　　　　　kmだね。

けんた：もっと速く動いているように見えたけれど、計算してみると思っていたよりもおそいことがわかったよ。身近なことに疑問をもったら、そのままにせず実験や観察をして確かめてみることが大切だね。

図5　タブレット端末を使うようす

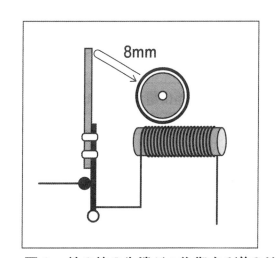

8mm

図6　鉄の棒の先端が1往復する道のり

（解答用紙は別冊11P）（解答例は別冊8P）

1

東京都に住むけいこさんは、駅で「茨城デスティネーションキャンペーン」のポスターを見て、10月の週末にお父さんと茨城県の霞ヶ浦周辺でサイクリングとキャンプをしました。その時にもらったチラシを見ながら話をしています。

「茨城デスティネーションキャンペーン」のロゴマーク

お父さん：茨城県に行ってよかったね。地域と鉄道会社が一体となった観光キャンペーンだから、鉄道を使った人も多かったね。ロゴマークにある「体験王国いばらき」という言葉のとおり、よい体験ができたね。

けいこ：ロゴマークには、キャンプとサイクリング、それに豊かな自然もえがかれているよ。

お父さん：茨城県の魅力がわかりやすく示されているね。体験できることもわかるね。

けいこ：キャンペーンを記念して運行したサイクルトレインに乗れたのもよかったね。電車に自転車をそのままのせることができて、とても便利だったよ。

お父さん：a 道の駅までサイクリングしたときの景色は、すばらしかったね。

問題1　下線部a「道の駅までサイクリング」について、けいこさんは、サイクリング地図（**資料1**）とサイクリングの記録をかきました。**資料1**をもとに、【**サイクリングの記録**】の　**A**　、　**B**　にあてはまるおおよその方位とおおよそのきょりの組み合わせとして最も適切なものを、下の**ア〜エ**から1つ選んで、その記号を書きなさい。

資料1　けいこさんがつくったサイクリング地図（略図）

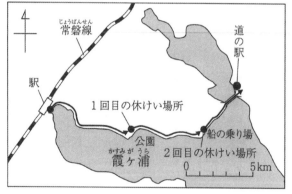

【サイクリングの記録】

　駅の東口から湖に沿って進んでいくと、小さな公園があり、ここで1回目の休けいをした。さらに湖に沿って進んでいくと、船の乗り場が見えてきた。次の日にここから観光帆引き船の見学船に乗るので、下見のためこの近くで2回目の休けいをした。2回目の休けい場所からおおよそ　**A**　方向に　**B**　進むと道の駅に着いた。

ア	A 北東	B 約4km	
ウ	A 北東	B 約8km	
イ	A 南東	B 約4km	
エ	A 南東	B 約8km	

けいこ：道の駅では、地元の野菜を売っていたね。そこで、b キャンプで使った野菜をたくさん買ったんだよね。

お父さん：そうだね。どの野菜も新鮮でとてもおいしかったなあ。他のお客さんも茨城県のおみやげを買っていたね。

けいこ：国道沿いにあるから、便利なんだよね。

問題2　下線部 b「キャンプで使った野菜」について、けいこさんは、茨城県産の「ある野菜」に着目し、インターネットから**資料2～資料4**を見つけました。さらにインターネットで調べたことを付け加え、それらを【メモ】にまとめました。「ある野菜」にあてはまるものを**資料2**から1つ選んで、その野菜の名前を書きなさい。また、**資料4**の**あ～う**にあてはまる県の組み合わせとして最も適切なものを、下の**ア～カ**から1つ選んで、その記号を書きなさい。

資料2　東京都中央卸売市場における茨城県産の野菜の月別出荷量（2022年6月～2023年6月）(kg)

	2022年6月	7月	8月	9月	10月	11月	12月	2023年1月	2月	3月	4月	5月	6月
ねぎ	2254761	1926921	1080419	461294	523040	806694	1506006	1515719	978218	869298	762467	1964510	2453424
ピーマン	1849328	1031701	472652	973866	1255762	953367	573940	151600	272841	811929	1243998	1865475	1890827
にんじん	506480	28841	2539	136	1299	68832	286733	275487	408638	313070	48417	332141	634933
れんこん	76022	187708	576086	974223	1043620	1029634	1371725	894418	900784	875992	538824	404306	131087
ほうれん草	407628	130698	81279	153214	305039	502268	524089	534160	574271	773302	556868	608075	354353
たまねぎ	219345	153220	7610	0	145	425	384	45	215	860	24800	79564	197940

（東京都中央卸売市場ウェブページより作成）

資料3　「ある野菜」が生産される県の県庁所在地の月別平均気温の変化（1991年～2020年）

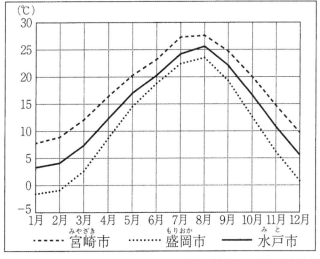

（「理科年表2023」より作成）

資料4　東京都中央卸売市場における「ある野菜」の月ごとの産地別出荷量（2022年6月～2023年6月）

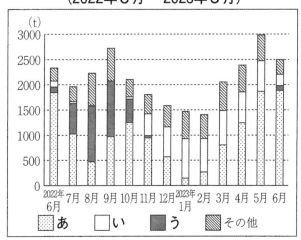

（東京都中央卸売市場ウェブページより作成）

【メモ】＜「ある野菜」の説明＞
・茨城県からは1年を通して東京都中央卸売市場に出荷される。
・茨城県では、2022年9月から10月にかけてと2023年2月から6月にかけての東京都中央卸売市場への出荷量が前の月より増えている。
・ビニールハウスを使うことで、冬でも生産ができる。あたたかい気候の土地では、燃料にかかる費用を少なくすることができる。
・あたたかい地方からの出荷には運送費が多くかかるが、東京に近い県の出荷量が減少する冬は、あたたかい地方からの出荷量が多くなる。

ア　**あ** 茨城県　**い** 岩手県　**う** 宮崎県　　　**イ**　**あ** 茨城県　**い** 宮崎県　**う** 岩手県

ウ　**あ** 岩手県　**い** 茨城県　**う** 宮崎県　　　**エ**　**あ** 岩手県　**い** 宮崎県　**う** 茨城県

オ　**あ** 宮崎県　**い** 茨城県　**う** 岩手県　　　**カ**　**あ** 宮崎県　**い** 岩手県　**う** 茨城県

けいこ：道の駅では、地域（ちいき）で作られたものが売られていたね。c奈良（なら）時代も今と同じ
　　　　ように人やものの流れがあったということを学校で学習したよ。

お父さん：最近、さかんな農業を生かして、茨城（いばらき）県で生産される野菜を外国にd貿易品
　　　　　として輸出しているんだよ。

けいこ：茨城県には、まだわたしたちの知らない魅力（みりょく）がたくさんあるんだね。また、
　　　　茨城県に行ってみたいな。

問題3　けいこさんは、下線部c「奈良時代」について興味をもちました。そこで、その
　　ころの様子を表した**資料5**、**資料6**を参考にし、調べてわかったことを【カード】に
　　まとめました。【カード】の□□□□にあてはまる最も適切なものを、下の**ア〜エ**
　　から1つ選んで、その記号を書きなさい。

資料5　奈良時代の都へ運ばれて　きた各地の主な産物の例

産地	産物
茨城県	あわび、わかめ、くろだい
静岡（しずおか）県	かつお、みかん、海そう
岐阜（ぎふ）県	あゆ、大豆
岡山（おかやま）県	塩、くり、豆でつくった調味料
徳島（とくしま）県	わかめ、うに、しか肉

＊産地は、現在の県名で示している。
（東京書籍（しょせき）「新しい社会6歴史編」より作成）

資料6　奈良時代の都に住む　貴族（きぞく）の食事の例

（教育出版「小学社会6」より作成）

【カード】

　資料5と**資料6**から、奈良時代は各地
から産物が都に集められ、貴族の食事を
支えていたことがわかりました。これは、
国を治める法律（ほうりつ）である「律令（りつりょう）」によって、
□□□□□□□□という農民の負担（ふたん）
があったからです。

ア　役所や寺の土木工事を行う　　　　**イ**　地方の特産物（とさ）を納める
ウ　都で働くか、布を納める　　　　　**エ**　都や九州（きゅうしゅう）などの警備（けいび）をする

問題4　下線部d「貿易品」について、けいこさんは**資料7**を見つけました。**資料7**をもとに、
　　同じ学級のひろしさんと気づいたことをまとめました。下の(1)、(2)の問題に答えなさい。

資料7　日本の主要な貿易品目の変化

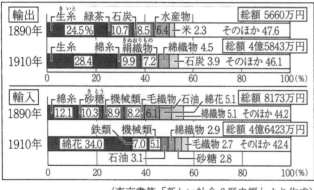

（東京書籍「新しい社会6歴史編」より作成）

【けいこさんとひろしさんのまとめ】

名前	気づいたこと
けいこ	1890年の輸入品目では□A□の割合（わりあい）が最も大きかったが、1910年には□B□を大量に輸入して、それを□C□にして輸出するようになった。日本でも十分な生産ができるようになってきたと考えられる。
ひろし	1890年から1910年にかけて、生糸の輸出額が約□X□倍になっていることから、日本では製糸業が重要な産業となったことがわかった。

(1)　【けいこさんとひろしさんのまとめ】の□A□、□B□、□C□にあてはまる主要な貿易
　品目の組み合わせとして最も適切なものを、次の**ア〜カ**から1つ選んで、その記号を書きなさい。

　ア　A 綿糸　　B 綿織物　C 綿糸　　　　**イ**　A 砂糖　　B 鉄類　　C 石炭
　ウ　A 緑茶　　B 鉄類　　C 石炭　　　　**エ**　A 綿糸　　B 綿花　　C 綿糸
　オ　A 砂糖　　B 綿花　　C 綿糸　　　　**カ**　A 生糸　　B 絹織物　C 生糸

(2)　□X□にあてはまる数字として最も適切なものを、次の**ア〜オ**から1つ選んで、その
　記号を書きなさい。
　ア　2　　　　**イ**　5　　　　**ウ**　9　　　　**エ**　13　　　　**オ**　20

2

けいこさんとひろしさんは、日本の交通に興味をもち、調べてみることにしました。

けいこ：社会の授業で江戸時代に五街道が整備されたことを学習したね。五街道は江戸
　　　　と各地を結んでいた道だったね。

ひろし：江戸と京都を結んでいた「東海道」は、今でもa鉄道の路線名に使われているよ。
　　　　この「東海道」が通っていた地域は、現在のb工業のさかんな地域とも重なるね。
　　　　交通網との関わりがあるのかもしれないね。

けいこ：そうだね。工業製品は、トラックや船などいろいろな方法を上手に組み合わせて
　　　　運ばれているんだよ。

ひろし：その他にもc飛行機を利用した航空輸送もあるよね。ものだけでなく、人の輸送
　　　　にも飛行機が使われているね。

問題1　　下線部a「鉄道の路線名」について、
　　けいこさんは、**資料1**を見つけました。
　　資料1を参考にして、東海道・山陽新幹線
　　が通る都府県にある世界遺産に関係の

資料1　東海道・山陽新幹線の路線図

あるものを**A〜F**の写真の中から**3つ**選んで、東京駅から博多駅の間に通過する
都府県の順にならべ、その記号を書きなさい。

A　厳島神社

B　中尊寺金色堂

C　金閣

D　富岡製糸場

E　日光東照宮

F　姫路城

（**A**、**B**、**E**　東京書籍「新しい社会6歴史編」より作成）

（**C**　教育出版「小学社会6」より作成）

（**D**、**F**　帝国書院「小学生の地図帳」より作成）

問題2 下線部**b**「工業のさかんな地域」について、ひろしさんは**資料2**と**資料3**を見つけました。下の**ア〜エ**のうち、**資料2**、**資料3**からわかることとして、正しいものには○を、誤っているものには×を書きなさい。

資料2 日本の工業のさかんな地域

＊高速道路は、主な自動車専用道路をふくむ。
＊北九州工業地帯は、北九州工業地域とよばれることもある。
（帝国書院「小学生の地図帳」より作成）

資料3 工業地帯・工業地域別の工業生産額（2016年）

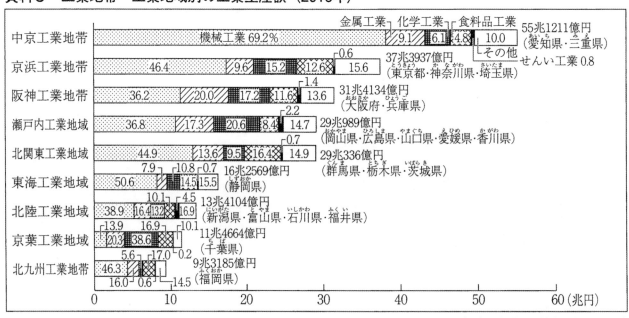

（教育出版「小学社会5」より作成）

ア 関東地方の南部から九州地方の北部にかけて、工業地帯や工業地域が海沿いに広がっている。

イ 高速道路があっても、内陸部には工業のさかんな地域はない。

ウ すべての工業地帯・工業地域において、工業生産額の割合が最も大きいのは、機械工業である。

エ 工業生産額における化学工業のしめる割合が最も大きくなっているのは、瀬戸内工業地域である。

問題3 下線部c「飛行機を利用した航空輸送」について、**資料4**を参考に**資料5**の
A～Cにあてはまる都府県の組み合わせとして最も適切なものを、下の**ア**～**カ**から
1つ選んで、その記号を書きなさい。

また、北海道の年間旅客数に着目し、**資料4**、**資料5**から読み取ったことを、解答用紙
の①「新千歳空港の年間旅客数は、」に続けて、**10字以上、15字以内**で書きなさい。
さらに、①のようになる理由を、**資料6**をもとに、解答用紙の②「北海道の年間旅客数
には、」に続けて、**15字以上、20字以内**で説明しなさい。ただし、「、」や「。」も
1字に数え、文字に誤りのないようにしなさい。

資料4 日本の航空輸送における主な
空港の年間旅客数（国内線と
国際線の合計 2018年度）

空港名〔都道府県〕	年間旅客数 （万人）
東京国際空港 〔東京都〕	8605.1
成田国際空港 〔千葉県〕	4123.8
関西国際空港 〔大阪府〕	2930.8
福岡空港 〔福岡県〕	2484.5
新千歳空港 〔北海道〕	2363.4
那覇空港 〔沖縄県〕	2154.7
大阪国際空港 〔大阪府〕	1629.9
中部国際空港 〔愛知県〕	1234.5

資料5 資料4の空港がある都道府県の航空輸送における
年間旅客数（2018年度）

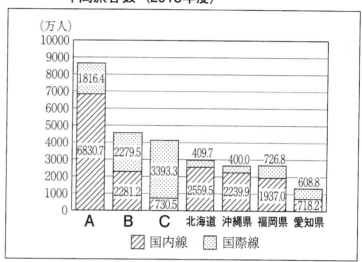

＊大阪国際空港の所在地は大阪府と兵庫県にまたがるが、ターミナルがある大阪府としている。

（**資料4**、**資料5**は、国土交通省「平成30年度 空港管理状況調書」より作成）

資料6 日本の空港

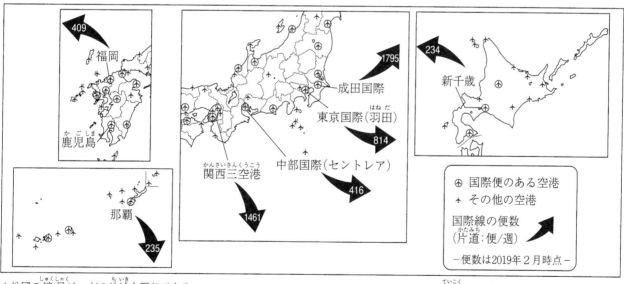

＊地図の縮尺は、どの地域も同じである。　　　　　　　　　（帝国書院「小学生の地図帳」より作成）
＊関西三空港とは、大阪国際空港、関西国際空港、神戸空港を合わせたものである。

ア A 東京都　B 大阪府　C 千葉県　　　　**イ** A 東京都　B 千葉県　C 大阪府
ウ A 大阪府　B 千葉県　C 東京都　　　　**エ** A 大阪府　B 東京都　C 千葉県
オ A 千葉県　B 東京都　C 大阪府　　　　**カ** A 千葉県　B 大阪府　C 東京都

3

　ひろしさんの学年では、総合的な学習の時間に「未来のわたし」をテーマに学習をしています。**資料１**のスライドを用いて学級で中間発表会を行い、みんなから質問や意見をもらいました。今日は、最終発表会に向けてグループで話し合いをしています。

資料１　ひろしさんたちが中間発表会で提示したスライド

茨城県立中学校・中等教育学校

ひろし：今日は、先週の中間発表会をふり返ろう。ぼくたちは、小学生がどんな職業につきたいと思っているのかを調べて、**資料１（１－１）**を提示したんだよね。さらに、世の中にはどんな職業があるのかをもっと知りたくて、いろいろさがして見つけた本の中に、**資料１（１－２）**の分類表を見つけたので、それを提示したんだよね。

けいこ：**資料１（１－１）**の「将来つきたい職業ランキング2022」で、ユーチューバーが第２位だったことに、みんなは驚いていたね。最初の資料として、とても効果的だったと思うよ。

なおき：**資料１（１－２）**については、特に「③『食にかかわる職業』や⑥『スポーツにかかわる職業』について、具体的にどんな職業があるのか」という質問が出たよね。

ひろし：2つの資料とも準備してよかったね。ただ**資料1（1－1）**では、パティシエや警察官などに比べて、「会社員って、具体的に何をしているのかな。」という質問がたくさん出たね。だから、ぼくは、会社員をしている近所のおねえさんに、授業で学んだ**資料2**を生かして、インタビューをしてみたんだ。

資料2　インタビューで気をつけること

① インタビューの目的や意図を明確にし、はじめに相手に伝えること。
② 相手の話の中心を考えながら聞くこと。
③ 相手の話を聞き、興味や疑問をもったことについて、さらに、くわしくたずねること。
④ メモを取りながら、相手の話を聞くこと。
⑤ ていねいな言葉を使うこと。

資料3　ひろしさんが行ったインタビュー

ひろし：こんにちは。ゆうこおねえさんは、どんな仕事をしているのですか。

おねえさん：わたしはゲームを作る会社で企画を任されています。新しいゲームのアイデアを練るために会議や打ち合わせをしたり、決定したことを報告するための書類を作ったりしています。

ひろし：そうなんですね。会社員って、みんなおねえさんと同じような仕事をしているのですか。

おねえさん：ひろしさんは、会社員について知りたいのかな。会社員はみんなが同じ仕事をしているわけではないのです。たとえば、わたしの会社には、企画の他にも、ゲームのキャラクターがアイデアどおりに動くように※プログラミングをする人、みんなに新しいゲームを知らせるための宣伝を考える人、店に商品を売りこむ人など、いろいろな役割の人がいて、チームで仕事を進めています。

ひろし：そうなんだ。ということは、会社がひとつのチームで、会社員はチームのメンバーであるといえますね。

おねえさん：そのとおりです。わたしの会社は、チーム全体でゲームをつくり、提供し、遊ぶ人たちを楽しませているのです。

ひろし：すごいね。会社のみんなが力を合わせることで、多くの人たちを楽しませて、幸せにしているんだね。

おねえさん：そうですね。みんなが楽しんでくれるゲームを提供することで、社会の役に立てているのかなと思います。わたしたちの仕事はそれぞれですが、社会の役に立つために、メンバーひとりひとりが欠かすことのできない役割を果たしているのです。

ひろし：きっと、他の会社も同じように、チーム全体で社会の役に立とうとしているのですね。よくわかりました。今回のインタビューのメモをもとに、職業について、もう一度考えてみたいと思います。ありがとうございました。

※ プログラミング　コンピューターのプログラムを作成すること。

けいこ：わたしは、最終発表会に向けて、ひろしさんのインタビューの内容をスライドに
まとめようと思うんだ。**資料4**は、作りかけなんだけど、どうかな。

資料4　けいこさんがまとめようとしているスライド

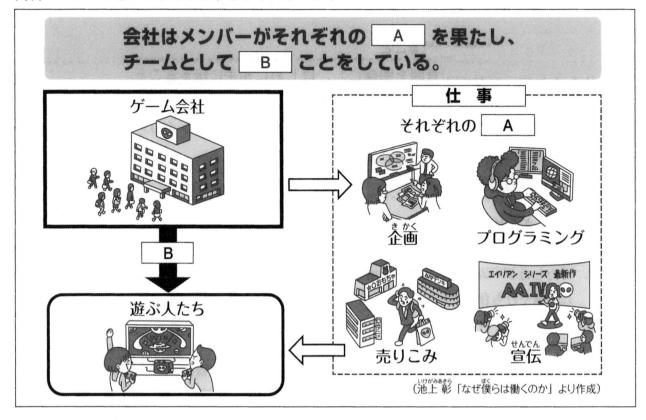

（池上 彰「なぜ僕らは働くのか」より作成）

問題1　ひろしさんたちの会話と、**資料2～資料4**をもとに、次の（1）、（2）の問題に
答えなさい。

（1）　**資料2**のうち、ひろしさんが、**資料3**のインタビューで取り入れることができた
ものはどれですか。①～⑤のうち、あてはまるものには〇を、あてはまらないもの
には✕を書きなさい。

（2）　**資料4**の　**A**　、　**B**　にあてはまる最も適切な言葉を、それぞれ**資料3**
からぬき出して書きなさい。ただし、　**A**　は**2字**で、　**B**　は**7字**で、文字
に誤りがないようにしなさい。

ひろし：新しい資料が増えて、最終発表会に参加するみんなも、会社員という職業に
ついて理解が深まると思うよ。ところで、**資料1（1－2）**についてだけど、
調べてみると世の中には約3万種類もの職業があるそうだよ。なおきさんと
さやかさんが、中間発表会でみんなの関心が高かった③「食にかかわる職業」
と⑥「スポーツにかかわる職業」についてくわしく調べてくれたんだよね。
資料5を見てくれるかな。

資料5　なおきさんとさやかさんが、職業についてまとめた資料

③ 食にかかわる職業		⑥ スポーツにかかわる職業		
《料理や飲み物を提供する》	《メニューや商品を考える》	《選手として活躍》	《試合にかかわる》	《人に教える》
・ソムリエ／ソムリエール	・食品・飲料メーカー企画開発	・プロアスリート	・審判員	・インストラクター
・バリスタ	・フードコーディネーター	・パラアスリート	・グラウンドキーパー	・トレーナー
・給仕	・栄養士	・eスポーツ選手	・スポーツ観戦記者	
・カフェスタッフ　　など	・給食調理員　　　　など	など	など	など
《料理・お菓子をつくる》	《食材をつくる、育てる》	《選手をサポート》	《道具や場所でサポート》	
・料理人（シェフ）	・農業経営者／農家	・監督／コーチ	・施設運営スタッフ	
・パティシエ	・酪農家	・スポーツドクター	・スポーツ用品開発者	
・板前	・畜産農家	・チームフロント	・スポーツ用品販売員	
・パン職人　　　　　など	・漁師　　　　　　　など	など	など	

（藤田晃之「未来が広がる！世の中が見える！仕事の図鑑」より作成）

さやか：わたしはお菓子づくりが好きだから、「食にかかわる職業」を調べてみたよ。料理人やパティシエだけではなく、レストランなどで、料理や飲み物を出す人、メニューや商品を考える人、食材をつくったり、育てたりする人もいることがわかったよ。

なおき：ぼくはサッカーが好きだから、「スポーツにかかわる職業」をまとめてみたよ。スポーツにかかわる職業には、プロの選手だけではなく、他にもたくさんの職業があるということがわかったよ。

ひろし：**資料5**から、審判員やグラウンドキーパー、スポーツ観戦記者など、プロの選手以外にも、スポーツにかかわる職業がたくさんあるってことが、みんなにもわかるよね。それぞれの職業につくには、何が必要なんだろう。

なおき：たとえば、スポーツでは、競技についてくわしい知識をもつことが基本なんだよ。その他に、それぞれ必要な能力があるんだ。審判員には冷静で公平な判断力や、試合中にフィールドを走る持久力が必要なんだ。グラウンドキーパーには、芝生の長さや状態を一定に保てるように、わずかな変化も敏感に感じ取る観察力が必要なんだって。スポーツ観戦記者には、情報収集能力やコミュニケーション能力、取材力が必要なんだ。

けいこ：みんなの話を聞いていると、　　C　　という気持ちを生かせる職業は、たくさんあることがわかるね。特に、スポーツにかかわる職業の例からも、職業には　　D　　と　　E　　が必要なことがわかったよ。

ひろし：どんな職業も同じだろうね。ところで、そう考えたら、将来つきたい職業を考えて、関係する教科や自分の好きな教科だけを勉強すればいいと思うんだけど、学校ではいろいろな教科の勉強をするよね。なぜだろう。

先　生：とてもいい話し合いになっていますね。最終発表会に向けて新しい資料も見つけたようですね。今、ひろしさんが学校の勉強について疑問を投げかけていましたが、みなさんにしょうかいしたい本があるので、その中の一部を読んでみてください。

資料6　先生がしょうかいしてくれた本の一部

　5教科も勉強しなくてもいいと思う人もいるかもしれません。将来、英語を使う仕事につきたいわけでもないし、石油から発電する仕組みを知らなくても、スイッチを入れればちゃんと電気は使えます。読み書きと足し算引き算ができれば生きていけるから、それで十分だと思う人もいるかもしれません。それでもかまわないと思います。

　ただ、前にも書いたように、学ぶということは自分の選択肢を広げることです。

　いま、みなさんがスキー場にいるとします。雪質もコンディションも最高のゲレンデです。そしてみなさんはスキー1級の免許を持っています。楽しみ方は2つあります。思いきりスキーを楽しんでもいいし、そのへんに寝転がって、スキーをする人たちをぼーっと見ていてもいい。みなさんは、どちらが楽しいと思うでしょうか。

　学生にこう聞くと、ほとんどの人が「思いきりスキーを楽しみたい」と言います。中には、ぼーっと眺めていたいという人ももちろんいます。

　どちらでもかまわないのです。ただスキーの技術を身につけていれば、スキー場に行ったとき、どちらの楽しみ方がいいか、自分で選ぶことができます。今日は元気だからガンガンすべろうとか、昨日すべりすぎて疲れちゃったから、今日はのんびり眺めていようかなというふうにです。別にスキーを学んだからといって、やらなくてもいいのです。でも、もしスキーができなかったら、そもそも選ぶことさえできず、すべる人をボーっと見ていることしかできません。

　これはスキーに限ったことではありません。

　何かを勉強するということは、自分の人生の選択肢を増やすということです。何かひとつでも学べば選択肢が増えます。選択肢の多い人生の方が楽しいと僕は思うのです。

（出口治明「なぜ学ぶのか」による）

問題2　さやかさんたちの会話と、**資料6**をもとに、次の (1)、(2) の問題に答えなさい。

(1)　けいこさんの発言の　C　、　D　、　E　にあてはまる最も適切な言葉を、会話文からぬき出して、それぞれ**2字以内**で書きなさい。ただし、文字に誤りがないようにしなさい。

(2)　**資料6**の下線部「いま、みなさんがスキー場にいるとします。」で始まる事例を示した筆者の意図を説明しているものはどれですか。次の**ア〜オ**から**2つ**選んで、その記号を書きなさい。

　ア　選択肢の多い人生は楽しいという主張を、読み手に納得させるため。

　イ　人生を楽しむには、スキー1級の免許が必要であることを主張するため。

　ウ　何事にも全力で取り組むべきだという主張を、読み手に理解させるため。

　エ　スキーをすることの楽しさを、だれにでも伝わるように主張するため。

　オ　学ぶことで人生の選択肢が増えるという主張に、説得力をもたせるため。

4

　なおきさんのクラスでは、国語の授業で「季節の思い出」を題材に作文を書き、読んだ感想を伝え合っています。なおきさんは、友達からの感想や意見をもとに、自分の作文をよりよいものにしようと考えました。なお、作文中の □□□□□ には、なおきさんが作った短歌を書く予定です。

【なおきさんの作文】

a

　ぼくは、母と桜を見に行った。いっしょに桜をながめている時に母に言われた言葉が、しばらく会っていない祖父のことを強く思い出させた。

　祖父は桜の季節になると、ぼくを近くの川に連れて行ってくれた。場所は決まっていた。

　「桜の名所はたくさんあるが、ここの桜並木がおれには一番だ。」

　そう言って、祖父はいつもやさしくほほえんだ。祖父からは桜の話をいろいろと教えてもらった。

b

　川沿いに桜を植える理由。※1 ソメイヨシノの起源。お花見の歴史など…。

　そのため、桜をテーマにした短歌を植える理由。※1 ソメイヨシノの起源。お花見の歴史など…。

　そのため、桜をテーマにした短歌についても教えてくれた。

　筆ペンと紙を持って、二人で短歌作りに挑戦したこともある。

りょうかん
　良寛さんのまねだ、まね。」
※2

　いざなおき　山べにゆかむ　桜見に　明日ともいはば　散りもこそせめ

　祖父はにっこり笑っていた。

c

　今年は、母と二人で桜を見に行った。桜はいつものように、きれいにさいていた。

　つまり、何かがちがう。祖父がいない花見は、少しだけ、もの足りなかった。

※

　なおきさんが作った短歌

　気づいたら、ぼくは短歌をよんでいた。祖父から受けついだのは、どうやら桜好きだけではなかったようだ。

※1　ソメイヨシノ　桜の一種。現代の代表的な品種。

えど
※2　良寛　江戸時代後期の僧侶、歌人、漢詩人、書家。
　　　　　そうりょ

　　「いざ子ども　山べにゆかむ　桜見に　明日ともいはば　散りもこそせめ」
　　　こども

　　（さあ子供たちよ、山のあたりに行こう、桜の花を見に。明日見に行くと言ったならば、花が散ってしまうであろうに。）

けいこ：おじいさんとの思い出の場所について書いたんだね。なおきさんとおじいさんとの仲のよさが伝わってきたよ。ただ、書き出しの部分については、　A　、という点で書き直してみると、さらによくなると思うよ。

なおき：なるほどね。自分でも少し気になっていたんだ。ありがとう。こんなふうに書き直したらどうかな。

　　「おじいちゃんの桜好きは、あなたが受けついだのね。」

けいこ：うん。とてもよくなったと思うよ。

なおき：ぼくの作文について、他に気づいたことはあるかな。

ひろし：少し気になったことを質問してもいいかな。——線部b「そのため」、——線部c「つまり」のつなぎ言葉（つなぐ言葉）は、意味が伝わりにくいけれど、どうかな。

なおき：そうだね…ありがとう。おかげで、文と文のつながりが自然になったよ。

さやか：ここに、「川沿いに桜を植える理由」と書かれているよね。どうしてもその理由が気になったから教えてほしいな。

なおき：いいよ。おじいちゃんから聞いて、ノートにまとめたんだ。これを見て。

けいこ：たしかに、花見の季節には美しい桜を見ようと、多くの人が集まるよね。

なおき：そうなんだよ。集まった人たちは、足もとの土手を何度もふむよね。そうするとどうなると思う。おじいちゃんの話では、そこがねらいらしいよ。

さやか：たくさんの人が土手をふむと、固くなるよね。つまり、わたしたちも自分で気づかないうちに、洪水被害を防ぐことに協力しているということだね。

けいこ：さすが、もの知りのおじいさんだね。

資料1　なおきさんのノートの一部

> 　川沿いに桜を植える理由のひとつは江戸時代にあるらしい。江戸時代は大雨が降ると、川の増水によって土手の※決壊が起こり、洪水被害になやまされていた。多くのお金をかけずに洪水を防ぐ方法はないかと考えていたところ、桜の木を植えることを思いついた。集まった花見客が、　**B**　ことで、決壊を防ぐというアイデアが生まれたらしい。

※ 決壊　切れてくずれること。

問題1　なおきさんは、けいこさんからのどのような意見を生かして——線部a「ぼくは、母と桜を見に行った。いっしょに桜をながめている時に母に言われた言葉が、しばらく会っていない祖父のことを強く思い出させた。」を書きかえたのでしょうか。けいこさんの意見　**A**　にあてはまる内容を、次のア～カから**2つ**選んで、その記号を書きなさい。

　ア　時と場所に関する情報がはっきりわかるように書く

　イ　書き出しに祖父が好きだった短歌を入れるようにする

　ウ　母の発言を具体的に書いて興味を引くようにする

　エ　文末の言い切りの言葉をもっとていねいな表現にする

　オ　作文の始めと終わりの内容がつながるようにする

　カ　自分の考えていることをはっきりと伝えるようにする

問題2 なおきさんは、ひろしさんの意見をもとにb「そのため」、c「つまり」のつなぎ言葉（つなぐ言葉）を直しました。次の**ア～カ**から最も適切な組み合わせを１つ選んで、その記号を書きなさい。

ア	b	だから	c	なお	**イ**	b	なぜなら	c	あるいは
ウ	b	たとえば	c	したがって	**エ**	b	そして	c	でも
オ	b	なぜなら	c	しかし	**カ**	b	さらに	c	だから

問題3 資料1の ☐ B ☐ にあてはまる内容を、会話文をよく読んで、**5字以上、10字以内**で書きなさい。ただし、花見客の行動とその効果にふれて、文字に誤りがないようにしなさい。

問題4 なおきさんは、作文に書く短歌について、**資料2**をもとに、**資料3**のC・Dの案を考えました。そして、**資料4**を参考に表現を見直し、Cの案を選ぶことにしました。なおきさんがCの案を選んだ理由を、《条件》に従って書きなさい。

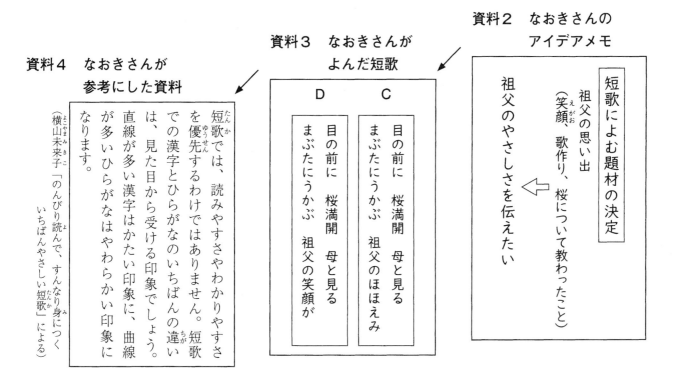

資料4 なおきさんが
　　　参考にした資料

資料3 なおきさんが
　　　よんだ短歌

資料2 なおきさんの
　　　アイデアメモ

資料4
短歌では、読みやすさやわかりやすさを優先するわけではありません。短歌での漢字とひらがなのいちばんの違いは、見た目から受ける印象でしょう。直線が多い漢字はかたい印象に、曲線が多いひらがなはやわらかい印象になります。
（横山未来子「のんびり読んで、すんなり身につくいちばんやさしい短歌」による）

資料3
D
目の前に　桜満開　母と見る
まぶたにうかぶ　祖父の笑顔が

C
目の前に　桜満開　母と見る
まぶたにうかぶ　祖父のほほえみ

資料2
短歌によむ題材の決定
（笑顔、歌作り、桜について教わったこと）
祖父の思い出
祖父のやさしさを伝えたい

《条件》
① Cの案の中の言葉を取り上げ、その言葉を使うことによる効果となおきさんの伝えたいことを関連させながら書くこと。言葉を取り上げる際には、「　」（かぎ）を付けること。
② 「Cの案を選んだ理由は、」に続けて、「からだ。」につながるようにすること。
③ **30字以上、40字以内**で書くこと。ただし、「、」や「。」および「　」（かぎ）も１字として数えること。
④ 文字に誤りがないようにすること。

（解答用紙は別冊13Ｐ）（解答例は別冊９Ｐ）

1 図書委員のしおりさんたちは，１０月の読書週間に，学校図書館でたくさん本を借りてもらえるような企画を考えています。

しおり： 読書週間では，みんなに今よりもっとたくさんの本を読んでもらいたいね。
ふみか： 私たちの学校図書館の本の貸出冊数は，どれくらいなのかな。

しおりさんたちは，先生に次のような資料（図1）を見せてもらいました。

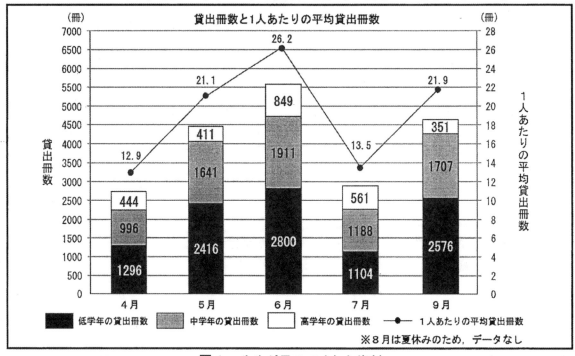

図1　先生が見せてくれた資料

ふみか： 貸出冊数が５０００冊以上ある月があるよ。
しおり： その月は，図書集会があって，みんなに図書館で本を借りてくださいと呼びかけをしたからかな。
まなぶ： 月ごとの貸出冊数には，ばらつきがあるね。
しおり： そうだね。ほかには，どんなことが分かるかな。

［問1］　図1の資料から分かることとして適切なものを，次の**ア**から**エ**の中から一つ選び，記号で答えなさい。

ア １人あたりの平均貸出冊数と，低学年，中学年，高学年それぞれの本の貸出冊数が，４月から６月にかけて増え続けている。

イ １人あたりの平均貸出冊数が最も少ない月は，低学年，中学年，高学年ともに貸出冊数も最も少ない。

ウ ６月の１人あたりの平均貸出冊数は，４月の１人あたりの平均貸出冊数の２倍以上になっている。

エ どの月も，本の貸出冊数が最も多いのは低学年であり，最も少ないのは高学年である。

しおりさんたちは，読書週間の企画で，学校図書館の配置図（図2）を見ながら，A，B，C，Dのそれぞれの場所にどのようなものを置くか，話し合っています。

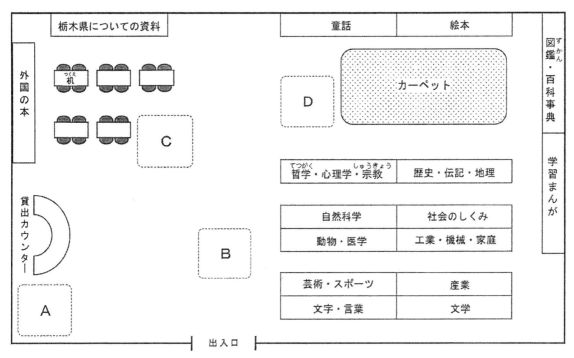

図2　学校図書館の配置図

しおり：　A，B，C，Dのそれぞれの場所に，読書週間のポスターをはる掲示板やおすすめの本を置きたいな。

ふみか：　いいね。おすすめの本は，みんなが好きな種類の本にしよう。

しおり：　そうだね。みんなはどんな種類の本が好きなんだろう。

まなぶ：　インターネットで調べてみたら，小学生が好きな本の種類に関する資料を見つけたよ。その中から，好きと答えた人が多かった本の種類を，低学年，中学年，高学年ごとにまとめてみたよ（図3）。これを参考にして考えてみよう。

小学生が好きな本の種類			
好きな本の種類	低学年	中学年	高学年
まんが・コミックス	72 人	133 人	152 人
アニメ	94 人	102 人	96 人
絵本	106 人	38 人	10 人
図鑑	71 人	54 人	21 人
探偵もの・推理もの	29 人	59 人	52 人
ファッション・おしゃれ	45 人	39 人	50 人
学習まんが	41 人	51 人	37 人
歴史まんが	23 人	45 人	52 人
ファンタジー	27 人	41 人	50 人

図3　まなぶさんがまとめた表

（学研教育総合研究所「2016年小学生白書『小学生の生活・学習・グローバル意識に関する調査』（好きな本・雑誌のジャンル）」をもとに作成）

ふみか：　低学年は，昼休みに学校図書館の奥のカーペットでよく読書をしているから，その近くの場所に低学年が一番好きな種類のおすすめの本を置いたらどうかな。

しおり：　近くには，その種類の本だなもあるし，そう決めよう。ほかの学年はどうかな。

まなぶ：　ぼくがまとめた表では，中学年と高学年が一番好きな種類の本は，「まんが・コミックス」だけど，ぼくたちの学校図書館には置いてないから，おすすめの本にできないね。

ふみか：　そうだね。ほかにも，学校図書館に置いてない種類の本があるのかな。

まなぶ：　表の中の「まんが・コミックス」以外の種類の本は，学校図書館にあるよ。

ふみか：　じゃあ，中学年と高学年で，好きと答えた人数が2番目に多い「アニメ」の本を置くのはどうかな。

まなぶ：　でも，学校図書館にある「アニメ」の本は数が少ないから，「アニメ」以外の本を置こうよ。

ふみか：　そうしよう。それなら，中学年と高学年ともに，好きと答えた人数が3番目に多い種類の本を置くのはどうかな。

まなぶ：　いい考えだね。中学年や高学年は，机でよく本を読んでいるよね。だから，机に最も近い場所に，その種類の本を置こう。

しおり：　残り二つの場所のうち，読書週間のポスターをはる掲示板を置く場所を一つ作りたいから，おすすめの本を置く場所はあと一つだよ。その場所には，低学年から高学年までの多くの学年の人たちにおすすめする本を置きたいね。

ふみか：　それなら，本を借りるときは，必ず貸出カウンターを利用するから，その近くの場所に，おすすめの本を置いたらいいかな。

まなぶ：　じゃあ，まだおすすめの本に選んでいない種類の本のうち，「まんが・コミックス」と「アニメ」を除いて，低学年，中学年，高学年で好きと答えた人数の合計が，一番多い種類の本を置くのはどうかな。

ふみか：　そうだね。その種類の本は，学校図書館の奥の本だなにあって，なかなか気づかない人も多いだろうから，ぜひ，おすすめしたいね。

しおり：　賛成。おすすめの本の種類と置く場所は決まったね。そうすると，残り一つの場所は，読書週間のポスターをはる掲示板を置く場所になるね。

［問2］　会話から，しおりさんたちは，図2のA，B，C，Dの場所には，それぞれ何を置くことにしたか，次のアからクの中から最も適切なものを一つずつ選び，記号で答えなさい。

ア　おすすめの絵本
イ　おすすめの図鑑
ウ　おすすめの探偵もの・推理ものの本
エ　おすすめのファッション・おしゃれの本
オ　おすすめの学習まんがの本
カ　おすすめの歴史まんがの本
キ　おすすめのファンタジーの本
ク　読書週間のポスターをはる掲示板

2 たろうさんは，国語の授業で，短歌や俳句，物語などに多くの鳥が出てくることを知りました。そこで，自主学習で鳥が出てくる俳句（図1）を調べることにしました。

鳥が出てくる俳句調べ

※季語は**太字**で表している。

【春】

鶯や　文字も知らずに　歌心

高浜虚子

大和路の　宮もわら屋も　つばめかな

与謝蕪村

【夏】

飛び習ふ　青田の上や　燕の子

堀　麦水

木隠れて　茶摘みも聞くや　ほととぎす

松尾芭蕉

【冬】

ふり仰ぐ　空の青さや　鶴渡る

杉田久女

図1　たろうさんが自主学習で調べた鳥が出てくる俳句

たろう：　お父さん，鳥が出てくる俳句をノートにまとめたら，こんなにあったよ。

父　　：　よくまとめたね。たろうが気に入った俳句はどれだい。

たろう：　そうだな。ぼくは最後の俳句が好きだな。冬の青空に白い鶴が飛んでいる景色がうかんで，きれいだなって思ったよ。

父　　：　なるほど。ほかの俳句も鳥の様子が目にうかぶね。

たろう：　うん。ぼくの知っている鳥がいろいろ出てきてびっくりしたよ。

父　　：　昔から人々にとって，鳥は身近な存在だったのだろうね。

たろう：　そうだね。調べていく中で鳥が季語になっていることが分かったけれど，どうしてだろう。

父　　：　季節ごとの鳥の様子にちがいがあるから，俳句の季語として用いていたんだろうね。

たろう：　それはおもしろいね。鳥が季語になる理由を調べてみたいな。

父　　：　いい考えだね。俳句における季節の区切りを考えるときには，この表（図2）を参考にするといいよ。

春	2月	夏	5月	秋	8月	冬	11月
	3月		6月		9月		12月
	4月		7月		10月		1月

図2　俳句における季節の区切りを示した表

たろう：　ありがとう。これで鳥が季語になる理由について，くわしく調べられそうだな。俳句に出てきた鳥の特ちょうを調べて，まとめてみよう（図3）。

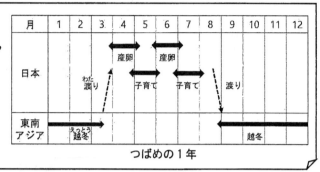

〈うぐいすについて〉
- 産卵，子育ては２月から３月ごろに始まる。
- 産卵や子育てをする時期に，オスだけが「ホーホケキョ」と鳴く。
- 体の大きさは約１５㎝，やぶの中にひっそりと生息している。

〈ほととぎすについて〉
- ５月ごろにインドや中国から日本にやって来て卵を産む。
- 都市部や住宅地では，５月から６月中じゅんごろまで鳴き声が聞こえる。
- 体の大きさは約２８㎝，林ややぶの中に生息している。

〈つばめについて〉
- 東南アジアから日本にやって来て，人通りの多い場所に巣を作る。
- １年に２回子育てをする。
- 体の大きさは約１７㎝。

図３　たろうさんがまとめた鳥の特ちょう
（「日本自然保護協会ウェブサイト」，「鳥ペディアウェブサイト」をもとに作成）

たろう：　俳句における季節の区切りと調べた鳥の特ちょうを考えながら，改めて俳句をよみ返すともっと情景をイメージしやすくなったな。うぐいすやほととぎすに対しては，姿よりも　①　に季節を感じていたのだろうね。

父　：　そうだね。つばめと季語の関係は，何か分かったかな。

たろう：　うん。「つばめ」が春の季語なのは，３月ごろに日本にやって来て，その姿が見られるようになるからなんだね。同じつばめでも，「燕の子」だと夏の季語になるのは，　②　という理由だからだね。じゃあ，つばめを使った秋の季語もあるのかな。

父　：　いいところに気づいたね。「きえん」という言葉があって，つばめの様子を表す秋の季語だよ。「えん」はつばめの漢字の音読みなんだ。

たろう：　調べたことから考えると，つばめは３月ごろに日本にやって来て，８月ごろに東南アジアへもどっていくから，「きえん」は漢字で「　③　燕」と書くんだね。

父　：　その通り。よく分かったね。

[問１]　　①　，　②　にあてはまる言葉や文をそれぞれ書きなさい。また，　③　にあてはまる漢字１字を書きなさい。

たろうさんと父の様子を見ていた母が，声をかけました。

母　　：　あら，鳥についていろいろ調べたのね。日本には昔から，「つばめが巣を作る
　　　　　家は縁起がいい」という言い伝えがあるのよ。
たろう：　そういえば鶴も縁起のいい鳥とされているよね。お祝いのときによく見るよ。
母　　：　そうね。鶴は長寿の鳥として親しまれているわね。つばめや鶴のほかにも，
　　　　　縁起がいい鳥はいろいろいて，好んでお店や家にかざっている人も多いのよ。
たろう：　なるほどね。ぼくの家にも鳥のかざりがあるといいな。
母　　：　そういえば前に参加した工作教室で鳥と鳥かごのかざりを作ったことがあっ
　　　　　たわ。1枚の紙を折って，切って，はり合わせるだけで簡単に鳥かごができた
　　　　　の。その鳥かごの中に，好きな鳥を作ってつり下げれば，すてきな鳥のかざり
　　　　　になるわ。たしか，そのときに使った鳥かごの型紙が，家にあったと思うけど。
たろう：　その型紙，見せてちょうだい。ぼくも作ってみたいな。

　母は，工作教室で作った鳥と鳥かごのかざり（**図4**）と，鳥かごの型紙（**図5**）をたろ
うさんに見せました。

図4　鳥と鳥かごのかざり

図5　鳥かごの型紙

たろう：　わあ，かわいいかざりだな。上から見ても
　　　　　下から見ても十字に見えるんだね。1枚の紙
　　　　　から，この鳥かごができるなんて不思議だな。
　　　　　お母さん，作り方を教えて。
母　　：　もちろんよ。まずは，じゃばら状に八つに
　　　　　折った色紙に，型紙を置いて（**図6**），形を写
　　　　　し取り，はさみで切り取るのよ。
たろう：　よし。ずれないようにていねいに切ろう。

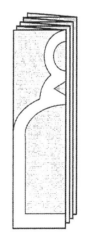

**図6　折った色紙に，型紙
を置いたもの**

たろうさんは，じゃばら状に八つに折った色紙を型紙の線に沿って切り取り，広げました（図7）。

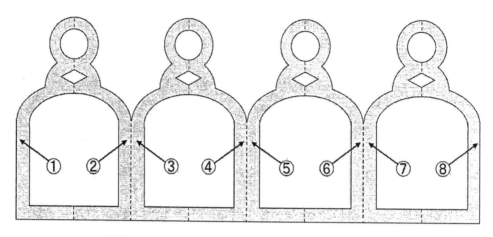

図7　型紙の線に沿って切り取って広げた形

たろう：　同じ形が八つ，つながって切り取れたぞ。この後，のりではり合わせていけば
　　　　　鳥かごができるってことだよね。どのようにはり合わせればいいの。

母　　：　型紙の形を一つの面と考えると，全部で①から⑧の八つの面があるでしょう。
　　　　　この面全体にのりをつけて，面どうしをはり合わせるのよ。どの面とどの面をは
　　　　　り合わせればいいか考えてごらん。

［問2］　図7の①から⑧の面をどのようにはり合わせると，図4の鳥かごができますか。最も適切なものを，次のアからエの中から一つ選び，記号で答えなさい。

　ア　①と②，③と④，⑤と⑥，⑦と⑧をはり合わせる。
　イ　②と③，④と⑤，⑥と⑦，①と⑧をはり合わせる。
　ウ　④と⑤，③と⑥，②と⑦，①と⑧をはり合わせる。
　エ　②と③，①と④，⑥と⑦，⑤と⑧をはり合わせる。

3 栃木県に住むあきこさんの学校の児童会代表委員は，9月下じゅんに行う異学年の交流活動について話し合っています。

あきこ：　前回の話し合いで，来週月曜日の午前10時から行う交流活動では，1年生と6年生はシャボン玉遊び，2年生と4年生はドッジボール，3年生と5年生はかげふみをすることになったね。今日は，活動場所を決めよう。

な　ほ：　そうしよう。ドッジボールは体育館，かげふみとシャボン玉遊びは，それぞれ校庭の4分の1ずつの場所を使おう。

さとし：　そうだね。学校の見取り図（図）で校庭を4つに分けて，アからエのどこを使えばいいか相談しよう。まずは，かげふみをする場所を考えよう。

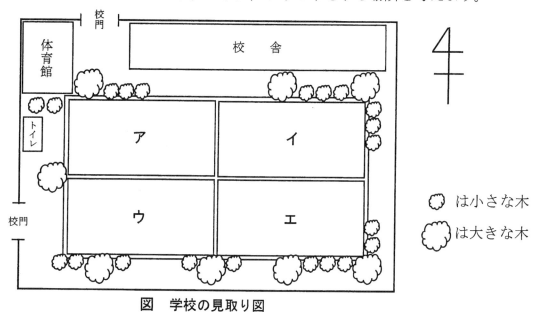

図　学校の見取り図

かずき：　昨日の午前10時くらいには，校庭にかげはいくつもできていたよね。大きな木のかげには7，8人，小さな木のかげには2，3人はかくれることができるよ。

な　ほ：　それじゃあ，かくれる場所が多くなるように，大きな木のかげができる場所でかげふみをしよう。

あきこ：　いいね。天気予報を見たとき，交流活動の前日の日曜日は雨が降るらしいけれど，次の日の月曜日は晴れるという予報だったよ。もし前の日に雨が降った場合，交流活動をする月曜日には校庭の土はかわくかな。

な　ほ：　校庭には，水たまりができやすくて土がかわきにくい場所があるよね。校庭の南東は，他の場所と比べると地面が低くなっていて，水たまりができやすい場所だから，そこで交流活動をするのはやめよう。

さとし：　そうすると，かげふみで遊ぶ場所は□□□になるね。

[問1]　会話の中の□□□にあてはまる最も適切な場所を，図のアからエの中から一つ選び，記号で答えなさい。なお，学校の周りに高い建物はないものとします。

次に，教室にもどった６年生のあきこさんは，１年生とシャボン玉で遊ぶときに使う
シャボン液についてクラスで話し合っています。

あきこ：　　６年生がシャボン液を準備することになったんだよね。

はると：　　シャボン液の作り方を調べてきたよ。材料は，洗たくのりと台所用洗ざいと
　　　　　　水を用意するよ。洗たくのりと台所用洗ざいの量は５：１の割合だよ。水は，
　　　　　　台所用洗ざいの１０倍必要で，これら三つの材料を混ぜると完成だよ。

さとし：　　１人分のシャボン液は１６０mLとして作っていこう。１年生１８人分と６年
　　　　　　生２３人分のシャボン液のそれぞれの分量を計算しておくね。

　　あきこさんたちは，洗たくのりや台所用洗ざい，計量カップなどを用意して水道へ行
き，まずは１年生１８人分のシャボン液を作り始めました。

はると：　　まずは，水の分量を量って入れるね。

あきこ：　　次は，私が洗たくのりの分量を量って入れるね。

さとし：　　最後に，ぼくが台所用洗ざいの分量を量って入れるよ。

あきこ：　　三つの材料を入れたから混ぜてみよう。あれ，なんだかねばりが少ないね。

さとし：　　全体の量が多い気がするよ。

はると：　　どうしよう。水の分量をまちがえて，２Ｌ入れちゃったよ。

あきこ：　　そうだったんだ。でも，だいじょうぶ。まだ６年生のシャボン液を作ってい
　　　　　　ないから，これを６年生の分にしよう。

さとし：　　そうすると，今まちがえて作った１年生のシャボン液に，水を　①　mL，
　　　　　　洗たくのりを　②　mL，台所用洗ざいを　③　mL 加えれば，６年生のシ
　　　　　　ャボン液の分量になるね。

はると：　　その後，１年生のシャボン液を別の容器に作ればいいんだね。むだにならな
　　　　　　くてよかったよ。ありがとう。

[問2]　会話の中の　①　，　②　，　③　にあてはまる数をそれぞれ答え
　　　なさい。

4 ひろとさんの住む地域<ruby>地域<rt>ちいき</rt></ruby>でマラソン大会が<ruby>開催<rt>かいさい</rt></ruby>されます。小学生のひろとさんたちと，中学生のみさきさんが所属している地域ボランティアサークルで，完走記念スタンプと，参加賞のオリジナルステッカーを作成することになりました。マラソン大会のパンフレット（図1）を見ながらスタンプのデザインについて話し合っています。

図1　マラソン大会のパンフレット

みさき：　完走記念スタンプのデザイン（**図2**）を考えてきたよ。デザインには特産品のくりを入れたよ。

ひろと：　いいデザインだね。このデザインで消しゴムスタンプを作ろう。

そうた：　スタンプをおしたときに，このデザインになるように四角い消しゴムにほろう。

ゆ　い：　じゃあ，スタンプに使う消しゴムに，ほる部分を黒でかいてみるね。

図2　完走記念スタンプのデザイン

[問1]　ゆいさんが四角い消しゴムにかいたデザインを，下の**ア**から**エ**の中から一つ選び，記号で答えなさい。

ア

イ

ウ

エ

次に，ひろとさんたちはパソコンを使って作った，参加賞のオリジナルステッカーのデザイン（図3）を，ステッカー用紙にどのように印刷するか話し合っています。

ひろと：　ステッカーの円の直径は，6cmにしたよ。
ゆ　い：　ステッカー用紙の大きさは，どのくらいなのかな。
みさき：　このステッカー用紙の袋には（210×297㎜）と書いてあるよ。これは，短い方の辺の長さが210㎜で，長い方の辺の長さが297㎜ということだね。
そうた：　1枚のステッカー用紙からできるだけ多くステッカーを作りたいね。用紙の長い方の辺が横になるようにして，すき間をあけずに，縦に3段並べた円を用紙の左はしと下の辺に付けて，2列目からはその前の列に並べた円の右はしと用紙の下の辺に付けて並べていったらたくさん作れそうだよ（図4）。

図3　ステッカーのデザイン

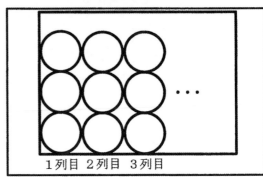

1列目 2列目 3列目

図4　そうたさんの円の並べ方

みさき：　いいね。でも，そうたさんの円の並べ方だと用紙の右側が余ってしまってもったいないね。1列目は用紙の下の辺に，2列目は上の辺に付けて，円の間をつめて交互にくり返して並べていくと，そうたさんの円の並べ方よりももう1列だけ横に多く並べることができるよ（図5）。

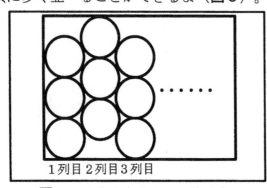

1列目 2列目 3列目

図5　みさきさんの円の並べ方

そうた：　なるほど。じゃあ，みさきさんの円の並べ方で作ることにしよう。
ゆ　い：　そうだね。ところで，パンフレットを見るといろいろな種目があるけれど，どの種目に参加したとしても，1人に1枚ステッカーをプレゼントするんだよね。
ひろと：　どの種目もよゆうをもって，1種目につき10枚ずつ多く作ろう。
みさき：　そうしよう。

　[問2]　みさきさんの円の並べ方でステッカーを用意すると，ステッカー用紙は何枚必要ですか。また，その求め方を式と言葉を使って答えなさい。

5　すぐるさんは，中学生の姉が出場する陸上競技大会に，家族で応えんに来ています。姉は，リレーと走り高とびに出場します。

すぐる：　リレーの予選の１組目が始まるね。何チームが決勝に進めるのかな。

父　　：　合計８チームだよ。予選は４組あって，まず，それぞれの組で１位になったチームは決勝に進めるよ。残りはそれぞれの組の２位以下のチームで，記録が上位のチームから順に決勝に進めるんだ。

すぐる：　なるほど。お姉ちゃんたちのチームは４組目だから，３組目までの結果を見れば，決勝に進むための目安が分かるね。

母　　：　そうね。それぞれの組の結果が電光けい示板に出たら，メモをしておくわ。

　３組目までの競技が終わり，すぐるさんは，母が１組目から３組目までの結果を書いたメモ（図１）を見ながら母と話をしています。

1組目		2組目		3組目	
順位	記録	順位	記録	順位	記録
1	50.69 秒	1	50.74 秒	1	51.49 秒
2	51.32 秒	2	51.53 秒	2	51.67 秒
3	51.39 秒	3	52.48 秒	3	52.31 秒
4	52.83 秒	4	53.03 秒	4	52.95 秒
5	53.69 秒	5	54.29 秒	5	54.00 秒
6	54.34 秒	6	55.46 秒	6	54.77 秒
7	55.01 秒				

図１　母が１組目から３組目までの結果を書いたメモ

母　　：　お姉ちゃんたちのチームのベスト記録は，５１.４５秒だったわ。もし，この記録で走ったとしたら，４組目で何位までに入れば決勝に進めるのかしら。

すぐる：　５１.４５秒で走って同着がいなかった場合，４組目で最低でも　　　　位に入れば，決勝に進めるね。

[問1]　会話の中の　　　　にあてはまる数を答えなさい。

　リレーの予選の結果，姉たちのチームは決勝に進むことが決まり，その後しばらくして走り高とびの決勝が始まりました。すぐるさんは，父がプログラムに何かを記入しながら競技を見ていることに気づき，父と話をしています。

すぐる：　お父さん，さっきからプログラムに何を書いているの。

父　　：　プログラムには，結果を書きこめる表があるから，それぞれの選手がとんだ結果を書いているんだ。「試技順」はとぶ順番のことで，その高さを成功した場合は「○」，失敗した場合は「×」を書くんだよ。

すぐる：　ちょっと見せて。同じ高さには３回まで挑戦できるんだね。１回目か２回目に成功した場合，その後は同じ高さをとばないから空らんなのかな。

父　　：　その通りだよ。お姉ちゃんは１ｍ３５ｃｍを２回目で成功したから，３回目は空らんなんだ。

すぐる：　３回続けて失敗した選手の競技は終わりになるんでしょ。

父　　：　そうだね。そして，最後に成功した高さがその選手の記録になるよ。

走り高とびの競技が終わり，正式な記録と順位が発表になりました。

すぐる：　お姉ちゃん，順位は5位なんだ。お姉ちゃんがとべなかった1m45cmを成功した選手は3人だから，4位なのかと思ったらちがうんだね。

父　　：　そうなんだよ。発表された記録と順位を書いたから，プログラムの表（図2）を見てごらん。同じ記録でも，順位が同じ選手もいれば，ちがう選手もいるね。

試技順	氏名	高さ						記録	順位
		1m30cm	1m35cm	1m40cm	1m45cm	1m50cm	1m55cm		
1	A	○	○	× ①	× ○	× × ×		1m45cm	2位
2	B	○	○	○	○	× ○	× × ×	1m50cm	1位
3	C	○	× ○	○	× × ×			1m40cm	5位
4	D	○	○	②	× ○	× × ×		1m45cm	3位
5	E	× ○	× × ×					1m30cm	12位
6	F	× × ○	○	③	× × ×			1m40cm	7位
7	G	○	× × ×					1m30cm	10位
8	H	× ○	× ○	④				1m35cm	9位
9	I	○	× ○	⑤	× × ×			1m40cm	8位
10	J	○	× × ×					1m30cm	10位
11	K	○	× ○	⑥	× × ×			1m40cm	6位
12	L	○	○	⑦	× × ×			1m40cm	4位

図2　父が結果を書いたプログラムの表

すぐる：　本当だ。記録がよい選手が上位になるのは分かるけど，記録が同じ選手は，どんなルールで順位が決まるの。

父　　：　記録が同じだった場合は，最後に成功した高さで「×」の数が少ない選手が上位になるんだよ。その数も同じだった場合は，すべての高さの「×」の合計数が少ない選手が上位になるんだ。それでも差が出ない場合は，同じ順位ということだよ。

すぐる：　そういうことなんだ。じゃあ，1m40cmの高さは，「○」や「×」が書かれていない所があるけど，全部書けていれば発表よりも前に順位が出せたんだね。

父　　：　そうなんだよ。お姉ちゃんが成功した後，次の高さに挑戦するまで時間があると思ってトイレに行ったから，結果を書けていない部分があるんだ。その間の記入をすぐるにたのんでおけばよかったな。でも，記録や順位をもとに考えれば，もしかしたら「○」や「×」を記入して，正しい表を完成させることができるんじゃないかな。

すぐる：　そうか。おもしろそうだね。考えてみるよ。

[問2]　会話や図2をもとに，図2の表の①から⑦の 　　　　 にあてはまる結果を，それぞれ○や×や空らんで答えなさい。
　　　　ただし，途中で競技をやめた選手はいなかったものとします。

栃木県立中学校

（解答用紙は別冊15P）（解答例は別冊11P）

【問題1】

　次の文章を読んで，(1)から(4)の問いに答えましょう。**答えは，解答用紙（2枚中の1）に記入しましょう。**

　あやかさんたち図書委員会のメンバーは，11月の読書月間に，全校児童に読書に親しんでもらうためにできることを，委員会の時間に考えることにしました。

(1)　次の**会話文**は，あやかさんたちが，読書月間にどのような活動をするか話し合いをしている様子です。

会話文

あやか： 今年の読書月間は何をしようか。
さくら： 去年はどんなことをしたのかな。
たくま： 去年は図書室に行くたびに，ポイントカードにスタンプを押してもらえたよ。
ゆうた： それによって図書室に行く回数に変化はあったのかな。先生に資料をもらったよ。
（　－　**資料1**を見ています　－　）
たくま： この資料を見ると，図書室に行く回数が増えたっていえると思うよ。1か月間一度も図書室に行かなかった人や，1～2回，3～4回しか行っていない人の割合が減っているからね。
なぎさ： それに，[　　　　　　　　　]は増えているね。
あやか： ところで，今年はどんなテーマで活動をすればよいかな。
さくら： 貸し出しのときに，いつも同じジャンルの本ばかり借りる人が多い気がするよね。今年の読書月間のテーマは，「いろいろなジャンルの本に親しもう」っていうのはどうかな。

資料1　　1か月の間に図書室を訪れた回数別児童数の割合（令和4年9月・11月）

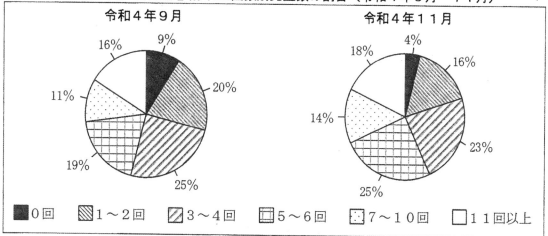

　会話文では，なぎささんも，図書室に行く回数が増えたと考えています。**会話文**の[　　　]に当てはまるように書きましょう。

(2)　全校児童にいろいろなジャンルの本に親しんでもらうために，図書委員会では**資料２**のような８つのジャンルに分け，図書室の紹介コーナーで各ジャンルの本を展示することにしました。

資料２　８つのジャンル

・歴史や地域の本
・社会のしくみや文化の本
・算数や理科など自然にかかわる本
・暮らしや技術，機械の本
・芸術，工作やスポーツの本
・言葉にかかわる本
・詩や物語の本，絵本
・その他（調べるための本，考え方や心についての本など）

　次の【条件】で本を展示するとき，それぞれの本は何日間展示することができるか，書きましょう。また，そのように考えた理由を，言葉と数字を使って書きましょう。

【条件】

・紹介する本は，１ジャンルあたり９冊，合計７２冊とする。
・紹介コーナーには，一度に１８冊の本を展示する。
・展示する期間は２０日間とする。
・展示する日数がどの本も同じになるように，展示する本を入れ替える。
・本を入れ替える場合は，朝，図書室が開く前に行う。
・一度にすべてのジャンルの本を展示する必要はない。

(3) ゆうたさんたちは，いろいろなジャンルの本に親しんでもらうために，ほかに何ができるかを考えることにしました。次の**会話文**は，ゆうたさんたちが話し合いをしている様子です。

会話文

ゆうた： できれば図書委員会から本の紹介をするだけではなくて，みんなに参加してもらえる活動も用意したいね。
なぎさ： そうだね。自分で参加すると，もっと本に興味をもってもらえそうだね。
あやか： それぞれのジャンルの本で，今まで読んでよかった本の紹介をしてもらうのはどうかな。
たくま： いいね。1年生には難（むずか）しそうだけど，参加できるかな。
さくら： それじゃあ，2年生から6年生に，自分が読んでよかった本の紹介を，1つ下の学年にしてもらうのはどうかな。
なぎさ： それぞれの学年に合った本の紹介をしてもらえそうだね。1年生も，自分たちに向けて2年生が紹介してくれると，うれしいと思うな。
（ － 話し合いは続きます － ）

ゆうたさんたちは話し合った結果，次の**計画メモ**を準備しました。

計画メモ

（活動名） 　おすすめの本の木 （内容） ・図書室の壁（かべ）に木の絵を貼（は）り，その枝の周りに本の紹介カード（花型カード）を貼っていく。 （準備） ・木の絵を，1～5年生用に各学年1つずつ，合計5つ作成する。 ・花型カードを作成する（花型カードの色は本のジャンルごとに変える）。 （進め方） ・2～6年生は，1つ下の学年に向けて，自分が読んでよかった本の紹介を花型カードに書く。 ・花型カードは，木の絵の近くに置いてあるものを使う。カードが書けたら，昼休みに図書委員に渡（わた）す。 ・集まったカードは，図書委員が木の絵に貼る。 ・たくさんカードを貼り，花がいっぱい咲（さ）いた木を作る。

① ゆうたさんたちは，次の手順で，折り紙を折って，はさみで切り，花型カードを作っています。ゆうたさんたちが作る花型カードはどのような形になりますか。できあがる花型カードの形を解答用紙の枠の中にかきましょう。解答用紙の枠は折り紙を，点線は折り目を表しているものとします。ただし，問題を解くときに，問題用紙などを実際に折ったり切ったりしてはいけません。

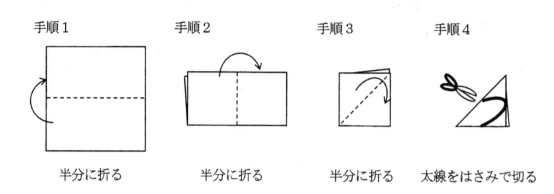

手順1	手順2	手順3	手順4
半分に折る	半分に折る	半分に折る	太線をはさみで切る

② あやかさんたちは，「おすすめの本の木」の活動の進め方を2〜6年生に説明するために，朝の集会で，図のように，図書室から各教室へオンラインで配信を行うことになりました。あやかさんは，この場面で，どのようなことを話せばよいでしょうか。**計画メモ**を参考にして，次の原こうの ☐ に当てはまるように，１００字以上１２０字以内で書きましょう。

図　配信のイメージ

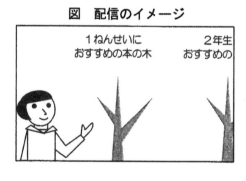

原こう

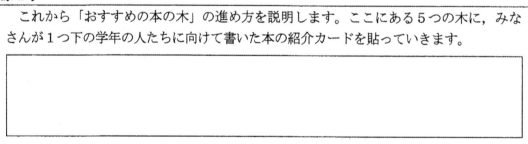

（4） あなたが図書委員なら，全校児童にいろいろなジャンルの本に親しんでもらうために，どのような活動を考えますか。(1)〜(3)にある活動とは別の活動を１つ考え，８０字以上１００字以内で書きましょう。

【問題2】

　次の文章を読んで，(1)から(5)の問いに答えましょう。**答えは，解答用紙（２枚中の２）に記入しましょう。**

　ゆうきさんの学校では，授業で学んだことを家族に発表する学習発表会を，３学期に，６年生全体で行います。学習発表会では，全員が３つの班（国語班，体育班，音楽班）に分かれて，発表をすることになりました。

(1)　次の**会話文**は，学習発表会で発表する内容について，国語班２５人で集まって話し合いをしている様子です。

会話文

ゆうき：国語班では何を発表しますか。先生は，班全員で協力して取り組めるような内容にしようと言っていましたね。
ひろと：国語の授業で学習した物語を劇にして発表したいです。
ゆうき：劇だと，出演する人だけではなく，大道具を担当する人や，ナレーターも必要ですね。
いつき：大変そうだなあ。ことわざカルタ大会を見てもらうのはどうですか。
ゆ み：わたしはカルタが得意なので賛成です。
あおい：わたしも，劇より練習や準備が簡単な，カルタ大会がよいと思います。
ひ な：わたしは，カルタ大会よりも劇の方がよいと思います。
なぜなら，劇の方が＿＿＿＿＿＿＿＿＿＿＿と思うからです。
（　－　話し合いは続きます　－　）

　ひなさんが，「わたしは，カルタ大会よりも劇の方がよいと思います。」と発言した理由を，**会話文**の＿＿＿に当てはまるように書きましょう。

(2)　話し合いの結果，国語班では，劇をすることになりました。また，音楽班では合奏^{がっそう}を，体育班ではリズムなわとび（音楽に合わせたなわとび）をすることになりました。その後，各班で相談し，練習の計画表を作成しました。**資料1**は体育班が作成した計画表です。

資料1　体育班の計画表

	体育班 （リズムなわとび）
1回目	曲選び
2回目	技^{わざ}や振^ふり付^つけ決め
3回目	グループ練習
4回目	
5回目	全体練習

　次の**会話文**は，3回目のグループ練習の後に，体育班の各グループのリーダーが集まって，4回目の練習の進め方について話し合いをしている様子です。

会話文

> たけし：今日のグループ練習では，技はみんな上手になったけれど，音楽に合わせてとぶのに苦労している人もいたね。
> あいり：次のグループ練習では，みんなが音楽に合わせてとべるようになりたいね。
> れ　ん：それじゃあ，グループごとにみんなの前でとんでみようよ。
> み　き：それだと，音楽に合わせてとべていないことに，自分では気が付きにくいのではないかな。
>
> （　－　話し合いは続きます　－　）

　4回目の練習で，音楽に合わせてとべているかを自分で確認^{かくにん}するために，あなたならどのような工夫^{くふう}を提案しますか。具体的な工夫を20字以上40字以内で書きましょう。

(3) 学習発表会では各班の発表のほかに，学年全員で合唱したり，家族へプレゼントを渡したりすることになりました。

　ゆうきさんたちは，当日のプログラムや会場について考えています。**資料2**はゆうきさんたちが作成しているプログラムの一部です。下の【条件】でプログラムを考えるとき，**資料2のプログラムの4番目は，国語班，体育班，音楽班のうち，どの班の発表になるか，書きましょう。また，そのように考えた理由を，言葉と数字を使って書きましょう。**

資料2　作成中のプログラムの一部

```
　　　　　プログラム
　　　　　　　　　　　　5・6時間目
1．開会式
2．□班の発表
3．□班の発表
4．□班の発表
5．□
6．□
7．閉会式
```

【条件】

- 学習発表会は5時間目と6時間目を使って行う。5時間目，6時間目はそれぞれ45分間で，間に10分間の休み時間をとる。
- 会場は体育館とする。国語班と音楽班はステージ上，体育班はステージ下のフロアで発表する。
- ステージ上で行う2つの班の発表は，休み時間に片付けや準備ができるように5時間目，6時間目に分ける。
- 全員での合唱と家族へのプレゼントは6時間目に行う。
- 休み時間はプログラムの番号には入れない。
- 班の入れ替えにかかる時間は発表時間にふくまれているので，考えなくてよい。
- 各プログラムの時間は次のとおりである。

開会式	5分
閉会式	5分
全員での合唱	10分
家族へのプレゼント	8分
国語班の発表	22分
体育班の発表	22分
音楽班の発表	18分

(4) 家族へのプレゼントは，家庭科の時間に製作するトートバッグになりました。次の**メモ**をもとに，トートバッグを製作するとき，何m何cmの長さの生地を購入すればよいですか。答えを書きましょう。

メモ

- ・生地は，図1のように，幅が110cmで，長さが10cm単位で販売されているものを購入する。
- ・生地は，なるべく短い長さで購入する。
- ・トートバッグを1つ製作するには，図2のように，型紙の周りにぬいしろをつけた大きさの布が必要である。
- ・トートバッグのできあがりの大きさは，たて24cm，横32cmである（**図3**）。
- ・作る個数は75個である。
- ・生地から75枚の布を切り出すとき，型紙を置く向きはすべて同じとする。
- ・持ち手は別の素材で製作するので，考えなくてよい。
- ・製作過程での失敗は考えなくてよい。

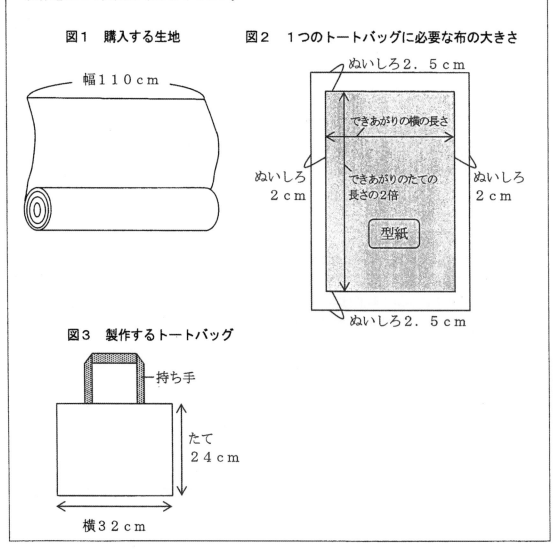

図1　購入する生地

幅110cm

図2　1つのトートバッグに必要な布の大きさ

ぬいしろ2.5cm
できあがりの横の長さ
ぬいしろ2cm
できあがりのたての長さの2倍
ぬいしろ2cm
型紙
ぬいしろ2.5cm

図3　製作するトートバッグ

持ち手
たて24cm
横32cm

(5)　ゆうきさんは，学習発表会の当日の開会式で，見に来てくれた家族に向けて，学年を代表してあいさつをすることになりました。ゆうきさんになったつもりで，次の**あいさつ文**の□□□□に当てはまるように，８０字以上１００字以内で書きましょう。

あいさつ文

> 今日は学習発表会に来てくれてありがとうございます。

リスクヘッジという考え方が必要になったりする。このように、環境問題の解決はむずかしいことを理解しておくことはなにかの役に立つと思う。③もしあなたの前に「○○をやれば環境問題はすべて解決！」みたいなことを言う人が現れたら、その人は十中八九、あるいはそれ以上の確率で詐欺師であることを見破れるのだ。

（伊勢武史『2050年の地球を予測する　科学でわかる環境の未来』より）

【注】　＊生態学…生物と環境の関係を解明する生物学の一分野。

＊ルアー…おとり。

＊禁欲…本能的な欲望をおさえること。

＊潮汐…海の満ち引き。

＊併存…二つ以上のものが同時に存在すること。

＊リスクヘッジ…危険を予測して、それを避けるための対策を行うこと。

問三　傍線部②「僕ら人間の行動にもトレードオフは存在している」と筆者は述べていますが、環境問題におけるトレードオフについて、身近な具体例をあげて、説明してください。

問四　傍線部③「もしあなたの前に「○○をやれば環境問題はすべて解決！」みたいなことを言う人が現れたら、その人は十中八九、あるいはそれ以上の確率で詐欺師であることを見破れるのだ。」について、筆者がこのように述べている理由を説明してく

ださい。

問五　本校では入学後、一人一人が課題研究を行います。文章Ａと文章Ｂを書いた二人の研究者の姿勢をふまえて、あなたは、どのような姿勢で研究をしていきたいと思いますか。百二十字以上百四十字以内で説明してください。

※適性検査Ⅱは88ページから始まります。

文章B

次の文章は、生態学者である伊勢先生が環境問題について述べたものの一部です。筆者は、金魚と同じ水槽で二匹のドジョウを飼っています。通常、ドジョウは水底でエサをとりますが、一匹のドジョウは大胆な性格のため、水面の金魚のエサを上手に食べられるようになりました。結果として、二匹のドジョウには体格差が生まれたそうです。

ここまでだと、「大胆にチャレンジするのはすばらしい」みたいな教訓の話のように聞こえてしまったかもしれない。しかし僕は生態学者であり、大胆に水面までのぼってくるドジョウの個性は、果たしていつでもプラスに働くのかどうか？　と考えてしまう。安全な我が家の水槽とは違い、自然界には危険がいっぱいだ。小魚を食べようと、水面のエサを食べるという行動はむしろマイナスになり、おとなしく砂にもぐっているほうがプラスになるかもしれない。

僕は釣り人でもある。おなじ種類の魚でも、個体によって個性があることを経験上知っている。ためらいなくルアーに食いつく大胆な個体もいれば、臆病で用心深い個体もいる。なんでも口に入れてみる個体は、場合によってはたくさんエサを食べて大きく成長するかもしれない。しかし、ルアーにだまされて釣り上げられそこで一生を終える、なんて確率も高くなるのである。

そこで考えたのは、魚の生き方のトレードオフとは、何かを得るために何かを失うという関係性のこと。トレードオフとは、ドジ

ョウの場合、「エサをたっぷり食べる」というプラスには、「我が身を危険にさらす」というマイナスがつきものなのだ。自然界で生きている生物はみな、このようなトレードオフにさらされている。たとえば、恐竜は大きな体を持つことで繁栄したが、その巨体を維持するためにはたくさんのエサが必要になる。だから白亜紀末期に地球環境が激変したときに絶滅してしまい、代わりに体の小さな哺乳類が栄えることになったのである。

環境問題を考えるときも、このドジョウとおなじように、②僕ら人間の行動にもトレードオフが重要になってくる。

たとえば、環境問題を気にせず好き勝手に生きるという選択。そうすると、いまは楽しいけど将来たいへんなことが生じる選択。逆に、環境問題を防止するため禁欲的な生活を送る。そうすると未来の環境は守られるけど、僕らは強いストレスにさらされることになってしまう。

トレードオフが存在するとき、答えはひとつに決まらない。もしも、長所しかない選択肢があるなら、僕らは迷わずそれを選択することだろう。ところが、僕らの前に存在する選択肢は、それぞれ長所と短所を持つことが多い。どちらを選んでも弱点はある。そして、環境問題に関する選択には、このようなトレードオフが存在することが多々あるのだ。たとえば、僕らが文明生活を営むのに必要なエネルギーのつくり方。再生可能エネルギーにも太陽光・風力・潮汐などいろんなタイプがあり、それぞれに一長一短がある。僕らは冷静に、ときには、複数の選択肢を併存させ客観的な判断が求められる。

【注】
＊阻止…ふせぐこと。
＊還元…もとに戻すこと。
＊母語…ある人が、子どものときに周りの人が話すのを聞いて自然に
習い覚えた最初の言語。

問一　「ぬりはしばこ」と「ぬりばしばこ」という表現について、「連濁」に注目して意味を考えましょう。「はし」ではなくて「はこ」が塗られているのはどちらだと考えられますか。解答用紙のカッコに○を書いてください。また、選んだ表現について、「ぬり」「はし」「はこ」の三つの要素の構造を、樹形図で表してください。

問二　傍線部①「ことばの研究って何がおもしろいの？」について、筆者はどのように述べていますか。本文の内容に具体的に触れながら説明してください。

※次の問題は85ページです。

と呼びます。

連濁

こ＋たから→こだから　　あお＋そら→あおぞら
ひよこ＋くみ→ひよこぐみ　すずめ＋はち→すずめばち

連濁が起こるかどうかはいろいろな要因に左右されるのですが、二番目の単語がすでに濁音を含む場合は連濁が起きません。これを「ライマンの法則」といいます。

ライマンの法則

ひと＋かげ→ひとかげ　　ひやし＋そば→ひやしそば
あか＋かぶ→あかかぶ　　よこ＋はば→よこはば

さて、ここで「にせたぬきじる」と「にせだぬきじる」の例に戻りましょう。

「にせだぬきじる」の樹形図

にせだぬきじる
にせだぬき
にせ　たぬき　しる

まず、後者の「にせだぬきじる」は「にせ」の「たぬき」が入っている「しる」でした。「にせ」なのは「たぬき」だから、「にせ」と「たぬき」をくっつけると、連濁が起こって「にせだぬき」になります。これに「しる」をくっつけると、また連濁が起こって「にせだぬきじる」となるわけです（上図）。

では「にせたぬきじる」はどうでしょうか。

こちらは「にせ」の「たぬきのしる」でした。ですから今度は、「たぬき」と「しる」をくっつけると、連濁が起こって「たぬきじる」ができあがります。次に、「にせ」に「たぬきじる」をくっつけると、「たぬきじる」にはすでに濁音が含まれていますから、ライマンの法則により連濁が阻止されます。よって「にせたぬきじる」が生まれます（上図）。

「にせたぬきじる」の樹形図

にせたぬきじる
たぬきじる
にせ　たぬき　しる

まとめると、二つの表現の意味の違いは、「にせ」「たぬき」「しる」という三つの要素がどのような順番でくっついているのか（つまり、どのような構造を持っているのか）に還元できます。

それぞれの順番通りに連濁を適用すれば、ライマンの法則により、「にせ＋たぬきじる」の時のみ連濁が阻止されます。よって、聞き手が「にせたぬきじる」や「にせだぬきじる」という表現を聞いた時に、適切な解釈が自然と導かれるわけです。

これらのことを考えると、日本語母語話者は「連濁」や「ライマンの法則」を無意識的にではあるけれども、抽象的なルールとして知っている、という結論が得られます。

（川原繁人『なぜ、おかしの名前はパピプペポが多いのか？言語学者、小学生の質問に本気で答える』より本文および図を一部修正）

（解答用紙は別冊17P）（解答例は別冊12P）

【問題】　次の**文章A**、**文章B**を読み、問一～五に答えなさい。

文章A

次の文章は言語学者である川原先生が、小学生のらんさんやみあさんたちに特別授業をしたときの様子と、それに関する解説です。

川原　じゃあさっそく授業を始めましょう！らんが大胆に直球で聞いてくれた質問があるので、この質問から取りあげたいと思います。①「ことばの研究って何がおもしろいの？」。これいい質問だよね。

《中略》

ウォームアップとして、ことばの研究の魅力を伝えるために、こんな例を持ってきました。「にせたぬきじる」という表現と「にせだぬきじる」という表現をゆっくり考えてみて。この二つの意味の違いは感じられる？

「にせたぬきじる」というのは、「たぬきじる」に「にせ」を付けたもので、「にせだぬきじる」っていうのは「だぬき」に「にせ」を付けたもの。

そうだね、「だぬき」まぁ「たぬき」だね。つまり、「にせたぬきじる」で、にせものなのは何？

みあ　──たぬきじる！

川原　そう！「にせたぬきじる」は、「たぬきじる」のにせもので、「にせだぬきじる」は、「たぬき」の「にせもの」が入ったす。

※次の問題は87ページです。

たおしるです。この違いわかった？

《中略》

ここで不思議なのは、「た」に「〃」が一つ付くか付かないかだけで意味が違ってしまうってこと。「た」と「だ」が違うだけで、この意味の違いってみんな誰にも教わってないよね。

でも、この意味の違いってみんな誰にも教わってないよね。絵本には出てこないし、お父さんもお母さんも教えてくれなかったと思う。「いい？　みあちゃん、『にせたぬきじる』の意味はこれで、『にせだぬきじる』の意味はこれよ」なんて教える親はいないからね。

『〃』だけで、なんで意味の違いが出てくるんだろう？「なんでこの違いがわかるんだろう？」って不思議に思わない？

この不思議を発見できるのが、言語学の魅力の一つです。

《中略》

さて、次の疑問は、なぜ濁点の有無から、先の意味の違いが生まれてくるのかということです。これを理解するために、「連濁」という現象と『ライマンの法則』を説明しましょう。

まず、日本語では二つの単語をくっつけて新しい単語をつくる時に、二番目の先頭の音に濁点が付く場合があります。これを「連濁」

〔問題1〕　短歌や俳句を<ruby>はいく<rt>俳句</rt></ruby>くり返し唱えたり、思いうかべたりすること

には、どのような効果があると述べられているでしょうか。

解答らんに合うように書きなさい。

〔問題2〕

| 文章1 | ・ | 文章2 | で挙げられている例を一つずつ探し、<ruby>さが<rt>探</rt></ruby>

「余韻」<ruby>よいん<rt>余韻</rt></ruby>とか「想像力」といった考えとありますが、⑦

| 文章1 | の筆者は、短歌を読んでどのような情景を想像して

いるでしょうか。連続する二文を探しなさい。<ruby>さが<rt>探</rt></ruby>ただし、一文め

の最初の四字と、二文めの終わりの四字をそれぞれ書くこと。

〔問題3〕

あなたは、これからの学校生活で仲間と過ごしていく上で、

言葉をどのように使っていきたいですか。今のあなたの考え

を四百字以上四百四十字以内で書きなさい。ただし、次の条

件と下の　〔きまり〕　にしたがうこと。

条件　①

| 文章1 | ・ | 文章2 | の筆者の、短歌・俳句に対する考え<ruby>はいく<rt>俳句</rt></ruby>

方のいずれかにふれること。

②

適切に段落分けをして書くこと。<ruby>だんらく<rt>段落</rt></ruby>

〔きまり〕

○　題名は書きません。

○　最初の行から書き始めます。

○　各段落の最初の字は一字下げて書きます。<ruby>だんらく<rt>段落</rt></ruby>

○　行をかえるのは、段落をかえるときだけとします。

○　、や。や「などもそれぞれ字数に数えます。これらの記号

　　が行の先頭に来るときには、前の行の最後の字と同じますに

　　書きます（ますの下に書いてもかまいません）。

○　。と」が続く場合は、同じますに書いてもかまいません。

　　この場合、。」で一字と数えます。

○　段落をかえたときの残りのますは、字数として数えます。

○　最後の段落の残りのますは、字数として数えません。

※適性検査Iは93ページから始まります。

東京都立中学校・中等
教育学校共同作成問題

『三冊子』でも、「不易流行」に言及しています。そこでは、「師の風雅に、万代不易あり、一時の変化あり。この二つに究り、その本一なり」と、根本は同一だと説いています。そこで、つぎに土芳の『三冊子』をみてみましょう。

土芳は、伊賀上野藩士、一六五七年生まれ、一七三〇年没。姓は服部氏。若いころから芭蕉を慕い、伊賀の俳諧を盛り上げた人物です。

『三冊子』は、芭蕉晩年の教えを書きとどめた書で、出版はずっと遅れるものの、多くのひとに筆写されて早くから広まりました。「白双紙」「赤双紙」「わすれ水」の三部をまとめて、『三冊子』として知られています。

高く心を悟りて、俗に帰るべし。

俳句をよむ精神は目標を高くもって、同時に日々の生活にいつも目を向けるように心がけなさい、という教えです。むかしのひとの作品や精神をしっかり学ぶとともに、生活する人びとの気持ちになってこそ、すばらしい俳句が生まれるのだというのです。困難な事柄にひるまず勉強するうちに、いつか高尚なこころを得ることができる。かといって、学問をひけらかしては嫌みなだけ。何気ない、ふつうに送る日常生活のなかから、俳句のおもしろさを発見することがだいじなのです。

芭蕉俳諧の真髄は、この境地にこそあります。

（藤田真一「俳句のきた道　芭蕉・蕪村・一茶」（一部改変）による）

〈注〉

其角―――芭蕉の弟子。

巴風―――其角の弟子。

去来―――芭蕉の弟子。

「有明の花に乗り込む」―――夜明けに花の下で乗り込む。

「月毛馬」「葦毛馬」―――どちらも白みがかった毛色の馬。

「卯の花に月毛の馬のよ明かな」―――白く咲き乱れる卯の花の中、月毛の馬に乗って旅立つ、さわやかな初夏の明け方だなあ。

諸説紛々―――いろいろな意見やうわさが入り乱れているさま。

「師の風雅に、……この二つに究り、その本一なり」―――芭蕉先生の風流についての教えには、ずっと変わらないことと常に変化することの二つがある。この二つをつきつめると、その根本は一つである。

伊賀上野―――いまの三重県伊賀市。

藩士―――大名に仕える武士。

真髄―――ものごとの本質。

－ 90 －

次の文章は、江戸時代に俳諧と呼ばれていた俳句について、当時活やくしていた松尾芭蕉が述べた言葉を説明したものです。

謂応せて何か有。

江戸の其角が、「下臥につかみ分ばやいとざくら」という巴風（其角の門人）の句を知らせてきたが、「どうおもうかね」と芭蕉がたずねられた。

去来は、「枝垂桜（糸桜）のようすをうまく言い表しているではありませんか」と応じました。一句は、みごとに咲いた糸桜の下に臥せって、花の枝をつかんでたぐってみたい、といった意味です。そこで言った芭蕉の返答がこれです。物のすがたを表現し尽くしたからといって（「いいおおせて」）、それがどうしたのだという批判です。ことばの裏側に、「余韻」とか「想像力」といった考えを置いてはどうでしょう。俳句にかぎらず、詩という文芸は、表面的な理解だけでわかった気になってはつまりません。

舌頭に千転せよ。

これは去来の苦い経験に発することばのようです。「有明の花に乗り込む」とはじめの五・七をよんで、最後をどうするか悩んだことがあ

りました。馬をよみ込みたかったものの、あいだに「の」を入れたりしてみても、どうもうまくいかない。「月毛馬」「葦毛馬」と置いたり、あいだに「の」を入れたりしてみても、どうもうまくいかない。

ところが友人許六（前に登場した、芭蕉の画の師になった弟子）の、「卯の花に月毛の馬のよ明かな」を目にして、なるほどとうなった、この手があったのか、と。許六は中の七文字に馬を置いて、すらりとよんだり、あいだに「の」を入れたりしてみても、どうもうまくいかなかったのです。常々芭蕉が、「口のなかで千回でも唱えてみよ」とおっしゃっていたのはこのことだったのだ。ほんのわずかの工夫でうまくいく。そこに気づくまで、「千転せよ」というわけです。去来のこの句は結局完成しなかったのでしょう。

不易流行。

たいへん有名なことばですが、はたして芭蕉がそのまま口にしたかどうか、よくわかりません。でも、一門のあいだではいろいろと議論があったと、去来は言っています。「不易」とは永久に変わらないこと、「流行」とはつねに変化すること、「不易流行」というのは、まったく正反対のことを一語にまとめたことになります。諸説紛々だといいつつ、去来は、「不易流行の教えは、俳諧不変の本質と、状況ごとの変化という二面性を有するものだ」というのです。一貫性と流動性の同居、これが俳諧というものだということでしょうか。

にも傷がある。自分の中の見えない場所にあるもののように。そんなことを考えている孤独な一人の女性を思うと、桜も青空もそれを受け止めようとしている人も、それを遠くで思う人（読者）も、すべてが無限の切なさに覆われているように感じられてくる。こんなにおおらかに「傷」を言葉にできるとは。ほんとうにさびしいときに、この歌を唱えつづけると、いつの間にかうれしい気持ちに変わっていくような気がする。

（東　直子「生きていくための呪文」による）

【注】

歌　　　　　　短歌。

咲くからに　　　咲いているから。

わが眺めたり　　私は（その桜の花を）ながめるのだ。

岡本かの子　　　大正、昭和時代の小説家、歌人。

清水　　　　　　京都の清水寺。

祇園　　　　　　京都の祇園神社。

こよひ　　　　　今夜。

与謝野晶子　　　明治、大正時代の歌人。

花灯り　　　　　桜の花が満開で、その辺りのやみが
　　　　　　　　ほのかに明るく感じられること。

ほろ酔いのような表情を浮かべて　　うっとりした顔つきで。

愛でている　　　味わい楽しんでいる。

大西民子　　　　昭和時代の歌人。

※次の問題は91ページです。

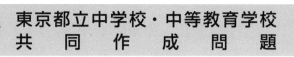

（解答用紙は別冊18Ｐ）（解答例は別冊13Ｐ）

1 次の 文章1 と 文章2 を読んで、あとの問題に答えなさい。

（＊印の付いている言葉には、本文のあとに （注）があります。）

文章1

桜の咲く時期になると、必ず思い出す歌がいくつかある。ソメイヨシノの並木の花がいっせいに満開になって、咲いてるなあ、と首を空に向けながら思い出すのは、次の歌である。

　桜ばないのち一ぱいに咲くからに生命をかけてわが眺めたり

岡本かの子

そして桜満開の夜となれば、この歌。

　清水へ祇園をよぎる桜月夜こよひ逢ふ人みなうつくしき

与謝野晶子

桜の咲くころの祇園を訪ねたことはないのだが、脳内には花灯りの下を、浮かれたような、ほろ酔いのような表情を浮かべて道を歩く人々の、うつくしい顔がくっきりと浮かぶ。夜桜見物を一度だけしたことがあるが、結構寒くて、じっと座ってるとガタガタ震えてくるし鼻水は出るし、思うほどロマンチックではない。けれども人をうつくしいと思う気持ちは、この歌を胸に抱いていたため失わずにすんだ。

先ほどのかの子の歌が桜の花と自分を同一化させて自分を主人公として短歌の額縁の真中におさめたのに対し、この晶子の歌は、あくまでも自分はレンズとしての存在で、きれいな花が咲いたらそれだけを見るのではなく、そこにある気配までも感知する晶子の懐の深さに感じいる。きれいな夜桜のある風景をまるごと愛でている。

「こよひ逢ふ人みなうつくしき」は、桜の咲いている時期以外でも、いろいろな場所にあてはめることができる。気後れしがちなパーティーなどでも「こよひ逢ふ人みなうつくしき」の言葉を唱えながら現地に向かえば、自ずと前向きになり、好意的に人と会える気持ちになれて勇気がわくのである。

自分の気に入った詩の言葉を心の中でつぶやく行為は、願いをかなえるために呪文を唱えることにとても似ている。短歌を知る、覚えていくということは、自分の気持ちを保つための言葉を確保していくことでもあるのだと思う。

　てのひらをくぼめて待てば青空の見えぬ傷より花こぼれ来る

大西民子

この短歌を胸に抱いてつくづく思うのは、さびしいのは自分だけではない、ということ。桜のはなびらがはらはらと散っていく様子を見ると、なんともいえず切ない気持ちになる。この歌ではそれが「青空の見えぬ傷」よりこぼれてきたものだというのである。あのきれいな青い空

（解答用紙は別冊19Ｐ）（解答例は別冊13Ｐ）

1　運動会の得点係の**花子**さんと**太郎**さんは、係活動の時間に得点板の準備をしています。

花　子：今年は新しい得点板を作ろうよ。

太　郎：私もそう思っていたので用意してきたよ。ボード（図1）に棒状のマグネット（図2）をつけて、数字を表すんだ。

花　子：ボードが3枚あれば、3けたまでの得点を表すことができるんだね。赤組と白組があるから、6枚のボードが必要だね。

図1　ボード

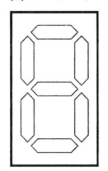

図2　棒状のマグネット

太　郎：6枚のとう明でないボードは用意してあるから、ボードにつける棒状のマグネットを作ろうよ。

花　子：どのような作業が必要かな。

太　郎：マグネットシートに棒状のマグネットの型を「かく」作業と、かいたものを型どおりに「切る」作業の、2種類の作業が必要だよ。

花　子：先に「かく」作業から始めないといけないね。マグネットシート1枚から、棒状のマグネットは何個作れるのかな。

太　郎：1枚のマグネットシートからは、6個の棒状のマグネットが作れるんだよ。だから、マグネットシートを7枚用意したよ。

花　子：作業には、それぞれどのくらいの時間がかかるのかな。

太　郎：以前に試してみたことがあるけれど、私はマグネットシート1枚当たり「かく」作業に10分、「切る」作業に5分かかったよ。

花　子：私は「かく」作業と「切る」作業に、それぞれどのくらいの時間がかかるかな。

太　郎：試してみようよ。どのくらいの時間がかかるのか、計ってあげるよ。

　　花子さんは1枚のマグネットシートから、6個の棒状のマグネットを作りました。

太　郎：**花子**さんは、「かく」作業も「切る」作業も、マグネットシート1枚当たりそれぞれ7分かかったよ。これで、二人の作業にかかる時間が分かったね。

花　子：二人で力を合わせて、棒状のマグネットを作ろうよ。作業をするときに注意すること
　　　　はあるかな。

太　郎：作業中のシートが混ざらないようにしたいね。

花　子：では、「かく」作業をするときも、「切る」作業をするときも、マグネットシート１枚分
　　　　の作業を終わらせてから、次の作業をするようにしよう。

太　郎：それがいいね。でも、どちらかの人が「かく」作業を終えた１枚分のマグネットシート
　　　　を、もう一方の人が「切る」作業をすることはいいことにしよう。

花　子：マグネットシートが残っている間は、休まずにやろう。

太　郎：マグネットシートは、あと６枚残っているよ。

花　子：６枚のマグネットシートを全て切り終えると、私の試した分と合わせて棒状の
　　　　マグネットが４２個になるね。

太　郎：それだけあれば、十分だよね。次の係活動の時間に、６枚のマグネットシートを全て
　　　　切り終えよう。

花　子：それまでに、作業の順番を考えておこうか。

太　郎：分担の仕方を工夫して、できるだけ早く作業を終わらせたいよね。

花　子：係活動の時間が４５分間なので、時間内に終わるようにしたいね。

〔問題１〕　二人で６枚のマグネットシートを切り終えるのが４５分未満になるような作業の分担
　　　　　の仕方を考え、答え方の例のように、「かく」、「切る」、「→」を使って、解答らんに
　　　　　太郎さんと**花子**さんの作業の順番をそれぞれ書きなさい。また、６枚のマグネットシート
　　　　　を切り終えるのにかかる時間を答えなさい。

　　　　　ただし、最初の作業は同時に始め、二人が行う「かく」または「切る」作業は連続
　　　　　して行うものとし、間は空けないものとします。二人が同時に作業を終えなくてもよく、
　　　　　それぞれが作業にかかる時間は常に一定であるものとします。

行った作業	答え方の例
１枚のマグネットシートに「かく」作業をした後に、型がかかれているマグネットシートを「切る」作業をする場合。	かく　→　切る
１枚のマグネットシートに「かく」作業をした後に、他の１枚のマグネットシートを「かく」作業をする場合。	かく　→　かく

太郎さんと花子さんは、次の係活動の時間で棒状のマグネットを作りました。そして、運動会の前日に、得点係の打ち合わせをしています。

太　郎：このマグネットで、０から９の数字を表すことができるよ。（図３）

図３　マグネットをつけて表す数字

花　子：マグネットは、つけたり取ったりすることができるから便利だね。１枚のボードを１８０度回して、別の数字を表すこともできそうだね。

太　郎：そうだよ。６のボードを１８０度回すと９になるんだ。ただし、マグネットをつけるボードはとう明ではないから、ボードを裏返すと数字は見えなくなるよ。

花　子：そうなんだ。

太　郎：２枚のボードを入れかえて、違う数字を表すこともできるよ。例えば、１２３の１と３のボードを入れかえて、３２１にすることだよ。（図４）

花　子：工夫をすると、短い時間で変えられそうだね。

太　郎：操作にかかる時間を計ってみようか。全部で操作は４種類あるから、操作に番号をつけるよ。

図４　ボードを入れかえる前と後

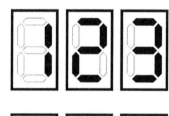

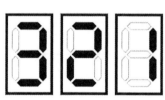

得点板の操作を一人で行ったときにかかる時間	
操作１：１個のマグネットをつける	２秒
操作２：１個のマグネットを取る	２秒
操作３：１枚のボードを１８０度回す	３秒
操作４：２枚のボードを入れかえる	３秒

花　子：得点は、３けたまで必要だよね。短い時間で変えられるような、工夫の仕方を考えよう。

太　郎：では、私一人で得点板の数字を４５６から９８７にしてみるよ。何秒で、できるかな。

〔問題2〕 得点板の数字を４５６から９８７にする場合、最短で何秒かかるのか答えなさい。また、答え方の例を参考にして、解答らんに元の数字と変えた数字をそれぞれ一つずつ書き、文章で説明しなさい。ただし、解答らんの全ての段（だん）を使用しなくても構いません。

操作（そうさ） （かかる時間）	答え方の例
００１を００８にする場合 （１０秒）	〔 １ 〕→〔 ８ 〕　１にマグネットを５個つける。
００８を００９にする場合 （２秒）	〔 ８ 〕→〔 ９ 〕　８からマグネットを１個取る。
００４を００５にする場合 （６秒）	〔 ４ 〕→〔 ５ 〕　４にマグネットを２個つけて１個取る。
０１６を０１９にする場合 （３秒）	〔 ６ 〕→〔 ９ 〕　６のボードを１８０度回す。
１２３を３２１にする場合 （３秒）	〔 １ 〕→〔 ３ 〕　一の位と百の位のボードを入れかえる。 〔 ３ 〕→〔 １ 〕 ※どちらの書き方でもよい。

2　花子さんと太郎さんは、休み時間に先生と交通手段の選び方について話をしています。

花　子：家族と祖父母の家に行く計画を立てているときに、いくつか交通手段があることに気がつきました。

太　郎：主な交通手段といえば、鉄道やバス、航空機などがありますね。私たちは、目的地までのきょりに応じて交通手段を選んでいると思います。

花　子：交通手段を選ぶ判断材料は、目的地までのきょりだけなのでしょうか。ほかにも、交通手段には、さまざまな選び方があるかもしれません。

先　生：よいところに気がつきましたね。実は、太郎さんが言ってくれた目的地までのきょりに加えて、乗りかえのしやすさなども、交通手段を選ぶときに参考にされています。

太　郎：人々は、さまざまな要素から判断して交通手段を選んでいるのですね。

花　子：実際に移動するときに、人々がどのような交通手段を選んでいるのか気になります。同じ地域へ行くときに、異なる交通手段が選ばれている例はあるのでしょうか。

先　生：それでは例として、都道府県庁のあるA、B、C、Dという地域について取り上げてみましょう。図1を見てください。これは、AからB、C、Dへの公共交通機関の利用割合を示したものです。

図1　AからB、C、Dへの公共交通機関の利用割合

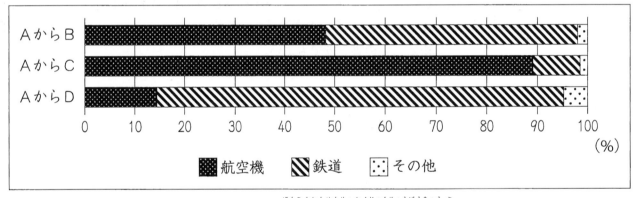

（第6回（2015年度）全国幹線旅客純流動調査より作成）

太　郎：図1を見ると、AからB、AからC、AからDのいずれも、公共交通機関の利用割合は、ほとんどが航空機と鉄道で占められていますね。目的地によって、航空機と鉄道の利用割合が異なることは分かりますが、なぜこれほどはっきりとしたちがいが出るのでしょうか。

先　生：それには、交通手段ごとの所要時間が関係するかもしれませんね。航空機は、出発前に荷物の検査など、さまざまな手続きが必要なため、待ち時間が必要です。鉄道は、主に新幹線を使うと考えられます。新幹線は、荷物の検査など、さまざまな手続きが必要ないため、出発前の待ち時間がほとんど必要ありません。

花　子：そうなのですね。ほかにも、移動のために支はらう料金も交通手段を選ぶ際の判断材料になると思います。

太　郎：図1のAからB、C、Dへの移動について、具体的に調べてみたいですね。

花　子：それでは、出発地と到着地をそれぞれの都道府県庁に設定して、Aにある都道府県庁からB、C、Dにある都道府県庁まで、主に航空機と鉄道をそれぞれ使って移動した場合の所要時間と料金を調べてみましょう。

先　生：空港や鉄道の駅は、都道府県庁から最も近い空港や鉄道の駅を調べるとよいですよ。

　　花子さんと太郎さんは、インターネットを用いて、Aにある都道府県庁からB、C、Dにある都道府県庁まで、主に航空機と鉄道をそれぞれ使って移動した場合の所要時間と料金を調べ、表1にまとめました。

表1　Aにある都道府県庁からB、C、Dにある都道府県庁まで、主に航空機と鉄道をそれぞれ使って移動した場合の所要時間と料金

	主な交通手段	*所要時間	料金
Aにある都道府県庁からBにある都道府県庁	航空機	2時間58分（1時間15分）	28600円
	鉄道	4時間26分（3時間12分）	18740円
Aにある都道府県庁からCにある都道府県庁	航空機	3時間7分（1時間35分）	24070円
	鉄道	6時間1分（4時間28分）	22900円
Aにある都道府県庁からDにある都道府県庁	航空機	3時間1分（1時間5分）	24460円
	鉄道	3時間44分（2時間21分）	15700円

*待ち時間をふくめたそれぞれの都道府県庁間の移動にかかる所要時間。かっこ内は、「主な交通手段」を利用している時間。

（第6回（2015年度）全国幹線旅客純流動調査などより作成）

花　子：私たちは、交通手段の所要時間や料金といった判断材料を用いて、利用する交通手段を選んでいるのですね。

〔問題1〕　花子さんは「私たちは、交通手段の所要時間や料金といった判断材料を用いて、利用する交通手段を選んでいるのですね。」と言っています。図1中のAからC、またはAからDのどちらかを選び、その選んだ公共交通機関の利用割合とAからBの公共交通機関の利用割合を比べ、選んだ公共交通機関の利用割合がなぜ図1のようになると考えられるかを表1と会話文を参考にして答えなさい。なお、解答用紙の決められた場所にどちらを選んだか分かるように○で囲みなさい。

東京都立中学校・中等教育学校共同作成問題

太　郎：目的地までの所要時間や料金などから交通手段を選んでいることが分かりました。

花　子：そうですね。しかし、地域によっては、自由に交通手段を選ぶことが難しい場合もあるのではないでしょうか。

先　生：どうしてそのように考えたのですか。

花　子：私の祖父母が暮らしているE町では、路線バスの運行本数が減少しているという話を聞きました。

太　郎：なぜ生活に必要な路線バスの運行本数が減少してしまうのでしょうか。E町に関係がありそうな資料について調べてみましょう。

　　太郎さんと花子さんは、先生といっしょにインターネットを用いて、E町の路線バスの運行本数や人口推移について調べ、表2、図2にまとめました。

表2　E町における路線バスの平日一日あたりの運行本数の推移

年度	2011	2012	2013	2014	2015	2016	2017	2018	2019	2020	2021
運行本数	48	48	48	48	48	48	34	34	32	32	32

（令和2年地域公共交通網形成計画などより作成）

図2　E町の人口推移

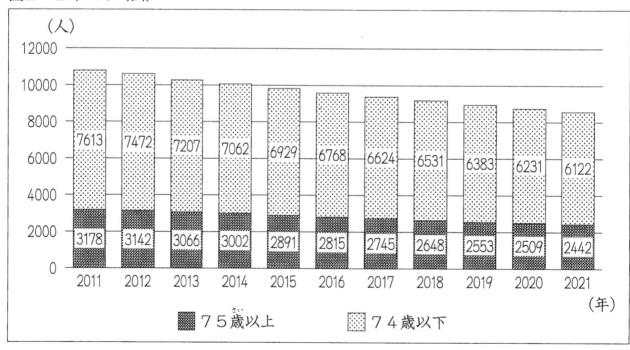

（住民基本台帳より作成）

花　子：表2、図2を読み取ると、E町の路線バスの運行本数や人口に変化があることが分かりますね。調べる中で、E町は「ふれあいタクシー」の取り組みを行っていることが分かりました。この取り組みについて、さらにくわしく調べてみましょう。

花子さんと太郎さんは、インターネットを用いて、E町の「ふれあいタクシー」の取り組みについて調べ、図3、表3にまとめました。

図3　E町の「ふれあいタクシー」の取り組みについてまとめた情報

補助対象者・利用者	① 75歳以上の人 ② 75歳未満で運転免許証を自主的に返納した人 ③ 妊婦などの特別に町長が認めた人　　　　など
「ふれあいタクシー」の説明	自宅から町内の目的地まで運んでくれる交通手段であり、E町では2017年から導入された。利用するためには、利用者証の申請が必要である。2023年現在、町民一人あたり1か月に20回以内の利用が可能で、一定額をこえたタクシー運賃を町が負担する。

（令和2年地域公共交通網形成計画などより作成）

表3　E町の「ふれあいタクシー」利用者証新規交付数・*累計交付数の推移

年度	2017	2018	2019	2020	2021
利用者証新規交付数	872	863	210	285	95
利用者証累計交付数	872	1735	1945	2230	2325

*累計：一つ一つ積み重ねた数の合計。

（令和2年地域公共交通網形成計画などより作成）

先　生：興味深いですね。調べてみて、ほかに分かったことはありますか。

太　郎：はい。2021年においては、「ふれあいタクシー」の利用者証を持っている人のうち、90％近くが75歳以上の人で、全体の利用者も、90％近くが75歳以上です。利用者の主な目的は、病院や買い物に行くことです。また、利用者の90％近くが「ふれあいタクシー」に満足しているという調査結果が公表されています。

花　子：「ふれあいタクシー」は、E町にとって重要な交通手段の一つになったのですね。

太　郎：そうですね。E町の「ふれあいタクシー」導入の効果について考えてみたいですね。

〔問題2〕　太郎さんは「E町の「ふれあいタクシー」導入の効果について考えてみたいですね。」と言っています。E町で「ふれあいタクシー」の取り組みが必要になった理由と、「ふれあいタクシー」導入の効果について、表2、図2、図3、表3、会話文から考えられることを説明しなさい。

3 花子さんと太郎さんがまさつについて話をしています。

花　子：生活のなかで、すべりにくくする工夫がされているものがあるね。

太　郎：図1のように、ペットボトルのキャップの表面に縦にみぞが
　　　　ついているものがあるよ。手でキャップを回すときにすべり
　　　　にくくするためなのかな。

花　子：プラスチックの板を使って調べてみよう。

図1　ペットボトル

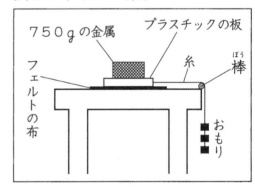

二人は、次のような**実験1**を行いました。

実験1

手順1　1辺が7cmの正方形の平らなプラスチックの板を何枚か
　　　　用意し、**図2**のようにそれぞれ糸をつける。

図2　手順1の板

手順2　机の上にフェルトの布を固定し、その上に正方形のプラス
　　　　チックの板を置く。

手順3　プラスチックの板の上に750gの金属を
　　　　のせる。

図3　手順4の様子

手順4　同じ重さのおもりをいくつか用意する。
　　　　図3のように、糸の引く方向を変えるために
　　　　机に表面がなめらかな金属の丸い棒を固定し、
　　　　プラスチックの板につけた糸を棒の上に通して、
　　　　糸のはしにおもりをぶら下げる。おもりの数を
　　　　増やしていき、初めてプラスチックの板が動いた
　　　　ときのおもりの数を記録する。

手順5　手順3の金属を1000gの金属にかえて、手順4を行う。

手順6　**図4**のように、手順1で用意したプラスチックの板に、みぞを
　　　　つける。みぞは、糸に対して垂直な方向に0.5cmごとに
　　　　つけることとする。

図4　手順6の板

手順7　手順6で作ったプラスチックの板を、みぞをつけた面を下に
　　　　して手順2〜手順5を行い、記録する。

手順8　**図5**のように、手順1で用意したプラスチックの板に、みぞを
　　　　つける。みぞは、糸に対して平行な方向に0.5cmごとに
　　　　つけることとする。

図5　手順8の板

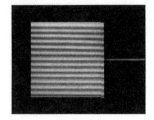

手順9　手順8で作ったプラスチックの板を、みぞをつけた面を下に
　　　　して手順2〜手順5を行い、記録する。

実験1の結果は、**表1**のようになりました。

表1　実験1の結果

	手順1の板	手順6の板	手順8の板
７５０gの金属をのせて調べたときの おもりの数（個）	14	19	13
1000gの金属をのせて調べたときの おもりの数（個）	18	25	17

太　郎：手でペットボトルのキャップを回すときの様子を調べるために、机の上にフェルトの布を固定して実験したのだね。

花　子：ペットボトルのキャップを回すとき、手はキャップをつかみながら回しているよ。

〔問題1〕　手でつかむ力が大きいときでも小さいときでも、**図1**のように、表面のみぞの方向が回す方向に対して垂直であるペットボトルのキャップは、すべりにくくなると考えられます。そう考えられる理由を、**実験1**の結果を使って説明しなさい。

太　郎：そりで同じ角度のしゃ面をすべり下りるとき、どのようなそりだと速くすべり下りることができるのかな。

花　子：しゃ面に接する面積が広いそりの方が速くすべり下りると思うよ。

太　郎：そうなのかな。重いそりの方が速くすべり下りると思うよ。

花　子：しゃ面に接する素材によっても速さがちがうと思うよ。

太　郎：ここにプラスチックの板と金属の板と工作用紙の板があるから、まず面積を同じにして調べてみよう。

二人は、次のような**実験2**を行いました。

実験2

手順1　**図6**のような長さが約100cmで上側が平らなアルミニウムでできたしゃ面を用意し、水平な机の上でしゃ面の最も高いところが机から約40cmの高さとなるように置く。

図6　しゃ面

手順2　**図7**のような1辺が10cmの正方形のア〜ウを用意し、重さをはかる。そして、それぞれしゃ面の最も高いところに置いてから静かに手をはなし、しゃ面の最も低いところまですべり下りる時間をはかる。

図7　ア〜ウ

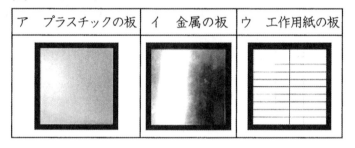

ただし、工作用紙の板は、ますがかかれている面を上にする。

実験2の結果は、**表2**のようになりました。

表2　実験2の結果

	ア　プラスチックの板	イ　金属の板	ウ　工作用紙の板
面積（cm²）	100	100	100
重さ（g）	5.2	26.7	3.7
すべり下りる時間（秒）	1.4	0.9	1.8

太　郎：速くすべり下りるには、重ければ重いほどよいね。

花　子：本当にそうなのかな。プラスチックの板と金属の板と工作用紙の板をそれぞれ1枚ずつ積み重ねて調べてみよう。

二人は、次のような**実験3**を行いました。

実験3

手順1　**実験2**の手順1と同じしゃ面を用意する。

手順2　**実験2**の手順2で用いたプラスチックの板と
　　　　金属の板と工作用紙の板を、それぞれ6枚ずつ
　　　　用意する。それらの中からちがう種類の板、
　　　　合計3枚を**図8**のように積み重ねて、板の間を
　　　　接着ざいで接着したものを作り、1号と名前を
　　　　つける。さらに、3種類の板を1枚ずつ順番を

図8　板を積み重ねた様子

ア	プラスチックの板
イ	金属の板
ウ	工作用紙の板

　　　　かえて積み重ねて、1号を作ったときに使用した接着ざいと同じ重さの接着ざいで
　　　　接着したものを五つ作り、それぞれ2号〜6号と名前をつける。ただし、積み重ねるとき、
　　　　工作用紙の板は、ますがかかれている面が上になるようにする。

手順3　1号〜6号を、積み重ねた順番のまま、それぞれしゃ面の最も高いところに置いて
　　　　から静かに手をはなし、しゃ面の最も低いところまですべり下りる時間をはかる。

　実験3の結果は、**表3**のようになりました。ただし、アはプラスチックの板、イは金属の板、
ウは工作用紙の板を表します。また、A、B、Cには、すべり下りる時間（秒）の値が入ります。

表3　**実験3**の結果

	1号	2号	3号	4号	5号	6号
積み重ねたときの一番上の板	ア	ア	イ	イ	ウ	ウ
積み重ねたときのまん中の板	イ	ウ	ア	ウ	ア	イ
積み重ねたときの一番下の板	ウ	イ	ウ	ア	イ	ア
すべり下りる時間（秒）	1.8	A	1.8	B	C	1.4

〔問題2〕　**実験3**において、1号〜6号の中で、すべり下りる時間が同じになると考えられる
　　　　　組み合わせがいくつかあります。1号と3号の組み合わせ以外に、すべり下りる時間
　　　　　が同じになると考えられる組み合わせを一つ書きなさい。また、すべり下りる時間
　　　　　が同じになると考えた理由を、**実験2**では同じでなかった条件のうち**実験3**では同じ
　　　　　にした条件は何であるかを示して、説明しなさい。

（解答用紙は別冊22P）（解答例は別冊14P）

※ 1, 3は「東京都立中学校・中等教育学校共同作成問題」の1, 3と同じです。

2　学校の社会科クラブで地球の環境問題について学んだ**あさこ**さんと**けんじ**さんは、世界のいろいろな地域の森林面積について、より深く調べたいと思い、たくさんの資料を持っている**おじいさん**の家を訪ねました。

あ さ こ：世界全体では森林面積が減少していることを学んだけれど、世界のどの地域でも同じなのかな。地域によるちがいはないのかな。

け ん じ：地域によっては、増加しているところもあるかもしれないね。

おじいさん：**資料1**に示した6つの地域について、いくつかの資料があるよ。まず、世界全体と地域ごとの森林面積についての**資料2**を見てごらん。変化の様子を知るために、2000年の森林面積に対する2010年と2020年の森林面積の割合を計算してみるとよいね。

あ さ こ：2000年の森林面積の何％なのかだけでなく、それぞれの年の森林面積が、2000年の森林面積から、何％増加しているか、何％減少しているかを計算して、表やグラフにしてみると、増加や減少の変化が分かりやすくなりそうだね。

け ん じ：では、**資料2**をもとに**資料3**を作ってみよう。まずは、世界全体と北アメリカについて計算して、表とグラフにしてみたよ。地域によってずいぶんとちがいがありそうだね。

おじいさん：それぞれの地域の一人当たりの国民総所得についての**資料4**、人口についての**資料5**も見てごらん。国民総所得とは、国民が1年間に生産した物の価値や、物としては表せない情報産業や運輸業のような仕事の価値をお金に置きかえて合計したものだよ。人々の経済的な豊かさの目安になる数値だよ。

〔問題1〕（1）　**資料2**の数値を用いて、解答用紙の表を完成させなさい。答えは、表に書かれている数値と同じように、小数第二位を四捨五入した小数第一位までの数値で書きなさい。

（2）　（1）で計算した数値を用いて、解答用紙のグラフを完成させなさい。

（3）　6つの地域の中から一つの地域を選び、**資料4**や**資料5**をふまえて、森林面積の増加や減少の理由について、あなたの考えを書きなさい。

資料1　世界の地域

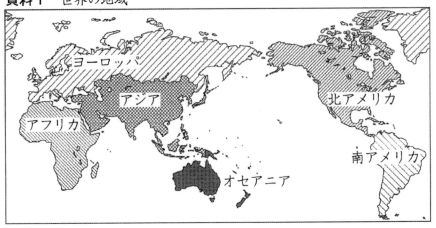

資料２ 世界全体と地域ごとの森林面積（単位：万km²）

	２０００年	２０１０年	２０２０年
世界全体	4158.1	4106.3	4058.9
アジア	587.4	611.0	622.7
アフリカ	710.0	676.0	636.6
ヨーロッパ	1002.3	1014.0	1017.5
北アメリカ	752.3	754.2	752.7
南アメリカ	922.6	870.2	844.2
オセアニア	183.3	181.0	185.2

（国際連合食糧農業機関「世界森林資源評価２０２０」より作成）

資料３ 森林面積の２０００年に対する割合と、増加と減少の割合（数値は％）

	２０１０年		２０２０年	
世界全体	98.8	1.2減少	97.6	2.4減少
アジア				
アフリカ				
ヨーロッパ				
北アメリカ	100.3	0.3増加	100.1	0.1増加
南アメリカ				
オセアニア				

資料４ 世界全体と地域ごとの一人当たりの国民総所得（単位：ドル）

	２０００年	２０１０年	２０２０年
世界全体	5135.3	9001.2	10872.8
アジア	2293.9	4565.4	7003.5
アフリカ	695.1	1527.4	1774.2
ヨーロッパ	13243.1	27043.4	27973.1
北アメリカ	22568.4	32197.3	41624.0
南アメリカ	3622.2	8165.5	6532.8
オセアニア	14950.2	33473.5	36908.8
参考：日本	35606.8	42004.8	42028.3

（二宮書店「データブック オブ・ザ・ワールド」より作成）

資料５ 世界全体と地域ごとの人口（単位：万人）

	２０００年	２０１０年	２０２０年
世界全体	608738	692542	778212
アジア	371062	419205	463375
アフリカ	79264	103144	133883
ヨーロッパ	72701	73247	74961
北アメリカ	48180	54152	58767
南アメリカ	34557	39298	43046
オセアニア	2974	3495	4182

（二宮書店「データブック オブ・ザ・ワールド」より作成）

けんじ：世界の中でも地域によって増加と減少の様子にちがいがあることが分かったね。でも、なぜちがいがあるのだろう。

あさこ：森林の木を切るということは、何かに使うということだよね。切った木の使い道に、地域によるちがいがあるということなのかな。

けんじ：一人当たりの国民総所得も、地域によってちがいがあるね。何か関係があるのかな。

おじいさん：世界のそれぞれの地域についての資料は、ここには無いよ。そのかわりに、日本についての二つの資料があるので、それをもとに考えてみると、世界のそれぞれの地域について分かるかもしれないよ。**資料6**は、日本での木材の使い道の移り変わりを示したものだよ。**資料7**は、日本の一人当たりの国民総所得の移り変わりを示したものだよ。

けんじ：**資料6**にある「薪炭材」とは、何のことかな。

おじいさん：「薪」は習っていない字だね。訓読みは「まき」だよ。だから薪炭材とは、「まき」と「炭」のことだね。昔は、「まき」や「炭」を燃料として使っていた家庭も多かったよ。

あさこ：昔と最近とでは、木材の使い道にちがいがあるし、一人当たりの国民総所得にもちがいがあるね。木材の使い道と一人当たりの国民総所得との間には、何か関係がありそうだね。

けんじ：日本の一人当たりの国民総所得の昔と最近とのちがいは、最近の世界の地域の間のちがいを考える参考になりそうだね。

あさこ：なぜ木を切ってしまうのだろう、とばかり考えていたけれど、切らなければいけない理由もあるかもしれないね。

けんじ：林業は、木を切ることが大切な仕事の一つだよね。

あさこ：林業以外でも、人々が生活していくために木を切らなければいけない理由もあるだろうね。

けんじ：けれども、森林面積が減ることは、地球の環境にとって良いことではないよね。

あさこ：人々の生活を守りながら、森林を守らないといけないね。

けんじ：森林を守るには、森林面積を増加させないといけないね。何をしたらよいのだろう。

おじいさん：増加させるために何をしたらよいかを考えることも大切だけれど、減少させないために何をしたらよいかを考えることも大切なのではないかな。

けんじ：なるほど、さっき作ったグラフを上にのばしていくためにやるべきことと、下にのばさないようにするためにやるべきことは、同じではないかもしれないね。

あさこ：森林面積を増加させるために、それから、減少させないために、私たちにできることはたくさんあるよね。よく考えて行動しなくてはいけないね。

けんじ：一人一人の行動も大切だけれど、国同士で協力することも大切だよね。

〔問題2〕　今までの会話文、問題、解答、**資料6**、**資料7**を参考にして、「世界の森林面積を増加させるためにはどうしたらよいか」「世界の森林面積を減少させないためにはどうしたらよいか」について、世界の国々はどのような協力をすればよいと考えますか。あなたの考える国同士の協力を、それぞれの目的ごとに分けて、１５１字以上２１０字以内で書きなさい。

　　　なお、解答らんには、段落をかえずに書きなさい。「、」や「。」もそれぞれ字数に数えます。

資料6 日本での木材の使い道の移り変わり

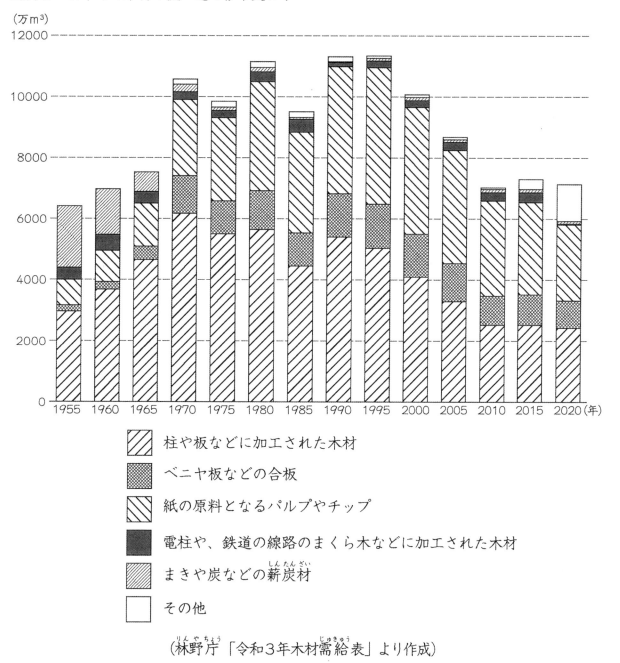

（林野庁「令和3年木材需給表」より作成）

資料7 日本の一人当たりの国民総所得の移り変わり （単位：万円）

1955年	1960年	1965年	1970年	1975年	1980年	1985年
9.7	17.8	34.3	72.5	136.0	212.0	274.0

1990年	1995年	2000年	2005年	2010年	2015年	2020年
367.5	415.0	422.6	421.1	400.4	435.4	439.7

（矢野恒太記念会「数字でみる日本の100年」、矢野恒太記念会「日本国勢図会2022／23」より作成）

（解答用紙は別冊24Ｐ）（解答例は別冊15Ｐ）

1　理科クラブの活動中に、**みずほ**さんと**のぞみ**さんと**先生**が話をしています。

みずほ：先週、友だちに電話をしたのだけれど、話している相手が友だちだと思って話を
　　　　　続けようとしたら、実は友だちのお姉さんと話していたんだ。

のぞみ：電話で人の声を聞くと、直接聞くのとちがって聞こえるね。

みずほ：友だちの家に遊びに行ったときは、友だちとお姉さんの声は聞き分けられたよ。
　　　　　実際にその人を前にして発せられた声を聞くと、ちゃんとだれか分かるのに、不思議
　　　　　だね。

のぞみ：ひょっとしたら、人の声は電話を通すと、元の音から変化するのかもしれないね。
　　　　　直接聞く声と、電話から聞こえる声を見える形にして、比べることはできないかな。

みずほ：**先生**、声を見える形にして分せきする良い方法はありますか。

先　生：オシロスコープという機械を通してみると、音が波のような形で見えます。声も音
　　　　　の一種なのでオシロスコープで見ることができますね。

のぞみ：ありがとうございます。このオシロスコープを使って、直接聞く声と、電話から
　　　　　聞こえる声を録音して、分せきしてみよう。

先　生：では、**みずほ**さん、「あー」と声を出してください。この音をオシロスコープで
　　　　　見てみると**図1**のようになります。次に、**のぞみ**さん、お願いします。**図2**は同
　　　　　じようにして**のぞみ**さんの声をオシロスコープで見たものです。音が出る時には
　　　　　ものがふるえていることを学びましたね。図の縦じくの「**しんぷく**」は、ものがどれ
　　　　　くらい大きくふるえているかを表しています。オシロスコープは、**図1**のように、
　　　　　ものがふるえている様子を図にして表すことができます。では次に、電話を通した
　　　　　のぞみさんの声をオシロスコープで見てみましょう（**図3**）。波の形を比べてみま
　　　　　しょう。

図1 **みずほ**さんの声をオシロスコープで見たときの形

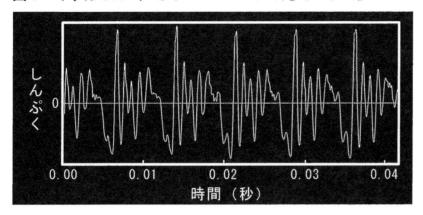

図2 **のぞみ**さんの声をオシロスコープで見たときの形

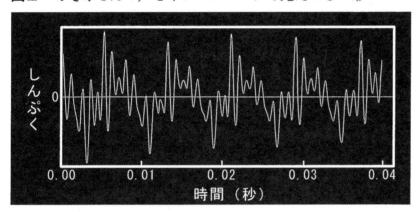

図3 電話を通した**のぞみ**さんの声をオシロスコープで見たときの形

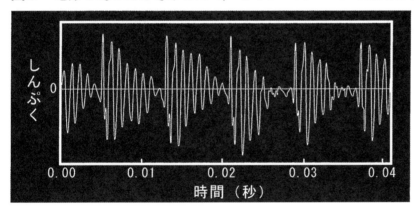

〔問題1〕 （1） 人の声を直接聞いているときのことを考えます。知っている人だと、声を聞いただけでだれかが分かることがあります。私たちは、人の声をどのようにして区別しているのだと思いますか。**図1**〜**図3**のうちから二つ選んで比かくし、あなたの考えを一つ書きなさい。

（2） 電話だと話をしている人を間ちがえることがありますが、それはなぜだと思いますか。**図1**〜**図3**のうちから二つ選んで比かくし、あなたの考えを一つ書きなさい。

のぞみ：そういえば、人以外の動物たちの中にも声でコミュニケーションをとる動物がいる
けれど、声のちがいを聞き分けているのかな。

みずほ：近くの田んぼでたくさんのカエルたちが鳴いているね。私たちには分からないけれ
ども、声でコミュニケーションをとっているのかな。

先　生：カエルの鳴き声を分せきした研究があります。この研究は、カエルの鳴き声の
コミュニケーションについて調べ、それを無線通信などの情報通信技術に活用
できないかについて考えたものです。その研究論文は、田んぼにたくさんいる
アマガエル（**図4**）がどのように鳴いているのかを調べた別の論文を参考にし、
それをさらに発展させています（**図5**）。

みずほ：田んぼには、たくさんのアマガエルがいますね。全てのアマガエルが鳴くのですか。

先　生：いっぱん的には、オスのアマガエルがメスのアマガエルを呼ぶために鳴いています。
図5は全て同じ時刻でカエルの鳴き声の測定を始めたときの様子です。

のぞみ：これを見ると、アマガエルはそれぞれ好きな時に自由に鳴いているのではないよ
うに見えますね。もっとたくさんカエルがいる田んぼなどでは、鳴く順番などの
ルールがあるのかな。

みずほ：それを知るためには、たくさんいるアマ
ガエルのうちどこにいるアマガエルが鳴いた
のかを分かるようにする必要があるね。

のぞみ：鳴いたアマガエルの位置を知るにはどう
したらいいのだろう。

図4　アマガエル

図5　3びきのアマガエルが鳴く様子

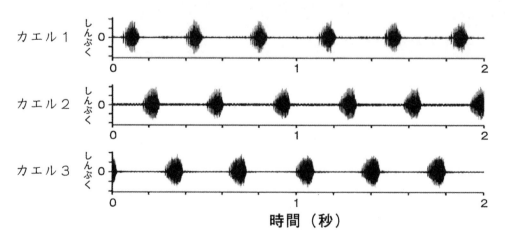

（合原一究ほか「自律分散型コミュニケーションシステムとしての
カエルの合唱法則の数理モデリングと応用」より作成）

〔問題2〕（1）　**図5**から、アマガエルは他のアマガエルと声が重ならないように鳴いている
　　　　　　ことが分かります。なぜ他のアマガエルと重ならないように鳴くのだと思い
　　　　　　ますか。あなたの考えを一つ書きなさい。

　　　　（2）　アマガエルは、どのように自分が鳴くタイミングを判断していると思い
　　　　　　ますか。あなたの考えと、そう考える理由を書きなさい。

　　　　（3）　鳴いたアマガエルの位置をはあくするためには、どのような工夫をしたら
　　　　　　よいと思いますか。その工夫を考え、説明しなさい。説明には図を用いても
　　　　　　かまいません。

先　　生：**図5**は２秒間、鳴き声を記録したときの様子ですが、**図6**は９００秒の長い時間で
　　　　記録したときの図です。

みずほ：**図6**を見ると、アマガエルは常に鳴き続けているわけではないみたいだね。

のぞみ：アマガエルは常に鳴いているのだと思っていたけれど、そうではないようだね。

図6　長い間かくで記録した複数のアマガエルが鳴く様子

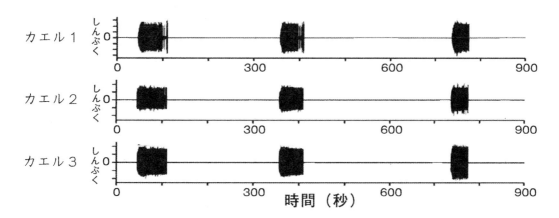

（合原一究ほか「自律分散型コミュニケーションシステムとしての
カエルの合唱法則の数理モデリングと応用」より作成）

〔問題3〕　**のぞみ**さんは「アマガエルは常に鳴いているのだと思っていたけれど、そうでは
　　　　ないようだね。」と言っています。この他にアマガエルの鳴き方について**図6**から
　　　　分かることを一つ書きなさい。また、アマガエルがそのように鳴く理由について考え、
　　　　説明しなさい。

みずほ：鳴いているときをオンの状態、鳴いていないときをオフの状態とすると、オン・オフの状態があるのはカエルの鳴き方だけではないね。

のぞみ：カエルが鳴いたり鳴いていなかったりする様子をオン・オフと考えるなんて、**みずほ**さんはおもしろい考え方をするね。

先　生：そうですね。身の回りのものにあてはめて考えることができそうですね。

〔問題4〕　あなたの身の回りのもので、自動的にオンとオフが切りかわるものについて一つ例を挙げ、何のためにオンとオフが切りかわっているか、あなたの考えを説明しなさい。

2 　**はるか**さんと**ゆうき**さんは、お楽しみ会の実行委員として、当日に向けて準備を進めています。

はるか：お楽しみ会には、Aさん、Bさん、Cさん、Dさん、Eさんの5人のグループ1と、Pさん、Qさん、Rさん、Sさん、Tさんの5人のグループ2の計10人が参加するよ。

ゆうき：どのようなことをするか決めているのかな。

はるか：最初に、プレゼント交かんをしようと考えているんだ。

ゆうき：どのように行うのかな。

はるか：グループ1、グループ2のそれぞれのグループで行うもので、5人のメンバーが一人一つずつプレゼントを持ち寄って、それぞれのグループ内のメンバー同士で交かんするんだよ。

ゆうき：なるほど。希望するプレゼントがもらえるといいね。

はるか：そうだね。だから、グループ1、グループ2それぞれの5人のメンバーには、あらかじめプレゼントが何であるか教えておいて、どのプレゼントをほしいか希望をとっておいたよ。

ゆうき：Aさん、Bさん、Cさん、Dさん、Eさんが持ってくるプレゼントはそれぞれ①、②、③、④、⑤で、Pさん、Qさん、Rさん、Sさん、Tさんが持ってくるプレゼントはそれぞれ⑥、⑦、⑧、⑨、⑩なんだね。

はるか：それぞれのグループのメンバーが、どのプレゼントをほしいかをまとめたものが**図1**だよ。

図1

グループ1		グループ2	
メンバー	ほしいプレゼント	メンバー	ほしいプレゼント
Aさん	②または③	Pさん	⑦または⑨
Bさん	①または③または④	Qさん	⑥または⑨
Cさん	④または⑤	Rさん	⑥または⑦または⑨
Dさん	③または⑤	Sさん	⑥または⑧または⑩
Eさん	①または②または④	Tさん	⑥または⑨

ゆうき：もらえるプレゼントは一人一つだよね。

はるか：そのとおりだよ。それぞれのグループについて、5人のメンバー全員が自分のほしい
　　　　プレゼントをもらえるようにするには、メンバーとプレゼントをどのような組み
　　　　合わせにすればよいかな。

ゆうき：グループ1は5人のメンバー全員が自分のほしいプレゼントをもらえるような組み
　　　　合わせができるけれど、グループ2はどのような組み合わせにしても、自分のほしい
　　　　プレゼントがもらえないメンバーがいることになってしまうね。

〔問題1〕（1）　グループ1について、5人のメンバー全員が自分のほしいプレゼントをもら
　　　　　　　　えるようにするとき、メンバーとプレゼントの組み合わせを一つ答えなさい。
　　　　　　　　答えるときは、解答らんに示した表の空らんに、①、②、③、④、⑤の番号を
　　　　　　　　書きなさい。

　　　　　（2）　グループ2について、メンバーとプレゼントをどのような組み合わせに
　　　　　　　　しても、自分のほしいプレゼントをもらえないメンバーがいるのはなぜか説明
　　　　　　　　しなさい。

ゆうき：次にどのようなことをするのかな。

はるか：グループ1とグループ2のメンバーとでペアをつくってダンスをするよ。グループ1のメンバー一人一人にグループ2のメンバーの名前が書かれた5枚のカードを引いてもらったよ。同じように、グループ2のメンバー一人一人にグループ1のメンバーの名前が書かれた5枚のカードを引いてもらったよ。そして、より先に引いたカードに書かれた名前のメンバーとできるだけペアになるようにするよ。それぞれのメンバーが引いたカードの順をまとめたものが**図2**と**図3**だよ。

図2　グループ1のメンバーが引いたカードの順

	Aさん	Bさん	Cさん	Dさん	Eさん
先	Sさん	Pさん	Pさん	Rさん	Rさん
	Pさん	Tさん	Rさん	Sさん	Pさん
	Rさん	Qさん	Qさん	Qさん	Tさん
	Qさん	Rさん	Tさん	Tさん	Qさん
後	Tさん	Sさん	Sさん	Pさん	Sさん

図3　グループ2のメンバーが引いたカードの順

	Pさん	Qさん	Rさん	Sさん	Tさん
先	Cさん	Aさん	Aさん	Bさん	Dさん
	Eさん	Bさん	Dさん	Eさん	Eさん
	Aさん	Cさん	Cさん	Dさん	Aさん
	Dさん	Dさん	Eさん	Aさん	Bさん
後	Bさん	Eさん	Bさん	Cさん	Cさん

ゆうき：これらの図を見ると、CさんとPさんは最初に引いたカードにたがいの名前が書かれているから、この二人はペアにしよう。

はるか：その他の4組のペアはどのように決めたらよいか、考えてみよう。

ゆうき：**図2**、**図3**をもとにして、**図4**、**図5**のようにペアの組み合わせを決めてみたよ。これらの図の色を付けたところが、ペアになる相手だよ。

はるか：ちょっと待って。**図4**のEさんのらんと**図5**のTさんのらんを見て。Eさんにとって TさんはQさんよりも先に引いていて、TさんにとってEさんはBさんよりも先に引いているから、EさんとTさんでペアをつくり、BさんとQさんでペアをつくった方が、たがいにより先に引いたメンバーとペアをつくることができるよ。そのような場合は優先してペアにしたいんだ。

図4　ゆうきさんが考えた、グループ1のメンバーがペアになる相手

Aさん	Bさん	Cさん	Dさん	Eさん
Sさん	Pさん	Pさん	Rさん	Rさん
Pさん	Tさん	Rさん	Sさん	Pさん
Rさん	Qさん	Qさん	Qさん	Tさん
Qさん	Rさん	Tさん	Tさん	Qさん
Tさん	Sさん	Sさん	Pさん	Sさん

図5　ゆうきさんが考えた、グループ2のメンバーがペアになる相手

Pさん	Qさん	Rさん	Sさん	Tさん
Cさん	Aさん	Aさん	Bさん	Dさん
Eさん	Bさん	Dさん	Eさん	Eさん
Aさん	Cさん	Cさん	Dさん	Aさん
Dさん	Dさん	Eさん	Aさん	Bさん
Bさん	Eさん	Bさん	Cさん	Cさん

ゆうき：そうか。では、EさんとTさんをペアにしておいた方がいいね。でも、そうすると
　　　　BさんのペアがQさんになるから、BさんにとってはTさんより後に引いたQさんと
　　　　ペアをつくることになってしまうね。

はるか：Bさんのように、もともとペアだったメンバーよりも後に引いたメンバーとペアに
　　　　なることになったとしても、5組のペア全体として、たがいにより先に引いた
　　　　メンバーとペアになることを優先して考えるよ。そのように考えて、図6のような
　　　　5組のペアをつくると、5組のペア全体としてはこれ以上ペアをつくり直す必要が
　　　　ない状態となるよ。このような5組のペアのことを「安定した状態の5組」とよぶ
　　　　ことにしよう。

図6　5組のペアが「安定した状態の5組」となるメンバーの組み合わせの例

グループ1	Aさん	Bさん	Cさん	Dさん	Eさん
グループ2	Sさん	Qさん	Pさん	Rさん	Tさん

〔問題2〕　5組のペアが「安定した状態の5組」となるとき、その5組のペアの組み合わせを、
　　　　図6に示した組み合わせ以外に一つ答えなさい。答えるときは、解答らんに示した
　　　　表の空らんに、Q、R、S、Tの記号を書きなさい。

はるか：お楽しみ会の最後は、私たち実行委員の二人も参加してできる遊びを考えたよ。

ゆうき：どのようなことをするのかな。

はるか：私たち二人と１０人のメンバーの合計１２人のそれぞれが、制限時間内に、自分自身とさっきのダンスでペアになった人をのぞく１０人と、たがいの手をタッチする遊びだよ。なお、私とゆうきさんはダンスのペアがいないので、私とゆうきさんとはタッチしてはいけないことにするよ。

ゆうき：最終的にどのようになっていればいいのかな。

はるか：みんなで協力して、最終的に私以外の１１人がタッチした人数が、私が指定したとおりにできるかを考えるんだよ。

ゆうき：どんな指定をするのかな。

はるか：例えば、最終的に私以外の１１人がタッチした人数が、全員等しくなるようにすることはできるかな。

ゆうき：それはやり方を工夫すればできそうだね。

はるか：では、最終的に私以外の１１人がタッチした人数が、全員ちがうようにすることはできるかな。

ゆうき：はるかさん以外の１１人がタッチした人数が全員ちがうということは、タッチした人数が０人、つまりだれともタッチしない人がいてもいいということだよね。

はるか：そうだね。一方で、１０人とタッチする人を考えてみると、その人はダンスでペアになった人以外の全員とタッチすることになるよね。

ゆうき：別の見方をすると、一人もタッチしない人と、１０人とタッチする人はダンスでペアであったことが分かるね。

はるか：そうか。そのように考えていくと、ゆうきさんがタッチする人数は何人になるんだろう。

〔問題３〕　はるかさんは、「ゆうきさんがタッチする人数は何人になるんだろう。」と言っています。はるかさん以外の１１人について、タッチした人数が全員ちがうとき、ゆうきさんがタッチする人数は何人ですか。また、その理由を説明しなさい。

（解答用紙は別冊28Ｐ）（解答例は別冊16Ｐ）

> 問題を解くときに、問題用紙や解答用紙、ティッシュペーパーなどを実際に折ったり切ったりしてはいけません。

---

1 みさきさんとりょうさんは、大晦日におじいさんのそば屋に手伝いに来ています。

み　さ　き：おじいさん、今日はよろしくお願いします。

り　ょ　う：もうお店の外に行列ができていますね。

おじいさん：今日は大晦日なので年こしそばを１００食限定で売ります。

み　さ　き：１００人もお客さんが来るのですね。

おじいさん：去年も一昨年も１００食売り切れるまで行列がとぎれることがなかったのですよ。

り　ょ　う：このお店は、席は９席ありますね。１００人のお客さんをお店に入れようとするとかなり時間がかかりそうですね。

おじいさん：一人のお客さんがお店に入ってからそばを食べて出るまでの平均時間は１３分４８秒です。

み　さ　き：どれくらいの時間がかかるかな。

〔問題１〕　どれくらいの時間がかかるかな。とありますが、お店が開店してから１００食のそばが完売し、全てのお客さんがお店を出るまでにかかる時間はおよそ何時間何分何秒と考えられるか答えなさい。ただし、一人のお客さんがお店を出たら次のお客さんがお店に入るものとし、お客さんがお店に入ってからそばを食べて出るまでの時間は一人あたり１３分４８秒とする。

おじいさん：今日のメニューはそばだけです。そばは１食３８０円で、小盛か並盛か大盛を選ぶことができます。

み　さ　き：小盛か並盛か大盛のどれにするかを聞いてそばを運べばよいですね。

り　ょ　う：小盛、並盛、大盛は何がちがいますか。

おじいさん：はじめに、打ったそばはそれぞれ小分けにし、冷とう庫で保管しています。その小分けにしたものを２個使うのが小盛、３個使うのが並盛、５個使うのが大盛です。ちなみに、今日は小分けにしたものを４００個用意しています。

み　さ　き：全てのお客さんが大盛を注文したら足りなくなってしまいますよ。

おじいさん：今までの経験から全てのお客さんが大盛を注文したことはないので足りると思いますよ。でも、とちゅうでそばが足りるか確認しないといけませんね。

そば屋が開店してしばらくたち、４０人のお客さんが来ました。

おじいさん：りょうさん、追加でそばを打つ必要があるか知りたいので、冷とうしてあるそば
がどれくらい残っているかを数えてもらえますか。

り ょ う：今、冷とう庫に２７３個の小分けにされたそばが残っています。

おじいさん：ありがとうございます。このままのペースであれば用意したそばで足りそうで
すね。

み さ き：<u>私は４０人のお客さんのうち、小盛、並盛、大盛をそれぞれ何人注文したのか
が気になります。</u>

〔問題２〕　<u>私は４０人のお客さんのうち、小盛、並盛、大盛をそれぞれ何人注文したのかが
気になります。</u>とありますが、４０人のお客さんのうち、小盛、並盛、大盛をたのん
だのはそれぞれ何人ですか。考えられる組み合わせを一組答えなさい。

みさきさんとりょうさんはそば屋の手伝いが終わりました。

おじいさん：二人ともありがとうございました。

りょう：今日はたくさんのお客さんが来ましたね。

おじいさん：そうですね。最後に、<u>レジのお金を確認しましょう</u>。

みさき：開店前のレジには**表1**のようにお金が入っていました。

表1　開店前のレジに入っていたお金の種類と枚数

種類	1万円札	5千円札	千円札	500円玉	100円玉	50円玉	10円玉
枚数	0	10	50	10	50	10	50

みさき：お会計のときに、1万円札でしはらったお客さんが一人いました。

りょう：5千円札でしはらったお客さんも一人いました。

みさき：他には千円札でしはらったお客さんが30人、500円玉でしはらったお客さんが20人いたと思います。

おじいさん：おつりを少なくするために、580円と530円でしはらったお客さんが5人ずつ、380円ぴったりでお金をしはらったお客さんは38人でした。

りょう：おつりで使うこう貨や紙へいが足りなくなって困ったことはありませんでした。

〔問題3〕　<u>レジのお金を確認しましょう。</u>とありますが、閉店後のレジの中にあるお金の枚数を解答らんに合うように答えなさい。ただし、いくらでしはらう場合も全てのお客さんは最も少ないこう貨や紙へいの枚数でしはらったものとする。また、おつりも最も少ない枚数で出したものとする。

みさき：お金がちゃんと合っていて良かったです。

おじいさん：二人とも今日はつかれたでしょう。よかったら、そばを食べていってください。

りょう：そういえば、おなかがすきました。

みさき：ありがとうございます。

2 みさきさんとりょうさんは、みさきさんのおじいさんとおばあさんの誕生日を祝うパーティーの準備をしています。

みさき：来月は私のおじいさんとおばあさんの誕生日なんだ。

りょう：二人とも同じ月なんだね。

みさき：二人の生まれた月の数、おじいさんの生まれた日にちの数、おばあさんの生まれた日にちの数の三つは、足してもかけても同じ数になるんだよ。

りょう：おもしろいね。

〔問題1〕　二人の生まれた月の数、おじいさんの生まれた日にちの数、おばあさんの生まれた日にちの数の三つは、足してもかけても同じ数になるんだよ。とありますが、おじいさんとおばあさんの誕生日として考えられる誕生日の組み合わせを一組答えなさい。

みさき：パーティーの中で行うゲームと、最後にプレゼントとしてわたすメッセージカードを考えたいな。

りょう：メッセージカードの装しょくのためにたくさんの折り紙を用意したから、これらを使ったゲームを考えよう。

みさき：折り紙は何色があるの。

りょう：黒色、白色、青色、赤色の４色があるよ。白色、青色、赤色はたくさんあるけれど、黒色は５枚しかないよ。

みさき：このようなゲームはどうかな。

みさきさんの考えたゲーム
①　このゲームは二人で行う。
②　黒色、白色、青色、赤色の４色の折り紙を５枚ずつ用意し、合計２０枚を中がすけて見えないふくろに入れる。
③　一人がふくろの中を見ないで、４枚の折り紙を取り出す。取り出した折り紙はふくろにもどさない。
④　取り出した折り紙のうち、同じ色の枚数を得点とする。
⑤　ふくろから４枚取り出すことを１セットとし、１セットずつ交ごに、２セット行う。
⑥　２セット終わった時点で合計の得点が多い方を勝ちとする。

りょう：白白白赤と取り出したら３点ということだね。白白赤赤と取り出したら何点になるの。

みさき：白色が２枚、赤色が２枚それぞれあるから、合わせて４点が得点になるよ。

りょう：なるほど。おもしろそうだね。

みさき：ためしに二人でやってみよう。**りょう**さんから始めてください。

りょう：黒色が１枚、白色が１枚、赤色が２枚だったから、２点だね。

みさき：次は私だね。３点だったよ。

りょう：次は私だね。３点だったよ。

みさき：まだ取り出していないけれど、私の勝ちだね。

〔問題２〕　まだ取り出していないけれど、私の勝ちだね。とありますが、**みさき**さんの１セット目と**りょう**さんの２セット目はそれぞれどのように取り出されたか答えなさい。解答らんの**りょう**さんの１セット目を参考に、解答らんに合うように答えなさい。

みさき：次はメッセージカードを考えよう。

りょう：カードは１辺が１２ｃｍの正方形だよ。（図１）

みさき：折り紙を使って、このカードを装しょくしていきたいな。

図1

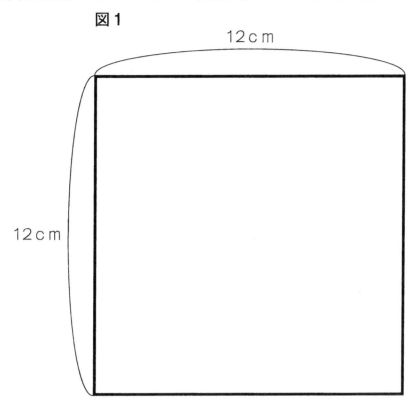

りょう：折り紙は1辺7ｃｍの正方形だね。

みさき：折り紙は切らないで、重ねてはっていって、模様を作りたいな。

りょう：きれいにはれるようにカードのおもて面に１ｃｍずつ直線をかいたよ。（**図2**）

図2

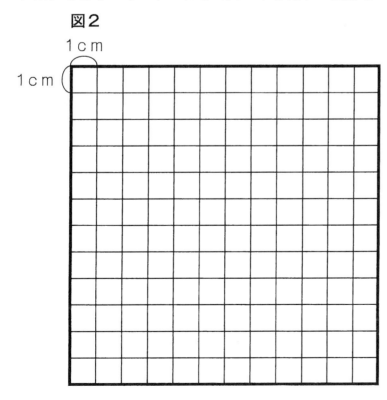

りょう：折り紙をはるときは、かいた直線やカードの辺に、折り紙の全ての辺を合わせてはる
ようにしよう。

みさき：白色の折り紙1枚にメッセージを書いたよ。（図3）

図3

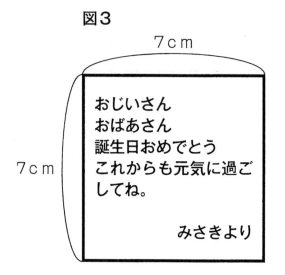

みさき：図3のメッセージを書いた折り紙はカードの左上にはりたいな。

りょう：メッセージがかくれないように、メッセージを書いた折り紙は最後にはるように
しよう。（図4）

図4

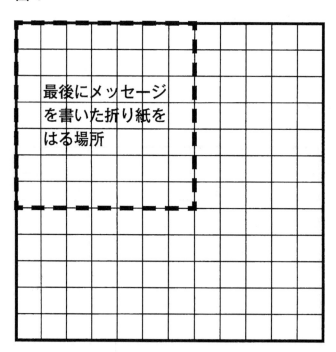

りょう：あまり重ねてはりすぎると厚くなってしまうから、1枚のカードに使う折り紙の枚数
は、メッセージを書いた折り紙を入れて8枚にしよう。

みさき：はり方を考えよう。

みさきさんの考えたはり方

① 折り紙は白色、青色、赤色の3色を使う。ただし、どの色の折り紙も8枚以上あるものとする。

② 用意したカードのおもて面に折り紙を8枚はる。

③ 折り紙は切ったり、折ったりしてはることはしない。

④ かいた直線やカードの辺に、折り紙の全ての辺を合わせてはる。

⑤ はった折り紙はカードからはみ出さない。

⑥ 最後にはる折り紙はメッセージを書いた白色の折り紙とし、**図4**で示したようにする。

⑦ できあがったとき、折り紙が8枚とも全て見えるようにはる。また、カードのおもて面は見えなくなるようにする。

⑧ できあがったとき、重ねた折り紙の境目で色が変わるようにする。

⑨ できあがったとき、8枚のうち見えている面積が最小である部分の面積が最も大きくなるようにする。

りょう：8枚のうち見えている面積が最小である部分の面積が最も大きくなるようにするとはどういうことかな。

みさき：はり方はいろいろあるけれど、メッセージを書いた折り紙以外の7枚の見える面積をなるべく均等にするということだよ。

〔問題3〕　**みさきさんの考えたはり方**で、カードに折り紙をはったとき、このメッセージカードはどのような模様になっているか答えなさい。答えるときは下の**答え方**に従って、解答らんに記入しなさい。

答え方

　白色の折り紙が見えるマスには⊠となるようにかき、赤色の折り紙が見えるマスには◹となるようにかき、青色の折り紙が見えるマスには何もかかないこと。

（解答用紙は別冊30P）（解答例は別冊17P）

※ 2 , 3 は「東京都立中学校・中等教育学校共同作成問題」の 2 , 3 と同じです。

1 　日本文化クラブでは、次回の活動で百人一首を使った競技かるたの総当たり戦を行います。**先生**は、**おさむ**さん、**さくら**さん、**みやこ**さん、**ひとし**さんと、その計画を立てています。

先　生：競技かるたの総当たり戦はこの教室で行います。6枚のたたみを借りてきます。

おさむ：この教室には、机やいすが置かれているけれど、たたみ6枚分の広さがあるのかな。

さくら：この教室のゆかの形は長方形なので、長い辺の長さと短い辺の長さを測れば、教室の広さを求められるね。長い辺の長さは9m、短い辺の長さは7mだったよ。

先　生：ただし、机やいすがあるので、実際にたたみを敷けるスペースは教室の広さよりもせまくなります。机やいすを1か所にまとめておくと、たたみを敷けるスペースは、教室の広さの3分の1になります。

みやこ：たたみ1枚の大きさはどれくらいですか。

先　生：敷いたたたみを上から見ると長方形です。辺の長さは地域によって少しずつちがいますが、短い辺の長さと長い辺の長さの比はどの地域でも1：2です。今回借りるたたみの短い辺の長さは92.5cmです。

ひとし：これで、たたみ6枚分の面積と、たたみを敷けるスペースの面積を求められるね。

おさむ：たたみ6枚分の面積と、たたみを敷けるスペースの面積を比べると、この教室にたたみ6枚分の広さがあることが分かるね。

〔問題1〕　**おさむ**さんが「この教室にたたみ6枚分の広さがあることが分かるね。」と言っています。このとき、この教室のたたみを敷けるスペースに、たたみ6枚分の広さがあると判断できる理由を、面積を比べて、言葉と式を使って説明しましょう。

さくら：この教室にたたみ6枚分の広さがあることは分かったけれど、本当にこの教室にたたみが敷けるのかな。

おさむ：では、次にたたみの敷き方を考えてみよう。

先　生：敷いたたたみは上から見るとそれぞれが長方形に見えるので、厚みを無視して考えましょう。

ひとし：6枚のたたみを重ねずにすき間なく敷いて、四角形を作ろうよ。

みやこ：このとき作られる四角形の長い辺の長さと短い辺の長さの差が最も小さくなるように敷きたいな。

さくら：そういえば、たたみの合わせ目が「十」の字の形にならないような敷き方を「祝儀敷き」といって、縁起のよい敷き方だと聞いたことがあるよ。この敷き方にしたいな。

ひとし：「祝儀敷き」の敷き方を言いかえると、4枚のたたみの角が1か所に集まるような敷き方はできない、ということだね。

おさむ：みんなが挙げた条件をまとめたよ。この〔条件〕を全て満たすたたみの敷き方を考えよう。

〔条件〕

① 6枚のたたみを重ねずにすき間なく敷いて四角形を作る。

② ①の四角形の長い辺の長さと短い辺の長さの差が最も小さくなるようにする。

③ 4枚のたたみの角が1か所に集まるような敷き方はできない。例えば、右の図は、たたみ⑦、たたみ⑦、たたみ⑦、たたみ⑦の角が1か所に集まっている。このため、この敷き方はできない。

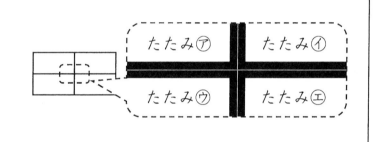

さくら：このたたみの敷き方で敷けるように、教室の準備をしよう。

〔問題2〕　おさむさんが「この〔条件〕を全て満たすたたみの敷き方を考えよう。」と言っています。この〔条件〕を全て満たす6枚のたたみの敷き方を、図1にしたがって、解答用紙の〔図〕にかきこみましょう。ただし、答えは1通りではありません。考えられるもののうちの一つを答えましょう。

図1　たたみの書き方

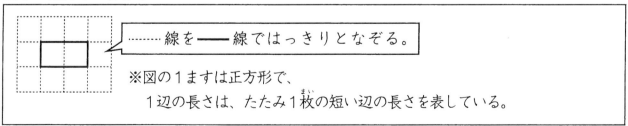

競技かるたの総当たり戦が行われる日になりました。参加者は、**おさむ**さん、**さくら**さん、**みやこ**さん、**ひとし**さんの4人です。

先　生：対戦は、次の〔**対戦ルール**〕のように行います。

〔**対戦ルール**〕

・右の図のように、1対1で行う。

・それぞれに25枚ずつ札を配り、自分の陣の決められたはん囲の中に並べる。

・読み手が読んだものに対応する札を、相手より先に取る。

・自分の陣の札を取ったときには、その札を自分の札置き場に置く。

・相手の陣の札を取ったときには、その札を自分の札置き場に置き、自分の陣の札を1枚相手の陣に移動させる。

・先に自分の陣の25枚の札がなくなった人を勝者、もう一人を敗者とする。

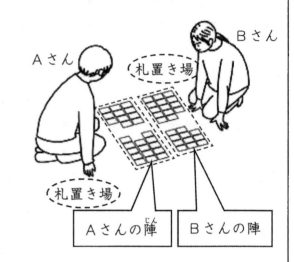

みやこ：順位はどのように決めますか。

先　生：今回は、次の〔**順位の決め方**〕にしたがって順位を決めましょう。

〔**順位の決め方**〕

・敗者の陣に残っている札の数を「残り札数」とよぶ。

・「残り札数」を基準にして、勝者に以下の表のようにポイントをあたえる。

残り札数	ポイント
1〜 5	1ポイント
6〜16	2ポイント
17〜25	4ポイント

・全ての対戦が終わった時点での合計ポイントが多い順に、1位、2位、3位、4位とする。

・合計ポイントが同じ人がいた場合は、合計の「残り札数」が多い人を上位とする。

みやこ：例えば**図2**のようになった場合は、だれに何ポイントがあたえられるのですか。

図2

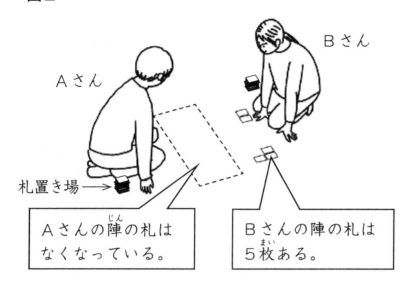

A さん

B さん

札置き場 →

A さんの陣の札は
なくなっている。

B さんの陣の札は
5枚ある。

おさむ：この場合は、A さんに1ポイントがあたえられます。

ひとし：それぞれの対戦結果のポイントを、**表1**の対戦表に記録しておこう。**図3**のように記入
すると分かりやすいね。

表1　対戦表

	おさむ	さくら	みやこ	ひとし	合計ポイント
おさむ					
さくら					
みやこ					
ひとし					

図3　対戦表の記入方法

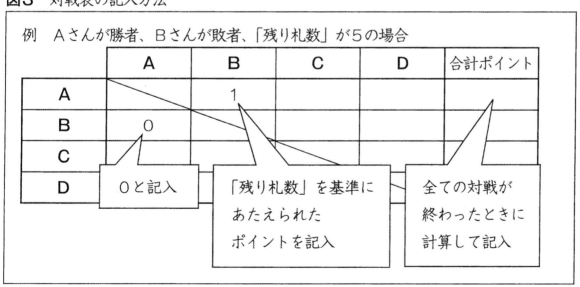

例　A さんが勝者、B さんが敗者、「残り札数」が5の場合

	A	B	C	D	合計ポイント
A		1			
B	0				
C					
D					

0と記入

「残り札数」を基準に
あたえられた
ポイントを記入

全ての対戦が
終わったときに
計算して記入

先　生：さて、全ての対戦が終わりましたね。

さくら：私は全勝したよ。そのうち、1回だけ「残り札数」が8だったよ。これが、私が行った対戦の中では最も「残り札数」が多かった対戦だったな。

みやこ：私は**ひとし**さんに勝って、4ポイントをあたえられたよ。

ひとし：**表1**の対戦表への記入ができたよ。合計ポイントを見比べてみると、最も多い合計ポイントと、次に多い合計ポイントの差は1ポイントだよ。

みやこ：**おさむ**さんと**さくら**さんは合計ポイントが同じだね。

さくら：合計ポイントが同じだった場合は、「残り札数」で順位を決めるルールだったよね。例えば、Aさんが2勝1敗で「残り札数」は3と5、Bさんが1勝2敗で「残り札数」は16だったとき、ともに合計ポイントは2ポイントだけど、合計の「残り札数」が多いBさんが上位となるよ。

ひとし：それなら、**図4**のように、**表2**の集計表を作ると分かりやすいと思うよ。

表2 「残り札数」の集計表

おさむさんの集計表

	さくら	みやこ	ひとし	合計
残り札数				

さくらさんの集計表

	おさむ	みやこ	ひとし	合計
残り札数				

図4 「残り札数」の集計表の記入方法

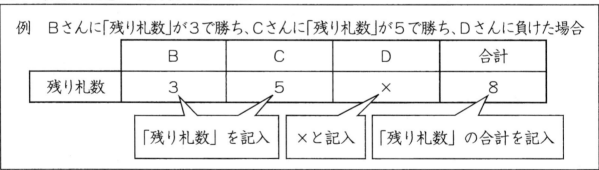

例	Bさんに「残り札数」が3で勝ち、Cさんに「残り札数」が5で勝ち、Dさんに負けた場合			
	B	C	D	合計
残り札数	3	5	×	8

「残り札数」を記入　　×と記入　　「残り札数」の合計を記入

おさむ：**表2**の集計表への記入ができたよ。今日の総当たり戦では、**さくら**さんが2位になるね。

〔問題3〕　**おさむ**さんが「**さくら**さんが2位になるね。」と言っています。会話文をもとに、**図3**にしたがって解答用紙の〔**対戦表**〕を完成させましょう。

　　　　また、このとき**おさむ**さんと**さくら**さんの「残り札数」の集計表を完成させましょう。

　　　　ただし、**図4**にしたがって、解答用紙の〔**集計表**〕に記入しましょう。

　　　　答えは1通りではありません。考えられるもののうちの一つを答えましょう。

東京都立武蔵高等学校附属中学校 　　適性検査Ⅱ （検査時間45分）

（解答用紙は別冊31 P）（解答例は別冊18 P）

※ ①, ③ は「東京都立中学校・中等教育学校共同作成問題」と同じです。

2 ある日の**武蔵**さんと**先生**の会話です。

武　蔵：先生。先週の日曜日、家族で日本の貨幣を作っている財務省造幣局に行ってきました。

先　生：それはいいですね。どのようなことを学んできたのですか。

武　蔵：もともとは、日本でも物々交換をしていたことや平安時代までに12種類の銅銭が
　　　　作られたことを学びました。ただ、銅銭は枚数が少なかったのと、人びとがあまり
　　　　便利さを感じなかったなどの理由で、あまり広まらなかったということも学びました。
　　　　貨幣はいつごろから広まるようになったのでしょうか。

先　生：平安時代の終わりのころ、日本と宋（現在の中国）が貿易をはじめると、中国の銅銭
　　　　が日本にたくさん輸入されました。これにより、日本でも少しずつ銅銭が使われる
　　　　ようになりました。それにともなって、土地の価値の表し方が変化していきました。
　　　　資料1は、近畿地方の土地の価値をどのように表していたかをまとめた表で、米や
　　　　布などは米や布の量で価値を表し、銭は銅銭で価値を表したという意味です。

資料1　近畿地方の土地の価値をどのように表していたかをまとめた表

地域＼時期	1185年から1202年	1203年から1220年	1221年から1235年
山城（今の京都府付近）	米や布など　23件 銭　　　　　 7件	米や布など　10件 銭　　　　　33件	米や布など　　5件 銭　　　　　60件
大和（今の奈良県付近）	米や布など　52件	米や布など　75件 銭　　　　　 1件	米や布など　73件 銭　　　　　 4件
その他の近畿地方	米や布など　　5件 銭　　　　　 1件	米や布など　　7件 銭　　　　　 5件	米や布など　17件 銭　　　　　20件

（『鎌倉遺文』竹内理三　東京堂出版より作成）

〔問題1〕　**資料1**より、近畿地方において鎌倉時代には、どのように土地の価値を表すように
　　　　　なっていったか、その変化のようすを時期、地域、土地の価値の表し方と数値に注目
　　　　　し、いずれかの地域について説明しなさい。ただし、解答らんにある地域を一つ
　　　　　選んで丸で囲み、時期に関しては西暦（年）を使うこと。

武　蔵：なるほど、宋から銅銭が入ってくると日本でも銅銭が少しずつ利用されていったので
　　　　すね。ほかには、どのような変化が起きたのですか。

先　生：銅銭の活用により、物の売り買いでも銅銭が使われるようになりました。室町時代には、京都や奈良などの都市だけでなく地方でも定期的に店が集まってくる市が開かれるようになって、商売がさかんになりました。しかし、商売がさかんになると、銅銭が足りなくなり、質の悪い銅銭も出回るようになりました。これに対して、織田信長などその地域を治めている大名がルールを作るなどして管理しようとしましたが、全国で統一されたルールができるのは、江戸時代になってからです。

武　蔵：江戸時代には、どのようなルールが作られたのですか。

先　生：江戸時代になると、幕府が金でできた小判や銀でできた貨幣、銅銭等を製造し、管理するようになりました。そのため、物の売り買いがさかんになり、人びとが貨幣を使い買い物することが多くなりました。しかし、金や銀などを貨幣の主な原料としていたので、鉱山から金や銀があまり採れなくなってくると、世の中に出回る貨幣の量が減ってしまうこともありました。ところで、金で作られた小判という貨幣は、作られた時期により大きさや重さや金が含まれている量が異なっていて、小判の種類によって貨幣としての価値が変化していました。特に金が含まれている量が減ると貨幣としての価値が下がってしまったのです。下の**資料2**は、江戸時代に発行された各小判の重さを示した図、**資料3**は、各小判の金が含まれている割合を示した図です。それぞれの小判の名前の横に書かれている数字は、その小判が発行された年（西暦）を表しています。

資料2　江戸時代に発行された各小判の重さを示した図

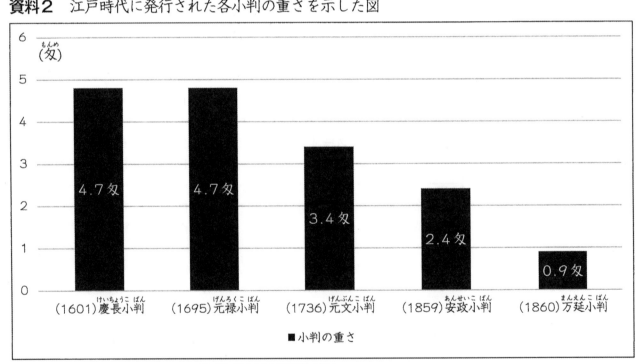

（日本銀行金融研究所　資料より作成）

※匁とは、重さを表す単位の一つで、１匁＝３．７５g。

資料3　江戸時代に発行された各小判の金が含まれている割合を示した図

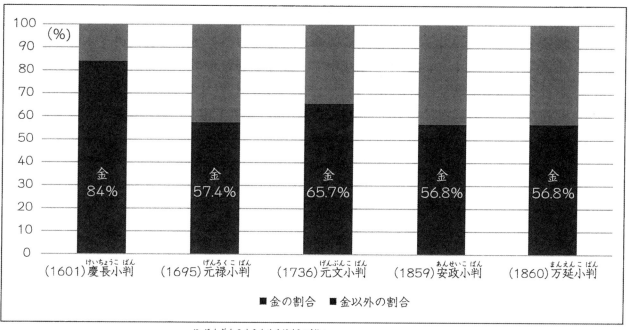

（日本銀行金融研究所　資料より作成）

〔問題2〕　**資料2・資料3**の5種類の小判の中から慶長小判と元禄小判、または安政小判と万延小判のいずれかの組み合わせを選び、二つの小判の間にどのような変化が起こり、小判の価値にどのような変化をもたらしたかを説明しなさい。なお、文章にする際は、それぞれの小判に金が何匁含まれているかを計算し、小数第二位を四捨五入した数値を入れなさい。ただし解答らんにある小判の組み合わせを一つ選んで丸で囲むこと。

武　蔵：江戸時代には、金でできた小判や銀でできた貨幣、銅銭等が広く使われるようになったと先ほど先生からうかがいました。次の明治時代はどうだったのですか。

先　生：明治時代になると、新しい貨幣が作られ、単位が現在と同じ円になりました。そして、1872年になると銀行に関わる法律である国立銀行条例が出されて、全国でこの法律の基準を満たした国立銀行と呼ばれる銀行が多く設立されるようになりました。国立銀行ができたことで東京や大阪などの大きな都市だけでなく、地方でもお金が借りやすくなって会社や工場を作ろうと思う人が増え、多くの会社や工場ができました。また、1880年ごろから会社からお金の借り入れ希望が増え、国立銀行のみではお金を貸し出す量が足りなくなってしまって、それを補助する意味で国立銀行条例と異なった基準で作られた普通銀行が増えてきました。

武　蔵：銀行の数が増えたことでどのような変化が起きたのですか。

先　生：銀行の増加とともに、貨幣の枚数と銀行から会社へのお金を貸す量が増えていったのです。

特に、１８８５年から１８８７年の３年間は、たくさんの会社や工場が作られました。また、１８９０年ごろから綿糸に関わる工場の数も増え、日本でもさまざまな物が機械で生産できるようになる産業革命（さんぎょうかくめい）が本格的にはじまり、国内のさまざまな物の生産量が増えました。そのような中で、工場や会社が多く生まれ、これらの工場や会社が、機械を取り入れたり、新しい工場を建設したりするためにお金を多く必要としたため、これに対応して、１８９３年に銀行条例（ぎんこうじょうれい）を出し、銀行を作りやすくしたのです。

資料４ それぞれの年に新しく設立された普通銀行（ふつうぎんこう）の数

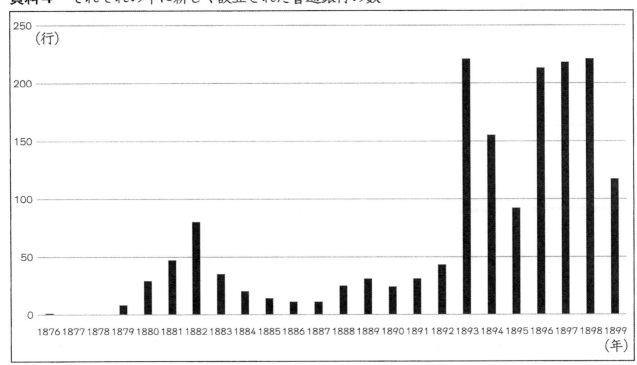

（『銀行便覧』（ぎんこうびんらん） 大蔵省理財局銀行課編（おおくらしょうりざいきょくぎんこうかへん） などより作成）

〔問題３〕 **資料４**より、１８９３年に急激（きゅうげき）に銀行の設立数が増えている。なぜ急激に増えたのかを**武蔵**さんと**先生**の会話から、その背景（はいけい）もふまえてその理由を説明しなさい。ただし、説明する際は、西暦（年）を使うこと。

先　生：そうですね。大正時代（たいしょうじだい）や昭和時代（しょうわじだい）になると、より銀行の数が増えて、それにともなってあつかうお金の量も増えていきました。それによって、日本の工業などがより発展（はってん）し、日本もさらに経済（けいざい）成長していったのですよ。

武　蔵：そうか。確かに今も街（まち）を歩いていると銀行がたくさんありますよね。銀行が貨幣の流通や経済の発展に大きな力を果たしていることが分かりました。

（解答用紙は別冊32 P）（解答例は別冊19 P）

1 　はるきさん、なつよさん、あきおさん、ふゆみさんの4人は、地域の運動会に参加し、次の日に学校で感想を話しています。

あきお：運動会おもしろかったね。いろいろな種目があったけれど、どれもはく力があったね。

はるき：かさを使ったパフォーマンスが特にすてきだったね。

ふゆみ：人数も多くてはく力があったね。

はるき：かさをくるくる回しながら走っていて、きれいだったよね。

なつよ：そういえば、そのとき、一つひとつのかさはどのような動きをしていたのかな。

ふゆみ：一点に注目して、みんなで考えてみよう。

あきお：かさは正八角形のように見えるね。頂点Aに注目したら、どのように動くか分かるかな（図1、図2）。

図1

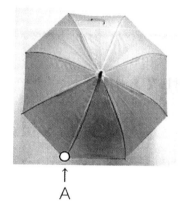

図2

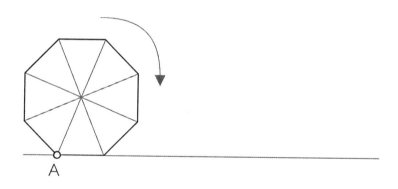

はるき：正八角形が1回転するまで、直線の上をすべらせることなく転がすと、このように複数の直線がつながったような線になるのかな（図3）。

図3

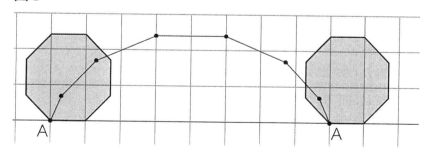

（図3における・は正八角形の1辺が直線と重なったときの頂点Aの位置を表す）

— 137 —

なつよ：実際に正八角形を紙で作って、直線の上をすべらせることなく、転がしてみよう。

あきお：実際には、複数の曲線がつながったような線になるね（**図4**）。

図4

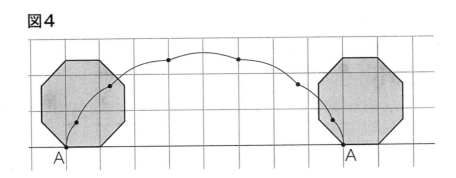

はるき：曲線になることで、私の予想より頂点Aの移動する道のりが長くなるね。

ふゆみ：点と点を線で結ぶとき、直線より曲線の方が長くなるからだね。

なつよ：そうだね。他の図形だとどのような曲線になるのかな。転がしてみようよ。

〔問題1〕　**なつよ**さんたちは、**図5**のような図形を作って、左の図形が右の図形の位置にくるまで1回転させようとしています。**図5**のうち、頂点Bまたは、Cのいずれかを選び、選んだ頂点のえがく曲線を、**図4**のように・をつけてかきなさい。なお、選んだ頂点について解答らんのB・Cのどちらかを丸で囲みなさい。

図5

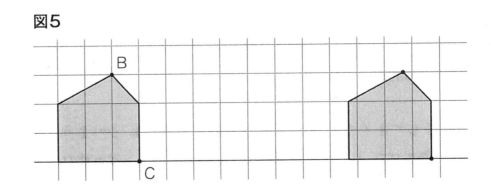

はるき：ところで、かさを使ったパフォーマンスでは、生徒が1列に並んで、ポーズをとることもしていたね。そのとき、かさを開いている人と閉じている人がいたね。

ふゆみ：かさを開いている人と閉じている人は、どのようなルールで並んでいたのかな。

なつよ：最初のポーズは、先頭の人から、
「開く、閉じる、開く、閉じる、開く、……」だったね（**図6**）。このルールだと100番目の人は、閉じていることが分かるね。

あきお：一人ひとり、順番に調べなくても、全員のポーズが分かるね。

図6

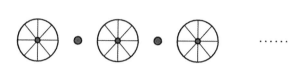

⊕	：開く
●	：閉じる

はるき：ほかにも、規則的に並んでいるポーズがあったね。

あきお：規則的に並んでいるポーズのルールを自分たちで考えてみるのもおもしろそうだね。

ふゆみ：「開く、閉じる、閉じる、開く、開く、開く、開く、閉じる」から始まるルール
　　　　だったらどうかな（**図7**）。

はるき：そのあと、どういうポーズが続くのかな。

　　　　図7

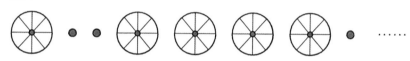

なつよ：初めは「開く」が一人で、それ以降は同じポーズが何人か続いていて、その人数が
　　　　増えていくね。その人数に注目すると、1、2、4、……と変化していくね。

あきお：同じポーズの人数が増えていくルールなんだね。

はるき：「開く」が4人続いたあとは、何人が「閉じる」なのかな。ルールによって、いろいろな
　　　　人数になりそうだね。

〔問題2〕　**ふゆみ**さんとみんなが考えた並び方のルールにはどのようなものがあるで
　　　　しょうか、答えなさい。また、そのルールとすると、128番目の人のかさは開いて
　　　　いますか、閉じていますか。解答らんの開く・閉じるのどちらかを丸で囲みなさい。

はるき：かさの模様もいろいろあったね。

なつよ：丸がいくつかえがかれているデザインのかさがあったね。

ふゆみ：そうだね。今度、私たちの学級会で開かれるお楽しみ会のかざり付けを考えているのだけれど、似たようなデザインにしたいな。

あきお：直径６０ｃｍの大きな円の中に、小さな円をいくつかかいてみよう。

ふゆみ：私は、大きい円の中に７個の小さい円をかいたよ。

はるき：それぞれ同じ大きさの円が重なることなく、かかれているね（図8）。

図8　　　　　　　　　図9

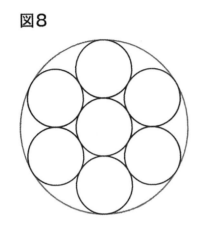 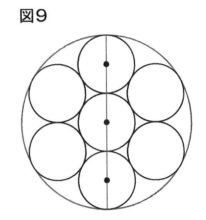

はるき：小さい円の一つひとつの円の半径は、１０ｃｍだと分かるね。

ふゆみ：そうだね。大きい円の中に、小さい円がちょうど3個並んでいるから分かるね（図9）。

あきお：私は小さい円を5個でかいてみたいな。小さな円の半径は、どれくらいにすればいいかな。

はるき：円が5個だと、１０ｃｍよりも大きな円がかけそうだね。

なつよ：小さい円をなるべく大きくかきたいのだけれど、半径は１２ｃｍでかけるのかな。

あきお：仮に半径を１２ｃｍだとして、みんなで考えてみよう。

ふゆみ：図で考えてみたのだけれど（**図10**）、<u>１２ｃｍだとつじつまが合わなくなったよ</u>。

図10

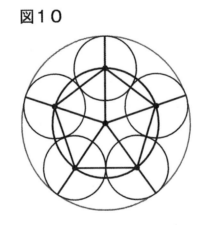

〔問題3〕　**ふゆみ**さんは、<u>１２ｃｍだとつじつまが合わなくなったよ</u>と言っています。**ふゆみ**さんがなぜつじつまが合わないと考えたのか、式と文章を使って説明しなさい。その際、これまでの図と会話文を参考にして答えなさい。

2 **はるき**さん、**なつよ**さん、**あきお**さん、**ふゆみ**さんが公園で持ってきたジュースについて話をしています。

はるき：持ってきたジュースの味はみんなりんご味だね。

なつよ：成分が書かれている部分を見ると、ストレート果汁と書いてあるものと濃縮還元果汁と書いてあるものがあるね。

あきお：どのようなちがいがあるのかインターネットで調べてみよう。

ふゆみ：インターネットで調べたら、ストレート果汁は果実をしぼったままの果汁のことで、濃縮還元果汁は果汁を加熱等によって、水分を少なくして*濃縮し、ジュースにする前に水を加えてもとの果汁の濃さにもどすものだと書いてあるよ。インターネットから参考になる資料を持ってきたよ（**資料1**）。

資料1　ジュースの製造方法

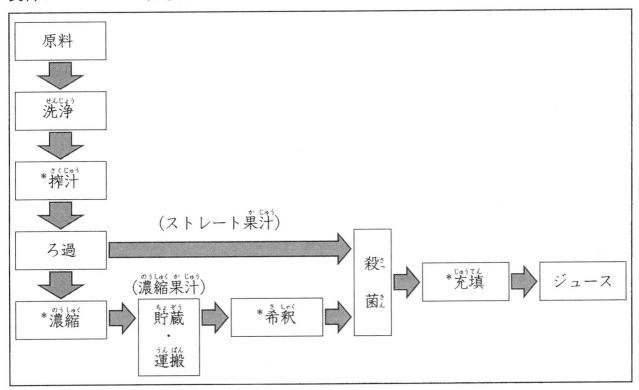

（平成22年消費者庁「果実ジュース製造工程のイメージ」より作成）

*濃縮：加熱等によって、水分を少なくし、濃さを濃くすること。
*搾汁：果実をしぼって、皮や種などを取り除いた部分を集めること。
*希釈：濃さの濃いものに水を加えて、濃さをうすくすること。
*充填：紙やプラスチック等でできた容器につめること。

はるき：製造の手順にちがいがあるね。

なつよ：ストレート果汁からジュースを製造する方法は、濃縮還元果汁からジュースを製造する方法より、製造の手順が少ないね。

あきお：濃縮還元の製造の方法は、手順が多いから、製造するときに気を付けなければいけないことが多そうだね。

ふゆみ：水分を少なくして貯蔵することは、ジュースだけでなく昔からよく行われているよ。

はるき：製造の方法も調べてみるといろいろな工夫がされているんだね。

なつよ：果実という原料から、ジュースを作るには製造方法が複数あることはおもしろいね。

あきお：複数の製造方法があるのはなぜだろう。

ふゆみ：<u>果実からジュースを作る方法が複数あることは、それぞれの製造方法にすぐれている点があるということかもしれない</u>ね。

〔問題1〕　**ふゆみ**さんが<u>果実からジュースを作る方法が複数あることは、それぞれの製造方法にすぐれている点があるということかもしれない</u>と言っています。**資料1**や会話文をもとに、濃縮還元果汁とストレート果汁の製造方法ですぐれている点をそれぞれ一つずつ簡単に答えなさい。

昨日の公園でのできごとについて、学校で話をしています。

はるき：昨日、すわっていたビニールシートの上がなんだかベタベタしていたよね。

なつよ：飲んでいたジュースが少しこぼれたのかもしれない。

あきお：ジュースをビニールシートにこぼすと、ベタベタしてかわきにくいことがあるよね。

ふゆみ：それに対して、シートに水がこぼれていても、ベタベタしないで、いつのまにかかわいているね。

はるき：水だけだとかわきやすくて、ジュースだとかわきにくいということかな。

なつよ：ジュースは、水に果汁が混ざっているからなのかな。

あきお：かわきにくくなっている原因は、何に関係することなのかな。

ふゆみ：どう考えればいいか、先生に聞いてみよう。

先　生：みなさん、おもしろいことに気が付きましたね。かわきにくいということは、蒸発しにくいと考えてみましょう。蒸発というのはどのような現象か説明できますか。

はるき：液体が気体になることだと思います。

なつよ：蒸発は、水面から液体の水が気体の水蒸気になって、水面から外に出て行くことです。

ふゆみ：そうすると、蒸発の様子は、液体の表面に注目することが大切ということですね。

先　生：その通りです。液体の表面に注目すると、蒸発の様子がイメージしやすくなることを覚えておきましょう。

はるき：ところで、ジュースがベタベタしてかわきにくいのは、ジュースに何がふくまれているからかな。

なつよ：持ってきたジュースの成分の表示では『糖質』というのが一番多くふくまれている
　　　　ことが分かるよ。

あきお：先生、糖質って何でしょうか。

先　生：糖質は身近なもので考えると砂糖のことだと考えれば良いでしょう。水に砂糖を
　　　　とかした砂糖水をジュースとして考えてみると、分かりやすいでしょう。さらに、水
　　　　の上に油をうかべた実験も水の蒸発を考えるのに役に立つかもしれません。ジュース
　　　　が蒸発しにくい理由を、蒸発について実験して得られた結果をまとめた資料から
　　　　考えてみましょう（**資料2**、**資料3**）。

資料2

水100gと、水80gに砂糖20gをとかした砂糖水を用意し、それぞれをビーカー
に入れ、それぞれの重さが95gになるまでにかかった時間を記録した結果。

表1　95gになるまでにかかった時間

	水	砂糖水
時間	9時間20分	9時間50分

資料3

水100gと、水80gに油20gをうかべたものを用意し、それぞれの重さを測定
した結果。

表2　蒸発による重さの変化

	水100g	水80gに油20g をうかべたもの
はじめ	100　g	100g
2時間	99.1g	100g
4時間	98.0g	100g
6時間	96.9g	100g

先　生：油は水と混ざらないので、水の上に油がういています。

はるき：水と油、砂糖水をイメージ図で表すことはできるかな。

先　生：イメージしやすいように水、油や砂糖をつぶとして表し、みなさんで図を考えてみましょう。

なつよ：水のつぶは〇で表して、図をかいてみたよ（図1）。

あきお：油のつぶは●で表して、図をかいてみたよ（図2）。

はるき：水にとけている砂糖のつぶは⊘で表して、図をかいてみたよ（図3）。

なつよ：液体の表面の様子がそれぞれ異なっているね。

ふゆみ：<u>砂糖水は水より蒸発しにくいことと何か関係がありそう</u>だね。

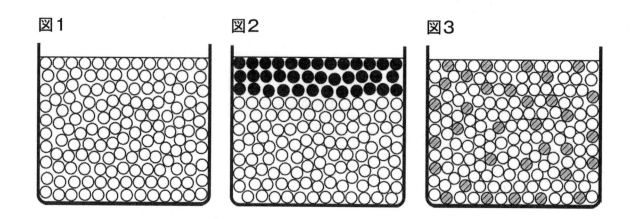

図1　　　　　図2　　　　　図3

〔問題2〕　**ふゆみ**さんが、<u>砂糖水は水より蒸発しにくいことと何か関係がありそう</u>と言っています。**資料2**、**資料3**と**図1**〜**図3**と会話文から砂糖水が水より蒸発しにくくなる理由を説明しなさい。

はるき：今日は暑いから、ペットボトルにジュースを入れてこおらせてきたよ。

なつよ：私も。そろそろ少しとけてきたから飲んでみようかな。とてもあまい。

あきお：そうそう、ジュースってこおらせると、こおらせる前のものよりもあまみが強くて、だんだんうすくなっていくよね。

ふゆみ：どうしてだろう。

なつよ：こおったジュースの中で何が起こっているんだろう。

あきお：ジュースの濃さによって、こおる速さにちがいはあるのかな。

なつよ：濃さのちがうジュースをこおらせてみよう。

あきお：どのようにこおっていくのか様子を観察したらいいね。

ふゆみ：30分ごとに冷とう庫の中の様子を観察して、こおりやすさを調べてみよう。

先　生：良い考えですね。実験をして考えてみましょう〈**実験1**〉。

〈**実験1**〉

　果汁100%ジュース、水90gと果汁100%ジュース10gを混ぜたもの、水を用意する。この実験では果汁100%ジュースを「ジュース①」、水90gと果汁100%ジュース10gを混ぜたものを「ジュース②」とする。

　それぞれをビーカーに50gずつ入れて、ゆっくりと冷やすためにビーカー全体をタオルでくるんで冷とう庫に入れる。30分ごとに様子を観察する。

表3　ジュース①、ジュース②、水を冷とう庫に入れたときのこおっていく様子の観察

	ジュース①	ジュース②	水
３０分後	変化なし。	変化なし。	変化なし。
６０分後	変化なし。	表面にうすい氷ができ、はしでつっくとすぐ割れる。	表面に厚みのある氷ができ、はしでつついても割れない。
９０分後	表面にうすい氷ができ、はしでつっくとすぐ割れる。	表面に厚みのある氷ができ、はしでつついても割れない。	表面の氷が厚くなる。ビーカーの周りや底にも氷ができている。
１２０分後	表面に厚みのある氷ができ、はしでつついても割れない。	表面の氷が厚くなる。ビーカーの周りや底にも氷ができている。	全体がこおっている。
１５０分後	表面の氷が厚くなる。ビーカーの周りや底にも氷ができている。	全体がこおっている。	全体がこおっている。
１８０分後	全体がこおっている。	全体がこおっている。	全体がこおっている。

はるき：ジュースがこおったとき、どこの部分のあまさが強くなるのかも気になるね。

先　生：糖度計を使えば、あまさを数値で知ることができます。糖度とは、ショ糖を水に
　　　　とかした水よう液１００ｇの中に何ｇのショ糖がふくまれているかを示した数値
　　　　のことです。ショ糖とは、お店で売られている白砂糖の主成分になっているものです。

なつよ：りんごジュースをこおらせて、先生と糖度を測定しました。こおったジュースの糖度
　　　　はジュースの真ん中付近が高くなっていました。

はるき：数値で考えるのは難しく感じるので、見た目で分かれば、分かりやすいと思います。
　　　　できるでしょうか。

あきお：私がこおらせて持ってきたジュースでは、見た目からはあまさが強いところやあまさ
　　　　が弱いところが分からなかったです。

ふゆみ：先生、見た目であまさの強さを知ることができますか。

先　生：見た目で、こおらせたときにどこの部分のあまさが強いかを調べるには、食べ物に
　　　　赤い色をつける食紅を水にとかしてこおらせれば、分かりやすいですよ。食紅の色が
　　　　濃くなっているところがあまさが強いと考えることができますよ。では、色をつけた
　　　　水を円柱形の容器に入れて、こおらせる前と後で様子を観察しましょう〈実験２〉。

〈実験2〉

　円柱形の容器に水を入れ、食紅を加えて水に色をつける。ゆっくりと冷やすために容器全体をタオルでくるんで、冷とう庫に２４時間入れる（図4、図5）。

図4　冷とう庫の中に容器を置く位置を表した様子

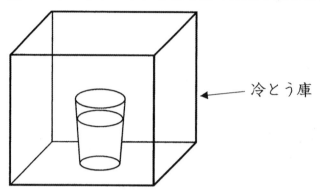

← 冷とう庫

図5　食紅で色をつけた水をこおらせた様子

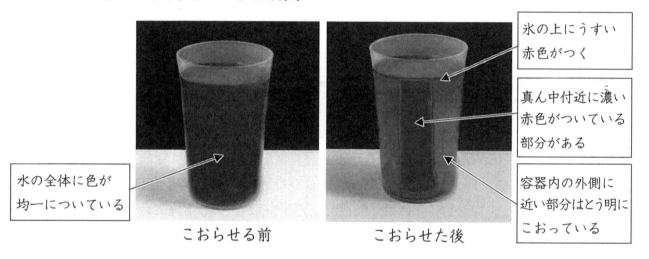

氷の上にうすい赤色がつく

真ん中付近に濃い赤色がついている部分がある

水の全体に色が均一についている

容器内の外側に近い部分はとう明にこおっている

こおらせる前　　　こおらせた後

なつよ：〈実験2〉はおもしろい結果になったね。

あきお：私は全体が同じ色でこおると思っていました。こおっていくときにどのようなことが起こったのかな。

〔問題3〕　**図5**のこおらせた後の容器の様子では、とう明な部分と真ん中付近の濃く色がついた部分に分かれるのはなぜでしょうか。**実験1、2**の結果と会話文をもとにあなたの考えを書きなさい。

（解答用紙は別冊34Ｐ）（解答例は別冊20Ｐ）

1 　はなさんとそらさんと先生が実験室で話をしています。

は　な：せん風機はプロペラの羽根がぐるぐる回ることによって風を作り出しているね。
　　　　夏はすずしくて便利だね。

そ　ら：プロペラの羽根はどのくらいの回数、回転しているのかな。実験室には光電池の実験
　　　　で使うプロペラモーター（図1）があるね。プロペラモーターは、モーターにプロペラ
　　　　がすでに接続されている実験装置のことだよ。電池を使ってプロペラモーター
　　　　を回して、その様子を動画で撮影してみよう。

先　生：動画を撮影するのはよいアイデアですね。通常のカメラは、1秒間に30枚の静止画
　　　　を撮影してつなぎ合わせることで動画にしています。静止画1枚のことを「1コマ」
　　　　といいます。プロペラの回転はとても速いので、ハイスピードカメラを使っては
　　　　どうですか。1秒間に960コマの静止画を撮影できますよ。プロペラの回転数を
　　　　調べる実験1をやってみましょう。

実験1

手順1　ハイスピードカメラを使いプロペラモーターの羽根が回転する様子を撮影する。
手順2　撮影した動画をある時刻から1コマずつ進めて観察する。
手順3　プロペラの特定の羽根が何度回転するか4コマ分観察する。

図1　プロペラモーター

特定の羽根

表1　実験1の結果

進んだコマ数	回転した角度
0コマ	0度
1コマ	8度
2コマ	16度
3コマ	24度
4コマ	32度

は　な：撮影がうまくいったね。

そ　ら：自分で決めた時間でプロペラの回転数を計算してみよう。

〔問題1〕　下の ［　　　　］ の中の三つから自分で決めた時間を一つ選び、○で囲みなさい。
　　　　また、その選んだ時間のなかで、プロペラが何回転しているか答えなさい。割り切れ
　　　　ない場合は小数第一位を四捨五入して、整数で答えなさい。

［　1秒間　　1分間　　1時間　］

は　な：今日は晴れているから、校庭でプロペラモーターを光電池に接続して、回してみよう。

そ　ら：光電池の表面はどこか一部でもよごれてしまうと、うまく発電できなくなるのかな。
　　　　そもそも、光電池の仕組みってどうなっているのだろう。

先　生：よいところに疑問をもちましたね。光電池に太陽光が当たる面を、正面として観察
　　　　すると、発電する板が3枚あり、中心にある電気を通す太い金属の線でつながって
　　　　います（図2）。太い金属の線を側面から観察すると図3のようになっています。また、
　　　　太陽光が当たる面を注意深く観察すると、それぞれの発電する板には、太い金属の
　　　　線と垂直に交わる細い金属の線が10本以上あります（図4）。この細い金属の線は、
　　　　発電した電気を太い金属の線に集めるはたらきがありますよ。

図2　光電池

図3　光電池の太い金属の線と発電する板

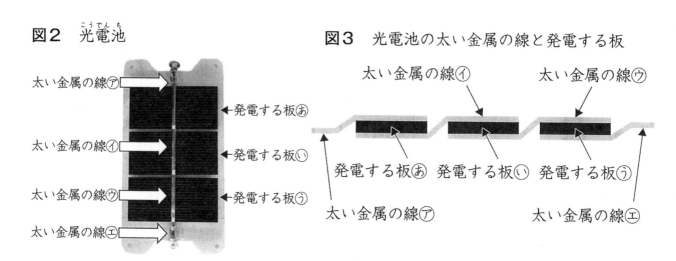

図4　光電池の細い金属の線

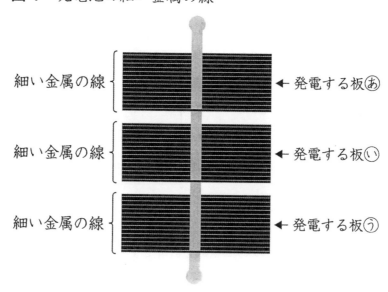

は　な：光電池に太陽光があたる場所とプロペラの回転の関係を調べる**実験2**をやってみよう。

実験2

手順1　光電池全体に太陽光を当てて、接続点Aと接続点Bをそれぞれプロペラモーター
　　　　に接続し回転させる。また、発電する板の部分を①～⑥の6区画で分けて考える
　　　　（**図5**）。

手順2　1区画分の大きさの紙を6枚準備する。紙は光を通さないこととする。

手順3　紙の枚数や置く場所をいろいろ変化させて実験する。

図5　光電池の6区画

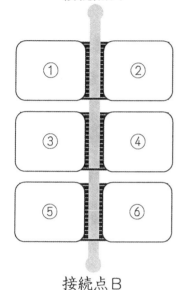

接続点A

接続点B

表2　実験2の結果

	紙の枚数	紙を置く場所	プロペラの様子
条件A	0枚	なし	回転する
条件B	6枚	①、②、③　④、⑤、⑥	回転しない
条件C	5枚	①、③　④、⑤、⑥	回転しない
条件D	3枚	①、③、⑤	回転する
条件E	2枚	⑤、⑥	回転しない

そ　ら：どうしてこのような結果になるのだろうか。

は　な：分かったかもしれない。光電池でプロペラを回す
　　　　ために必要なことについてもう少し調べたいな。
　　　　条件Cのとき、光電池の☆のところを接続点Bの
　　　　代わりとして接続したときに、プロペラが回転
　　　　するか気になるね（**図6**）。光電池の表面は
　　　　とう明なフィルムでおおわれているので、小さな
　　　　穴をあけてもいいですか。

先　生：もちろんです。探究心を大事にしてくださいね。

は　な：ありがとう、先生。小さい穴をあけて☆のところに
　　　　つなげてみたよ。プロペラが回転したね（**実験3**）。

図6　穴をあける場所

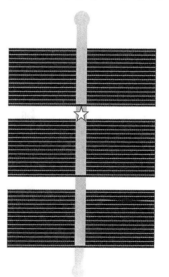

〔問題2〕　新しい光電池を用意し、①、④、⑤に紙を置いた。プロペラは回転するかしないか、
　　　　どちらかを選び○で囲みなさい。また、その理由を**実験2**や**実験3**の結果を使って
　　　　説明しなさい。

は　な：光電池の電気だけでドローンを飛ばす実験をしている研究があると聞いたことがあるよ。

そ　ら：太陽が出ている間はずっと飛べるってことなのかな。それは、環境にも優しいし、すごいことだね。

は　な：ところで、プロペラの風でどれくらいの重さの物体をうかせることができるのかな。何か調べるためのよい方法はないかな。

そ　ら：プロペラの羽根は、モーターに電流を流して回転させているね。光電池の代わりに電流の大きさを変化させることができる電源装置を使ってみよう。モーターに流れる電流の大きさを変化させたとき、プロペラの風でどれくらいの重さの紙をうかせることができるか実験4で調べてみよう。

実験4

手順1　プロペラの直径と同じ大きさの円形に紙を切り、その紙を5枚用意する。紙1枚の重さを電子てんびんで測定したら0.54gであった。

手順2　モーターに電流を流し、プロペラで風を発生させ紙をうかせる（図7）。紙はプロペラを囲うように設置した4本の棒によって安定してプロペラと平行にうく。その状態から電流の大きさを小さくしていき、プロペラに紙がふれたとき、うかなくなったと判断する。その時点での、電流の大きさを記録する。

図7　紙をうかせる様子

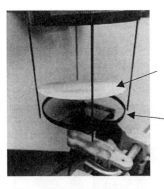

紙
プロペラ

表3　実験4の結果

紙の枚数	1枚	2枚	3枚	4枚	5枚
電流の大きさ	23 *mA	31 mA	39 mA	47 mA	55 mA

＊mA（ミリアンペア）：電流の大きさを表す単位。
1A＝1000mA

は　な：電流の大きさとうかなくなるときの紙の枚数は関連がありそうだね。どうすれば分かるかな。

そ　ら：グラフにしてみると関係が分かりそうだね。パソコンを使ってグラフを作ってみたよ（図8）。

は　な：紙の枚数と電流の大きさの関係が分かるね。この関係性を使えば、紙の重さを変化させたときに紙がうかなくなる電流の大きさを、予想できそうだね。

図8 紙の枚数と電流の大きさの関係

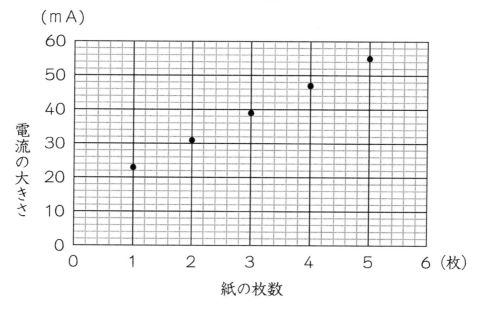

〔問題3〕 0.54gの紙2枚の上に、新しく切った0.34gの円形の紙を中心に乗せて実験をした。電源装置で電流の大きさを小さくしていったときにうかなくなる電流の大きさは何mAとなるか答えなさい。割り切れない場合は小数第一位を四捨五入して、整数で答えること。また、どのように考えたか答えなさい。

2 **いずみ**さんと**まさと**さんが家で話をしています。

いずみ：トイレットペーパーが残りわずかだよ（**図1**）。

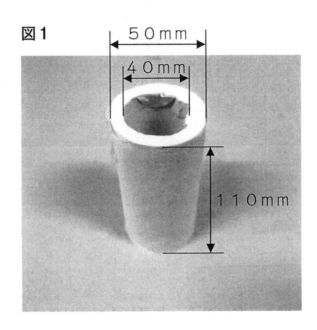

図1

まさと：本当だね。

いずみ：残りはあとどれくらい使えるのかな。

まさと：まずはこのトイレットペーパーの、残りの巻き数を調べてみよう。

いずみ：パッケージには、トイレットペーパーの厚さは０.１mmと記されているよ。

まさと：残りのトイレットペーパーの直径の長さは、どこで測ってもちょうど５０mmだったよ。

いずみ：トイレットペーパーのしんの直径は４０mmのようだね。

まさと：ということは、 ア と計算すれば、トイレットペーパーの残りの巻き数を求められるよ。

いずみ：やってみよう。

〔問題1〕 会話文中の ア に当てはまる、残りの巻き数を求める計算式を答えなさい。また、トイレットペーパーの残りの巻き数も答えなさい。ただし、トイレットペーパーのしんの厚さは考えないものとする。

いずみ：このトイレットペーパーの残りの巻き数は分かったけれど、そこから残りの長さを
　　　　求めるのは大変そうだね。

まさと：ではトイレットペーパーの紙を立体として考えるのはどうだろう。

いずみ：どういうことかな。

まさと：例えば、このトイレットペーパーの残りを全て出した様子を図にして考えてみよう
　　　　（**図2**）。

図2

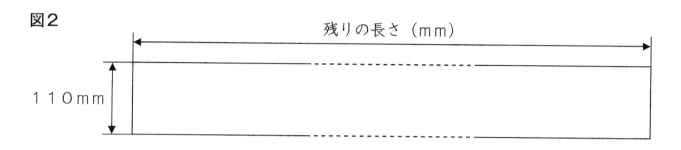

まさと：これは、平面の紙のようだけれど、見方によっては厚さ0.1mmの立体と考える
　　　　こともできるね。

いずみ：なるほど。

まさと：ということは、**図1**のトイレットペーパーを立体として見たとき、その立体の
　　　　　　　　　イ　　　　　　　は、**図2**の残りの長さ×0.1の値と等しいと考えられるね。

いずみ：これならトイレットペーパーの残りの長さも求められるね。

〔問題2〕　会話文中の　　　　　イ　　　　　に当てはまる言葉、または計算式を答えなさい。
　　　　また、トイレットペーパーの残りの長さも求めなさい。その際、単位はmmで答えな
　　　　さい。ただし、円周率は3.14とし、トイレットペーパーのしんの厚さは考え
　　　　ないものとする。また、トイレットペーパーは、すき間なくぴったりと巻かれている
　　　　ものとする。

まさと：これで長さを求めることができたね。

いずみ：でも、残りわずかだから、新しいトイレットペーパーを準備しておこう。

いずみ：新しいトイレットペーパーを持ってきたよ（**図3**）。

図3

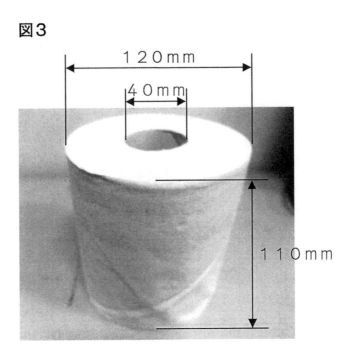

まさと：そういえば、お店にはたくさんのトイレットペーパーが並んでいるね。

いずみ：この前、入荷している様子を見たけれど、とても大きいダンボール箱に、ぴったりと並んで入っていたよ。

まさと：ためしに、36個のトイレットペーパーを入れるとすると、どれくらいの大きさのダンボール箱が必要なのかな。

〔問題3〕 ダンボール箱の表面（下の面も含む）の面積の合計をできる限り小さくして、**図3**のようなトイレットペーパー36個を入れる。このとき、どれくらいの大きさのダンボール箱が必要になるか。ダンボール箱の縦、横、高さの長さをそれぞれ求めなさい。その際、単位はcmで答えなさい。ただし、ダンボールの厚さは考えないものとする。また、トイレットペーパーの形を変えることはできないものとする。

まさと：このトイレットペーパーやトイレットペーパーのしん、ダンボールは古紙を使っているよ。

いずみ：そうだね。私たちが買い物をしたりするときは、環境に配りょして作られた物を選ぶとよいね。

（解答用紙は別冊 36 P）（解答例は別冊 20 P）

※ ②．③ は「東京都立中学校・中等教育学校共同作成問題」と同じです。

1 みつこさんとたかおさんは、学校行事として行われる「グリーンウォーク」について話をしています。

みつこ：今度、「グリーンウォーク」というウォーキングイベントがあるけれど、どのような
　　　　コースを歩くのかな。

たかお：教室にポスターがはってあったから、一緒に見てみよう（資料1）。

資料1　「グリーンウォーク」のポスター

みつこ：12kmもの長い道のりを歩いて、13時までにゴールに到着する必要があるのだね。

たかお：13時までにゴールに到着できるように、計画を考えておこうよ。

みつこ：まず、ゴールに到着する時刻を決めよう。

たかお：13時ちょうどに到着するように計画してしまうと、その計画から少しでもおくれたら
　　　　13時に間に合わなくなってしまうよね。

みつこ：余裕をもって12時40分にゴールに到着することにしよう。

たかお：休憩する場所や休憩する時間も決めておこうよ。

みつこ：チェックポイントは全部で五つあるから、第三のチェックポイントであるD公園で
　　　　休憩するのはどうかな。

たかお：D公園に11時に到着し、そこで20分間休憩することにしよう。

みつこ：A駅からD公園まで歩くときと、D公園からG学校まで歩くときは、それぞれ一定
　　　　の速さで歩くことにしよう。

たかお：この計画どおりに歩くためには、他のチェックポイントをいつ通過すればよいの
　　　　だろう。

みつこ：計画どおりに歩くときの「時刻と位置の関係」を表したグラフがあれば、他のチェックポイントを通過する時刻が分かるよね。

たかお：休憩するチェックポイント以外では歩き続けると考えることにして、「時刻と位置の関係」をグラフに表してみよう（**資料2**）。

資料2 「時刻と位置の関係」を表したグラフ

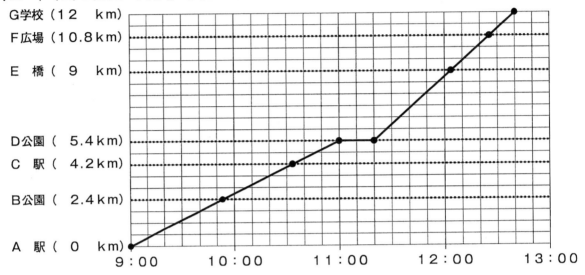

たかお：これで、チェックポイントを通過する時刻が分かるね。

みつこ：グラフを見て分かったけれど、A駅からD公園まで歩くときと、D公園からG学校まで歩くときでは、歩く速さが異なるね。

たかお：歩く速さは、D公園からG学校まで歩くときの方が速いけれど、後半に速く歩くのは大変かもしれないね。

みつこ：それならば、歩くときには、いつでも同じ速さで歩く計画にしよう。

たかお：1回に20分間休憩するのは長いから、一つのチェックポイントで20分間休憩するのではなく、二つのチェックポイントで10分間ずつ休憩することにしよう。

みつこ：五つのチェックポイントから休憩する場所を二つ決めて計画を考えよう。

〔問題1〕 下線部の条件を全て満たすように計画を考え、その計画どおりに歩くときの「時刻と位置の関係」を表したグラフを解答用紙の**図**にかきなさい。ただし、解答用紙の**図**のめもりは等間かくとします。

　みつこさんと**たかお**さんは、**先生**が「**グリーンウォーク**」のためにメダルを作っていることを知り、それを手伝うことにしました。

みつこ：先生、私（わたし）たちもメダルを作ります。

先　生：ありがとうございます。この手順で作ってもらえますか（**資料3**）。

資料3　メダルを作る手順

<手順1>

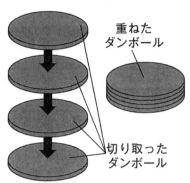

ダンボールを直径6cmの円の形に切り取る。切り取ったダンボールを4枚重ねてはる。

<手順2>

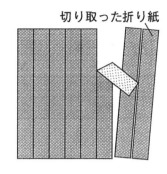

1辺15cmの正方形の折り紙を縦に八等分に切り取る。

<手順3>

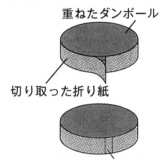

重ねたダンボールの側面に、切り取った折り紙を巻く。すき間ができないように0.5cm以上重ねてはる。

（注意1）　切り取った折り紙は、さらに短く切ったり、別の切り取った折り紙とつなげたりしてもよい。
（注意2）　切り取った折り紙をつなげるときは、折り紙どうしを0.5cm以上重ねてはる。

先　生：手順3のように、重ねたダンボールの厚さは、切り取った折り紙のはばと同じになっています。

たかお：あと何個のメダルを作るのですか。

先　生：少なくともあと100個は作りたいと考えています。

みつこ：いま、直径6cmの円の形に切り取ったダンボールはメダルを100個作るために十分な枚数があるけれど、折り紙は1辺15cmの正方形の折り紙が16枚しか残っていないね。

たかお：この残りの材料でメダルを100個以上作ることができるのかな。

〔問題2〕　資料3をもとに、残りの材料でメダルを100個以上作ることができるかできないかを考え、◯で囲みなさい。また、そのように判断する理由を、言葉と計算式を使って説明しなさい。ただし、円周率は3.14とします。

　みつこさんとたかおさんは、「グリーンウォーク」の総合順位の決め方について興味をもち、それについて先生と話をしています。

先　生：「グリーンウォーク」は、毎年、同じコースと時間で行われており、「ゴールに到着するまでにかかった時間」、「クイズの正答数」、「見つけた鳥の種類の数」によって総合順位を決めます。

たかお：三つの企画の結果からどのようにして総合順位を決めるのですか。

先　生：昨年の決め方は、「各企画の順位をその企画の得点とし、その得点の合計が小さいチームから第1位、第2位、……とする方法」でした。

みつこ：昨年の決め方を理解するために、昨年のデータからいくつかのチームの結果を取り出して、その総合順位を考えてみよう（資料4）。

資料4 昨年のデータから取り出した3チームの各企画の結果と総合順位

<各企画の結果> <総合順位>

	企画1 ゴールに到着する までにかかった時間	企画2 クイズの 正答数	企画3 見つけた 鳥の種類の数	企画1 得点 (順位)	企画2 得点 (順位)	企画3 得点 (順位)	得点の 合計	総合 順位
Aチーム	3時間45分	8問	8種類	3	2	1	6	2位
Bチーム	3時間	10問	0種類	1	1	3	5	1位
Cチーム	3時間20分	7問	4種類	2	3	2	7	3位

たかお： Bチームは「見つけた鳥の種類の数」が「0種類」でも総合順位が第1位になってしまうね。

先　生： 昨年もそのことを指摘する意見がありました。そこで、新しい総合順位の決め方を考えたいと思っているのですが、よい案はありますか。

　みつこさんとたかおさんは、総合順位の決め方の案を考えました（**資料5**）。

資料5　総合順位の決め方の案

＜みつこさんの案＞

① 各企画について、得点の基準を以下のように定める。

企画＼得点	企画1 ゴールに到着するまでにかかった時間	企画2 クイズの正答数	企画3 見つけた鳥の種類の数
5	180分未満	9問以上	5種類以上
4	180分以上195分未満	7、8問	4種類
3	195分以上210分未満	5、6問	3種類
2	210分以上225分未満	3、4問	2種類
1	225分以上240分未満	1、2問	1種類
0	240分以上	0問	0種類

② ①の基準に従って、各チームの各企画における得点を決める。

③ ②の得点の合計が大きいチームから第1位、第2位、……とする。

＜たかおさんの案＞

① 「（A駅からG学校までの道のり）÷（ゴールに到着するまでにかかった時間)」を計算して、「1時間あたりに進んだ道のり」を求め、それを 企画1 の結果とする。

② 各企画の結果について、最も高い数値をもとにする量としたときの各チームの数値の割合を求め、求めた割合をその企画の得点とする。

③ ②の得点の合計が大きいチームから第1位、第2位、……とする。

みつこ： どの総合順位の決め方がよいのかな。

〔問題3〕　**資料4**の昨年のデータから取り出した3チームの各企画の結果について、**資料5**の**みつこさんの案**の決め方をもとに解答用紙の**表1**を、**たかおさんの案**の決め方をもとに解答用紙の**表2**をそれぞれ完成させなさい。また、あなたが「**グリーンウォーク**」の参加者ならば、**昨年の決め方**、**みつこさんの案**、**たかおさんの案**のうち、どの総合順位の決め方がよいかを一つ選んで◯で囲み、選んだ理由を説明しなさい。

（解答用紙は別冊37Ｐ）（解答例は別冊21Ｐ）

問 1　たろうさんたちは，道路で見つけた標示をもとに，調べたことについて話しています。次の〔**会話文**〕を読んで，あとの（１），（２）の各問いに答えましょう。

〔**会話文**〕

> たろう　「校外学習で相模野基線中間点と書いてある〔**標示**〕を見つけました。」
>
> かなこ　「中間点を示していることは〔**標示**〕を見てわかりましたが，相模野基線が何かわからなかったので，2人で調べました。」
>
> たろう　「調べたところ，相模野基線は，〔**標石１**〕の中心と〔**標石２**〕の中心を結んだ直線だということがわかり，〔**調べたこと１**〕としてまとめました。」
>
> かなこ　「次に，5209.9697ｍという長さを今から100年以上前に，どうやって測ったのかを知りたくなったので，〔**調べたこと２**〕としてまとめました。」

〔**標示**〕

〔**標石１**〕

中心

〔**標石２**〕

中心

〔**調べたこと１**〕

　相模野基線とは，相模原市にある〔**標石１**〕の中心と座間市にある〔**標石２**〕の中心を結んだ直線です。1882年にこの基線の長さを測り，長さが5209.9697ｍであることがわかりました。そして，この長さをもとにして，日本全土の正確な地図が作成されました。〔**標示**〕，〔**標石１**〕，〔**標石２**〕の位置関係は，〔**地図**〕にかきこんで，示しました。

〔**地図**〕

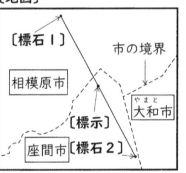

〔標石１〕　　市の境界
相模原市
〔標示〕　　大和市
座間市　〔標石２〕

〔**調べたこと２**〕

> 　長さを測るときの目印とするため，〔**標石１**〕と〔**標石２**〕の真上に，それぞれ〔**やぐら**〕が建てられました。あわせて，相模野基線上とその周辺の木や草が取り除かれたので，この2つの〔**やぐら**〕は，相模野基線上のどの地点からでも見えました。長さを測るときは，〔**部品**〕を組み合わせた〔**装置**〕を，〔**装置の使い方**〕のように使いました。〔**装置**〕で測った長さをもとに計算した結果，相模野基線の長さが5209.9697ｍだとわかりました。

〔**やぐら**〕

標石

〔**部品**〕

○　鉄製で長さ4ｍのものさし　←4ｍ→

○　ものさしより少し短い木箱

○　三きゃく

〔**装置**〕

|　ものさしを，その両はしが少し出るようにして木箱へ入れ，三きゃくで支える。| 横から見たとき　←4ｍ→ |
| | 上から見たとき　←4ｍ→ |

〔装置の使い方〕標石あと標石いの中心を結んだ直線の長さを測るときの例

3個の〔装置〕A，B，Cを用意して，次の1～4のように使います。1，2，4の図は，上から見たときの様子を表しています。

1　標石あの中心に〔装置〕Aのものさしのはしを合わせます。また，このあとの2～4も含め，3個の〔装置〕は，上から見たときも，横から見たときも3個が一直線になるようにつなげ，次の図のように，すべての〔装置〕が標石あといの中心を結んだ直線の上にくるよう設置します。

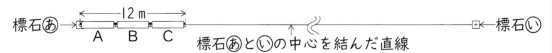

2　標石あに最も近い〔装置〕を，標石いに最も近い〔装置〕のとなりに移動させます。このとき，標石あに最も近い〔装置〕以外は動かしません。また，このような〔装置〕の移動を，〔装置〕を1回動かした，として数えます。1の図の状態から，〔装置〕を1回動かすと，次の図のようになります。

3　〔装置〕のものさしが標石いの中心に達するまで，2と同じように，標石あに最も近い〔装置〕を標石いに最も近い〔装置〕のとなりに移動させるということをくり返します。

4　次の図のように，標石いの中心に〔装置〕のものさしが達したら，くわしく調べて長さを決めます。例えば，〔装置〕を10回動かしたときに，標石いの中心に〔装置〕のものさしのはしが達したとすると，標石あといの中心を結んだ直線の長さは，52mちょうどであることがわかります。

（1）〔会話文〕，〔調べたこと1〕，〔調べたこと2〕の内容としてあてはまるものを次の①～⑤の中からすべて選び，その番号を書きましょう。

① 1882年に測られた〔標石1〕から〔標示〕までの長さは，5209.9697mである。
② たろうさんたちが校外学習で見つけた〔標示〕は，座間市にある。
③ 相模野基線（さがみののきせん）の長さをもとにして，日本全土の正確な地図が作成された。
④ 相模野基線（さがみののきせん）の長さを測るとき，〔標石1〕と〔標石2〕の真上にそれぞれ建てた〔やぐら〕を目印とした。
⑤ 〔部品〕のものさしの長さは，4mより少し短い。

（2）たろうさんたちは，〔装置の使い方〕で，〔装置〕を125回動かしたときに，標石いの中心に〔装置〕のものさしのはしが達したとすると，標石あといの中心を結んだ直線の長さは何mちょうどであるかを考えました。このとき，標石あといの中心を結んだ直線の長さは何mちょうどであるか，書きましょう。

問2　かなこさんたちは，算数の授業で，直方体と立方体の箱をどのように積み上げるかについて話しています。次の〔会話文1〕，〔会話文2〕を読んで，あとの（1），（2）の各問いに答えましょう。

〔会話文1〕

かなこ	「〔表1〕の箱を4人で分け合い，〔ルール〕に従って，〔積み上げた高さ〕が最も高くなるように積み上げるときについて考えましょう。」
たろう	「〔積み上げた高さ〕を考えるために，〔表1〕の14個の箱を積み上げてできる，高さが最も高い直方体を考えるのはどうですか。この直方体の高さは あ cmなので， あ cmを4等分した い cmを，最も高くなるように積み上げるときの〔積み上げた高さ〕として考えます。」
ひかり	「なるほど。あとは，〔ルール〕に従って，〔積み上げた高さ〕が4人とも い cmとなるように箱を積み上げられるのかを考えればよいですね。」
じろう	「〔積み上げた高さ〕が4人とも い cmとなるように積み上げることはできます。このとき，1番多く箱を使う人は，箱を う 個使います。」
かなこ	「そうですね。考えたとおりになるか，箱を積み上げて確かめましょう。」

〔表1〕箱（合計14個）

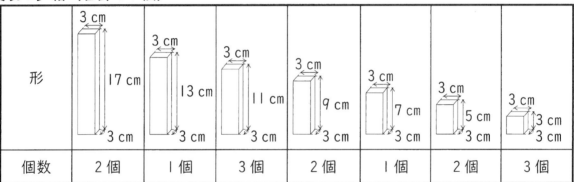

形							
個数	2個	1個	3個	2個	1個	2個	3個

（形の寸法：3cm×3cm×17cm，3cm×3cm×13cm，3cm×3cm×11cm，3cm×3cm×9cm，3cm×3cm×7cm，3cm×3cm×5cm，3cm×3cm×3cm）

〔ルール〕

○　4人が4か所に分かれて，それぞれの場所で箱を積み上げる。

○　箱は，いずれかの面を下にして1個ずつ置き，積み上げる。箱を置くときは〔例1〕のように置き，〔例2〕のように斜めに置いてはいけない。

○　最初に箱を置いたあとは，直前に置いた箱の上に箱を置き，積み上げる。

○　〔積み上げた高さ〕が4人とも同じとなるように箱を積み上げる。

○　14個の箱はすべて使い，全員が積み上げ終えたときに，余っていてはいけない。

○　使う箱の個数は，4人それぞれ違っていても構わない。

○　自分が積み上げた箱と，他の人が積み上げた箱が，ふれないようにする。

〔例1〕　〔例2〕　〔積み上げた高さ〕

1番下に置いた箱の下の面から，1番上に置いた箱の上の面までの長さのこと。〔例3〕のように積み上げたときは，9cmとなる。

〔例3〕

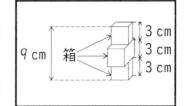

－ 161 －

〔会話文２〕

たろう	「次は，〔**表２**〕の箱を４人で分け合い，箱を積み上げます。」
かなこ	「〔**ルール**〕に従って，〔**積み上げた高さ**〕が最も低くなるように積み上げるときと，最も高くなるように積み上げるときについて，考えましょう。」
じろう	「そうすると，〔**積み上げた高さ**〕が４人とも え cmとなるように積み上げるときが，最も低くなるように積み上げるときですね。」
ひかり	「また，〔**積み上げた高さ**〕が４人とも お cmとなるように積み上げるときが，最も高くなるように積み上げるときです。」
たろう	「それでは，実際に箱を積み上げ，考えたことが正しいか確かめましょう。」

〔表２〕箱（合計14個）

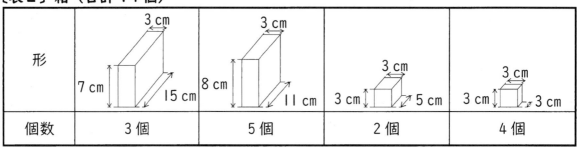

形				
個数	3個	5個	2個	4個

（１）次の**ア**，**イ**の各問いに答えましょう。

ア 〔**会話文１**〕の あ ， い のうち， い にあてはまる数を，次の①〜⑦の中から１つ選び，その番号を答えましょう。

① 26　② 27　③ 28　④ 29　⑤ 30　⑥ 31　⑦ 32

イ 〔**会話文１**〕の う にあてはまる数を，次の①〜⑧の中から１つ選び，その番号を答えましょう。

① 1　② 2　③ 3　④ 4　⑤ 5　⑥ 6　⑦ 7　⑧ 8

（２）次の**ア**，**イ**の各問いに答えましょう。

ア 〔**会話文２**〕の え にあてはまる数を，次の①〜⑦の中から１つ選び，その番号を答えましょう。

① 12　② 13　③ 14　④ 15　⑤ 16　⑥ 17　⑦ 18

イ 〔**会話文２**〕の お にあてはまる数を，次の①〜⑦の中から１つ選び，その番号を答えましょう。

① 25　② 26　③ 27　④ 28　⑤ 29　⑥ 30　⑦ 31

問3 たろうさんたちは，家庭科の授業で，たんぱく質を含む食品について話しています。次の〔会話文〕を読んで，あとの（1），（2）の各問いに答えましょう。

〔会話文〕

たろう	「栄養素は，エネルギーになる，体をつくる，体の調子を整えるという働きをすることを学習しました。また，たんぱく質は栄養素の1つで，この3つの働きのうち，主に体をつくる働きをすることも学習しました。」
かなこ	「そこで，たんぱく質を多く含む食品と，その食品に含まれるたんぱく質の割合を調べ，〔表1〕にしました。」
じろう	「学習した日の給食1食分には，〔表1〕にあるぶた肉が30g，大豆が35g含まれていることも確認しました。」
ひかり	「ぶた肉30gと大豆35gに含まれるたんぱく質の量を合わせると，1人が1日に必要とするたんぱく質の量の何%になるかも求めましたね。」
たろう	「はい。そのために，1人が1日に必要とするたんぱく質の量を調べました。わたしたちの年齢では55gから60gが目安でした。」
かなこ	「〔表1〕の4つの食品については，どれも生産するのに水が必要なので，生産に必要な水の量を調べ，〔表2〕にしました。」
じろう	「〔表2〕の牛肉，ぶた肉，とり肉の生産に必要な水の量には，餌となるとうもろこしなどの穀物の生産に必要な水の量も含んでいるので，牛肉，ぶた肉，とり肉の生産に必要な穀物の量も調べ，〔表3〕にしました。」
ひかり	「次に，1人が1日に必要とするたんぱく質の量を60gとし，その量を含む食品の量について考えました。」
たろう	「〔表1〕の割合を使い，たんぱく質60gを含む牛肉，ぶた肉，とり肉，大豆の量を，それぞれ求めました。」
かなこ	「求めたところ，牛肉は300g，ぶた肉は286g，とり肉は353g，大豆は **あ** gでした。ぶた肉，とり肉の量は，小数第1位を切り上げて求めた量です。」
じろう	「続いて，牛肉300g，ぶた肉286g，とり肉353g，大豆 **あ** gの生産に必要な水の量をそれぞれ求めました。」
ひかり	「求めた結果，牛肉300gの生産には **い** L，ぶた肉286gの生産には1687.4L，とり肉353gの生産には1588.5L，大豆 **あ** gの生産には **う** Lの水が必要であることがわかりました。」
たろう	「1人が1日に必要とするたんぱく質の量をもとにして考えたので，必要な食品の量やその食品の生産に必要な水の量を実感できましたね。」

〔表1〕たんぱく質を多く含む食品と，その食品に含まれるたんぱく質の割合

食品名	牛肉	ぶた肉	とり肉	大豆
たんぱく質の割合（%）	20	21	17	15

（文部科学省「日本食品標準成分表（八訂）増補2023年」より作成）

〔表2〕食品100gの生産に必要な水の量

食品名	牛肉	ぶた肉	とり肉	大豆
生産に必要な水の量（L）	2060	590	450	250

（環境省「仮想水計算機」より作成）

〔表3〕肉1kgの生産に必要な穀物の量

肉の種類	牛肉	ぶた肉	とり肉
生産に必要な穀物の量（kg）	11	5	3

（農林水産省「知ってる？日本の食料事情2022」より作成）

（1）〔会話文〕，〔表1〕～〔表3〕から読み取れる内容として，あてはまるものを次のA～Eの中からすべて選ぶとき，その組み合わせとして適切なものを，あとの①～⑧の中から1つ選び，その番号を答えましょう。

A たんぱく質は，主に体の調子を整える働きをする。

B ぶた肉170gに含まれるたんぱく質の量と，とり肉210gに含まれるたんぱく質の量は同じである。

C とり肉10kgを生産するのに必要な水の量は，5000Lより少ない。

D 〔表2〕の牛肉，ぶた肉，とり肉の生産に必要な水の量は，餌となる穀物の生産に必要な水の量を含んでいる。

E 牛肉1kgの生産に必要な穀物の量は，とり肉1kgの生産に必要な穀物の量の4倍以上である。

① A，B   ② A，E   ③ B，C   ④ B，D
⑤ C，D   ⑥ A，C，D   ⑦ B，D，E   ⑧ C，D，E

（2）次のア，イの各問いに答えましょう。

ア 1人が1日に必要とするたんぱく質の量を55gとすると，ぶた肉30gに含まれるたんぱく質の量と大豆35gに含まれるたんぱく質の量を合わせた，たんぱく質の量は，1人が1日に必要とするたんぱく質の量の何%になるか，次の①～⑤の中から1つ選び，その番号を答えましょう。

① 12%   ② 21%   ③ 33%   ④ 54%   ⑤ 64%

イ 〔会話文〕の あ ～ う のうち，い にあてはまる数は，う にあてはまる数の何倍となるか，次の①～⑤の中から1つ選び，その番号を答えましょう。

① 0.12倍   ② 0.16倍   ③ 5.49倍   ④ 6.18倍   ⑤ 8.24倍

　　かなこさんとたろうさんは，カードを使ったゲームについて話しています。次の〔**会話文**〕を読んで，あとの（１），（２）の各問いに答えましょう。

〔**会話文**〕

かなこ	「わたしが考えた〔**ゲーム**〕を２人でしましたね。」
たろう	「はい。〔**ゲーム**〕は２回行い，１回めは解説してもらいながら行いました。」
かなこ	「解説のため，１回めは，わたし，たろうさんの順でひいた〔**カード**〕を，〔**図**〕の<u>ａ</u>から<u>ｅ</u>の位置に，左から①②③④⑤の順で並べました。」
たろう	「そのあと，〔**カードの取り方**〕に従って，お互いに〔**カード**〕を２枚ずつ取ったら，　**あ**　の〔**カード**〕が取られずに残りました。また，わたしが取った〔**カード**〕に書かれていた数は　**い**　と　**う**　で，その和は　**え**　でした。」
かなこ	「そうでしたね。そのあと，得点と最終得点について解説をしました。」
たろう	「２回めの〔**ゲーム**〕では，わたし，かなこさんの順で，〔**カード**〕をひいて，並べました。最初にわたしが④をひき，　**お**　の位置に並べました。」
かなこ	「わたしが最初にひいたのは⑤で，<u>ｅ</u>の位置に並べました。」
たろう	「その次に，わたしが②をひいて　**か**　の位置に並べ，そのあとかなこさんが③をひいて　**き**　の位置に並べましたね。」
かなこ	「最後は，たろうさんが①をひいて　**く**　の位置に並べ，５枚の〔**カード**〕を並べ終えました。」
たろう	「並べ終えたので，わたし，かなこさん，わたし，かなこさんの順で〔**カード**〕を取り，最終得点を求めたところ，わたしの勝ちとなりましたね。」

〔**ゲーム**〕

○　２人で次のⒶ〜Ⓓを順に行い，最終得点が多い方を勝ち，最終得点が同じときは，引き分けとするゲームです。

　Ⓐ　２人のうちのどちらかが，５枚の〔**カード**〕を，書かれている数が見えないように重ねて置きます。

　Ⓑ　Ⓐで置いた〔**カード**〕の１番上にある〔**カード**〕を１枚ひき，〔**図**〕の<u>ａ</u>〜<u>ｅ</u>のいずれかの位置に，書かれている数が見えるようにして並べます。

　　※　Ⓑは，自分と相手が１回ずつ交互（こうご）に行い，Ⓐで置いた５枚の〔**カード**〕をすべて並べ終えるまで続けます。ただし，〔**カード**〕を並べることができる位置は，まだ〔**カード**〕が並べられていない位置のみとします。

　Ⓒ　５枚の〔**カード**〕が並んだら，交互（こうご）に〔**カードの取り方**〕に従って〔**カード**〕を取ります。〔**カード**〕は，Ⓑで〔**カード**〕を先にひいた人，あとでひいた人の順で１枚ずつ取ります。お互い（たが）に合計２枚ずつ〔**カード**〕を取ったら，取られずに残った１枚の〔**カード**〕は並べたままにします。

　　　例　Ⓑで自分が先に〔**カード**〕をひいたときの〔**カード**〕を取る順

　　　　　自分が１枚取る⇒相手が１枚取る⇒自分が１枚取る⇒相手が１枚取る

　Ⓓ　Ⓒで取った２枚の〔**カード**〕に書かれている数の和を求め，得点とします。

さらに，〔条件〕のどちらかにあてはまる場合は，残った〔カード〕に書かれている数を得点に加え，その和を最終得点とします。〔条件〕にあてはまらない場合は，ⓒで取った2枚の〔カード〕に書かれている数の和をそのまま最終得点とします。

例1　3と4の〔カード〕を取り，残った〔カード〕が5のとき
　　得点は7で，最終得点は12。このとき相手の得点は3で，最終得点は8。

例2　1と5の〔カード〕を取り，残った〔カード〕が2のとき
　　得点は6で，最終得点は8。このとき相手の得点は7で，最終得点も7。

〔カード〕

1 2 3 4 5　　　それぞれ1枚ずつあり，数は片面だけに書かれています。

〔図〕

左 a b c d e 右

〔カードの取り方〕

まず，1番左に並べられている〔カード〕を1番右に移動させます。次に，1番左に並べられている〔カード〕を取ります。

例　左から1 2 3 4 5の順で並んでいるときは，まず，1を5の右に移動させてから，2を取る。　1 2 3 4 5 ⇒ a 2 3 4 5 1 ⇒ a b 3 4 5 1

〔条件〕

○　得点が奇数で，残った1枚の〔カード〕に書かれている数も奇数である。
○　得点が偶数で，残った1枚の〔カード〕に書かれている数も偶数である。

(1) 次のア，イの各問いに答えましょう。

ア　〔会話文〕の あ にあてはまる〔カード〕を，次の①～⑤の中から1つ選び，その番号を答えましょう。

①　1　　　②　2　　　③　3　　　④　4　　　⑤　5

イ　〔会話文〕の い ～ え のうち， え にあてはまる数を，次の①～⑦の中から1つ選び，その番号を答えましょう。

①　3　　②　4　　③　5　　④　6　　⑤　7　　⑥　8　　⑦　9

(2)〔会話文〕の お ～ く に，たろうさんが〔ゲーム〕で勝ちとなるよう a ～ d をあてはめるとき，そのあてはめ方は何通りあるか，次の①～⑤の中から1つ選び，その番号を答えましょう。

①　1通り　　②　2通り　　③　3通り　　④　4通り　　⑤　6通り

問5　たろうさんたちは，児童会活動で取り組むことについて話し合っています。次の〔会話文〕を読んで，あとの（問い）に答えましょう。

〔会話文〕

たろう	「児童会活動で，全校児童集会に取り組むことになりましたね。」
かなこ	「全校児童集会は，すべての児童が参加するので，学年ごとに楽しむのではなく，他学年の児童と交流をして楽しむことが目的になっています。」
じろう	「そのため，全校児童集会では，この目的にあった遊び，またはゲームなどの活動をすることにしましたね。」
ひかり	「どのような活動をするかは，わたしたち6年生が考えて決めることになっていますが，どうやって決めますか。」
あらた	「まずは，個人で活動を考えて提案し，お互いの提案を聞いてから，どの活動がよいかを話し合って決めるのはどうでしょうか。」
こころ	「よいと思います。提案するときは，遊びやゲームなどの名前だけでは，どのような活動なのかがわかりづらいので，具体的な活動とその活動の中で他学年の児童と交流する場面がわかるように提案しましょう。」

（問い）あなたの学校でも，〔会話文〕のように，他学年の児童と交流をして楽しむことを目的とした全校児童集会をすることになったとします。このとき，あなたはどのような活動を提案しますか。具体的な活動とその活動の中で他学年の児童と交流する場面がわかるように，70字以上80字以内で書きましょう。

神奈川県立中等教育学校

（解答用紙は別冊39P）（解答例は別冊22P）

問1　　かなこさんとたろうさんは，国語の授業で学習したローマ字について話しています。次の〔**会話文**〕を読んで，あとの（1），（2）の各問いに答えましょう。

〔**会話文**〕

> かなこ　「国語の授業で，ローマ字について学習しましたね。」
> たろう　「『ち』や『つ』のように，2つの書き表し方を学んだ文字もありました。」
> かなこ　「〔**資料1**〕を読んで，『ち』をtiと書き表すのが訓令式，chiと書き表すのがヘボン式ということがわかりました。」
> たろう　「〔**資料2**〕を読み，さらに訓令式とヘボン式のことがわかりました。」
> かなこ　「そうですね。また，〔**資料3**〕を読んで，ヘボン式のローマ字表記についての理解が深まりました。」

〔**資料1**〕

> 　学校で習うように，ローマ字には1つの音に2つの書き方があるものがあります。例えば，「ち」は「ti」と「chi」，「つ」は「tu」と「tsu」とそれぞれ2とおりの書き方ができます。「ti」「tu」のように子音（k・s・tなど）と母音（a・i・u・e・o）の組み合わせが規則的なほうを訓令式，「chi」「tsu」のほうをヘボン式といいます。
> 　「訓令式」と「ヘボン式」は，どちらで書いても正しいですが，駅の名前や地名などは，英語の表記により近いヘボン式で書かれていることが多いです。ただ，ローマ字入力では，「ち」と打ちたいときに「chi」より「ti」のほうが，キーをおす回数が少なくてすみます。

（『楽しいローマ字　第5巻　おぼえよう！なれよう！ローマ字入力』Gakken 田中博史監修より　※一部表記を改めたところがある。）

〔**資料2**〕

> 　主なローマ字表記の伝統的な形式は主に2つあり，それぞれ訓令式とヘボン式と呼ばれています。（中略）
> 　訓令式は日本語のかなと英語の文字とが，より[注1]厳密な一対一対応になっています。たとえば，た，ち，つ，て，と，という「た行」の音は，ta, ti, tu, te, toのように，すべてtの文字で表されており，日本語の[注2]母語[注3]話者にとって覚えやすくなっています。一方，日本語を知らない英語話者にとっては，ヘボン式のローマ字表記（ta, chi, tsu, te, to）のほうが，実際の音を正確に推測しやすいのです。「ちかてつ」という言葉が訓令式でtikatetuと表記された場合，大抵の英語話者はすべてのtの音を英語の"t"のように発音してしまい，「ち」や「つ」の音を再現できません。

（『日本語のローマ字表記の推奨形式』東京大学教養学部英語部会／教養教育開発機構より

※一部表記を改めたところがある。）

[注1]厳密：細かなところまでよく注意して，行き届いている様子。
[注2]母語：最初に自然に身に付けた言語のこと。
[注3]話者：話す人のこと。

〔資料3〕

> ^{注1)}日本式，訓令式のローマ字の書き方では「hi」「hu」と子音が共通しているが，ヘボン式では「hi」「fu」となって子音が共通しません。（中略）
>
> 　ちょっと脱線気味になりますが，日本式，訓令式は日本語がわかっている人が考えたものなんですね。だから，そのローマ字をみて，「ふうん。こう発音すればいいのかな」と考えるわけではないのです。それに対して，ヘボン式は，ジェームス・カーティス・ヘボンが『和英語林集成』という和英辞書の，明治19（1886）年に出版された第3版で使われていた「方式」で，アメリカ人であるヘボンが，その^{注2)}つづりから日本語の発音が導き出せるように工夫したものです。アメリカ人ということは言い換えれば，英語を使う人ということです。

　　（『学校では教えてくれないゆかいな日本語』今野真二著より　※一部表記を改めたところがある。）
^{注1)}日本式：ここでは，日本式ローマ字のこと。日本の学者が考案したもので，訓令式のローマ字表記
　　　　　は日本式のローマ字表記をもとにつくられた。
^{注2)}つづり：文字の並びのこと。

（1）〔資料1〕～〔資料3〕から読み取れる内容として，あてはまるものを次の①～⑤の中からすべて選び，その番号を書きましょう。

　①　「つ」の訓令式のローマ字表記である「tu」は，「t」が母音で，「u」が子音である。

　②　「ち」をローマ字で書くとき，「ti」と「chi」のどちらで書いても正しい。

　③　訓令式のローマ字表記と比べると，ヘボン式のローマ字表記は，日本語のかなと英語の文字とが，より厳密な一対一対応になっている。

　④　訓令式のローマ字表記だと，「た行」の音は，ta, ti, tu, te, toのように，すべてtの文字で表されている。

　⑤　訓令式のローマ字表記は，日本語がわかっている人が考えたものである。

（2）ヘボン式のローマ字表記は，どの言語の表記に近い表記ですか。また，どのように工夫したことで，誰にとって，何をしやすい表記となっていますか。〔資料1〕～〔資料3〕の内容をふまえ，70字以上90字以内で書きましょう。

神奈川県立中等教育学校

問2　　たろうさんとかなこさんは，畑で育てる野菜について話し合っています。次の〔会話文〕を読んで，あとの（１），（２）の各問いに答えましょう。

〔会話文〕

> たろう　「〔栽培計画〕に従って，〔表１〕の野菜を育てることにしましたね。」
>
> かなこ　「はい。１年間で〔表１〕の８つの野菜をすべて育てます。」
>
> たろう　「これから，〔注意点〕をふまえて，どの野菜を，どちらの期間に，どの区画で育てるか，それぞれ案を考えましょう。」
>
> かなこ　「わたしは，カブを育てた区画で あ を， い を育てた区画でダイコンを， う を育てた区画でネギを， え を育てた区画でニンジンを育てる案を考えています。」
>
> たろう　「なるほど。野菜の組み合わせを先に考えたのですね。その組み合わせは，〔注意点〕をふまえているので，どの区画で育ててもよいですね。」
>
> かなこ　「はい。このあと，組み合わせた野菜をAからDのどの区画で育てるかを考えます。たろうさんは，どのように案を考えていますか。」
>
> たろう　「わたしは，各区画で前期に育てる野菜を考えてから，後期に育てる野菜を考え，案にします。前期に育てる野菜を〔表２〕のように考えたので，このあと，〔表２〕の後期の欄に，どの野菜をあてはめるかを考えます。」
>
> かなこ　「そうすると， お 通りの案が考えられますね。」
>
> たろう　「そうです。 お 通りの案の中から１つ選びたいと思います。」

〔栽培計画〕

> ○　４月〜３月の１年間を，前期（４月〜９月）と後期（10月〜３月）の２つの期間に分け，それぞれの期間内に野菜を育て，収穫する。
> ○　野菜を育てる〔畑〕は，〔分け方〕に従って４つの区画に分ける。
> ○　前期と後期のどちらも，〔畑〕の１つの区画で育てる野菜は１つとする。

〔畑〕

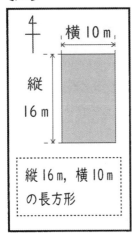

縦16m，横10m
の長方形

〔分け方〕

> ○　４つの区画に分けるために，〔畑〕の中に幅１mの通路を２つつくる。１つの通路は〔畑〕の縦の辺と平行に，もう１つの通路は〔畑〕の横の辺と平行になるようにつくる。
> ○　４つの区画の形はすべて長方形とし，正方形にはしない。
> ○　４つの区画の縦の長さと横の長さは，１m，２m，３m，・・・のように，１mごとの長さとなるようにする。
> ○　４つの区画のうち，北西の位置にある区画をA，北東の位置にある区画をB，南西の位置にある区画をC，南東の位置にある区画をDとする。
> ○　４つの区画に分けるときは，Aの面積が１番小さく，Bの面積が２番め，Cの面積が３番め，Dの面積が４番めに小さくなるように分ける。

神奈川県立中等教育学校

〔表１〕 野菜と育てられる期間

野菜	育てられる期間
キュウリ	前期のみ
カブ，キャベツ，ジャガイモ，ダイコン，ニンジン	前期または後期
タマネギ，ネギ	後期のみ

〔表２〕

区画	育てる野菜	
	前期	後期
A	ジャガイモ	
B	キュウリ	
C	カブ	
D	ニンジン	

〔注意点〕

病気などを防ぐため，次のことに注意する。
○ 前期にキュウリを育てた区画で，後期にダイコン，ニンジンは育てない。
○ 前期にカブを育てた区画で，後期にキャベツ，ダイコンは育てない。
○ 前期にキャベツを育てた区画で，後期にカブ，ダイコンは育てない。
○ 前期にダイコンを育てた区画で，後期にカブ，キャベツは育てない。

（１）〔畑〕を〔分け方〕に従って分けるとき，次の**ア**，**イ**の各問いに答えましょう。

ア Ａの縦の長さと横の長さが，それぞれ最も短くなるように分けると，Ｂの面積は何m²になるか，次の①～⑥の中から１つ選び，その番号を答えましょう。

① 7 m²　② 8 m²　③ 10 m²　④ 12 m²　⑤ 14 m²　⑥ 16 m²

イ Ａの面積とＤの面積の差が最も小さくなるように分けると，その差は何m²になるか，次の①～⑥の中から１つ選び，その番号を答えましょう。

① 12 m²　② 21 m²　③ 27 m²　④ 30 m²　⑤ 36 m²　⑥ 42 m²

（２）次の**ア**，**イ**の各問いに答えましょう。

ア 〔会話文〕の あ ～ え のうち， え にあてはまる野菜を，次の①～④の中から１つ選び，その番号を答えましょう。

① キュウリ　　② キャベツ　　③ ジャガイモ　　④ タマネギ

イ 〔会話文〕の お にあてはまる数を，次の①～⑦の中から１つ選び，その番号を答えましょう。

① 4　② 6　③ 8　④ 10　⑤ 12　⑥ 16　⑦ 18

問3 かなこさんたちは，学年で行う球技大会について話し合っています。次の〔**会話文１**〕，〔**会話文２**〕を読んで，あとの（１），（２）の各問いに答えましょう。

〔**会話文１**〕

かなこ	「球技大会は，１組から６組の全員が参加して行います。」
たろう	「球技大会で行うサッカー，バスケットボール，ドッジボールの３種目のうち，わたしたちは，サッカーの実行委員となりましたね。」
ひかり	「はい。かなこさんは１組，たろうさんは２組，わたしは３組，じろうさんは４組，こころさんは５組，あらたさんは６組の実行委員です。」
じろう	「サッカーは各組から１チームずつ参加します。どのように優勝チームを決めたらよいでしょうか。」
こころ	「６チームを１つのグループにした〔リーグ戦〕にすると全体で15試合行う必要があるし，〔トーナメント戦〕にすると試合の数は少なくなりますが，いくつかのチームは１試合しかできませんね。」
あらた	「そうですね。それと，〔トーナメント戦〕は，〔図〕の ア から カ に配置するチームをどのように決めるか，考えなければいけません。」
かなこ	「それなら，〔メモ〕のように，〔リーグ戦〕を行って〔図〕の ア から カ にチームを配置してから，〔トーナメント戦〕を行うのはどうですか。」
たろう	「なるほど。かなこさんの考え方だと，行われる試合の数は全体で あ 試合ですね。６チームを１つのグループにした〔リーグ戦〕にするより試合の数は少なくなるし，１試合しかできないチームもありません。」
ひかり	「いいですね。かなこさんの考え方で優勝チームを決めましょう。」

〔**リーグ戦**〕

　同じグループの，どのチームとも１回ずつ試合を行い，１試合ごとに試合結果に応じたポイントを獲得できる。すべての試合が終わったときに，各チームが獲得したポイントの合計を比べて順位を決める。

〔**トーナメント戦**〕

　〔図〕のトーナメント表を用いて，次の①～⑤の順で試合を行い，決勝で勝ったチームを優勝とする。また，必ず勝敗を決め，負けたチームはそのあとの試合が無い。

〔**図**〕

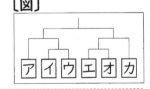

- ① １回戦第１試合　イ に配置されたチーム 対 ウ に配置されたチーム
- ② １回戦第２試合　エ に配置されたチーム 対 オ に配置されたチーム
- ③ 準決勝第１試合　ア に配置されたチーム 対 ① の勝利チーム
- ④ 準決勝第２試合　② の勝利チーム 対 カ に配置されたチーム
- ⑤ 決勝　　　　　　③ の勝利チーム 対 ④ の勝利チーム

※ どの試合も必ず，トーナメント表の左に配置されたチーム 対 トーナメント表の右に配置されたチームの順で書き表し，この順で伝えることとする。

〔メモ〕

○ 6チームを3チームずつ2つのグループに分け，一方をグループA，もう一方をグループBとする。

○ どちらのグループも〔リーグ戦〕を行い，それぞれのグループでの順位によって，〔トーナメント戦〕の〔図〕の ア から カ に配置するチームを決める。

○ 〔図〕の ア から カ には，次の順位のチームを配置する。

ア ⇒ グループAで1位のチーム	イ ⇒ グループBで2位のチーム
ウ ⇒ グループAで3位のチーム	エ ⇒ グループAで2位のチーム
オ ⇒ グループBで3位のチーム	カ ⇒ グループBで1位のチーム

〔会話文2〕

たろう 「球技大会が終わりましたね。サッカーの試合はどうでしたか。」

あらた 「6組は，〔トーナメント戦〕の1回戦第1試合に出場したので，みんなとても緊張していました。」

ひかり 「3組と4組は，〔リーグ戦〕と〔トーナメント戦〕で試合をしましたね。」

じろう 「はい。4組より3組のほうが〔リーグ戦〕での順位は上でしたが，〔トーナメント戦〕では，4組が勝利しました。」

こころ 「5組と2組が試合をしたのは，〔トーナメント戦〕だけでしたね。」

たろう 「そうでしたね。また，2組は〔リーグ戦〕で試合をした1組とも〔トーナメント戦〕で試合をしました。」

かなこ 「1組は，その試合を含めた〔トーナメント戦〕の全試合で勝利しました。」

（1）〔会話文1〕の **あ** にあてはまる数を，次の①～⑦の中から1つ選び，その番号を答えましょう。

① 8　　② 9　　③ 10　　④ 11　　⑤ 12　　⑥ 13　　⑦ 14

（2）球技大会で行われたサッカーについて，次のア，イの各問いに答えましょう。

ア 〔リーグ戦〕を行った結果，グループAで2位となったのは，どの組のチームか，次の①～⑥の中から1つ選び，その番号を答えましょう。

① 1組　　② 2組　　③ 3組　　④ 4組　　⑤ 5組　　⑥ 6組

イ 〔トーナメント戦〕の準決勝第2試合は，次の①～⑨のうち，どの試合か。あてはまるものを①～⑨の中から1つ選び，その番号を答えましょう。

① 1組 対 2組　　② 1組 対 5組　　③ 2組 対 1組
④ 2組 対 4組　　⑤ 3組 対 4組　　⑥ 3組 対 6組
⑦ 4組 対 3組　　⑧ 5組 対 1組　　⑨ 6組 対 3組

- 173 -

問4 たろうさんとかなこさんは，文字や絵を数字に置き換える仕組みについて話しています。次の〔会話文〕を読んで，あとの（1），（2）の各問いに答えましょう。

〔会話文〕

たろう	「コンピュータには，文字や絵を数字に置き換える仕組みが使われています。その仕組みを簡単にしたものを調べたので，これから，縦6マス，横6マスで合計36マスの方眼紙のマスをいくつかぬって表した〔図〕の文字を，数字に置き換えていきましょう。」
かなこ	「〔図〕は，ひらがなの『か』を表したものですか。」
たろう	「そうです。■がぬったマス，□がぬっていないマスです。これから，〔図〕の1行めを〔置き換え方〕に従い，数字に置き換えます。まずは，〔置き換え方〕のⒷまで行います。そうすると，1行めは，左から010010という6個の数字のまとまりとなります。」
かなこ	「010010は，Ⓒで〔圧縮〕すると，左から112011となりますね。」
たろう	「そのとおりです。最後にⒹで，112011に〔パリティ〕を付け，左から0112011としたら，1行めの置き換えは完了です。」
かなこ	「1行めは，6個の数字に置き換わりましたね。同じようにすれば，残りの行も，それぞれ何個の数字に置き換わるかがわかりますね。」
たろう	「はい。そして，それぞれの行を置き換えた数字の個数を合計すると，〔図〕の文字が何個の数字で表されるのか求められます。」
かなこ	「なるほど。そうすると，〔置き換え方〕に従って置き換えられた数字があれば，その数字をもとに文字や絵を作成することもできますよね。」
たろう	「できます。〔置き換え方〕に従い置き換えた〔表〕の数字をもとに，縦6マス，横6マスで合計36マスの方眼紙のマスをぬってみてください。」
かなこ	「わかりました。〔表〕の数字をもとに，方眼紙のマスをぬります。」

〔図〕

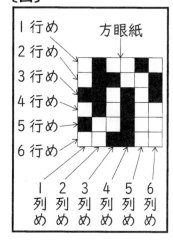

〔置き換え方〕縦6マス，横6マスの方眼紙のとき

○ 〔図〕のように，方眼紙の行は上から下に向かって1行め，2行め，3行め，…とし，列は左から右に向かって1列め，2列め，3列め，…とします。

○ 方眼紙の1行めから6行めそれぞれで，次のⒶ〜Ⓓをこの順で行い，それぞれの行を数字に置き換えます。

Ⓐ 1〜6列めのマスのうち，■のマスを1，□のマスを0で表します。

Ⓑ 1〜6列めのマスを表す数字を，列と同じ順で並べ，6個の数字のまとまりにします。

Ⓒ Ⓑの6個の数字のまとまりを〔圧縮〕して，新たなひとまとまりの数字にします。

Ⓓ Ⓒの新たなひとまとまりの数字に〔パリティ〕を付けます。

〔圧縮〕

　まず，0が何個続くか，次に1が何個続くかを交互に数え，数字で表します。例えば〔置き換え方〕の⑧で100011とした6個の数字のまとまりは，左から見ると，まず0が0個，次に1が1個，さらに0が3個続き，1が2個続くので，左から0132と，4個の数字が並ぶ新たなひとまとまりの数字にします。

〔パリティ〕

　方眼紙のそれぞれの行の■のマスの個数が奇数なのか偶数なのかを表す数字です。その行の■のマスの個数が奇数であれば1を，偶数であれば0を，〔圧縮〕してできた新たなひとまとまりの数字の1番左に付けます。この数字は，コンピュータがまちがいをチェックするときに役立っています。

〔表〕

方眼紙の行	数字
1行め	1114
2行め	0042
3行め	1114
4行め	111121
5行め	1015
6行め	00123

（1）〔置き換え方〕について，次のア，イの各問いに答えましょう。

　ア　⑧の6個の数字のまとまりが010100となるのは，〔図〕の何行めか，次の①～⑤の中から1つ選び，その番号を答えましょう。

　　　①　2行め　　　②　3行め　　　③　4行め　　　④　5行め　　　⑤　6行め

　イ　⑧で110100とした6個の数字のまとまりに，ⒸとⒹを行うと，次の①～④のどの数字に置き換わるか。あてはまるものを①～④の中から1つ選び，その番号を答えましょう。

　　　①　02112　　　②　12112　　　③　002112　　　④　102112

（2）次のア，イの各問いに答えましょう。

　ア　〔置き換え方〕に従い，〔図〕を数字に置き換えると，この〔図〕は合計何個の数字で表されるか，次の①～⑥の中から1つ選び，その番号を答えましょう。

　　　①　30個　　②　31個　　③　32個　　④　33個　　⑤　34個　　⑥　35個

　イ　かなこさんは，〔表〕をもとに，縦6マス，横6マスで合計36マスの方眼紙のマスをぬり，各列の■のマスの個数を数えました。このとき，何列めの■のマスの個数が最も多かったか，次の①～⑥の中から1つ選び，その番号を答えましょう。

　　　①　1列め　　②　2列め　　③　3列め　　④　4列め　　⑤　5列め　　⑥　6列め

（解答用紙は別冊 41 Ｐ）（解答例は別冊 24 Ｐ）

課題1　太郎さんと花子さんは、住んでいる地域を活性化させるために自分たちにできることは何かを考え、地域の自治会の方に相談したところ、次のようなリクエストが届きました。あとの（1）、（2）に答えましょう。

《自治会からのリクエスト》
① 新しい観光スポットとして、駅前の大きな木をイルミネーションでかざってほしい。
② 点灯時間帯は 17 時から 23 時までとし、1 時間ごとにふん囲気が変わるようにしてほしい。
③ 20 時から 21 時の時間帯は、人通りが多いので、はなやかになるように工夫してほしい。

太郎：ふん囲気が変化するイルミネーションにするには、複数の種類の電球を使いたいね。
花子：理科の授業で 3 つの電球を図1のようにつないだとき、電流が矢印のように流れたから電球が光ったね。
太郎：この回路にスイッチをつけると、点灯させる電球を変えることができそうだね。

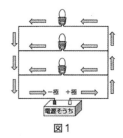
図1

（1）太郎さんと花子さんは、3 種類の電球A、B、Cを用意し、表1のように点灯させる電球と点灯させない電球の組み合わせを考え、図2のような表1のすべての組み合わせを点灯させることができる回路を作りました。花子さんは、図2の回路のスイッチのうちいくつかを、スイッチから導線に変えても、表1のすべての組み合わせを点灯させることができることに気づきました。使用するスイッチの数を最も少なくするには、同時に何個のスイッチを取り外すことができますか。取り外すことができるスイッチの数を書きましょう。また、その組み合わせのうち 1 つを記号で答えましょう。

表1　点灯させる電球と点灯させない電球の組み合わせ（○は点灯する電球）

電球A	○		○		○	○
電球B		○		○	○	
電球C			○	○	○	○

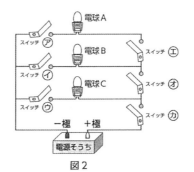
図2

スイッチの数	
	個
組み合わせ	

太郎：自治会からのリクエストをもとに表2の点灯計画を作って、自治会の方に見てもらったら、追加のリクエストが届いたよ。
花子：自治会からの追加のリクエストもふまえて、新しい点灯計画を考えてみようよ。

（2）表2は、太郎さんたちが、最初に作成した 3 種類の電球A、B、Cを使った点灯計画です。表3は、各電球を 1 時間点灯させたときに必要な電気代を表したものです。電球Aと電球Bをそれぞれ 1 時間点灯させたとき、電球Aは電球Bの何倍電気代がかかるか答えましょう。

また、《自治会からの追加のリクエスト》をふまえた【新しい点灯計画】を考え、解答らんの表に○印と合計点灯時間を書きましょう。ただし、20 時から 21 時の時間帯はすべての電球を点灯させるようにします。

《自治会からの追加のリクエスト》
① 新しい点灯計画も、表2の点灯計画全体でかかる電気代と同じになるようにしてほしい。
② 点灯している電球の組み合わせは、1 時間ごとに変わるようにしてほしい。
③ 各電球の合計点灯時間は、表2の点灯計画の合計点灯時間とすべて異なるようにしてほしい。

表2　点灯計画（○印は点灯させる時間帯）

点灯時間帯／電球の種類	17～18時	18～19時	19～20時	20～21時	21～22時	22～23時	合計点灯時間
電球A	○	○	○			○	4時間
電球B		○	○	○	○		4時間
電球C	○			○	○	○	4時間

表3　各電球を 1 時間点灯させたときに必要な電気代

電球A	電球B	電球C
2.7円	3.6円	4.5円

解答らん

電球Aは電球Bの 〔　〕 倍
電気代がかかる。

【新しい点灯計画】

点灯時間帯／電球の種類	17～18時	18～19時	19～20時	20～21時	21～22時	22～23時	合計点灯時間
電球A				○			時間
電球B				○			時間
電球C				○			時間

課題2 次の（1）～（3）に答えましょう。

写真1　　　写真2

（1）　花子さんは、橋をわたっているとき、橋のつなぎ目にすき間が空いていることに気づきました（写真1の矢印の部分）。写真2は、橋のつなぎ目の様子を真上からさつえいしたものです。橋のつなぎ目にすき間が空けられているのは、金属が使われている橋をこわれにくくするための工夫です。その工夫をしている理由となる、ものの温度と体積の関係について説明しましょう。

説明

（2）　運動場の土は、つぶの大きさのちがうものが混ざっています。太郎さんは、雨が降った後の運動場を見て、表面に大きいつぶが目立っていることに気づきました。

太郎：昨日運動場の整備をしたばっかりなのに、なぜつぶの大きいものが目立っているのかな。
花子：雨が降ったことと関係があるのかもしれないね。実験して調べてみよう。

　太郎さんと花子さんは、雨が降った後の運動場の表面に大きいつぶが目立つ理由を確かめるために、次のような方法で実験し、実験結果をまとめ考察しました。【考察】の空らん　ア　に入る内容について、つぶの大きさのちがいにふれながらあなたの考えを解答らんに書きましょう。

【実験方法】
① 雨が降る前の運動場の土を用意し、つぶの大きさを観察する。

② ペットボトルで右の図のようなそうちを作り、その土を入れた後、水をそそぐ。

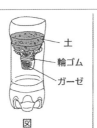

土
輪ゴム
ガーゼ

図

③ 1分後、水のしみこみ方とペットボトルの底にたまった水のようすを観察する。

【実験結果】

| 水をそそぐ前の土のようす | 小さいつぶと大きいつぶが混ざっていた。 |
| 水をそそいだ後のようす | ・水はゆっくりしみこんだ。・にごった水がたまっていた。 |

【考察】
　ペットボトルの底に、にごった水がたまったという実験結果から、雨が降った後の運動場の表面に大きいつぶが目立つ理由は、　ア　からといえる。

解答らん

（3）　太郎さんと花子さんは、植物の葉に日光が当たるとでんぷんが作られることを確かめるために、次のような実験を計画しています。

【実験計画】

	7月24日　夕方	7月25日　朝	7月25日　正午過ぎ
方法	よく日光に当たった8枚のジャガイモの葉（A）に、アルミニウムはくをかぶせて日光を葉に当てないようにする（B）。	4枚の葉のアルミニウムはくをはずし（C）、のこり4枚はかぶせたままにする（D）。正午まで、全体に日光が当たるようにする。	全体をしっかり日光に当てた後、アルミニウムはくをはずしたままの葉（E）にでんぷんがあるか、ヨウ素液を使って調べる。
葉のようす	アルミニウムはくをかぶせる前（A）　アルミニウムはくをかぶせた後（B）	アルミニウムはくをはずす（C）　アルミニウムはくをかぶせたまま（D）	アルミニウムはくをはずしたまま（E）　アルミニウムはくをかぶせたまま（F）

太郎：（E）の葉にでんぷんがあったら、植物の葉に日光が当たるとでんぷんが作られるといえるね。
花子：待って。（E）の葉を調べただけで、それがいえるのかな。

　実験計画を見直すと、植物の葉に日光が当たるとでんぷんが作られることを確かめるには、今の実験計画では不十分であることがわかりました。（A）～（F）のどの葉に対して、何をしなければならないか2つ書きましょう。

（　　　）の葉に対して、（　　　　　　　　　　　　　　　　　　　　　　　　　　　）

（　　　）の葉に対して、（　　　　　　　　　　　　　　　　　　　　　　　　　　　）

課題3 次の（1）～（3）に答えましょう。

（1）あるお店で、1個80円のパンを100個仕入れました。そのパンを1個100円ではん売したところ、65個売れました。仕入れたパンをすべて売るために、1個あたりの値段を下げて、残りのパンを売ろうと思います。パンをすべて売り切ったときの利益を1650円にするためには、残りのパンを1個あたりいくらで売ればよいか答えましょう。ただし、消費税は考えないものとします。

（2）保健委員である太郎さんと花子さんは、保健室について話をしています。

太郎：保健室にけがをした人や体調が悪くなった人が続けて来ることがあるから、仕切りを立てると、その後ろで落ち着いて手当てを受けることができるようになるね。
花子：どれくらいのはん囲が見えなくなるのかな。

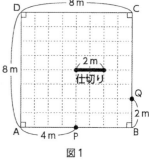

仕切りの様子

太郎さんたちは保健室の中の仕切りの場所を決めて、保健室を真上から見た様子を図1のようにかきました。太郎さんは、点Pと点Qの位置に立ち、仕切りの方向を見たときに見えなくなるゆかのはん囲の面積についてそれぞれ調べることにしました。
太郎さんが点Pに立ったときに見えなくなるゆかのはん囲あを図2のように表しました。太郎さんが次に点Qに立ったときに見えなくなるゆかのはん囲いを、図2の表し方にしたがって解答らんの図3にかきましょう。また、あといの面積を比べるとどのようになりますか。次のア～ウから記号を選び、その理由を言葉や式を使って説明しましょう。ただし、仕切りはゆかに垂直に立て天井まであるものとし、厚みは考えないこととします。

ア あの面積の方が大きい。
イ いの面積の方が大きい。
ウ あといの面積は等しい。

図1

見えなくなるゆかのはん囲のしゃ線

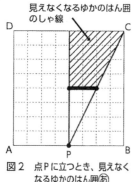

図2 点Pに立つとき、見えなくなるゆかのはん囲あ

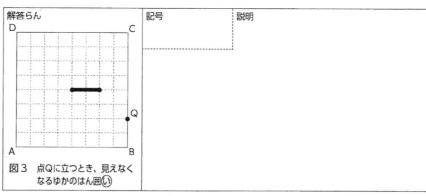

解答らん

記号　　説明

図3 点Qに立つとき、見えなくなるゆかのはん囲い

（3）太郎さんの家に、親せきにももを送ったときの宅配業者のレシートがありました。太郎さんは、図4の同じ宅配業者の6枚のレシートのうち、3枚のレシートを見て、重さ（kg）、きょり（km）、料金（円）のうち、比例の関係になっている2つの数量の組み合わせがあることを見つけました。あなたが太郎さんなら、見つけた組み合わせの1つをどのように説明しますか。解答らんの空らんに選んだレシート番号とあてはまる言葉を書き、2つの数量が比例の関係になっていると考えた理由を説明しましょう。

レシート①	レシート②	レシート③	レシート④	レシート⑤	レシート⑥
重さ 5 kg	重さ 15 kg	重さ 5 kg	重さ 20 kg	重さ 10 kg	重さ 5 kg
きょり 5 km	きょり 15 km	きょり 40 km	きょり 5 km	きょり 5 km	きょり 10 km
料金 400 円	料金 3600 円	料金 3200 円	料金 1600 円	料金 800 円	料金 800 円

図4

解答らん

レシート番号　　　　　から、　　　は　　　　　に比例していることがわかる。

なぜなら、

課題１　太郎さんの学級では、自分の好きな本をしょうかいする活動を行うことにしています。次の文章は、太郎さんの【しょうかいしたい本の一部】です。太郎さんのグループでは、この本の【しょうかいカード】を作成して、学級の他の友だちに伝えたいことについて語り合っています。これらを読んで、(1)から(3)に答えましょう。

【しょうかいしたい本の一部】

コオロギとムカデがこんな会話をしていたそうです。

「ムカデさんは個性的ですね」

コオロギにそう言われて、ムカデはビックリして聞き返します。

「えっ、僕が個性的ですって？」

「だって、そんなにたくさんある脚を全部使って歩いているわけでしょう。それがムカデさんらしさです。それにしても、たくさんの脚をどんな順番でどのように動かして歩くんですか？」

そう聞かれたムカデは、「僕は自分の脚をどのように動かしているんだっけ」と考えこんでしまいました。そして、考えすぎてわからなくなって、動けなくなってしまいました。

若い人を見ていると、同じようなことを感じることがあります。自分らしさって何だろう、自分の個性って何だろうと考えすぎてしまうのです。

自分の個性について考えれば考えるほど動きがとれなくなってしまう。

いまの世の中には「自分らしく生きなければならない」「自分の個性を発揮できるような仕事を選ばなければならない」というような妙な*1圧力があるように思います。私はこれを「自分らしさの*2呪縛」と呼んでいます。

仕事を選ぶときにも「これが本当に自分らしい仕事なのか」という考えにとらわれてしまって、何をしていいのかわからない。そんな悩みを聞くこともあります。

もちろん自分の個性を理解した上で、それに合った仕事に就くことができればそれはこの上もありませんが、でも仕事というのは、やってみなければわからないところがあります。一年、二年と続けていくうちに、この仕事は好きかもしれない、これが天職かもしれないと思い始めることはよくあります。

それに人間は一生成長していく生き物です。ある時点の自分らしさに基づいて仕事を決めようとしても、仕事に慣れたり、いろいろな人と出会うことで自分らしさは変化していきます。

私が皆さんにお伝えしたいことは、自分らしさというものを焦って探し求めなくてもいいということです。

だれかと同じことをやっていても自然ににじみ出てくるもの、それが個性であり、自分らしさです。

あなたがどんな生き方をしようが、どんな仕事を選ぼうが、自然に立ち表れてくるもの、それがあなたらしさであり、あなたの個性なのです。

（野口嘉則著『自分を好きになれない君へ』（小学館刊）から）

*1　妙な…不思議な、変な。　　*2　呪縛…心理的に人の心の自由を失わせること。

【話し合いの様子の一部】

花子　しょうかいカードの——線部(ア)「ムカデのたとえ」って何のことかわかるかな。

次郎　「　Ａ　」の姿が、動けなくなっているムカデの姿にたとえられていることを伝えたら、この本を読みたくなるかもしれないね。

太郎　タイトルも「自分らしさ」とは？としたらどうかな。私は、これから天職を見つけるには自分らしさがあると思う。だからそうしたんだ。

花子　なるほど、天職って天から与えられた職・仕事のことだよね。仕事を選ぶとき、自分らしい仕事かどうかわからなくても、　Ｂ　によって、自分らしさが見つかることもある、という筆者の考えを伝えてみてはどうかな。

次郎　そうだね。ところで——線部(イ)「自分らしさについてなやんでいる人へのヒントになる」と思ったのかな。

太郎　個性について「いまの世の中の考え方」と「筆者が伝えたいこと」とでは、対照的になっているから、なやみを解決するきっかけになると思ったんだ。

花子　いまの世の中では、個性は　Ｃ　と考えているのに、筆者は個性を　Ｄ　ものと表しているよね。

太郎　そうか。花子さんの意見を本で確かめるためにも必ず伝えよう。

【しょうかいカード】

［しょうかいカード］

「自分らしさ」とは？

野口嘉則　「自分を好きになれない君へ」

●おすすめのポイント
　①コオロギとムカデのたとえがあってわかりやすい。
　②(イ)「自分らしさ」についてなやんでいる人へのヒントになる。

(1) 読書好きな人のことを「本の虫」ということがあります。このように「虫」の字を使った人の様子や感情をたとえている表現やことわざ・慣用句のうち、「虫」で終わるものと「虫」から始まるものを一つずつ書きましょう。ただし、「本の虫」はのぞきます。

(2) 【話し合いの様子の一部】を読んで、あなたが次郎さんならどのように話しますか。空らんAに入る内容を十五字以内で書きましょう。（、や。や「」なども一字に数えます。）

※ A _____ 15字

(3) 【話し合いの様子の一部】を読んで、あなたが花子さんならどのように話しますか。空らんB、C、Dに入る内容を書きましょう。ただし、空らんBは十字以内、空らんCは三十字以内、空らんDは三十五字以内で書きましょう。（、や。や「」なども一字に数えます。）

※ B _____ 20字

※ C _____ 30字

※ D _____ 35字

課題2 次の資料は【言葉や言葉の使い方に関する自分自身の課題】を調査した項目の一部です。この資料にある項目の中で、あなた自身は言葉や言葉の使い方をより良くするために、どのようなことに気をつけたいですか。項目A～Gの中から一つ選び、そのアルファベットを□に書き、選んだ理由と、今後どのようなことに気をつけたいかについて、次の条件に合わせて具体的に書きましょう。

〈条件〉
○ 書き出しの言葉に続けて一言字以内で書くこと。（、や。や「」なども一字に数える。）
○ 一マス目から書くこと。また、とちゅうで行を変えないこと。

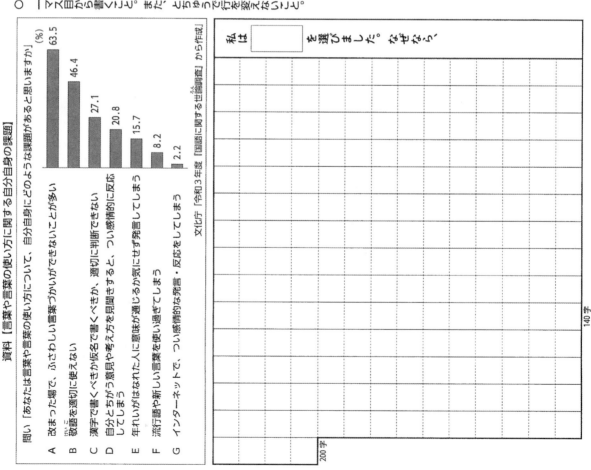

資料【言葉や言葉の使い方に関する自分自身の課題】

問い「あなたは言葉や言葉の使い方について、自分自身にどのような課題があると思いますか」(%)

A 改まった場で、ふさわしい言葉づかいができないことが多い 63.5
B 敬語を適切に使えない 46.4
C 漢字で書くべきか仮名で書くべきか、適切に判断できない 27.1
D 自分とちがう意見や考え方を見聞きすると、つい感情的に反応してしまう 20.8
E 年れいがはなれた人に意味が通じるか気にせず発言してしまう 15.7
F 流行語や新しい言葉を使い過ぎてしまう 8.2
G インターネットで、つい感情的な発言・反応をしてしまう 2.2

文化庁「令和3年度【国語に関する世論調査】から作成

私は □ を選びました。なぜなら

140字

200字

課題3　太郎さんたちは、地域の産業について、調べ学習を行っています。あとの会話文を読んで、（1）～（3）に答えましょう。

太郎：市役所のホームページには、漁業がこの地域を代表する産業だとしょうかいされていたけれど、ほかに情報を集めるよい方法はないかな。

花子：漁師さんに直接、話を聞いてみてはどうかな。

次郎：漁師さんに話を聞く前に、図書館で情報を集めて、漁師さんに質問することを考えようよ。私が地図を使って図書館まで案内するよ。

（国土地理院地図をもとに一部改変して作成）

文	小学校
凹	図書館
卍	神社
卍	寺院
田	病院
X	交番
〒	郵便局

（1）　あなたが次郎さんなら、どのように道案内しますか。次の条件をふまえて、右の地図中のアから図書館まで歩くコースを文章の書き出しの言葉に続けて書きましょう。

〈条件〉○ 進む方向は、方位を使って示すこと。また、進む方向が変わるときは、目印になる地図記号の建物の名前と進む方位を示すこと。
○ 進むきょりは、地図中の縮尺を使って、百の位までのがい数で示すこと。

地図中のアから

太郎：集めた情報をもとに、漁師さんに質問したから、たくさん話を聞くことができたね。

花子：漁師さんの「海と森林は深い関係がある」という言葉が印象に残ったよ。

次郎：図書館で見つけた資料1と資料2は、漁師さんの言葉とつながっているようだね。

（2）　海と森林の関係について、資料1と資料2から読み取ったことをそれぞれ書きましょう。また、資料1と資料2のそれぞれから読み取ったことをふまえて、森林が漁業にあたえるえいきょうについて、あなたの考えを書きましょう。

資料1から読み取ったこと

資料2から読み取ったこと

森林が漁業にあたえるえいきょう

資料1　川ごとの河口域※1に生息している絶めつ危ぐ魚種の数※2と流域※3が森林におおわれている割合

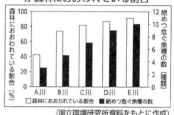

（国立環境研究所資料をもとに作成）

※1　河口域…川が海につながっている地域
※2　絶めつ危ぐ魚種の数…地球上からいなくなる危険性が高い魚の種類の数
※3　流域…川に水が流れこむはん囲

資料2

（海洋政策研究所資料をもとに作成）

太郎：新聞記事（資料3）に、森林を守るための森林環境税のことがのっていたね。

花子：森林を守るには、教科書で学習した資料4の状きょうも考えておく必要があるね。

次郎：森林環境税で集めたお金をどのように使うと森林を守ることにつながるかな。

資料3　新聞記事

森林環境税　使い道が問われる

森林を守るための新しい税が2024年度から導入される。一定の収入がある人を対象に、1人当たり年間千円をその他の税とあわせて集める「森林環境税」である。導入の背景の一つには、森林の手入れが行き届いていないことを原因とした土砂災害が相次いでいることがある。各市町村の森林整備にあてる※財源を安定的に確保し、対策を急ぐべきだと判断した。森林を守るために有効な解決策は何か、長期的な視野に立って知恵をしぼりたい。

※財源…お金のでどころ

（3）　資料3の森林環境税で集めたお金をどのようなことに使い、その使い方によって何ができるようになると考えますか。資料4をふまえながら、具体的にあなたの考えを書きましょう。

資料4　日本国内の林業で働く人の数とそのうち65才以上がしめる割合

	林業で働く人の数	65才以上の割合
1985年	126,343人	10％
1995年	81,564人	23％
2005年	52,173人	27％

（林野庁資料をもとに作成）

岡山県立中学校・中等教育学校

（解答用紙は別冊45 P）（解答例は別冊25 P）

1　花子さんの中学校では、秋に文化祭が行われます。花子さんが入っている美術部は、文化祭で作品を展示します。来校者が展示された作品を見学できる時間は、午前9時 30 分から午後3時 30 分までです。その間、展示会場で受付を担当する受付係と、展示の案内の放送を担当する放送係の2つの係の仕事を、花子さんをふくめた美術部の部員5人で分担することにしました。花子さんたち5人は、仕事の分担表を作ることにし、そのための条件を次のようにまとめました。

（5人でまとめた条件）

① 受付係の仕事は、来校者が展示された作品を見学できる時間を7つに区切って分担する。午前9時 30 分から午前 10 時までと午後3時から午後3時 30 分までの時間では1回の仕事時間を30分、それ以外の時間では1回の仕事時間を60分とする。

また、午前9時 30 分から午前 11 時までと午後3時から午後3時 30 分までの時間の担当者はそれぞれ3人、それ以外の時間の担当者はそれぞれ2人とする。

② 放送係の仕事は4回あり、それぞれの開始時刻を午前9時 30 分から、午後0時 15 分から、午後1時 30 分から、午後3時 15 分からとし、1回の仕事時間を15分とする。それぞれの時間の担当者は1人とする。

③ 1人の部員が担当する係の仕事の合計時間は、5人とも同じになるようにする。

④ 5人とも受付係と放送係のどちらも担当することができるが、同じ時間に2つの係の仕事を同時に担当することはできない。また、2時間以上続けて係の仕事を担当することはしない。

⑤ 花子さんは演劇部の手伝いがあるため、午前9時 30 分から午前 10 時まで、午前 11 時から午後0時まで、午後3時から午後3時 30 分までの時間は、美術部の係の仕事をすることはできない。

（仕事の分担表）

	時間	午前9時	10時	11時	午後0時	1時	2時	3時
受付係	担当者							

	時間	午前9時	10時	11時	午後0時	1時	2時	3時
放送係	担当者							

あなたが花子さんたちなら、5人でまとめた条件をもとに、どのような仕事の分担表を作りますか。花子さんを A 、残りの美術部の部員4人を B 、C 、D 、E として、解答用紙の分担表に、それぞれの係、時間を担当する部員を表す A 、B 、C 、D 、E の記号を書き入れなさい。ただし、分担表の1つのマス目には、記号を1つ書き入れるものとします。

2 太郎さんは、飲み物に入れるために冷凍庫の中にある氷を取り出した際、3週間前に氷ができた直後と比べて、氷が小さくなっていることに気づきました。

（できた直後の氷）　　　　　　　　（3週間冷凍庫の中に置いていた氷）

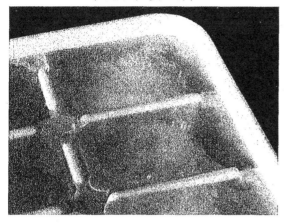 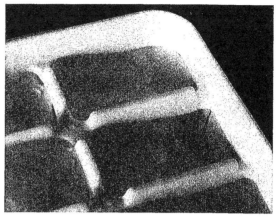

次の会話は、そのときに太郎さんとお父さんが話したものです。

太郎「冷凍庫の中にあった氷が小さくなっていたよ。氷ができた直後は、こんなに小さくなかったはずなんだけどな。」

父　「確かに、氷を何週間も冷凍庫の中に置いていたら、角が丸くなったり小さくなったりするだけでなく、重さも軽くなっていくね。なぜだか分かるかい。」

太郎「冷凍庫の中で氷がとけて小さくなったわけでもないし、氷どうしがぶつかって小さくなったわけでもなさそうだな。」

父　「確かに、その通りだね。他に考えられることはあるかい。」

太郎「そういえば、水は水蒸気になって空気中に出ていくと、学校で習ったよ。もしかしたら氷も水と同じように、表面から氷が水蒸気になって、少しずつ冷凍庫の中の空気中に出ていったんじゃないかな。そんなことはあるのかな。」

父　「いい考えだね。実験で確かめてみたらどうかな。」

太郎「じゃあ、実験方法を考えてみて、実際に実験して確かめてみるよ。」

太郎さんは、何週間も冷凍庫の中に置いていた氷が小さくなるのは、表面から氷が水蒸気になって、少しずつ冷凍庫の中の空気中に出ていったからだと予想し、この予想を確かめることにしました。

あなたが太郎さんなら、この予想を確かめるために、どのような実験を行いますか。使う道具をふくめて、実験方法を書きなさい。また、予想が正しい場合の実験結果を書きなさい。

3 七海さんは、様々な学校行事で使うために、生徒会の旗を2枚作ることを計画しています。生徒会長の七海さんは、旗を作るための情報を次の資料にまとめました。

(七海さんがまとめた資料)

【旗のデザイン】

○ 旗の形は、縦と横の長さの比が2：3の長方形である。

○ 旗の色は、各学年カラーの白色、赤色、青色を用いる。

○ 旗の図柄は、左の図のように、合同な2つの直角二等辺三角形（白色と青色）の間に平行四辺形（赤色）がはさまれている。

【旗を作る材料】

＜布について＞

○ 旗は、白色の布を使って作る。この布は、幅が 100 cm で、長さを1 cm ごとに決めて買うことができる。

○ 布の値段は、「（買う布の長さ(cm)）×13 円」である。布は必要な長さを買う。

【布の図】

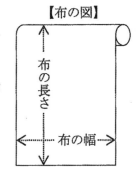

＜絵の具について＞

○ 旗の赤色と青色の部分には、それぞれの色の絵の具を布にぬる。白色の部分には何もぬらない。

○ 赤色と青色の絵の具は、どちらも値段は1本 140 円で、1本で 1500 cm² の布をぬることができ、それぞれの色で必要な本数を買う。

【旗を作るために決めたこと】

○ 遠くからでもよく見えるように、旗の横の長さは、80 cm 以上にする。

○ 旗は、同じデザインで同じ大きさのものを2枚作る。

○ 買った布を切り分けて2枚の旗を作る。ただし、1めもりが1cm のものさしで測って布を切り分ける。また、2枚以上の布をぬい合わせて1枚の旗を作ることはしない。

○ 布と絵の具の合計金額は、2500 円以下とする。

○ 別の機会に再利用するので、買った布や絵の具は余ってもよい。

あなたが七海さんなら、どのような大きさの旗を作りますか。また、そのとき、布と絵の具の合計金額はいくらになりますか。解答用紙の（　　）に、旗1枚の縦と横の長さ、布と絵の具の合計金額をそれぞれ書き入れ、合計金額を求めた考え方を、式をふくめて書きなさい。なお、消費税は値段の中にふくまれているものとします。

広島中学校

4 彩花さんと直人さんは、地域の防災訓練で給水容器（※）を使いました。給水容器の注ぎ口を全開にして、同じ大きさのコップに水を入れる際、水がいっぱいになるまでにかかる時間が長いときもあれば短いときもあり、注ぎ口から出る水の勢いにはちがいがあることに気づきました。

（給水容器）

どのような条件によって水の出る勢いが変わるのかについて、彩花さんは「容器の中の水の量」、直人さんは「容器の底から水面までの高さ」と予想しました。2人は、自分たちの予想を確かめるために、先生に相談しながら、防災訓練で使った給水容器とは別の容器を2つ準備して実験を行い、次の資料にまとめました。

※　給水容器…容器内に水をためることができ、注ぎ口を開けば水を出して使うことができる容器。

（彩花さんと直人さんがまとめた資料）

【実験方法】

① 容積は等しいが、形が異なる直方体の容器アと容器イを準備する。それぞれの容器の底付近の側面に同じ大きさの穴を開ける。

② 水がもれないように穴をせんでふさぎ、それぞれの容器がいっぱいになるまで水を入れる。

③ せんを抜き、水面が2cm下がるごとに、せんを抜いてからの時間を、容器ア、容器イでそれぞれ計測する。

【分かったこと】

水の出る勢いが変わる条件は、

　　A　　ではなく　　B　　である。

【実験に用いた2つの容器】

	容器ア	容器イ
底面積	400 cm²	200 cm²
高さ	10 cm	20 cm

【実験結果を記録した表】

容器の底から水面までの高さ (cm)	容器アのせんを抜いてからの時間(秒)	容器イのせんを抜いてからの時間(秒)
20	―	0
18	―	23
16	―	47
14	―	73
12	―	101
10	0	131
8	66	164
6	142	202
4	232	247
2	350	306
0	634	448

あなたが彩花さんたちなら、実験結果を記録した表をもとに、分かったことをどのようにまとめますか。彩花さんと直人さんがまとめた資料の中の　　A　　、　　B　　に入る言葉を、「容器の中の水の量」と「容器の底から水面までの高さ」からそれぞれ選び、解答用紙の（　　）に書きなさい。また、そのように考えた理由を書きなさい。

5 高志さんは、図書館で借りた本にのっていた「まほうじん」に興味をもちました。

高志さんは、「まほうじん」について、インターネットを使ってさらに調べたところ、「まほうじん」には様々な形があることや、様々な数の選び方があることを知りました。そこで、高志さんとお兄さんは、次のように新しい「まほうじん」を考えました。

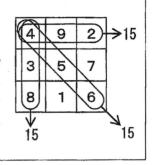

（本にのっていた「まほうじん」の説明）

右の図のように、縦、横、ななめの3つの数の和が、どれも等しくなるように数を並べたものを「まほうじん」といいます。

（高志さんとお兄さんが考えた「まほうじん」）

すべての面に数字が書かれた立体があり、その立体のそれぞれの頂点に集まった面に書かれた数の和がどの頂点でも等しくなるものを、「立体のまほうじん」とする。

高志さんは、「立体のまほうじん」の例が思いつかずお兄さんに相談したところ、お兄さんは「立体のまほうじん」の例を立方体で考え、次のように説明してくれました。

（お兄さんが説明してくれた「立体のまほうじん」）

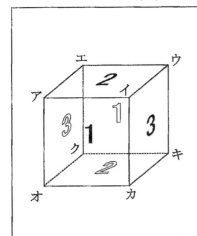

左の図のように、立方体の6つの面に 1 、1 、2 、2 、3 、3 の数字を1つずつ書き入れる。例えば、

・頂点イに集まった3つの面に書かれた数の和は

$$2 + 1 + 3 = 6$$
（面アイウエ）（面アオカイ）（面イカキウ）

・頂点オに集まった3つの面に書かれた数の和は

$$1 + 3 + 2 = 6$$
（面アオカイ）（面アオクエ）（面オカキク）

であることが分かる。同様に他の6つの頂点でも確かめると、1つの頂点に集まった3つの面に書かれた数の和は、どの頂点でも6で等しくなっていることが分かる。

高志さんは、立方体の6つの面に 1 、2 、3 、4 、5 、6 の数字を1つずつ書き入れて、「立体のまほうじん」をつくることができないか考えてみましたが、どのような数字の書き入れ方をしても、「立体のまほうじん」をつくることができませんでした。

右の立方体において、6つの面に書き入れる数字を 1 、2 、3 、4 、5 、6 とした場合、どのような数字の書き入れ方をしても、「立体のまほうじん」をつくることはできません。それは、どのような理由だとあなたは考えますか。あなたの考えを書きなさい。

（立方体）

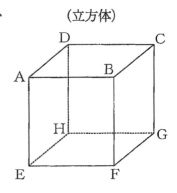

（解答用紙は別冊46 P）（解答例は別冊26 P）

1　強志さんの小学校には、10年前につくられた学校ビオトープという施設があります。ビオトープとは、野生の生き物が生息する自然のままの場所のことです。学校につくられたビオトープを、学校ビオトープといいます。学校ビオトープの入り口には、つくられた当時の環境委員会の「願い」が書かれた看板が立てられています。5年生の強志さんは、環境委員会で副委員長をしています。環境委員会の5年生は、毎年3学期に、自分たちが6年生になってから6年生の児童全員で行う取り組みを決めることになっています。この取り組みでは、看板に書かれている「願い」を引き継ぎ、学校ビオトープでの児童と生き物とのふれあいをさらに充実させることを目指します。

　そこで強志さんは、環境委員会が今年度に取り組んできたことや、全校児童を対象に行ったアンケートの結果を、あとの資料のようにまとめました。強志さんは、この資料をもとに、2月に行われる環境委員会で来年度の取り組みを提案するつもりです。あなたが強志さんなら、どのような提案をしますか。その原稿を250字以内で書きなさい。

（強志さんの小学校の学校ビオトープの図）

引き継いでほしい「願い」

①　学校ビオトープには、野生の生き物がたくさんいます。ありのままの自然にふれて、季節の変化を感じてほしいです。きっと新しい発見があります。

②　学校ビオトープでは、ありのままの自然にふれることができます。しかし、何もしないと生き物が暮らしにくくなってしまいます。手入れをすることを忘れずに、生き物にとってよりよい環境を保ってくれることを願います。

③　学校ビオトープを守ることは、私たち小学生の役割です。みんなで「できること」を考え、学校ビオトープを大切に守り続けてほしいと願います。

平成26年3月　環境委員会

（資料）

環境委員会が今年度に取り組んできたこと

・トンボが産卵しやすくなるように草を刈ったり、切った木の枝を置いて昆虫の隠れる場所をつくったりした。

・希望者をつのり、「昼休み自然観察会」を行った。

全校児童を対象に行ったアンケートの結果

○「生活科、理科や総合的な学習の時間の授業以外で学校ビオトープに行きますか。」

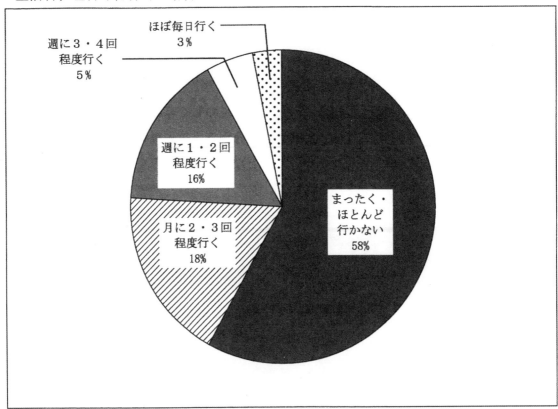

ほぼ毎日行く 3%
週に3・4回程度行く 5%
週に1・2回程度行く 16%
月に2・3回程度行く 18%
まったく・ほとんど行かない 58%

○「学校ビオトープの良い点と問題点は何だと思いますか。」

＜良い点＞

・学校ビオトープに行くと、季節ごとにちがう生き物を見つけることができて、新しい発見があること。

・家の周りでは自然にふれることが少ないけれど、学校ビオトープに行くと、自然のままの生き物にふれられること。

＜問題点＞

・授業で観察のために行っただけで、学校ビオトープに対してあまり興味がないこと。

・学校ビオトープの手入れは、環境委員だけの取り組みでは不十分で、草が伸びて観察しづらいところもあること。

2 毎年 11 月 11 日から 17 日は「税を考える週間」です。次の会話は、6 年生の広美さんと同級生の一郎さんが、税について話したものです。

> 一郎「広美さんは、税についてどんなことを知っているの。」
> 広美「買い物をしたときに支払う消費税くらいかな。そもそも、税って何のためにあるんだろう。」
> 一郎「私たちの生活を充実させるためじゃないかな。道路を建設したり、美術館や博物館を運営したりするときに、税は使われているからね。」
> 広美「新しい科学技術の開発にも使われると聞いたことがあるよ。これからの社会の発展のために使われる税もあるんだね。」
> 一郎「病院で手当てをしてもらったときにかかった金額の一部にも、税が使われているよね。」
> 広美「少子高齢化が進む日本では、ますます税を考えることが必要になりそうだね。」
> 一郎「税を考えると、そのときの国や社会で必要とされたことが見えてくるかもしれないね。」
> 広美「学校の授業で、明治時代の初めに、新政府は税のしくみを改めたと学んだね。その目的を考えたら、新政府が目指した国の姿が分かるんじゃないかな。」
> 一郎「そうだね。改めた税のしくみとその背景となったできごとを関連づけて考えれば、いろいろなことが分かるかもしれないね。」
> 広美「今週は『税を考える週間』だから、明治時代の新政府が改めた税のしくみとその目的について調べてみるね。」

次の資料1～3は、広美さんが図書館やインターネットで調べたものの一部です。

あなたが広美さんなら、明治時代の新政府が改めた税のしくみとその目的について、資料1～3を用い、どのようなことをまとめますか。歴史の大きな流れと関連づけて書きなさい。ただし、資料3については、複数の政策にふれることとします。

資料1　江戸時代に幕府が直接治めた場所の年貢の収納高

（注）石＝米の量を表す単位。

（『角川新版日本史辞典』をもとに作成。）

資料2　明治時代の新政府が発行した地券の模式図

大日本帝国政府

地券

土地の面積（四〇〇坪_{つぼ}）

土地の持ち主（山田健吉）

土地の価格（一〇〇円）

税の金額（三円）

広島県

（注）地券＝全国の土地を測量して定めた土地の価格や、その価格をもとに定めた税の金額を示し、土地の持ち主にわたしたもの。
　　　坪＝土地の面積を表す単位。

資料3　明治時代の新政府の政策について広美さんがまとめたもの

著作権の都合により非掲載

藩_{はん}を廃止_{はいし}し、政府が全国を直接治めるかたちに変えた。

（聖徳記念絵画館_{せいとくきねんかいがかん}ホームページをもとに作成。）

欧米_{おうべい}の様子を学んだり、条約の改正に向けた話し合いをしたりするために、使節団を欧米に派遣_{はけん}した。

（国立国会図書館_{こくりつこっかいとしょかん}ホームページをもとに作成。）

外国から技術者や指導者を招き、最新の機械を導入した工場をつくり、全国から労働者を集めた。

（国立国会図書館ホームページをもとに作成。）

武士中心の軍隊にかえて、国民による西洋式の軍隊をつくろうとした。

（横浜開港資料館_{よこはまかいこうとしりょうかん}ホームページをもとに作成。）

広島中学校

3 次の文章は、読売新聞の解説「ＩＯＣ　ｅスポーツ受容を推進」です。これを読んで、あとの
1・2に答えなさい。

著作権の都合により非掲載

1 ①こうしたゲーム とは、どのようなゲームのことですか。書きなさい。

2 ②各国際競技連盟に、実際に体を動かし競うゲームと、体を動かさずともスポーツを題
材にしたゲームについてのみ、推進するよう勧告した とありますが、なぜですか。また、
あなたは、このことに対してどのように考えますか。次の条件にしたがって書きなさい。
（条件）
・二段落で書くこと。
・第一段落には、②各国際競技連盟に、実際に体を動かし競うゲームと、体を動かさず
ともスポーツを題材にしたゲームについてのみ、推進するよう勧告した 理由を書く
こと。
・第二段落には、第一段落に対するあなたの考えを、これまでの経験や学習内容などをふま
えて書くこと。
・200字以上250字以内にまとめて書くこと。

（解答用紙は別冊 47 P）（解答例は別冊 26 P）

【問題1】
　次の〈A〉,〈B〉の文章を読んで, あとの問いに答えなさい。

〈A〉

※著作権の都合上掲載しておりません。
学校HPからご確認ください。

広島中等教育学校

（引用元：日経BP　2022年12月26日より作成）
https://project.nikkeibp.co.jp/pc/atcl/19/08/28/00031/122100119

※1　アプリ…特別な使い道や目的のために作られた，スマホやタブレットを動かすための機能。

※2　YouTube…ユーチューブ。動画共有サービスの一つ。

※3　ユーザー…利用者。

※4　チャプター…動画等を一定の長さや内容で区切ったもの。

※5　配信者…インターネット上の決められた場で，文章や音声，動画を公開する人。

※6　世界観…作品が持つ雰囲気や状況設定。

※7　ディスク…ビデオ同様，音声や動画を記憶させるもの。

※8　プレーヤー…ビデオやディスクの音声や動画を再生するための装置。

※9　スキップ…飛ばして先へ進むこと。

〈B〉

まず※1AIと人間の決定的な違いは、「沈黙」にあると思っています。AIは黙っていることができません。ここで言う沈黙には意志が必要だからです。

たとえば、若い人から相談を受けているとき、「こうしたほうがいいのにな」という答えが私の中にあったとしても、何も言わずに話を聞くだけのことがあります。若い人に※2仮初の答えを与えることよりも、その人に寄り添い、その人自身が答えを見つけることのほうが大切だからです。

会社でも同様でしょう。上司になったら時には黙っていることが必要です。上司とは的確な答えを与える人ではなく、部下自身が答えを見つけられるような場をつくる人だからです。

一方で、AIは沈黙しませんし、場もつくりません。問いを投げかけるとすぐに答えてくれる。もしかしたら、人間よりも明確な答えを与えてくれるかもしれません。ですが、そうして与えられた答えが物事を解決してくれるとは限りません。AIはその人が自らの経験の中で答えを見つけるまでじっと黙って待っていてはくれないのです。

与えられる知識と、自分で得る経験とはまるで違います。仕事の現場で実際に失敗してみると、こんなに周囲に迷惑をかけてしまうんだなと身に染みて分かる。これは「失敗」という言葉の意味だけを知っていることとは全く異なります。

一つの言葉においても経験は重要です。これはどの言葉にもあてはまります。水なら水そのもの、花なら花そのものを経験することが大切です。AIは言葉に※3付随する知識を教えてくれるかもしれませんが、言葉が指すことそのものを教えてくれるわけではない。それなのに、知識を先に与えられると、経験をしなくてもいいように錯覚してしまう。

恋愛したこともないのに、※4恋愛哲学を語るようになる。死を考えたこともないのに、死について分かった気になる。潮の香りもかいだことのない子どもが、※5七つの海について、※6とうとうと語るようになってしまうかもしれません。それは怖いことだと思います。

本来は世界をどう経験するのかが重要なのに、世界をどう理解するのかのほうに重点が移ってしまうと、常に一歩下がって世界を眺めていればいいことになります。

AIが与える答えは経験から生まれたものではないし、 ① 質問をすると ② 答えが返ってきます。 ③ 言葉で問う。しかし、その問いの背後にあるAさんとBさんが経験したものは本来 ④ はずなのに、 ⑤ ものとして扱われてしまう。

これは情報を早く効率的に摂取することを求める社会の傾向からくるものだと思います。私たちが「情報弱者」になることを恐れているからこそ、今回の対話型AIのような技術が発明され、社会がそれを受け入れたのではないでしょうか。

（引用元：『中央公論』中央公論新社 2023 年 7 月号より作成）

広島中等教育学校

※1 AI…人間の知的行動をコンピュータに行わせる技術。

※2 仮初…その場限りの一時的なこと。

※3 付随…ある物事が他の物事について起こること。

※4 恋愛哲学…「恋愛とはこういうものである」というその人独自の考え。

※5 七つの海…太平洋，大西洋，インド洋をはじめとした全世界の海。

※6 とうとうと…止まることなく流れるように進む様子。

〔問1〕

　文章〈A〉の下線部「タイパを上げる使い方」として，文章〈A〉に書かれている内容と一致しないものを，次のア～オから一つ選び，記号で答えなさい。

　ア　高い満足度を得られる番組を視聴すること。
　イ　切り抜き動画を視聴すること。
　ウ　見たい箇所から視聴できるサービスを選ぶこと。
　エ　再生速度を上げて視聴すること。
　オ　見たい箇所だけを見るためにスキップすること。

〔問2〕

　文章〈B〉の下線部「ここで言う沈黙には意志が必要だからです。」の「意志」とは具体的にはどのようなものですか。文章〈B〉の語句を使って30字以内で書きなさい。

〔問3〕

　文章〈B〉の空欄①～⑤に入る語の組み合わせとして適切なものを，次のア～エから一つ選び，記号で答えなさい。

ア	①同じ	②同じ	③違う	④違う	⑤違う
イ	①同じ	②同じ	③同じ	④違う	⑤同じ
ウ	①違う	②違う	③同じ	④同じ	⑤違う
エ	①違う	②違う	③違う	④同じ	⑤同じ

〔問4〕

　文章〈A〉・〈B〉では，情報を効率的に取得することについて述べられていますが，あなたは学習や趣味，スポーツなどにおいて，効率を求めることについてどう考えますか。賛成・反対どちらかの立場に立って，その理由や具体例を示しながら，240字以上300字以内で書きなさい。

広島中等教育学校

【問題2】

　いちとさんとひろこさんのクラスでは,社会科の授業で「わたしたちのくらしと政治」について学習しました。そこで,「政治」とは「選挙で選ばれた人たちなどが,よりよい社会にするために必要なことを決定し,実現すること」であるとわかりました。そして,「政治」についてより深く考えるために,資料を持ち寄ることになりました。

先　　　生「『政治』について考えるための資料は用意しましたか。まずは,いちとさん。」

いちとさん「僕は,政治に対する日本人の意識についての調査をさがしてきました。この調査は,日本人のものの見方や考え方を知るために（ ＊ ）が1973年から5年ごとに実施しています。今回,僕が用意した資料は,2018年に実施した第10回の調査の内容をまとめたものです。」

先　　　生「いちとさんは,どうしてその資料を用意しましたか。」

いちとさん「国民の行動や意見と政治との関係についての調査があったからです。
　　　　　　質問は,

①国民が選挙で投票することが,国の政治にどの程度影響を及ぼしていると思うか
②デモ（要望や主張を訴えるための集会や行進）や陳情・請願（要望や意見を伝えること）をすることが国の政治にどの程度影響を及ぼしていると思うか
③国の政治が世論（多くの人が持っている意見）をどの程度反映していると思うか

の合わせて3つで,それぞれの選択肢は次のようになっています。」

①「選挙」,②「デモなど」
　1. 非常に大きな影響を及ぼしている《強い》
　2. かなり影響を及ぼしている《やや強い》
　3. 少しは影響している《やや弱い》
　4. まったく影響を及ぼしていない《弱い》
③「世論」
　1. 十分反映している《強い》
　2. かなり反映している《やや強い》
　3. 少しは反映している《やや弱い》
　4. まったく反映していない《弱い》

＊著作権上の都合により省略

先　　　　生「調査の結果はどうでしたか。」

いちとさん「3つの質問に対して《強い》《やや強い》を選んだ人の割合の推移を示し
　　　　　　たのが資料1です。資料では，《強い》《やや強い》を選んだ人の割合を，
　　　　　　政治に対する※1有効性感覚としてまとめています。」

※1　有効性…影響があること。効果があること。

〈資料1〉

著作権上の都合により、資料を省略してあります。

いちとさん「資料1からは，1973年から現在に近づくにつれて，選挙やデモ等の行動
　　　　　　が　　　　　A　　　　　と考える人が少なくなっていることがわかります。」
先　　　　生「なるほど。」

〈資料2〉

著作権上の都合により、資料を省略してあります。

いちとさん「そして，資料2は，『選挙』の政治に対する有効性（影響・効果）について
　　　　　の国民の感覚に関して，2013年と2018年の調査結果を年齢層別にま
　　　　　とめたものです。資料2からは，世代が上がるにつれて，選挙で投票するこ
　　　　　とが　　　　A　　　　と考える人が多くなっていることがわかります。」
先　　　生「ですが，16歳に注目すると，他の若い世代の中でも『有効性感覚』が強
　　　　　いと回答している割合が高くなっていますね。」
いちとさん「本当だ。気がつきませんでした。」

〈資料3〉

　　　　　　　著作権上の都合により、資料を省略してあります。

※2　スコア…得点。点数。
〈資料1〉～〈資料3〉：著作権上の都合により出典省略

いちとさん「資料3は，3つの質問の結果を総合的にみるため，①「選挙」，②「デモな
　　　　　ど」，③「世論」のそれぞれの回答に対して，《強い》＝3点，《やや強い》＝2
　　　　　点，《やや弱い》＝1点，《弱い》と「わからない，無回答」＝0点という点数を
　　　　　与えて合計し，その結果をまとめたものです。変化を大まかにつかむため
　　　　　に，縦線を4本入れました。得点が高いほど，国民の行動や意見が国の
　　　　　政治に影響を及ぼしていると考えていることになります。この資料からは，
　　　　　1973年から現在に近づくにつれて政治に対する有効性感覚が強い割合
　　　　　が　　　B　　　，弱い割合が　　　C　　　なっていることがわかります。」

〔問1〕
　空欄Aに入る言葉を15字以内，B，Cに入る言葉を5字以内で，それぞれ書きな
さい。

先　　　生「続いてひろこさんはいかがでしょうか。」

ひろこさん「私は，※3国政選挙における年代別投票率の推移の資料を用意しました。資料4は，参議院議員通常選挙における年代別投票率の推移を示しています。資料を見やすくしようと思って，家族に手伝ってもらってグラフを作り直しました。」

※3　国政選挙…国会議員を選出する選挙。

〈資料4〉

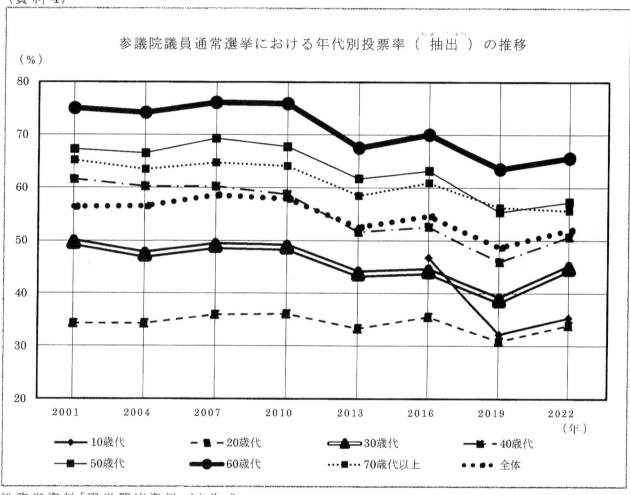

総務省資料「選挙関連資料」より作成

先　　　生「いちとさんの資料にも選挙のことが出てきましたね。ひろこさんは，なぜこの資料を用意したのですか。」

ひろこさん「2016年の参議院議員通常選挙から18歳選挙権が導入されて，投票率，特に10歳代・20歳代の投票率がどうなったか，知りたかったからです。」

広島中等教育学校

〔問2〕

　資料をもとに，次の問いに答えなさい。

　　（1）資料4をもとに，18歳選挙権導入以後の10歳代，20歳代の投票率について，他の年代と比較して読み取れることを書きなさい。

　　（2）今後，投票率はどのように推移すると予想されますか。資料1，資料3をもとに，考えられることを書きなさい。

先　　　生「2人も，他のみなさんも，政治と選挙との関わりについて，気になっているようですね。それでは，次の2つの資料を読んでみてください。」

〈資料5〉

　　内閣府は，子ども・若者育成支援施策を実効性のあるものとするとともに，子どもや若者が積極的に意見を述べる機会を作り，その社会参加意識を高めるため，「青少年意見募集事業」を実施している。この事業では，全国から募集した中学生以上30歳未満の※4ユース特命報告員約300名から，特定の課題に対する意見をインターネットを利用して求めている。平成25（2013）年度は，関係府省の協力の下，「防衛政策や自衛隊の広報活動」，「食品ロス削減に向けた取組」，「2020年オリンピック・パラリンピック東京大会」，「犯罪や非行をした人たちの立ち直りと再犯防止」を課題として配信した。ユース特命報告員から寄せられた意見は，整理の上，関係府省の政策担当者に送付され，それぞれの実際の政策の企画・立案に活かされている。

　　　　〈中略〉

　このほか，関係府省は，インターネットを活用した意見の公募などにより，子どもや若者が政策決定過程に参画する機会を確保している。

内閣府資料より作成
https://warp.da.ndl.go.jp/info:ndljp/pid/13024511/www8.cao.go.jp/youth/whitepaper/h26honpen/b2_02_02.html

　　※4　ユース…青年。若者。

広島中等教育学校

〈資料6〉

> 　選挙権年齢を 18 歳以上に引き下げた改正^{※5}公職選挙法^{※6}施行は, 私たち大人の有権者意識を変えるチャンスでもあった。政治とどうつながるか, どうすれば政治を身近な問題として考えられるか, よりよい政治とはどのようなものでどうすれば実現できるか…。「18歳選挙権」を機に必要性が高まった^{※7}主権者教育の課題は, 10 代のみならず, すべての年代に共通するものだったからである。

「Voters55 号」より作成
http://www.akaruisenkyo.or.jp/061mag/8103/

> ※5　公職選挙法…国会議員などを選ぶための選挙に関する法律。
> ※6　施行…法律が効力を発揮すること。
> ※7　主権者教育…国や社会の問題について考えたり行動したりできる力を育成するため, 学校などで行われる教育。

〔問3〕
　政治について, 〈資料1〉, 〈資料2〉, 〈資料3〉をふまえ, あなたの考える課題を, 〈資料5〉, 〈資料6〉をふまえ, あなたの考える解決策を, 合わせて 150 字程度で書きなさい。

広島中等教育学校

（解答用紙は別冊 49 P）（解答例は別冊 27 P）

【問題1】

　いちとさんとひろこさんの会話を読み，後の問いに答えなさい。

いちとさん「先週，日本海までタイを釣りに行ったよ。私は，体長 40 ㎝のタイを釣り上
　　　　　げたんだ。」

ひろこさん「え，体長 40 ㎝？なかなか大きいね。でも私のお父さんの記録はもっとす
　　　　　ごいよ。なんと，体長 80 ㎝のタイです！」

いちとさん「えっ！私のタイの2倍の体長だ！ほんとに大きいね！ちなみにぼくが釣っ
　　　　　た体長 40 ㎝のタイの重さは 1.2 ㎏あったんだ。体長が2倍だから，体長
　　　　　80 ㎝のタイは 2.4 ㎏ぐらいあったのかな？」

ひろこさん「いいえ，もっと重かったそうよ。たしか，9.5 ㎏だったと聞いたわ。」

いちとさん「そんなに重かったんだね！じゃあ，私のタイの重さのおよそ【　ア　】倍か
　　　　　あ。」

〔問1〕

　【　ア　】に当てはまるもっともふさわしい整数を答えなさい。

いちとさん「体長が2倍になっただけなのに，どうしてそんなに重くなるのかな？」

ひろこさん「例えば，直方体で考えてみよう。底面の長方形の縦の長さが 3 ㎝，横の
　　　　　長さが 5 ㎝，底面からの高さが 4 ㎝の直方体の体積を求めると・・・。」

いちとさん「【　イ　】㎝³ だね。」

ひろこさん「ではすべての辺の長さを2倍した直方体の体積を求めると・・・。」

いちとさん「【　ウ　】㎝³ だ。同じ物質なら，体積が増えると，重さも同じように増えると
　　　　　考えられるから，タイの場合とだいたい同じになるね。」

ひろこさん「今までの話から考えると，形が同じで大きさだけが異なる立体を比べたと
　　　　　き，すべての長さが3倍になると体積や重さは【　エ　】倍，すべての長さが
　　　　　1.2 倍になると体積や重さは【　オ　】倍になるということね。」

いちとさん「小数ではなく仮分数で考えることもできるよ。1.2 は仮分数で $\frac{6}{5}$ と表せる
　　　　　からすべての長さが $\frac{6}{5}$ 倍になると体積と重さは【　カ　】倍になるともいえる
　　　　　ね。」

〔問2〕

　【　イ　】，【　ウ　】，【　エ　】，【　オ　】，【　カ　】に当てはまる数を答えなさい。ただ
し【　オ　】は小数，【　カ　】は仮分数で答えなさい。

いちとさん「そういえば，前から気になっていたんだけど，カップ麺の同じ商品でも
　　　　　普通サイズとビッグサイズが売られていたりするよね。ビッグサイズという割
　　　　　には容器の大きさがあまり変わらないな，と思っていたんだ。普通サイズと
　　　　　ビッグサイズはどちらが内容量が多くお得なんだろう？」
ひろこさん「じゃあ，容器のいろいろな場所の長さを測って，考えてみましょう。」

〔問3〕

　あるカップ麺の普通サイズの値段は 160 円，ビッグサイズの値段は 300 円です。
それぞれの容器の長さを測ると下の図1のようになったとして，体積と値段の関係を
考えたとき，普通サイズとビッグサイズではどちらの方が得だといえますか。また，その
根拠となる数量を示し，理由を書きなさい。ただし，普通サイズとビッグサイズは，同
じ形で大きさだけが違うものとし，形は円柱であるとします。また，必要であれば円周
率は 3.14 として使っても良いものとします。

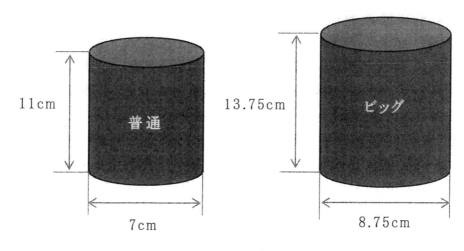

図1

広島中等教育学校

【問題2】

いちとさんとひろこさんが，クラスで運営の手伝いをした地域イベントの入場者数について話をしています。

いちとさん「今日は大勢の人が来ていたね。」

ひろこさん「そうね。受付を大人と中学生と小学生以下と3か所に分けていたけれど，どこも混みあっていたね。」

いちとさん「入場者は全員で116人だったと聞いたよ。」

ひろこさん「私たちは小学生以下の受付のお手伝いをしていたけれど，小学生以下の入場者数は48人だったね。そうすると，中学生と大人を合わせて， ［　あ　］ 人来ていたことになるね。」

いちとさん「中学生は何人来ていたんだろう？」

ひろこさん「受け取った入場料の合計金額から計算で求められるんじゃないかな。入場料は小学生以下，中学生，大人でそれぞれ200円，300円，500円だったよね。」

いちとさん「小学生以下の入場者数は48人だったから，小学生以下の全員の入場料の合計金額は ［　い　］ 円だよね。今日1日の入場料の合計金額はいくらだったんだろう？」

ひろこさん「入場料の合計金額が一番少なくなるのは，残りの入場者がすべて ［　A　］ だったときだね。逆に，入場料の合計金額が一番多くなるのは，残りの入場者がすべて ［　B　］ だったときだね。」

いちとさん「仮に，1人だけ大人で，残りすべてが中学生だったとすると，116人全員の入場料の合計金額は ［　う　］ 円になるね。大人が2人で，残りすべてが中学生だったとすると，中学生が1人減って大人が1人増えるから，［　う　］ 円から ［　え　］ 円多くなるね。同じように考えていくと，大人の数を1人多く考えるごとに，決まった金額ずつ増えていくことが分かるね。このことを利用すればいいんじゃないかな。」

ひろこさん「そうね。116人分の入場料金の合計金額がわかれば，中学生と大人それぞれの入場者数がわかるね。」

〔問1〕

あ ～ え に当てはまる数を答えなさい。(ただし,2か所の う には同じ数字
が入ります。)

〔問2〕

A , B にそれぞれ当てはまる適切な語を答えなさい。

〔問3〕

波線部について,116人分の入場料の合計金額が36000円のとき,中学生の
入場者数は何人だと考えられますか。

〔問4〕

翌日のイベントでは,入場者の総数が108人でした。1人当たりの入場料は前日
と同じで,入場料の合計金額は31100円でした。このとき,入場した中学生が0人
ではないことを説明すると,次のようになりました。空欄に適切な文章を入れて,説明
を完成させなさい。

<説明>
仮に中学生が0人だとすると,

のので,入場者が小学生以下と大人のみで合計金額が
31100円になることはない。

広島中等教育学校

【問題3】

いちとさんは学校の総合的な学習の時間で，家庭で出た残飯を有効利用するために，コンポスト（野菜くずや落ち葉などを微生物のはたらきで肥料にするための容器）を使って肥料をつくりました。そして，そのコンポストでつくった肥料が植物にどのような影響を与えるかを調べることにしました。

いちとさんは肥料を使った実験の前に，植物の発芽の条件を調べるために，レタスとダイズの種を使った実験を行いました。

図1，2のように，茶こしにレタスの種，またはダイズの種を入れて，水そうにつけ，水温，空気，光の条件を変えて実験1〜8を行いました。その条件と発芽した種の割合を表した結果は表1の通りです。

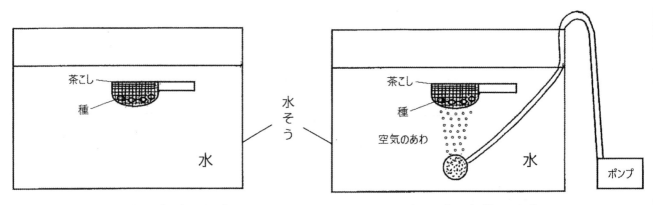

図1 空気を送らない条件の状態　　　　図2 空気を送る条件の状態

表1 各実験の条件と結果

	実験条件			結果（発芽した種の割合）	
	水温	空気	光	レタスの種	ダイズの種
実験1	5℃	なし	あり	0％	0％
実験2	5℃	あり	あり	2％	3％
実験3	20℃	なし	あり	1％	1％
実験4	20℃	あり	あり	96％	97％
実験5	5℃	なし	なし	0％	0％
実験6	5℃	あり	なし	2％	3％
実験7	20℃	なし	なし	0％	1％
実験8	20℃	あり	なし	29％	97％

〔問1〕

表1について，実験2と実験4を比較して分かることを述べた次の文章の空欄　ア　に適切な言葉を考えて入れなさい。

レタスもダイズも　ア　と発芽しにくいことがわかる。

〔問2〕

　種の発芽に空気が必要であることを示すには実験を組み合わせて比較することが必要です。その組み合わせとして，適切なものを1組答えなさい。

〔問3〕

　レタスの種とダイズの種の発芽の条件の違いについて，次の文章の空欄 イ ，ウ に「レタス」または「ダイズ」のいずれかを，空欄 エ には適切な言葉を考えて入れて，説明を完成させなさい。

　　種が十分発芽するために，イ の種は発芽に エ を必要とするが，
　　ウ の種は発芽に エ を必要としない。

　いちとさんは植物の発芽の条件を確認した後，コンポストでつくった肥料を使った実験ではダイズの種を使うことに決めました。
　次にいちとさんはある野菜とある果物の皮から肥料をつくり，ダイズの成長への影響を調べ，発表会で発表しました。以下は発表会での様子です。

いちとさん「私は料理の後に出る残飯がもったいないと思い，なにかに再利用できないかと考え，残飯から肥料をつくることに興味をもちました。
　　　そこで，野菜と果物の皮ではどちらを肥料にした方がよいのかを調べるために，それぞれを原料にして，別々のコンポストで肥料をつくりました。肥料をつくるのに使った野菜と果物の皮は同じ重さにしました。その他の条件は同じにして，しばらく放置しておくと，野菜と果物の皮がすべて肥料になりました。
　　　野菜をもとにしてつくった肥料を「野菜肥料」とし，果物の皮をもとにしてつくった肥料を「果物肥料」とします。同じ量の土を入れた別々のプランターに，それぞれ同じ量の「野菜肥料」と「果物肥料」を加えて十分混ぜたあと，ダイズの種を等しい間隔で10個まきました。90日後それぞれのプランターで成長したダイズを回収し，十分乾燥させた後，ダイズの平均の重さを調べました。その結果が表2です。」

　　　表2　各肥料を加えて育てたダイズ10本の平均の重さ

	野菜肥料	果物肥料
ダイズの平均の重さ	64g	47g

いちとさん「表2の結果より，コンポストでつくった肥料はどちらも肥料としての効果が
　　　　　ありました。また，「野菜肥料」が「果物肥料」と比べて，ダイズをより成長さ
　　　　　せることがわかりました。」

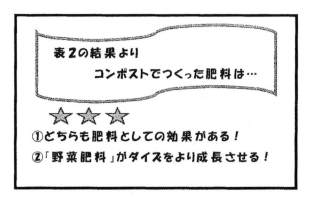

先　　　生「いちとさんの発表について，何か質問や意見はありませんか。」
ひろこさん「意見があります。私はこの実験だけではいちとさんの考えを結論づけるに
　　　　　は足りないと思います。
　　　　　　いちとさんは「野菜肥料」も「果物肥料」もどちらも肥料としての効果があ
　　　　　ると考えているけれど，そうは言いきれないのではないかと思います。私は
　　　　　この実験に，その他の条件は同じで，肥料のかわりに肥料と同じ重さの土
　　　　　を加えた実験を追加する必要があると思います。」

　いちとさんはひろこさんの意見を聞いて，実験について先生ともう少し話し合いを
することにしました。

〔問4〕
　ひろこさんの意見の中にある，下線部のような「その他の条件は同じで，肥料のか
わりに肥料と同じ重さの土を加えた実験を追加する」ことで，「野菜肥料」と「果物
肥料」に肥料としての効果があるかどうかがわかるのはなぜですか。あなたの考えを
書きなさい。

広島中等教育学校

【問題4】

次のいちとさんとひろこさんの会話を読んで、後の問いに答えなさい。

いちとさん「先週、サイレンを鳴らして走っている救急車を見かけたのだけど、救急車
　　　　　が近づいたり、遠ざかったりするときに、サイレンの音の聞こえ方が変わるの
　　　　　はなぜか気になったんだ。（図1）」

図1　救急車といちとさんのようす

ひろこさん「救急車が動いていないときと比べて、動いているときは音の高さが違って
　　　　　聞こえるわよね。音っていうのは、音が出ているもののふるえが空気などの
　　　　　まわりの物質に伝わる現象のことなの。空気がふるえる回数が大きくなるほ
　　　　　ど音は高く、ふるえる回数が小さいほど音は低く聞こえるのよ。」

いちとさん「そうなんだ。今朝、また救急車を見かけたから、救急車の動きと聞こえた
　　　　　音の高さに注目して聞いてみたんだ。調べた結果は表1のようになったよ。
　　　　　なぜ救急車が動いていると、音が高く聞こえたり、低く聞こえたりするのだ
　　　　　ろう。」

表1　救急車の動きと聞こえた音の高さ（いちとさんが止まっている場合）

救急車の動き	動いていない	いちとさんへ 近づいている	いちとさんから 遠ざかっている
聞こえた音 の高さ	変わらない	高い	低い

ひろこさん「私も少し前に気になって先生に音の聞こえ方を教えてもらったわ。でも、
　　　　　これを具体的に考えるには、音についてもう少し詳しく知っておく必要があ
　　　　　るわ。音を出すものや空気が1秒間にふるえる回数を振動数っていって、
　　　　　単位はHzというの。1Hzは1秒間に1回ふるえることをいうのよ。」

いちとさん「空気中を伝わる音の速さなら聞いたことあるよ。秒速約340mで、それを
　　　　　音速っていうんだよね。」

ひろこさん「そう。空気がふるえる回数と音速と救急車の速さを使えば，サイレンの音の聞こえ方が変わることが説明できそうね。今回は，音速はその秒速340mを使って具体的に考えて計算してみましょう。あと，風があると難しくなるから，風がない状況として考えるわね。まず，救急車が動かずに止まっていて，いちとさんが救急車から340m離れた地点で止まっているとするわね。（図2）

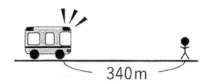
図2　救急車が動いていないとき

　10時ちょうどから10秒間だけ音を出した場合，救急車が音を出してからいちとさんに音が伝わるまで1秒かかるから，いちとさんがサイレンの音を聞くのは，10時1秒から10時11秒までの10秒間になるわけ。救急車のサイレンの振動数は880Hz だとすると，10秒間に空気がふるえている回数は8800回になるわね。そのふるえをいちとさんは10秒間かけて聞くことになるから，いちとさんには1秒あたり880回ふるえている音，つまり振動数880Hz の音が聞こえるの。」

いちとさん「だから聞こえる音の高さは元のサイレンの音の高さと変わらないんだね。」

ひろこさん「そう。次に，その場所から救急車が秒速20mで進んで，いちとさんへ近づいているときの音の高さについて考えるわね。救急車は，10時ちょうどに340m離れた場所でサイレンを鳴らしながら出発し，いちとさんに近づいていくとしましょう。（図3）

図3　救急車が近づくとき

　このとき，救急車の出発地点で出したサイレンの音がいちとさんに伝わるのは，10時1秒だったわよね。」

いちとさん「僕は，サイレンが聞こえ始めてから，救急車が目の前をちょうど通過するときまでの間に近づいてくる音を聞くことになるから，サイレンの音を10時　①　秒までの　②　秒間聞くことになるね。」

ひろこさん「そう。このサイレンの音は，1秒間に880回のふるえを発生させているから，救急車が近づいてくる間にサイレンが発生させたふるえの回数は　③　回になるわ。」

いちとさん「サイレンが発生させた空気のふるえの回数を，僕がサイレンの音を聞いた時間で割ると… ④ Hzになるね。」

ひろこさん「この数が，いちとさんにとっての振動数，つまりいちとさんに聞こえる音の高さを表しているから，元のサイレンの音よりも高い音が聞こえることになるわね。このような現象をドップラー効果と呼ぶそうよ。」

〔問1〕
　空欄 ① ～ ④ に当てはまる数をそれぞれ答えなさい。

いちとさん「じゃあ，救急車が人から遠ざかっている場合はどうなるのかな？」

ひろこさん「その場合も同じように考えられるわ。救急車が10時ちょうどに秒速20mでいちとさんの目の前の位置から遠ざかる状況を考えましょう。（図4）

図4　救急車が遠ざかるとき

救急車が880Hzの音のサイレンを，340m離れた地点を通過する瞬間まで鳴らして音を止め，そのまま遠ざかっていくとして…」

いちとさん「さっきと同じように音の速さは秒速340mで考えて音の高さを計算してみるね。おそらく，計算結果は元のサイレンの振動数よりも小さくなると思うよ。」

〔問2〕
　救急車が遠ざかっていく場合に，いちとさんは何秒間音を聞くことになるか。救急車が近づく場合と同じように考えて説明しなさい。

〔問3〕
　救急車が遠ざかっていく場合に，いちとさんが聞く音の振動数は何Hzか。小数の場合は小数第一位を四捨五入して整数で答えなさい。

（解答用紙は別冊 51 P）（解答例は別冊 28 P）

だいちさんとみどりさんは，とう器の貯金箱に貯めているお金について話をしています。

友だちの誕生日プレゼントを買おうと思って，貯金箱にお金を貯めているよ。

いくらぐらい貯まっているのかな。

3500 円をこえたところまでは，記録していたけど，そこから記録することを忘れてしまったよ。いくらぐらい貯まっているか知りたいけど，貯金箱を割らないといけないから困っているよ。

割らずにいくらぐらい貯まっているか予想したいね。貯金箱の大きさはどれくらいで，何円硬貨を入れているのかな。

貯金箱の大きさはソフトボールと同じぐらいで，50 円硬貨と 100 円硬貨を入れているよ。

硬貨についてインターネットで調べてみたよ。

硬貨の種類	1 枚の重さ
50 円	4 グラム
100 円	4.8 グラム

資料　硬貨の種類と重さ

お金が入っている貯金箱の重さを量ったら，420 グラムだったよ。

空の貯金箱の重さを設定して，貯金箱の中の金額を予想してみよう。

問題1　設定した空の貯金箱の重さ，貯金箱に貯まっていると予想する 50 円硬貨と 100 円硬貨の枚数，そして合計金額を 1 通り答えなさい。また，そのように予想した理由を説明しなさい。ただし，空の貯金箱の重さは，あなた自身が決めるものとする。

だいちさんとみどりさんは，以前いっしょに遊んだ糸電話のことについて話をしています。

紙コップと3mの太いタコ糸で糸電話を作って遊んだね。
話している人の声のふるえがコップや糸に伝わって，聞いている人のコップ中の空気をふるわせることで聞こえるんだね。空気のふるえが大きいと，声も大きく聞こえるね。

声は聞こえたんだけど，思っていたより小さかったよ。
どうやったら，もっと大きく聞こえるかな。

糸の長さを変えてみたら，空気のふるえが大きくなるかもしれないね。

目に見えない空気のふるえも，機械を使えば調べられるんじゃないかな。実験してみよう。

実験1

糸電話の片方のコップに向けてスピーカーから音を出し，もう片方でどれくらい聞こえているのかを調べる。

糸電話の条件
・コップの種類：紙コップ
・糸の種類　　：太いタコ糸
・糸の長さ　　：2m，3m

スピーカー　　　　糸電話　　　　調べる機械

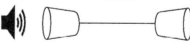

実験結果は，資料1・2のようになったよ。
グラフが波のようになっていて，ふるえているのがよくわかるね。

グラフは，縦軸が空気のふるえの大きさを表しているんだね。
縦のはばが大きくなると空気のふるえが大きいということだね。
横軸は時間を表しているね。

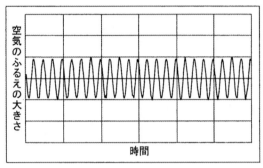

資料1　紙コップと太いタコ糸3mで作った
　　　　糸電話の空気のふるえの様子

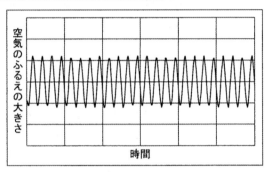

資料2　紙コップと太いタコ糸2mで作った
　　　　糸電話の空気のふるえの様子

糸が3mのときと比べて，2mのときに少し大きくなったけど，
あまり変わらないね。もっと大きな音が聞こえるようにするには，
条件を変えないといけないね。

もっと大きな音になるような条件を探すために，
実験してみよう。

実験2

糸電話の条件を変えて，空気のふるえの大きさを調べる。
| 糸電話の条件 |
・コップの種類：紙コップ，プラスチックコップ，スチールコップ
・糸の種類　　：太いタコ糸，細いタコ糸，太い釣り糸，細い釣り糸，
　　　　　　　　太い針金，細い針金
・糸の長さ　　：2m，3m，4m

実験結果を，資料3にまとめたよ。

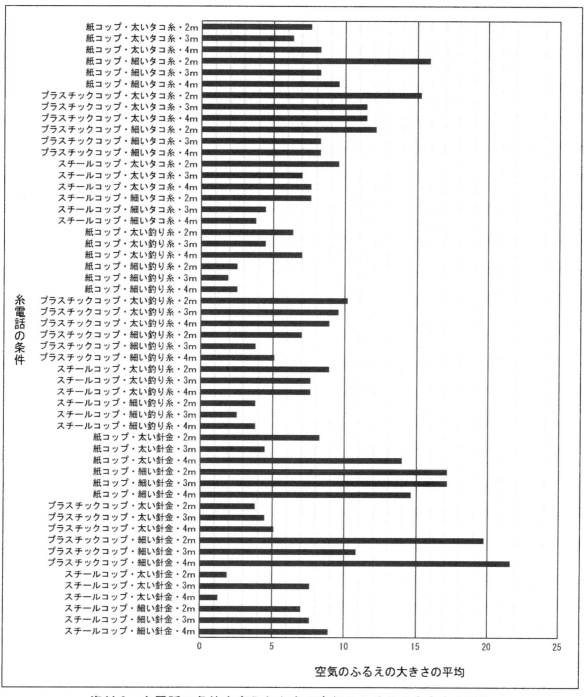

資料3　糸電話の条件を変えたときの空気のふるえの大きさの平均

問題2　実験1の「紙コップ・太いタコ糸・3m」で作った糸電話の3つの条件のうち2つを変えて，もっと大きな音（2倍以上の空気のふるえの大きさ）で聞こえる糸電話を作るためには，どのような条件にすればよいか，資料3をもとにその条件を答えなさい。また，その条件にした理由を「空気のふるえの大きさの平均」にふれながら説明しなさい。

だいちさんとみどりさんは，箱を作ることについて話しています。

妹が作った折り紙の作品を入れている箱が，作品でいっぱいになるよ。だから，今使っている箱より大きい箱を作ってプレゼントしようと思っているよ。

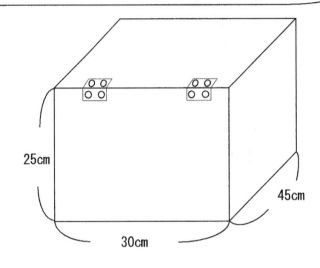

資料1　今使っている箱

きっと喜んでくれると思うよ。どんな箱を作るのかな。

板を切ったりつないだりして，ふたのついた直方体の箱を作ろうと思っているよ。そのために，縦100cm，横80cmの1枚の板を6枚に切りはなそうと考えているよ。

まずは，6枚の板をどのくらいの大きさにするか考えてみる必要があるね。

板と同じ大きさで，1めもりが5cmの工作用紙を準備したよ。

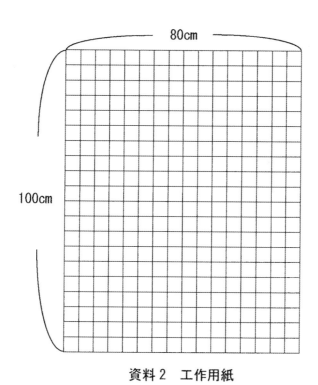

資料2　工作用紙

この工作用紙を使うと，切りはなす6枚の板の大きさ
を考えることができるね。うまく計画できたかな。

どのように切ればよいか，工作用紙のめもりに沿って試しに
線を書き入れてみたよ。でも，板の切れはしや余りが出てきそ
うだよ。

余りが出ない切り方もあると思うよ。

問題3　2人の会話をもとに，余りが出ない切り方になるよう工作用紙に線を書き
入れなさい。また，なぜそのように書き入れたか，箱の体積についてふれ
ながら，理由を説明しなさい。ただし，板の厚みは考えないものとする。

だいちさんとみどりさんは，水と衣料品について話をしています。

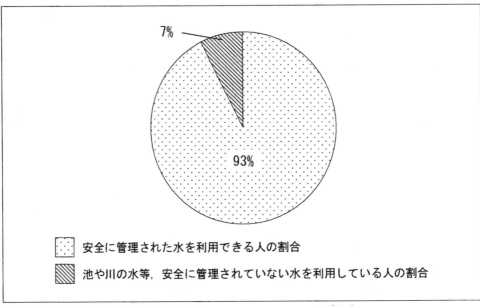

7%

93%

:::　安全に管理された水を利用できる人の割合

▨▨　池や川の水等，安全に管理されていない水を利用している人の割合

資料1　世界の人びとの水の利用状況

安全に管理されていない水を利用している人がいるね。

水に関係する資料が他にもあったよ。

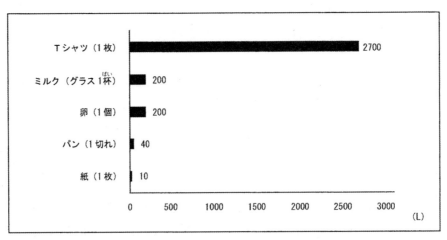

Tシャツ（1枚）	2700
ミルク（グラス1杯）	200
卵（1個）	200
パン（1切れ）	40
紙（1枚）	10

0　　500　　1000　　1500　　2000　　2500　　3000　（L）

資料2　身近なものを作る過程で使われる水の量

Tシャツを1枚作る過程で，2700Lの水を使うんだね。

日本国内の衣料品の資料があったよ。水と衣料品の関係について考えてみよう。

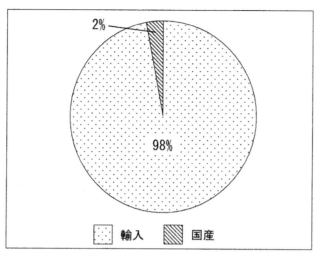

資料3　ある年の衣料品の輸入・国産の割合

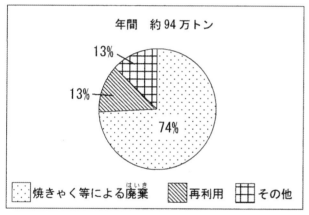

資料4　ある年の不要になった衣料品の処理方法の割合

購入枚数	保有していた衣料品のうち手放す枚数	保有していた衣料品のうち着用しない枚数
約18枚	約12枚	約25枚

資料5　ある年の1人あたりの衣料品購入枚数等の状況

問題4　資料3・4・5のうち1つ選び，解答らんの資料番号に○をつけ，わかることを答えなさい。また，選んだ資料と資料1・2を関連づけて，水と衣料品についてわかることを答えなさい。

だいちさんとみどりさんは，パソコンで作ったゲームについて話をしています。

トラックを動かして，荷物を倉庫まで運ぶゲームを作ってみたよ。
ゲームの図，ルールは次の通りだよ。

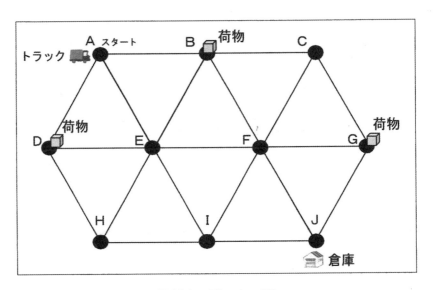

資料1　ゲームの図

【ゲームのルール】

- トラックは点Aをスタートして，線の上を進むことができる。

- 1つの点から次の点まで進むのに，1秒かかる。

- 荷物が置いてある点を通ると，その荷物をのせる。

- 点Jの倉庫を通ると，その時点でのせている荷物を全ておろす。

- 荷物をのせたり，おろしたりする時間はかからないものとする。

- 荷物をのせて次の点に進む場合，かかる時間は，荷物1個につき3秒ずつ増える。

- 全ての荷物を倉庫に運ぶ。

　　資料２の道順が，きっと最も短い時間で運べるよ。かかる時間は33秒になるよ。

道順	A	⇒	D	⇒	E	⇒	B	⇒	C	⇒	G	⇒	J	合計
距離でかかる時間（秒）	1		1		1		1		1		1			
荷物で増える時間（秒）	0		3		3		6		6		9			33

資料2　だいちさんの考えた道順

　　でも，本当にその道順が最も短い時間なのかな。もっと短い時間で運べる道順があると思うよ。

　　あっ！28秒の道順を見つけたよ。しかも，いくつか道順がありそうだね。

問題5　28秒で荷物を運べる道順を2つ答えなさい。ただし，通った点は全て書くものとする。

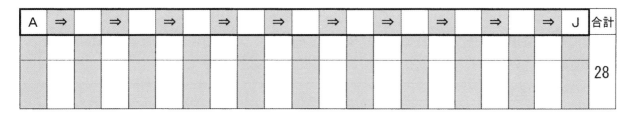

A	⇒		⇒		⇒		⇒		⇒		⇒		⇒		⇒		⇒		⇒	J	合計
																					28

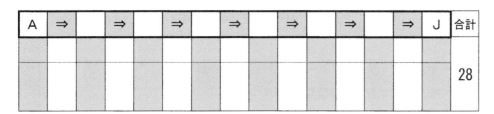

A	⇒		⇒		⇒		⇒		⇒		⇒		⇒		J	合計
																28

福山市立福山中学校　検査2 （検査時間四十五分）

（解答用紙は別冊53P）（解答例は別冊29P）

次の文章を読んで、あとの問題に答えなさい。

　ここでひとつ意識するといいのは、人は「共通点」ではなく「相違点」で結びついていくということです。共通点があるから話が弾んで、仲よくなれるんじゃないの、と思うかもしれない。それはそうです。でも、共通点だけだと、もの足りないものなんです。

　よい友人は、何かしら自分と違うところがあるひとだ、と思います。

　この世に二人として同じ人間はいないのだから、誰でも自分と、どこか違っている。だから、相手が自分と違うところがあるよい友人になるかどうかは、自分にかかっている。自分と違うところを、どう相手に見つけられるか、その違いを楽しめるか、そこがポイントなんです。

　「学び」とは、知らなかったことを知ること、わからなかったことをわかること、でした。

　人間同士の「学び」とは、相手のなかに、自分が知らないこと、わからないことがあって、はじめて成り立つ。

　「違い」は、知らない、わからない、の源泉です。「違い」を見つけると、知らないことを知ること、わからないことをわかることにつながっていく。これを人間同士の「学び」と呼べなくてどうしよう。

　「違い」はまた、「敬意」の源泉でもある。

　「あの人は、自分と違って、こういうところが素敵」「あの人は、自分と違って、こういうところが」――大事なのは、これはお互いさまだ、としっかりわかっておくことです。そうでないと、人と自分を比べて落ち込むことになってしまう。もちろん、友人は選び選ばれるものだから、自分が気を悪うってはいけないんだけど。

　自分にない何かが相手にはある。それと同様に、相手にない何かが自分にはある。そしてその「お互いに異なる何か」をもって、お互いをリスペクトしている。

　相手が自分をリスペクトしてくれていると違いないと思うと、自分に対するポジティブなイメージ、自己肯定感が高まります。同様に自分が相手をリスペクトすることで、相手の自己肯定感も高まっているに違いない。

　このように　㋐　　　　　　　　　　　　　　　　　　　　　　　　　　　　　　　というのが、本当のよい友人関係です。

（橋爪 大三郎「人間にとって教養とはなにか」による。）

（注）　リスペクト…尊敬の気持ち。　ポジティブ…積極的で前向きな様子。
　　　　自己肯定感…ありのままの自分をよいと認める感覚。

問題一　① 筆者の考えをふまえて、　㋐　　　　　　に入る言葉を六十字以内で書きなさい。
　　　　② 筆者の考える「本当のよい友人関係」を築いていくために、あなたはこれからの中学校生活で、どのようなことをがんばっていきたいと考えますか。具体的な場面を想定して三百字以内で書きなさい。

　たいちさんの学校では、総合的な学習の時間に「防災」について学習をしています。防災への取組について、防災新聞を作って学校のみんなに知ってもらうことにしました。次の資料を読んで、あとの問題に答えなさい。

資料①

　「災害に強いまち」とは、今後発生が想定される災害（地震、水害等）からまちを守り、被害を最小限に止めることができるまちのことをいいます。そのためには、ハードの整備とソフト施策が必要です。ハードの整備とは、川の水があふれたりダムがくずれて洪水が起こったりすることを防ぐために対策をすることです。その他にも大地震が起きても、こわれにくい建物を増やすことや、救急車や消防車が活動しやすいように道路を整備すること等が挙げられます。ソフト施策とは情報や訓練等で得られる災害対策のことです。例えば、ハザードマップの作成や防災教育の実施がこれにあたります。ハザードマップとは、災害が発生したときに危険と思われるところや災害時の避難場所等を地図にまとめたものです。

資料②

　福山市では、現在、国や県と協力し浸水対策に取り組んでいます。これまでに実施した対策では、水の通りをよくするために水路の整備として河川の樹木を伐採したり土砂を撤去したりしました。また、排水ポンプ車の配備も行いました。排水ポンプ車は、台風や集中豪雨による浸水が発生した際に現場に素早くかけつけ、あふれた水を川へ流す作業を行うものです。さらに、市内各所に排水ポンプ場の整備も進めています。また、二〇二一年八月には、松永中学校のグラウンドの地下に雨水を一時的に貯めておく貯水施設が完成しました。この施設は、大雨の際に水路から雨水を流入させ、一般的な二十五mプール約三杯分にあたる雨水を貯めることができます。貯めた雨水は、晴天時に水路へポンプにより排出します。

資料③

　災害時には、いつも使用しているトイレが使用できなくなります。だからといってできるだけトイレに行かないよう食事や水分をとらないため体調不良になり、重い病気にかかることがあります。したがって、災害時にトイレが確保できるかは命に関わる問題です。マンホールトイレとは、マンホールの上に便座やベネルを設け、災害時に素早くトイレ機能を確保するものです。下水道につながっているため、くみ取りが不要で衛生的です。東日本大震災時には宮城県東松島市で使用され、熊本地震の際には熊本県熊本市で使用されました。マンホールトイレの整備は、下水道事業を実施している地方公共団体のうち約四割しか取り組んでいない状況にあります。そのため、マンホールトイレの整備を積極的に進めていくことが求められています。福山市では、緑町公園や駅家公園、竹ケ端運動公園、中央公園に全部で六十八基が整備されています。

【防災新聞の構成】

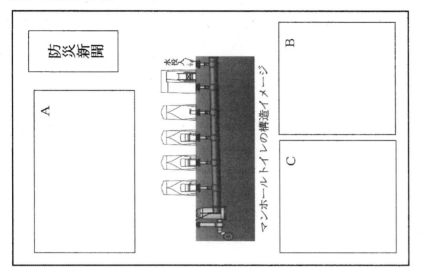

防災新聞

A

B

C

マンホールトイレの構造イメージ

【三つの記事】

「みんなでできること」

　自分自身や家族の安全を確保した後に、近所や地域の方がたと助け合うことが重要です。実際、一九九五年に起こった阪神・淡路大震災では、地域住民が自ら進んで救出・救助活動をして多くの命を救いました。また、人びとの助け合いが必要なのは、災害発生直後の救出活動だけではありません。その後の避難生活から地域社会の復興に至るまで、全ての過程で重要な要素であり続けます。

「自分でできること」

　災害が発生したときに、まず自分自身や家族の身の安全を守ることが大切です。誰かに指示されるのを待つのはだめです。地震や大雨の情報を自分で得て自分で判断することが、自分自身の安全を守るということです。そのためには、自分で、そして家族で防災に取り組むことが必要です。具体的には、食料や飲料水の備蓄をしたり、避難経路の確認をしたりすること等です。

「災害に強いまち福山」

問題２　あなたは、三つの記事の配置を考えること、「災害に強いまち福山」の記事を作成することになりました。「防災新聞」のA・B・Cのどの位置に「災害に強いまち福山」の記事を配置するかを考え、その記号を一つ書きなさい。また、「災害に強いまち福山」の記事を資料①・資料②・資料③の表現を使って、二百五十字以内で書きなさい。

（解答用紙は別冊 55 P）（解答例は別冊 30 P）

令和6年度　検査Ⅰ　【課題1】（英語の音声を聞き取る検査）　台本

チャイム　（7打）
「これから、検査Ⅰをはじめます。問題用紙の表紙と解答用紙のすべてに、受検番号を記入しなさい。」　（8秒）

打　音　（3打）
「問題用紙を開きなさい。はじめに、【課題1】を行います。」
「【課題1】。放送を聞いて、次の問いに答えなさい。英語は、それぞれ2回ずつ放送されます。放送中に、問題用紙に
メモをとってもかまいません。それでは始めます。」

「問1。」　（2秒）
「ももこさんの学校に新しいALTのダニエル先生が来ました。ダニエル先生が外国語の授業で、2枚の写真を見せなが
ら話しています。ダニエル先生が2番目に見せた写真はどれですか。話の内容に合う写真として最も適切なものを、
ア・イ・ウ・エの中から1つ選び、記号を書きなさい。」　（2秒）

「1回目。」
（※1）
Hello, everyone. I'm Daniel. I'm from Canada. I have two pictures. First, this is a picture of
my family. I have five people in my family. Second, in Canada, we have pets. We have three
pets, one black dog and two white cats. They are so cute!　（4秒）

「2回目。」
（※1　繰り返し）
「答えを書きなさい。」　（10秒）

「問2。」　（2秒）
「ももこさんは、ALTのダニエル先生と話をしています。ももこさんとダニエル先生の会話の内容として適切なものを、
ア・イ・ウ・エ・オの中から2つ選び、記号を書きなさい。」　（5秒）

「1回目。」
（※2）
F : Hello. I'm Momoko. Your bag is big.
M : It's a birthday present from my friend.
F : That's nice. When is your birthday?
M : My birthday is July 20th. When is your birthday, Momoko?
F : My birthday is September 12th. I like singing. Do you like singing?
M : No, I don't, but I can play the piano.
F : Oh! Can you play the piano for me?
M : Yes. I can play the piano on your birthday.
F : Wow! That's great. Thank you.　（4秒）

「2回目。」
（※2　繰り返し）
「答えを書きなさい。」　（10秒）

「問3。」　（2秒）
「ももこさんは、給食のこんだて表を見ながら、ALTのダニエル先生の好みに合うこんだてを探すために、ダニエル先生
に質問をしています。ももこさんがこんだて表の中から選んだ、ダニエル先生の好みに合う給食のこんだてとして最も
適切なものを、ア・イ・ウ・エの中から1つ選び、記号を書きなさい。」　（2秒）

「1回目。」
（※3）
F : This is the lunch menu. We drink milk every day.
M : That's great. Japanese milk is delicious.
F : Do you like rice?
M : Yes, I do. I like *miso* soup, too.
F : What food do you like?
M : I like chicken, but I don't like fish.
F : Do you like fruits?
M : Yes, I do.
F : I like oranges. Do you like oranges?
M : No, I don't. I like apples.
F : Oh, I see. This is good for you.
M : Thank you, Momoko. I want to eat it.　（4秒）

「2回目。」
（※3　繰り返し）
「答えを書きなさい。」　（10秒）

「問4。」　（2秒）
「ももこさんの学級では、ALTのダニエル先生に自分たちのことを知ってもらうために、共通のテーマで1人1人が発
表をしています。ももこさんの発表を聞いて、学級の共通のテーマとして最も適切なものを、ア・イ・ウ・エの中から
1つ選び、記号を書きなさい。」　（2秒）

「1回目。」
（※4）
Hi! I'm Momoko. I went to a big event in Osaka in August. I saw my favorite player. She
is good at playing soccer. I enjoyed playing soccer with her. She was very kind. It was fun
and exciting. Thank you.　（4秒）

「2回目。」
（※4　繰り返し）
「答えを書きなさい。」　（10秒）

「これで【課題1】を終わります。」
「次の課題に移りなさい。」

【課題1】 放送を聞いて、次の問いに答えなさい。英語は、それぞれ2回ずつ放送されます。放送中に、問題用紙にメモをとってもかまいません。

（問1） ももこさんの学校に新しいＡＬＴのダニエル先生が来ました。ダニエル先生が外国語の授業で、2枚（まい）の写真を見せながら話しています。ダニエル先生が2番目に見せた写真はどれですか。話の内容に合う写真として最も適切なものを、ア〜エの中から1つ選び、記号を書きなさい。

ア 　イ 　ウ 　エ

（問2） ももこさんは、ＡＬＴのダニエル先生と話をしています。ももこさんとダニエル先生の会話の内容として適切なものを、ア〜オの中から2つ選び、記号を書きなさい。

　　ア　ダニエル先生の誕（たん）生日は、6月2日です。
　　イ　ダニエル先生の誕生日は、7月20日です。
　　ウ　ダニエル先生の誕生日は、9月12日です。
　　エ　ダニエル先生は、歌うことが好きです。
　　オ　ダニエル先生は、ピアノをひくことができます。

（問3）ももこさんは、給食のこんだて表を見ながら、ＡＬＴのダニエル先生の好みに合うこんだてを探^{さが}すために、ダニエル先生に質問をしています。ももこさんがこんだて表の中から選んだ、ダニエル先生の好みに合う給食のこんだてとして最も適切なものを、ア〜エの中から1つ選び、記号を書きなさい。

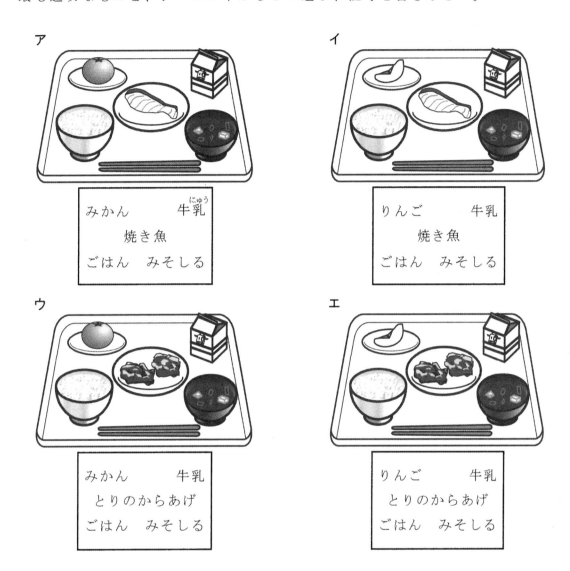

ア

みかん　　牛乳^{にゅう}
焼き魚
ごはん　みそしる

イ

りんご　　牛乳
焼き魚
ごはん　みそしる

ウ

みかん　　牛乳
とりのからあげ
ごはん　みそしる

エ

りんご　　牛乳
とりのからあげ
ごはん　みそしる

（問4）ももこさんの学級では、ＡＬＴのダニエル先生に自分たちのことを知ってもらうために、共通のテーマで1人1人が発表をしています。ももこさんの発表を聞いて、学級の共通のテーマとして最も適切なものを、ア〜エの中から1つ選び、記号を書きなさい。

ア　私^{わたし}の行きたい場所
イ　私の得意なこと
ウ　私の夏の思い出
エ　私の好きな冬の行事

英語の音声を聞き取る検査は、このページで終わりです。

（問1）——部「発揮する」の主語はどれですか。ア～エの中から一つ選び、記号を書きなさい。

ア　ごっこ遊びの中で　　イ　子どもたちは

エ　思う存分　発揮する。　ウ　想像力を

（問2）【資料】の～～部「目からウロコ（目からうろこが落ちる）」とありますが、この慣用句の使い方として最も適切なものを、ア～エの中から一つ選び、記号を書きなさい。

ア　旅行先で忘れ物をして、目からうろこが落ちる思いだ。

イ　サッカーの試合に勝って、目からうろこが落ちる思いだ。

ウ　友達から急に声をかけられ、目からうろこが落ちる思いだ。

エ　姉の新しいアイデアを聞き、目からうろこが落ちる思いだ。

（問3）　あ　に入る最も適切な言葉を、【資料】より、二字で書きぬきなさい。

（問4）　い　に入る最も適切な一文を、【資料】より見つけて、はじめとおわりの五字をそれぞれ書きなさい。（「」や「。」も一字に数えます。）

（問5）　う　に入る最も適切な言葉を、【資料】より、十二字で書きぬきなさい。

徳島県立中学校・中等教育学校

（問6）＝＝部「想像力豊かに楽しむこと」について、　え　に入る言葉を、「連想」、「ちく積」の二語を使って、「ことが、」につながるように、三十五字以上、四十字以内で書きなさい。（「」や「。」も一字に数えます。）

（問7）【資料】の　11　～　14　の段落が果たしている役割について述べたものとして最も適切なものを、ア～エの中から一つ選び、記号を書きなさい。

ア　　11　は、　10　で示した内容について、事例を挙げている。

イ　　12　は、　11　で示した内容と、対比的な内容を示している。

ウ　　13　は、　12　で示した内容について、理由を述べている。

エ　　14　は、　13　で示した内容とは、違う話題を提示している。

（問8）【資料】に書かれている内容として最も適切なものを、ア～エの中から一つ選び、記号を書きなさい。

ア　子ども時代に読書をする習慣を身につけるためには、語彙力や読解力をちく積する必要がある。

イ　読書をすることで日常を見る目が変化し、新たなことにも興味をもち、知りたいという思いが強まる。

ウ　想像力が必要なのは、非現実の世界に遊ぶことができるファンタジーやミステリーを読むときに限られる。

エ　読書の魅力を味わうと、本が手元になくても、現実とは違った世界を生きることができる。

※【課題2】は230ページから始まります。

にも興味が湧（わ）いてくる。もっと知りたいという思いやもっと楽しみたいという思いが強まってくる。

10 そうした読書の魅力を味わった子は、読書によって日常とは別の世界を楽しむのが癖（くせ）になる。本を読んでいる間は、現実とは違う時空を生きることができる。そうした楽しみに浸（ひた）ることで、想像力が鍛（きた）えられるとともに、語彙力や読解力も高まっていく。

11 読書により非現実の世界に遊ぶことができるというと、ファンタジーやミステリーを思いうかべる人が多いのではないか。私自身（わたし）の子どもの頃（ころ）の読書体験を振り返（ふ）ってみても、葉っぱの下にこびとが住んでいるコロボックルの物語や秘密（ひみつ）の花園（ぞの）を探索（さく）する物語など、現実離れした物語に夢中になったのを思い出す。大人のミステリーのような現実味のあるものではなく、もっと呑気（のんき）な探偵（てい）物語に夢中になったこともある。

12 そういった現実離れした物語の世界に引き込（こ）まれ、文字を追うのももどかしい思いで、想像力を全開にして読んだものだった。

13 だが、小説に限らず、評論や随筆、伝記などノンフィクションものを読むときも、文字を追いながらさまざまな出来事が思い起こされたり、自分の思いや考えが喚起（※3かん）されたりして、想像力や思考力がフル稼働（かどう）することになる。

14 そのように本の世界に引き込まれ、夢中になって文字を追うとき、さまざまな知識や出来事や思いが連想され、頭の中にうかび上がってくる。これまでに記おくの中にちく積されているものが多いほど、==想像力豊かに楽しむこと==ができ、また多くの気づきを得ることができる。本を読むことで頭の中が活性化され、ただおもしろいというだけでなく、ものの見方・考え方に目からウロコの発見があったりする。

（榎本（えのもと）博明（ひろあき）「読書をする子は○○がすごい」より。一部省略等がある。）

※1 語彙力…言葉を理解したり使ったりする力
※2 敷居を低くしておく…ていこうを少なくしておく
※3 喚起…よび起こすこと

こうじ　なるほど。読書による空想の世界で、想像力を発揮して、楽しむことができるのですね。

しおり　[資料]には、読書の楽しみを味わった人は、想像力も鍛えられるとありました。

さくら　そうやって鍛えられた想像力は、筆者が子どもの頃に、いろいろな本を読むときにはたらいたのでしょうね。

ももこ　そうですね。それは、　う　　という筆者の経験からも言えます。

たけし　そういえば、私は、随筆の「枕草子（まくらのそうし）」を読んだとき、自分が以前見た景色（けしき）から想像がふくらみ、「枕草子」の作者の感じ方や考え方になっとくし、おもしろいと感じました。

ももこ　筆者は、[資料]で、==本を読むときに、　え　　こと==が、想像力豊かに楽しむことであると伝えていると思います。まさにたけしさんの読み方ですね。

しおり　つまり、たけしさんは、自分と「枕草子」を結びつけて読んだから、情景が思いうかんで、作者の感じ方や考え方に共感し、おもしろく感じたのですね。

こうじ　なるほど。想像力をはたらかせると、より読書が楽しめるということですね。これをみんなへのメッセージとしてはどうでしょう。

さくら　いいですね。読書のよさをみんなに伝えて、たくさんの本を読んでもらいましょう。

【資料】

1　※1語彙力や読解力のちく積がないと、いきなり本を読もうとしてもかなりの苦行になってしまう。だからこそ、子ども時代に読書をする習慣を身につけ、本を読むことへの※2敷居を低くしておくことが大事なのである。それによって心の世界をどこまでも広げていくことができる。

2　子どもは空想の世界をもつことで大きな自由を手に入れる。

3　現実の世界は、能力的に自分にはできないことがあったり、行きたくても遠くて行けないところがあったり、さまざまな制約がある。とくに子どもの場合は行動範囲に大きな制約がある。

4　でも、空想の世界では、やりたいことは何でもできるし、行きたいところはどこでも行ける。あこがれのヒーローになることもできる。

5　ままごとをしたり、怪獣ごっこをしたり、正義のヒーローのように闘ったり、存分発揮する。子どもがマンガやアニメの主人公の真似をして遊んでいるのを見ていると、空想の世界で自分以外の存在になりきっているのがよくわかる。

6　でも、いくらごっこ遊びでも、現実の世界にとどまっている限り、非日常の味わいにも限界がある。たとえ気持ちの上でなりきっても、空を飛ぶことはできないし、親に内緒で冒険の旅に出ることもできない。

7　そうした限界を突き破り、空想の世界への扉を開いてくれるのが読書だ。本の中には、自分の日常とはまったく異なるワクワクする世界が広がっている。

8　冒険の旅に出て刺激的な日々を送ることができる。月や星を眺めるのが好きだった子がロケットに乗って宇宙を探検したり、昆虫や植物に興味をもっていなかった子が森の中に入って珍しい昆虫や植物を見つけたりすることもできる。

9　書物を通して新たな世界を経験すると、日常を見る目にも変化が生じる。それまで気にとめなかったことや、それまで考えなかったことを考えるようになる。

※次の問題は229ページです。

【話し合いの一部】

さくら　「読書週間」に向けて、学校のみんなが本をたくさん読もうと思えるように、読書のよさを考えて伝えていきましょう。

しおり　この【資料】の題名「読書をする子は○○が」は、みんなへのメッセージとして使いたいですね。

こうじ　「○○」には、何を入れますか。

ももこ　私は、想像力がよいと思います。語彙力や読解力という言葉もありますが、想像力という言葉が何度も出てくるからです。

こうじ　想像力と読書には、どのような関係があるのですか。

しおり　それについては、空想に着目したらどうでしょう。筆者は、現実の世界は、さまざまな制約があるけれども、空想の世界では ［あ］ だと述べていると思います。

たけし　【資料】には、ごっこ遊びを例に、空想の世界では、自分以外の存在になりきって、想像力を思う存分発揮すると書かれていますね。

さくら　そして、【資料】では、ごっこ遊び以上に、空想の世界へ導いてくれるのが読書だと、「［い］」の一文では述べられています。

徳島県立中学校 中等教育学校

- 230 -

【課題３】 さくらさんたちは、社会の授業で、日本の工業生産について発表するために話し合っています。［話し合いの前半］、［話し合いの後半］、資料１〜６をもとにして、あとの問いに答えなさい。

［話し合いの前半］

さくら	まず、「工業製品と私（わたし）たちのくらし」のテーマで考えていこうと思います。今までの学習で、わかったことや印象に残っていることを言ってください。
たけし	工業製品をつくり出す①工場には、大きな工場から小さな工場まで、②さまざまな規模（ぼ）の工場があることがわかりました。中小工場でつくり出される製品は、大工場の生産を支えるとともに、私たちのくらしのさまざまな場面で使われていますね。
しおり	郷土（きょうど）資料館をたずねたときに、今のくらしに使われている工業製品と昔のくらしに使われていた工業製品に大きなちがいがあって、おどろきました。
こうじ	昔のせんたくでは、せんたく板やたらいを使っていましたが、今では、せんたく機を使っていますね。
さくら	せんたく板やたらいを使うと、よごれた部分を見ながらあらうことができますが、あらうのに時間がかかったり、手であらった後にしぼったりするので、③昔の作業は苦労していたと学芸員さんが話してくれましたね。でも、今は機械を使うことで、簡単（かん）に作業ができるようになりました。
たけし	せんたく機のように、工場で生産された工業製品は日本国内で使われるだけではなく、外国に輸出されていますね。一方で、身の回りの工業製品の中には、外国で生産され、日本に輸入されたものも多くあります。
こうじ	そうですね。工業製品の輸出入は、④さまざまな輸送手段（だん）の長所を生かした運輸のはたらきによって支えられていますね。
さくら	私たちのくらしの中で使われている工業製品は、いろいろと変わってきているのですね。次は、工業生産について考えていきましょう。

（問１） ―――― 部①に関して、1872年に明治政府は、群馬県の富岡（とみおか）に官営の工場をつくりました。この工場で生産されていた工業製品を、ア〜エの中から１つ選び、記号を書きなさい。

ア 生糸（きいと）　　イ 医薬品　　ウ 鉄鋼（てっこう）　　エ 自動車

（問２） ―――― 部②について、資料１のＡ〜Ｃは、工場数、生産額、働く人の数のいずれかの割合（わりあい）を表しています。Ａ〜Ｃの組み合わせとして適切なものを、ア〜エの中から１つ選び、記号を書きなさい。

ア　Ａ 生産額　　Ｂ 工場数　　Ｃ 働く人の数
イ　Ａ 働く人の数　Ｂ 工場数　　Ｃ 生産額
ウ　Ａ 工場数　　Ｂ 生産額　　Ｃ 働く人の数
エ　Ａ 工場数　　Ｂ 働く人の数　Ｃ 生産額

資料１ 日本の工業生産にしめる中小工場と大工場の割合

	中小工場	大工場
Ａ	99.0%	1.0%
Ｂ	67.3%	32.7%
Ｃ	47.4%	52.6%

（経済産業省　2021年「工業統計表（さい）」より作成）

（問3）——— 部③に関して、**資料2**は、昔の農具の一つです。
この農具は、農作業のどのような場面で使われていたのか、
書きなさい。

資料2　昔の農具

（問4）——— 部④に関して、**資料3**のA・Bのグラフは、日本における船または航空機
による輸出額にしめる輸出品の割合を表しています。船による輸出を表しているグ
ラフを、A・Bから選び、記号を書きなさい。また、船で輸送する長所について、
資料3と**資料4**をもとに、航空機によって輸出される工業製品とのちがいを明らか
にして、書きなさい。

資料3　日本における輸出額にしめる輸出品の割合

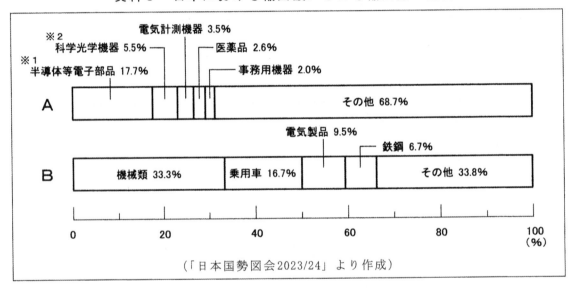

（「日本国勢図会2023/24」より作成）

※1　半導体等電子部品とはIC（集積回路）などのこと。
※2　科学光学機器とはカメラやレンズなどのこと。

資料4　日本の船・航空機が運んでいる積み荷の平均の重さ

船	1せきあたり	約18502 t
航空機	1機あたり	約19 t

（財務省　2022年「貿易統計」より作成）

［話し合いの後半］

さくら	日本の工業生産の中心地は、関東地方の南部から九州地方の北部にかけて広がる「太平洋ベルト」とよばれる地域でしたね。
たけし	そうでしたね。⑤日本の工業のさかんな地域は海沿いに広がっていました。
しおり	一方で、高速道路が通っていて、トラックでの輸送に便利な内陸の地域に建てられている工場もありました。
こうじ	工場へ見学に行ったときには、海外でも生産をする会社が多くなっていると聞きました。
たけし	国内の工場数や工場で⑥働く人の数も減ってきていますね。
しおり	そのように、日本の工業生産は少しずつ変わってきていますが、工場の人にインタビューをしたとき、今も、昔も、これからも、変わらないものがあると思いました。工場の人は、技術やアイデアを生かして、これからもずっと人々のくらしの役に立つ製品を開発したり、生産したりしていきたいという願いを話してくれました。
こうじ	工業生産に関わる人々は、くらしや社会を豊かにしたいという願いのもと、生産にはげんでいるのですね。だから、⑦くらしや社会の変化に応じて求められる新たな「ものづくり」にも、チャレンジしているのですね。
たけし	新たな「ものづくり」といえば、以前、買い物に行ったとき、津軽塗のスマートフォンケースがはん売されているところを見ました。
しおり	津軽塗を調べてみると、青森県を代表する伝統的工芸品で、300年以上もの歴史があります。
こうじ	はしやうつわ以外にも、さまざまな津軽塗の製品がつくられているのですね。ほかの伝統的工芸品の職人さんたちも、⑧社会のニーズを見通した、新たな「ものづくり」にチャレンジしており、その製品は外国の人々にも親しまれているようです。
さくら	「ものづくり」は未来へとつながっていきますね。では、これからの工業生産についてまとめることができるように、「ものづくり」にこめられた職人さんたちの技術や思いを考え、「日本の工業生産の強み」に注目して、調べていきましょう。

（問5）―――部⑤について、日本の工業のさかんな地域が海沿いに広がっている理由を、「原料や製品」という言葉を用いて書きなさい。

（問6）―――部⑥に関して、働くことは、日本国憲法で定められている国民の権利の1つです。また、働くことは、国民の義務としても日本国憲法で定められています。日本国憲法で定められている働く義務以外の国民の義務を2つ書きなさい。

（問7）——部⑦に関して、ア〜エを時代の古い順に並べ、記号を書きなさい。

　ア　たたみや障子、ふすまなどを使った書院造という建築様式が生み出された。

　イ　日本で初めての鉄道が開通したり、都市を中心にガス灯が使われたりした。

　ウ　漢字をくずしたひらがなや、漢字の一部をとったかたかながつくられた。

　エ　木版の技術が発達したことで、色あざやかな浮世絵が大量につくられた。

（問8）——部⑧に関して、こうじさんは、伝統的工芸品の職人さんたちが、どのようなことを思いながら、新たな「ものづくり」をしているのか考えました。あなたがこうじさんなら、伝統的工芸品の職人さんたちに、どのような思いがあると考えるか、資料5と資料6からわかることと関連づけて、書きなさい。

資料5　伝統的工芸品の生産額と従業員数の移り変わり

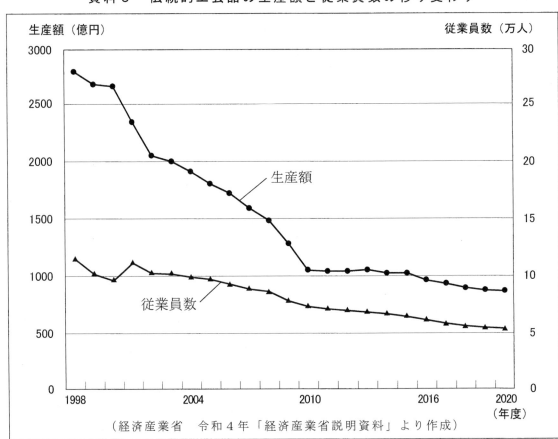

（経済産業省　令和4年「経済産業省説明資料」より作成）

資料6　伝統工芸におけるあとつぎの確保に関わる現状

○あとつぎが決まっておらず、職人さんが亡くなったり、生産をやめたりした場合には、将来、伝統的な技術を受けつぐ働き手がいなくなるかもしれないという不安がある。

○職人さんの高齢化が進んでいることにより、休業が増加している。

（総務省　令和4年「伝統工芸の地域資源としての活用に関する実態調査　結果報告書」より作成）

【課題４】

さくらさんたちの学校では、各学級の代表者が参加する代表委員会で、一年生から六年生までが仲良く楽しめるように、どのようなレクリエーションをするか話し合うことになりました。さくらさんの学級では、その代表委員会に向けた話し合いに、一人一人がレクリエーションの案を文章にまとめて、提案します。さくらさんは、「長なわとび」と「折り紙遊び」のどちらかを提案しようと[メモ]にまとめました。あなたがさくらさんなら、どちらの案を選び、どのように書きますか。次の条件に合わせて書きなさい。

[メモ]

案	内容	よい点 △問題点
長なわとび	一年生から六年生までができる。チーム（二十人）に分かれて、8の字とびをする。	○準備やかたづけが簡単にできる。○一体感を味わうことができる。△とぶまでに待つ時間ができる。△なわとびが苦手な人がいる。
折り紙遊び	動物・飛行機・花など、好きな折り紙コーナーへ行き、折り紙を折って遊ぶ。	○自分が折りたいものを折ることができる。○いろいろな人と活動する機会がある。△くわしい折り方がわからない。△折り紙を折ることが苦手な人がいる。

（条件）

・題と氏名を書かずに、本文から書き始めること。
・二段落構成で書くこと。
・一段落目には、選んだ案と選んだ理由について、[メモ]にあるよい点を生かして、自分の考えを書くこと。
・二段落目には、選んだ案の問題点を[メモ]から一つ選び、その問題点についての解決方法を考えて、書くこと。
・漢字を適切に使い、原こう用紙の正しい使い方に従って書くこと。
・十三行から十五行までにおさめること。

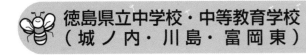

【課題1】　たけしさんは、1年間の日記を読み返し、それぞれの出来事について算数で学んだことを生かしながら考えています。次の文を読んで、問いに答えなさい。

（問1）　5月8日に、子犬のモモが生まれました。モモが生まれたときの体重は200gで、今の体重は2100gです。たけしさんは、モモの生まれたときの体重と今の体重を比べました。モモの今の体重は、生まれたときの体重の何倍か、書きなさい。

（問2）　8月2日に、家族におにぎりとサラダをつくりました。次の①・②に答えなさい。

①　たけしさんは、自分がかいた［おにぎりのイラスト］から、おにぎりを三角柱とみて、次の図のような三角柱をかきました。この三角柱の底面積は何cm²か、書きなさい。

［おにぎりのイラスト］

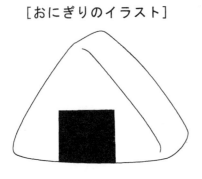

図

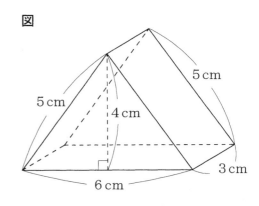

②　たけしさんは、酢とサラダ油の量の比が2：3のドレッシングをつくるつもりでしたが、酢30mLとサラダ油40mLを混ぜてしまい、予想とはちがう味になったことを思い出しました。たけしさんは、酢とサラダ油のどちらか一方の量を増やせば、酢とサラダ油の量の比を2：3にすることができたと考えました。酢とサラダ油の量の比を2：3にするためには、酢とサラダ油のどちらの量を何mL増やせばよかったか、書きなさい。

（問３）　10月１日に、野球の試合を見に行きました。次の①・②に答えなさい。

①　日記には、その日の入場者数を約8200人とがい数で記録していたので、たけしさんは、がい数の表し方について考えました。四捨五入で、百の位までのがい数にしたとき、8200になる整数のはん囲を、「以上」、「以下」を使って、書きなさい。

②　野球チームに３年間所属しているたけしさんは、自分のデータをふり返り整理すると、次の表のようになりました。３年間では、たけしさんの１試合平均のヒットの本数は何本か、書きなさい。

[たけしさんのヒットの本数の記録]

	出場した試合数	１試合平均のヒットの本数
2021年度	5試合	0.4本
2022年度	10試合	0.4本
2023年度	15試合	0.8本

（問４）　11月10日は、たけしさんの12才の誕生日でした。たけしさんのおばあさんの誕生日も同じ日で、60才になったお祝いをしました。たけしさんは、自分の未来の姿を想像した〔未来日記〕を書くことにしました。次の〔未来日記〕は、たけしさんが自分の年れいを何才と考えて書いたものか、答えなさい。

〔未来日記〕

　　今日は、私とおばあさんの誕生日でした。私の年れいは、おばあさんの年れいの $\frac{1}{3}$ になりました。
　　そして、研究していた厳しい環境の中でも育つ野菜の改良に成功し、今日、初めて収かくしました。おばあさんと私の誕生日パーティーでは、収かくした野菜に手づくりドレッシングをかけて食べました。

【課題2】 さくらさんたちは、理科の授業で学習した内容について、さらに学びを深めたいと思い、科学センターでのサイエンススクールに参加しています。指導員の先生とさくらさんたちの会話をもとにして、あとの問いに答えなさい。

さくら	理科の時間に、心臓のことを学習しました。心臓は1日も休まず血液を送り続けるということを知って、おどろきました。
指導員	心臓は、縮んだりゆるんだりして、血液を全身に送り出しています。この動きを①はく動といいますね。
こうじ	はい。授業の中で、私は、手首で「どくどく」と感じる動きの1分間の回数を数えました。
さくら	私は、そのとき80回でした。今、もう1度、自分の手首に指を当てて1分間の回数を数えてみましょう。
こうじ	みなさん、何回でしたか。
たけし	あれ、私の回数がみんなより多くなっています。
しおり	たぶん、たけしさんは、ついさっき走ってきたからだと思います。

指導員　そうですね。運動したときには、体を動かすのに必要な酸素の量が増え、心臓はたくさんの血液を送り出そうとして動きが速まるのですね。図1を見てください。心臓と血管、そして血液の流れる向きを表しています。どのようなことがわかりますか。

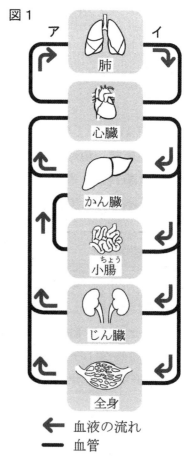

図1

← 血液の流れ
― 血管

しおり　血液は心臓から肺に送られ、心臓にもどっています。

こうじ　心臓から全身に送られ、心臓にもどる流れもあります。

指導員　そうですね。では、肺のはたらきから考えると、酸素を多くふくんだ血液が流れている血管は、図1のアとイのどちらでしょうか。

さくら　それは、　あ　です。そう考えた理由は、　い　からです。

指導員　そのとおりです。ところで、血液には、②体内でできた不要なものを受け取って運ぶはたらきもあるのですよ。それはどのようにして体外に出されるのか知っていますか。

こうじ　不要なものは　A　で血液の中から取り除かれ、　B　にしばらくためられてから、体外に出されるのでしたね。

しおり　こうして考えてみると、血液には必要なものを全身に届けたり、不要なものを受け取ったりするなど、大切な役割がありますね。私たちの心臓は、1日にどれくらいの血液を送り出しているのですか。

指導員	みなさんの心臓が、1分間に80回はく動したとします。1回のはく動で60mLの血液を送り出すとすると、心臓が1日に送り出す血液の量を求めることができますよ。
しおり	指導員さんが教えてくれた数字を使って計算すると ___う___ Lです。心臓は1日にこれだけ多くの血液を、全身に送り出しているのですね。
指導員	もちろん、実際にそれだけの量の血液が体内にあるわけではありません。同じ血液が何度も体内をめぐっているのです。そのようすについて、実際にその場にいるかのような体験ができる「VRゴーグル」というそう置を使って、心臓のつくりと心臓の中を流れる血液のようすを観察してみましょう。
たけし	このゴーグルをつけると、本当に自分が心臓の中に入って見ているみたいですね。心臓のかべが動いて、血液がとても勢いよく流れています。
さくら	心臓には、いくつか部屋があることがわかります。
たけし	このような血液や心臓のはたらきによって、私たちの命が支えられているのですね。

(問1) ━━━━ 部①について、はく動が血管を伝わり、手首などで「どくどく」と感じる動きを何というか、書きなさい。

(問2) さくらさんは、酸素を多くふくんだ血液が流れている血管を ___あ___ と、そう考えた理由を ___い___ と答えました。___あ___ に入るものを図1のア・イから選び、記号を書きなさい。また、___い___ に入る適切な言葉を、出入りする気体を明らかにして書きなさい。

(問3) ━━━━ 部②について、こうじさんは体内でできた不要なものが、どのように体外に出されるのかについて答えました。___A___、___B___ に入る臓器の組み合わせとして最も適切なものを、ア～エの中から1つ選び、記号を書きなさい。

  ア （ A かん臓 B じん臓 ）
  イ （ A かん臓 B ぼうこう ）
  ウ （ A じん臓 B ぼうこう ）
  エ （ A じん臓 B かん臓 ）

(問4) しおりさんは ___う___ で、心臓が1日に送り出す血液の量を答えました。___う___ に入る数字を書きなさい。

次に、さくらさんたちは、ふりこのコーナーに移動しました。

こうじ　　授業では、１往復する時間がちょうど１秒のふりこをつくろうとしましたが、うまくつくれませんでした。１往復する時間が１秒のふりこをつくってみたいです。

指導員　　では、授業で学習したふりこのきまりについてふり返ってみましょう。ふりこが１往復する時間はどのように調べますか。

さくら　　ふりこが１往復する時間を測定するのは難しいので、10往復する時間を測定し、その時間を10で割り、１往復する時間を求めます。そして、正確な数値が求められるように、３回実験をして、１往復する時間の平均を調べます。

こうじ　　ふりこの実験をするときは、ふれはば、おもりの重さ、ふりこの長さの３つの条件のうち、変える条件を１つだけにし、他の条件はすべて同じにして調べるのでしたね。

たけし　　変える条件を１つだけにするのはなぜでしたか。

さくら　　　　　え　　　　からです。

指導員　　では、ふりこが１往復する時間は、どのような条件に関係がありますか。

しおり　　ふりこの長さです。

指導員　　そうですね。では、ふりこの長さを変えて、１往復する時間がどうなるのか調べてみましょう。

[実　験]

1　図2のように、重さ10ｇのおもりをつけた糸を、板に打ったくぎにつるしてふりこをつくる。

2　ふりこの長さをア〜オのように変え、それぞれのふりこが１往復する時間を３回ずつ調べ、その測定結果を平均して求める。

図2

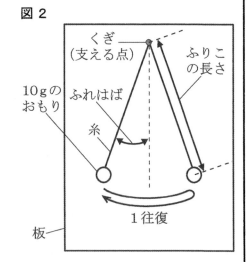

変える条件	同じにする条件
ふりこの長さ	おもりの重さ　　10ｇ
ア・・・ 20 cm	ふれはば　　　　20°
イ・・・ 30 cm	
ウ・・・ 40 cm	
エ・・・ 80 cm	
オ・・・120 cm	

[実験結果]

	ア	イ	ウ	エ	オ
ふりこの長さ（cm）	20	30	40	80	120
１往復する時間（秒）	0.9	1.1	1.3	1.8	2.2

指導員　　[実験結果]から、どのようなことがわかりましたか。

さくら　　[実験結果]から、ふりこの長さを変えると、１往復する時間は変わり、ふりこの長さが長いほど、１往復する時間は長くなりました。

しおり　　[実験結果]から、ふりこの長さを ┃ お ┃ 倍にしたとき、ふりこが1往復する時間が2倍になっていることがわかりました。

指導員　　そうですね。では、こうじさんがつくりたいと言っていた1往復する時間がちょうど1秒になるふりこをつくってみましょう。

こうじ　　でも、1往復する時間が1秒になるふりこは、[実験結果]にはありませんでした。

指導員　　この③[実験結果]を組み合わせて考えると、1往復する時間がちょうど1秒になるふりこをつくることができます。

　　　　　図3を見てください。┃実　験┃で使ったア～オのふりこの中から1つ選び、図3のように1本目のくぎの真下に、2本目のくぎを打ちます。大切なのは、[実験結果]を利用して2本目のくぎの位置を決めることですよ。

さくら　　では、やってみましょう。

こうじ　　2本目のくぎで、ふりこのふれはばが少し変わりましたが、ふりこが1往復する時間はふりこの長さで決まるので、結果にえいきょうしませんね。これで無事、ちょうど1往復する時間が1秒のふりこができました。

しおり　　身の回りには、ふりこのきまりを利用したものがいろいろありそうですね。

たけし　　この間、合奏の練習をしたとき、④速度を合わせるために使ったメトロノームも、ふりこのきまりを利用していますね。

図3

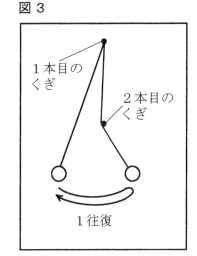

1本目のくぎ
2本目のくぎ
1往復

（問5）さくらさんは ┃ え ┃ で、実験するとき、3つの条件のうち、変える条件を1つだけにする理由を説明しました。┃ え ┃ に入る適切な言葉を書きなさい。

（問6）しおりさんは ┃ お ┃ で、ふりこの長さを何倍にすると、1往復する時間が2倍になるかに気づいて、答えました。┃ お ┃ に入る数字を書きなさい。

（問7）――――部③について、1本目のくぎにつるすふりこは、どのふりこを使えばよいか、┃実　験┃で使ったア～オのふりこの中から1つ選び、記号を書きなさい。また、2本目のくぎを1本目のくぎから真下に何cmの位置に打てばよいか、書きなさい。ただし、くぎや糸の太さ、重さのえいきょうは受けないものとし、糸はのびないものとします。

（問8）ふりこは、上に支える点がありますが、メトロノームは、図4のように下に支える点があります。――――部④について、速度が速い曲からゆっくりの曲にメトロノームの設定を変えるとき、メトロノームのおもりを上・下のどちらに移動させるとよいか、書きなさい。また、その理由を、[実験結果]をふまえて書きなさい。

図4

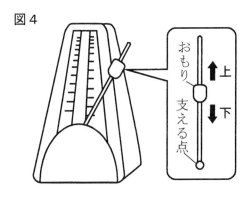

おもり
上
支える点
下

【課題３】 さくらさんたち６年生は、校内わくわく祭りの準備を行っています。次の問いに答えなさい。

（問１）アンケート係は、１年生から６年生までの児童に、校内わくわく祭りでしてみたいことについて１人１つずつ書いてもらい、その結果を次のようなグラフに表しました。さくらさんは、［**校内わくわく祭りでしてみたいことの割合**］のグラフをもとにして、的当てと書いた人数について考えました。［さくらさんの考え］の 〰 部について、解答用紙の「正しい」、「正しくない」のどちらかを選び、○で囲みなさい。また、その理由を言葉や数、式を使って書きなさい。

[校内わくわく祭りでしてみたいことの割合]

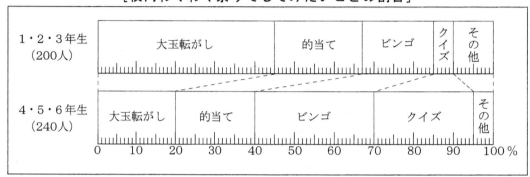

[さくらさんの考え]

　１・２・３年生で的当てと書いた人数のほうが、４・５・６年生で的当てと書いた人数より多いです。

（問２）チケット係は、チケットを入れるふたのない箱をつくるために、次の**図**のような長方形の厚紙を使い、四すみを同じ大きさの正方形に切り取り、折り目で折って組み立てることにしました。箱の容積がいちばん大きくなるのは、切り取る四すみの正方形の１辺の長さを何cmにしたときか、書きなさい。ただし、切り取る長さはcmの単位を用いた整数とし、紙の厚さは考えないこととします。

図

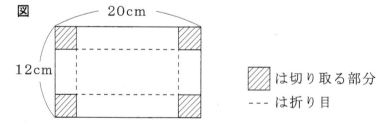

⬚ は切り取る部分
--- は折り目

（問３）かざり付け係は、折りづるをつくっています。折りづるを１個つくるのにさとるさんは48秒、ゆうきさんは１分12秒かかります。２人が同時に折りづるをつくりはじめて、あわせて70個つくるには何分何秒かかるか、書きなさい。

（問4）アート係は、校舎からのながめも楽しむことができるように、次の**図**のような校内わく
わく祭りのマークを運動場に拡大してかくことにしました。そこで、方眼を使って、拡
大図をかく練習をしています。**図**の点Oを中心にして、2倍の拡大図をかきなさい。

図

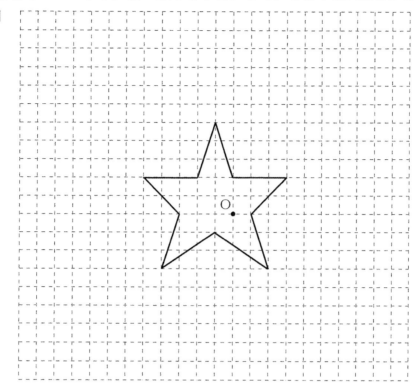

（問5）案内係は、校内わくわく祭りの案内状をつくり、480枚印刷することにしました。印
刷機Aを使って印刷していましたが、4分間印刷したところで印刷機Aが停止してしまい
ました。そのあと5分間はいろいろとためしてみましたが、全く印刷できないので残りの
案内状は印刷機Bで印刷しました。

次のグラフは、印刷機Aと印刷機Bのそれぞれの**[印刷の時間と枚数]**を表しています。
もし、はじめから印刷機Bで480枚すべてを印刷したとすると、印刷にかかる時間は、実
際に印刷にかかった時間より何分短くなるか、書きなさい。また、考え方を言葉や数、
式を使って書きなさい。ただし、いろいろとためした5分間も実際に印刷にかかった時
間にふくむこととします。

[印刷の時間と枚数]

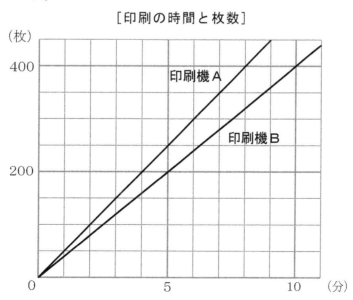

（問6）的当て係は、的当ての準備を進めています。次の会話文を読んで、あとの①・②に答えなさい。

しおり　　右の**図**のように円を円の中心から同じ間かくで区切り、得点を3種類にしましょう。

みつる　　それぞれの得点の部分の面積を比で表すと、どのようになるのですか。

しおり　　10点の部分の面積と20点の部分の面積の比は、 あ ： い になり、10点の部分の面積と30点の部分の面積の比は、 う ： え になります。

みつる　　それがいいと思います。では、的をつくっていきましょう。

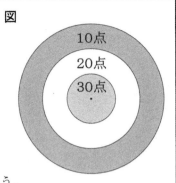

図

10点
20点
30点
・

---

①　しおりさんは、面積の比を簡単な整数の比で表しました。会話文の あ 、 い 、 う 、 え にあてはまる数をそれぞれ書きなさい。

②　しおりさんとみつるさんは、的をつくったあとで実際に的当てをしてみました。2人が同じ回数ずつ投げると、得点別に当てた回数の割合は次の表のようになり、合計得点はしおりさんよりみつるさんのほうが40点少ない結果になりました。しおりさんとみつるさんは、あと10回ずつ投げ、それまでの合計得点に得点をたしていくことにしました。しおりさんがそれまでと同じ割合で的に当てたとすると、みつるさんの合計得点がしおりさんの合計得点より多くなるためには、みつるさんは的の30点の部分に少なくとも10回中何回当てなければならないか、書きなさい。

[しおりさんとみつるさんが得点別に当てた回数の割合]

	しおり	みつる
30点	50%	20%
20点	20%	50%
10点	10%	20%
0点（当たらない）	20%	10%
合計	100%	100%

（解答用紙は別冊59 P）（解答例は別冊33 P）

1　次の文章は、さとるさんたちが、言葉の使い方について話し合っている場面の会話文
　です。この文章を読んで、下の(1)～(3)の問いに答えてください。

> さとる　　この前、本を読んでいたら、「人生は旅だ。」と書いてあったのだけど、意
> 　　　　　味がよくわからなくて、お兄ちゃんに「ずっと旅行ばかりしている人がいるの
> 　　　　　かな。」って質問したんだ。すると、「人生は、いろいろな出来事が起こると
> 　　　　　ころが旅と似ているから、『人生』を『旅』に例えているんだよ。」って教え
> 　　　　　てくれたんだ。
>
> あきえ　　「例える」というと、「まるで①青空のように」みたいな言い方をよくする
> 　　　　　けれど、②「まるで～のように」という言葉を使わずに何かを別のものに例え
> 　　　　　る言い方もあるのね。
>
> さとる　　そうみたい。そのときに、お兄ちゃんから問題を出されたよ。いっしょに考
> 　　　　　えてみてよ。
>
> > 問題「田中さんは太陽だ。」
> > 　　　田中さんはどのような人でしょうか。
>
> あきえ　　田中さんは太陽と似ているところがあるということよね。太陽は明るい光を
> 　　　　　放っていて、空を明るくするわ。それをもとに考えると、田中さんは明るい性
> 　　　　　格で、　　ア　　する人だと私（わたし）は思うわ。
>
> さとる　　なるほど。おもしろいね。
>
> あきえ　　「まるで～のように」という言葉を使わずに、何かを別のものに例えて言い
> 　　　　　表すことができるのなら、詩を作るときに使ってみるといいかもしれないわね。

(1)　下線部①は、「青い空」という意味の言葉で、前の漢字が後ろの漢字を修しょくし
　てできている熟語（じゅくご）です。下の　　　　の中の漢字を組み合わせて、下線部①と同じ成り
　立ちの熟語を二つ書いてください。ただし、それぞれの漢字は一度しか使わないこと
　とします。

> 白　量　駅　米　少

(2)　文中の　　ア　　に当てはまる言葉を書いてください。ただし、「太陽」とい
　う言葉は使わないこととします。

(3)　あきえさんは、「図書館」を題材に詩を作り、詩の中に、下線部②の方法を使った
　「図書館は　イ　だ。」という一文を入れることにしました。　イ　に当てはまる
　言葉を考えて、解答らんに合うように書いてください。また、その言葉を選んだ理由
　を、解答らんに合うように書いてください。ただし、解答らんの（※　　　）には、
　同じ言葉が入ることとし、上の会話文の中に出てくる言葉は使わないこととします。

2　次の文章は、先生が、碁石の個数の求め方について、みさきさんたちに説明している場面の会話文です。この文章を読んで、下の(1)～(3)の問いに答えてください。

先　生　　図1のように、正方形の形に並べた白い碁石の周りに黒い碁石が並んでいるとき、黒い碁石は、全部で何個あるか考えてみましょう。どの碁石も重ならずに並んでいます。

みさき　　一番外側に、黒い碁石が縦横に7個ずつ並んでいて、白い碁石が9個あるから、7×7－9で、40個です。

先　生　　そうですね。それでは、黒い碁石の個数を求める別の方法はないかな。

ゆうき　　図2のように、わくで囲んで考えることもできます。1つのわくの中には黒い碁石が　ア　個あり、わくが　イ　つあるので、　ア　×　イ　で、やっぱり40個です。

先　生　　なるほど。いい方法ですね。それでは、図3のように、正方形の形に並べた白い碁石の周りに、黒い碁石を並べます。一番外側に、黒い碁石が縦横に20個ずつ並んでいる場合、黒い碁石は、全部で何個ありますか。

みさき　　はい。黒い碁石は、全部で　ウ　個です。

先　生　　そのとおりです。

図1

図2

図3

(1)　　ア　、　イ　にそれぞれ当てはまる数を書いてください。

(2)　　ウ　に当てはまる数を書いてください。

(3)　図4のように、正方形の形に並べた白い碁石の周りに、黒い碁石を並べたところ、一番外側に並んでいる黒い碁石の個数は104個でした。このとき、黒い碁石は、全部で何個あるか書いてください。

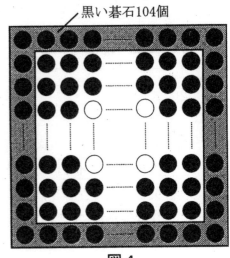
黒い碁石104個

図4

3 次の文章は、みさとさんたちが、日本の自動販売機について話し合っている場面の会話文です。この文章を読んで、下の(1)～(3)の問いに答えてください。

【資料】2012年と2022年における日本の自動販売機の設置台数とそれぞれの機種の全体にしめる割合

2012年

機種	台数（台）	割合（％）
飲料販売機	2562500	50.3
自動サービス機	1252000	24.6
日用品雑貨販売機	858030	16.8
食品販売機	74100	1.5
券類販売機	42100	0.8
その他	304000	6.0
合計	5092730	100.0

2022年

機種	台数（台）	割合（％）
飲料販売機	2242700	56.4
自動サービス機	1292200	32.6
日用品雑貨販売機	201500	5.1
食品販売機	77700	2.0
券類販売機	63100	1.6
その他	92300	2.3
合計	3969500	100.0

注 自動サービス機とは、両がえ機、コインロッカー、ちゅう車場の自動支はらい機などのことを示している。また、日用品雑貨販売機とは、カード販売機、カプセルに入ったおもちゃの販売機、新聞販売機などのことを示している。

（日本自動販売システム機械工業会資料による）

みさと　　日本は、人口や面積で考えると、外国と比べて自動販売機の数が多いという話を聞いて、自由研究で調べていたら、上のような**資料**を見つけたわ。**資料**を見ると、10年間で全体的には数が減っているけれど、たくさんの自動販売機があることがわかるわ。自動販売機はどういう場所に置かれているのかな。

しんじ　　カプセルに入ったおもちゃの販売機は、ショッピングセンターにたくさん置いてあるし、駅に行ったとき、きっぷ販売機やコインロッカーが並んでいるのを見たこともあるよ。あと、飲料販売機は、住宅街の道路沿い、スポーツ施設や観光地など、　　あ　　場所にあることが多いよね。

あすか　　そうね。この前おじいちゃんの家に遊びに行ったけれど、おじいちゃんの家の周りには家が少ないから、近くに自動販売機はなかったわ。

みさと　　あと、最近では、先に食券を買う飲食店も増えているわね。

あすか　　日本の技術がすぐれているから、日本には自動販売機が多いという話を聞いたことがあるわ。日本の飲料販売機には、１台で温かい飲料と冷たい飲料の両方を販売しているものがあるけど、このような飲料販売機では、<u>電気を使って飲料を冷やすときに出る熱を利用して、別の飲料を温めている</u>そうよ。

しんじ　　すごいね。自動販売機には、ほかにも様々な技術が使われていそうだね。

---

(1) **資料**から読み取れることを述べた文として適当なものを、次の**ア**～**エ**の中から一つ選び、その記号を書いてください。

ア 2022年の飲料販売機の台数と飲料販売機の台数の全体にしめる割合は、2012年と比べてともに多くなっている。

イ 2022年の自動サービス機の台数の全体にしめる割合は、2012年と比べて少なくなっている。

ウ 2022年の日用品雑貨販売機の台数の全体にしめる割合は、2012年と比べて、３分の１以下になっている。

エ 2022年の自動販売機の台数の合計は、2012年と比べて、７割以下になっている。

(2) 文中の　　あ　　に当てはまる言葉を、「人」という言葉を使って書いてください。

(3) 下線部の技術のすぐれている点は、どのようなところですか。「エネルギー」という言葉を使って書いてください。

4 次の文章は、まさおさんとゆかこさんが、古代の科学者アルキメデスについて話し合っている場面の会話文です。この文章を読んで、下の(1)～(3)の問いに答えてください。ただし、会話文中の王かんや金属のかたまりには、空どうはないものとします。

まさお　今から2300年ほど前に活やくしたアルキメデスという科学者の話を聞いたよ。

ゆかこ　アルキメデスというと、てこのはたらきや円周率の計算についての話を聞いたことがあるわ。

まさお　それらの話以外にも、金の王かんについての話が有名だよね。

ゆかこ　金だけでできているはずの王かんに、銀が混ぜられていないかを、王かんをこわさないで調べるように王様に命令されて、その方法を、おふろに入ったときにお湯があふれるのを見てひらめいたという話ね。でも、どのような方法なのかは知らないわ。

まさお　まず、図1のように、容器にぎりぎりまで水を入れておいて、その中に金属のかたまりを入れると、水があふれるよね。最初に容器に入れておいた水の体積が500cm³で、あふれた水の体積が58cm³としたら、金属のかたまりの体積は｜　ア　｜cm³となるよね。

また、いろいろな金属1cm³当たりの重さは、右の表のようになるけど、純すいな金属1cm³当たりの重さは、金属の種類でそれぞれ決まっていて、例えば、鉄ならば1cm³当たりの重さが7.9g、銅ならば1cm³当たりの重さが9.0gなんだ。

これらのことを使って、アルキメデスは、王かんに銀が混ぜられていないかを調べたんだ。

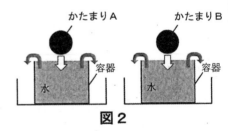

図1

表　金属1cm³当たりの重さ

金属の種類	重さ〔g〕
鉄	7.9
銅	9.0
銀	10.5
金	19.3

ゆかこ　もう少し、くわしく教えて。

まさお　金だけでできている100gの金属のかたまり（かたまりA）と、金と銀を混ぜてできている100gの金属のかたまり（かたまりB）を用意して、図2のように、ぎりぎりまで水を入れた二つの容器の中に、金属のかたまりをそれぞれ入れたとすると、かたまりAを入れたときにあふれる水の体積と、かたまりBを入れたときにあふれる水の体積に、ちがいが出ることはわかるかな。

図2

ゆかこ　そうか。そうするとアルキメデスは、ぎりぎりまで水を入れた二つの容器、王かん、｜　　イ　　｜の金のかたまりを用意し、二つの容器の中に、王かんと金のかたまりをそれぞれ入れ、あふれた水の体積が｜　　ウ　　｜の方が多かったことから、金だけでできているはずの王かんに、銀が混ぜられていることを確かめたわけね。

(1) 文中の｜　ア　｜に当てはまる数を書いてください。

(2) 下線部について、銅だけでできている100gの金属のかたまりの体積は何cm³になるか書いてください。ただし、小数第2位を四捨五入し、小数第1位まで求めることとします。

(3) 文中の｜　　イ　　｜に当てはまる言葉を、「王かん」という言葉を使って書いてください。また、文中の｜　　ウ　　｜に当てはまる言葉を、「王かん」「金のかたまり」のいずれかから選んで書いてください。

5 次の文章は、先生が、四角形を作る問題について、さくらさんたちに説明している場面の会話文です。この文章を読んで、下の(1)〜(4)の問いに答えてください。

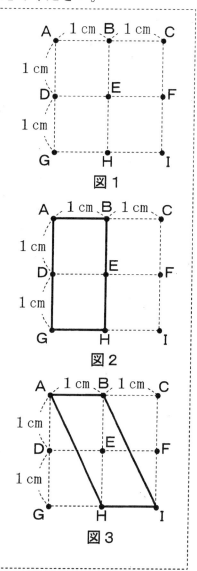
図1

図2

図3

先　生　　**図1**のように、1辺が2cmの正方形を、1辺が1cmの正方形4個に分けて、点A〜点Iまでの9つの点をとります。次に、4点を頂点とする四角形ができるように、9つの点の中から4つの点を選び、線で結びます。例えば、**図2**のように、①4点A、G、H、Bを選び、それらの点を線で結んでできた四角形は、面積が2cm²の長方形となります。4つの点の選び方によって、様々な四角形ができますので、面積が2cm²になるよう、別の選び方を考えてみましょう。

さくら　　私は、4点A、H、I、Bを選んで、面積が2cm²の平行四辺形（**図3**）ができたわ。

ひろし　　ぼくは、4点　　**あ**　　を選んで、面積が2cm²の正方形ができたよ。

かえで　　私は、②面積が2cm²だけど、長方形でも平行四辺形でも正方形でもない四角形ができたわ。

先　生　　みなさん、いろいろな選び方ができましたね。4点を頂点とする四角形ができるように、9つの点の中から4つの点を選び、線で結ぶとき、面積が1cm²や4cm²となる四角形は、すぐに見つけられると思います。それでは、③面積が1cm²、2cm²、4cm²のいずれにもならない四角形ができる、4つの点の選び方を考えてみましょう。

(1) 下線部①の四角形と**合同ではない**四角形を、次の**ア〜エ**の中から1つ選び、その記号を書いてください。

　　ア　4点A、D、F、Cを頂点とする四角形
　　イ　4点D、G、I、Fを頂点とする四角形
　　ウ　4点E、H、I、Fを頂点とする四角形
　　エ　4点B、H、I、Cを頂点とする四角形

(2) 　　**あ**　　に当てはまる4点を、A〜Iの記号の中から選び、その記号を書いてください。

(3) 下線部②について、長方形でも平行四辺形でも正方形でもない面積2cm²の四角形は、何個かあります。そのうち、いずれか1個の四角形を、**図2**や**図3**のかき方を参考にして解答らんの図にかいてください。

(4) 下線部③について、面積が1cm²、2cm²、4cm²のいずれにもならない四角形は、何個かあります。そのうち、いずれか1個の四角形を、**図2**や**図3**のかき方を参考にして解答らんの図にかいてください。また、その四角形の面積を書いてください。

6 次の文章は、みらいさんたちが、夏休みの思い出について話している場面の会話文です。この文章を読んで、あとの(1)〜(4)の問いに答えてください。

> みらい　フェリーに乗って九州にわたり、①大分県にいるいとこに会ってきたよ。
>
> ひなた　列車で岡山県まで行ったよ。JR岡山駅前の広場に②桃太郎の像があったよ。
>
> かえで　家族といっしょに、③四国4県を自動車で一周したよ。
>
> あさひ　お兄ちゃんが、兵庫県の甲子園球場で開かれた、④全国高等学校野球選手権大会に出場したので応えんに行ったよ。

(1) 資料1は、下線部①の自然条件についてまとめたものです。この自然条件により、下線部①には、ほぼ全域に　あ　が分布しており、多くの観光客を集めるための重要な資源となっています。　あ　に当てはまる言葉を、下のア〜エから一つ選び、その記号を書いてください。

【資料1】

> 大分県には、中央部に大地のさけ目があり、そこに沿って多くの火山があります。火山が多い地域は、地下水が豊富であるとともに、地下にたまっているマグマが、1000度に達するほどの高温になっています。高温のマグマによって熱せられた蒸気は、地熱発電に利用することができます。
>
> （大分県ホームページほかによる）

ア　温泉　　イ　水族館　　ウ　スキー場　　エ　世界遺産

(2) 下線部②の物語は、おばあさんが川で拾った桃から男の子が生まれて、やがてたくましく育ったのち、いぬ、さる、きじを連れて、鬼を退治したというものです。資料2、資料3を参考に、十二支の「とら」と「いぬ」が表す方角として適当なものを、資料4のア〜シの中から、それぞれ一つずつ選び、その記号を書いてください。

【資料2】

> 十二支を北から順に右回りに並べたとき、「うし」と「とら」が表す方角を、「鬼の出入りする門」と書いて鬼門と言い、この方角から災いがもたらされるという考え方があります。鬼退治をする桃太郎の仲間は、「とら」の反対の方角にいる「さる」からスタートして、そこから右回りに、「さる」「とり（きじ）」「いぬ」になったと言われています。
>
> （国史大辞典ほかによる）

【資料3】

> 日本の十二支は、ね（ねずみ）・うし・とら・う（うさぎ）・たつ（りゅう）・み（へび）・うま・ひつじ・さる・とり・いぬ・い（いのしし）の順番に並んだ動物をまとめた呼び方です。日本では、十二支をこの順番で、年や方角などに当てて用います。
>
> （日本国語大辞典ほかによる）

【資料4】

十二支が表す方角

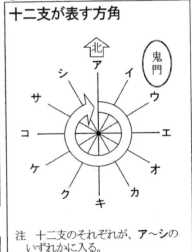

注　十二支のそれぞれが、ア〜シのいずれかに入る。

(3) **資料5**のような自動車のナンバープレートは、下線部③のほかにも日本の各地でつくられています。また、自動車は、日常的な交通手段として利用されることが多く、さらに、県外への移動にも使われることがあります。これらのことから、**資料5**のような自動車のナンバープレートは、どのようなことを目的として導入されたと考えられますか。「地域」「全国」という<u>二つ</u>の言葉を使って、解答らんに合うように書いてください。

【資料5】

四国４県の名所や特産品などをデザインに取り入れた自動車のナンバープレート

〔徳島県〕 ＜阿波おどり＞　〔香川県〕 ＜瀬戸内海、オリーブ＞　〔愛媛県〕 ＜みきゃん＞　〔高知県〕 ＜はりまやばし、カツオ＞

(国土交通省ホームページによる)

(4) 下線部④は、暑い時期に開かれます。この大会では、選手がいい状態でプレーできるようにするため、どのような工夫が取り入れられていますか。**資料6**、**資料7**を参考に、それぞれの資料から考えられることを一つずつ書いてください。

【資料6】

全国高等学校野球選手権大会準々決勝から決勝までの結果

準々決勝　準決勝　決勝

A高校　9
8月19日④
B高校　4
　8月21日①　6
C高校　6
8月19日③
D高校　0　2
　8月23日　2
　　優勝　F高校
E高校　2
8月19日①
F高校　7
　8月21日②　2
G高校　9
8月19日②
H高校　2　0　8

注1　2023年度の大会をもとに作成している。トーナメント表にある太字の数字は得点、太線は勝ち上がり、丸数字は試合順を、それぞれ示している。なお、トーナメント表の、1回戦から3回戦は省略している。

注2　3回戦は、8月16日と17日に行われた。また、18日、20日、22日は休養日のため試合がなかった。

(日本高等学校野球連盟ホームページほかによる)

【資料7】

2023年度における全国高等学校野球選手権大会の新たな取り組み

　気温が高くなる昼間の試合をさけるために、試合を朝と夕方に分けて行うことについて見直しを進めてきたが、今年度の大会からの導入は見送った。一方で、試合のと中の5回終りょう後に、選手が休息をとることができるよう、「クーリングタイム」を新たな取り組みとして導入することを決めた。この取り組みにより、最大10分間の休息を取れるようにして、試合中に選手たちが体を冷やしたり、水分補給をしたりするための時間を確保できるようになった。

(2023年2月1日付け新聞記事による)

（解答用紙は別冊61Ｐ）（解答例は別冊35Ｐ）

1　山下さんの夏休み中のできごとです。

問1　山下さんの妹は、自由研究で、ストロー内の水面の上下で温度変化が分かるストロー温度計（**図1**）を作っています。下の □□□□□ は、妹が作ったストロー温度計（**図2**）にストロー内の水面の位置を記録していたときの、山下さんと妹の会話の一部です。

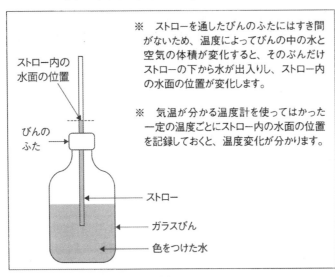

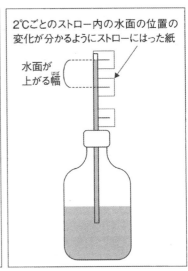

図1　　　　　　　　　　　　　　　　　　　　**図2**

妹　：「ストローの上から水があふれそうだね。これだと、4℃ぶんの変化しか
　　　分からないね。もっと大きな温度変化が分かるストロー温度計にするには、
　　　どうすればいいのかな。」

山下：「あなたが作った温度計の、びんの中の水の量を増やすだけでいいよ。
　　　水の量を増やして、ストロー内の水面の位置を記録し直してごらん。」

妹　：「どうして、その方法でできるのかな。」

山下：「**それはね、** □□□□□ 」

　山下さんは会話の中の**それはね、**に続けて □□□□□ で、びんの中の水の量を増やすことで、もっと大きな温度変化が分かるストロー温度計にできる理由を説明しました。あなたが 山下さんだったら、どのように説明しますか。あたためられたときの水と空気の変化の違いが、ストロー内の水面が上がる幅とどのように関係しているのかを明らかにして、下の □□□□□ にかきましょう。

問2　山下さんと祖母は草が生えないように、地面をおおうシートにUピン杭（図3）を打っていました。途中でUピン杭を抜くために、棒を使ってUピン杭を少し引き上げようとした（図4）ところ、祖母が「もっと小さな力で引き上げる方法があるよ。」と教えてくれました。

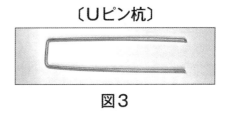

図3

〔Uピン杭を引き上げる様子〕

図4

〔山下さんの方法〕

A　棒を持つところ
B　棒がUピン杭に当たっているところ
C　棒が地面に接しているところ

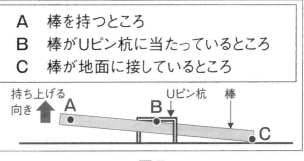

図5

山下さんは、下の**ア～エ**の方法を試してみました。

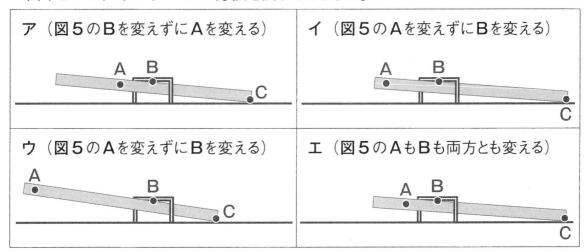

ア（図5のBを変えずにAを変える）

イ（図5のAを変えずにBを変える）

ウ（図5のAを変えずにBを変える）

エ（図5のAもBも両方とも変える）

※　棒の長さはすべて同じものとします。

　下の ☐ の【支点】には、図5の中で支点の場所がどこか、**A～C**の中から1つ選んで記号をかき、【方法】には、図5の方法よりも小さな力で引き上げることができた方法はどれか、**ア～エ**の中から1つ選んで記号をかき、【理由】には、その方法を選んだ理由をかきましょう。そのとき、【理由】については、次の「　」の中のすべての言葉を必ず1回以上使ってかきましょう。

「　作用点　　きょり　」

【支点】	【理由】
【方法】	

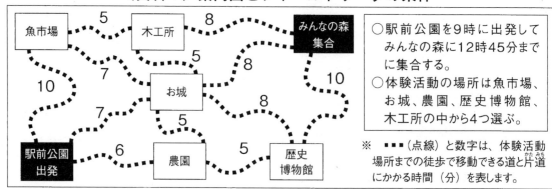

2 森口さんの小学校では、地域のさまざまな場所を訪れて体験活動を行う「地域発見フィールドワーク」をします。

問1 森口さんたちの班は、フィールドワークの計画を立てることになりました。下の〔資料1〕は、先生から配られた案内図とフィールドワークの条件がかかれたプリントです。

〔資料1〕案内図とフィールドワークの条件

○駅前公園を9時に出発してみんなの森に12時45分までに集合する。
○体験活動の場所は魚市場、お城、農園、歴史博物館、木工所の中から4つ選ぶ。

※ ••• (点線) と数字は、体験活動場所までの徒歩で移動できる道と片道にかかる時間 (分) を表します。

森口さんたちの班は、フィールドワークの計画について話し合っています。次の　　　　　は、そのときの会話の一部です。

森口：「この前の話し合いでは、先生から配られた〔体験活動カード〕をもとに、木工所の寄木体験とお城の忍者体験を必ずしようと決めたよね。」

川上：「みんなお城が好きだから、〔体験活動カード〕にかかれている忍者体験の時間とは別に、お城の中を見学する時間をとりたいね。」

田中：「お城の中も見学するなら、忍者体験の30分間と見学を合わせてお城で過ごす時間を決めよう。」

森口：「お城で過ごす時間が最も長くなるように、回る順番と場所を考えて計画書を作ろう。」

〔体験活動カード〕

魚市場	お城	農園	歴史博物館	木工所
時間　45分間	時間　30分間	時間　45分間	時間　40分間	時間　60分間
内容　せり体験	内容　忍者体験	内容　みかんがり	内容　勾玉づくり	内容　寄木体験

森口さんたちの班は、〔資料1〕をもとに計画を考えました。森口さんたちの班の【地域発見フィールドワーク計画書】を完成させましょう。

【地域発見フィールドワーク計画書】			
回る順番	場所	場所で過ごす時間	次の場所への出発時刻
	駅前公園		9：00
1		分間	：
2		分間	：
3		分間	：
4		分間	：
	みんなの森		

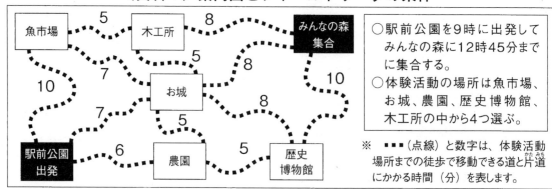

福岡県立中学校・中等教育学校

問2　森口さんたちの班は、木工所で寄木の
コースターづくり〔資料2〕を体験しています。
次の ┊　　　　┊ は、そのときの会話の一部
です。

〔資料2〕寄木のコースター

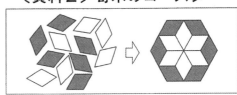

> 職人：「ここでは、**ア～エ**の三角形や四角形（**図1**）をしきつめて正六角形の
> 　　　コースターを作ります。」
> 森口：「私は、**ア**の正三角形と**イ**のひし形の2種類で作ってみたいです。」
> 職人：「**ア**と**イ**の辺の長さはすべて等しく、**ア**を2まい並べると**イ**になります。
> 　　　それらをしきつめていくと正六角形になりますよ。」
> 森口：「**ア**を集めると小さな正六角形ができました。さらに**ア**と**イ**を使ってもっと大きな
> 　　　正六角形を作ることはできますか。」
> 職人：「はい。森口さんが作った正六角形をこの台紙の真ん中に置いて（**図2**）、
> 　　　その周りに**ア**と**イ**を ┊　　　┊ まいずつしきつめてもできます。」
> 田中：「私は、**ウ**と**エ**の二等辺三角形だけを使ってコースターを作りたいな。
> 　　　おすすめはありますか。」
> 職人：「**ウ**を18まい使うとできます（**図3**）。きれいに作るには、その18まいのうち8まいを
> 　　　**エ**と入れかえて、線対称であり点対称でもある図形にするといいですよ。」
> 田中：「ありがとうございます。その方法で、作ってみます。」

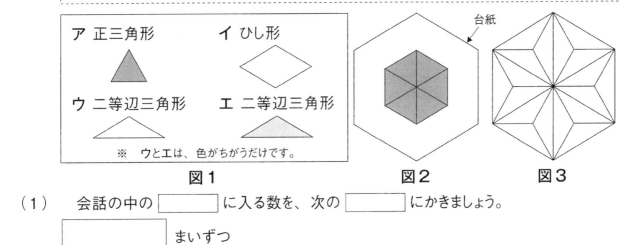

図1　**図2**　**図3**

（1）　会話の中の ┊　　　┊ に入る数を、次の ┊　　　┊ にかきましょう。

　　┌──────┐
　　│　　　　　│　まいずつ
　　└──────┘

（2）　下の ┊　　　┊ の図形に、**エ**の二等辺三角形を使った部分に色をぬって、田中さん
が作ろうとしている模様を3つ作りましょう。ただし、回転すると同じものは1つとします。
また、色をぬるときは、はみださないように注意しましょう。

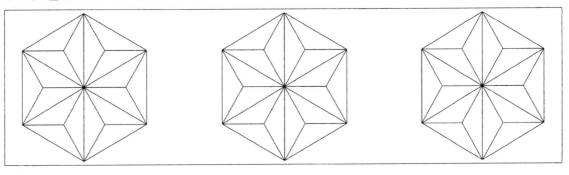

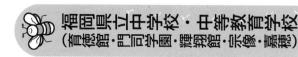

福岡県立中学校・中等教育学校

3 木山さんの学級では、総合的な学習の時間に「私たちのくらしと食生活」というテーマで、班に分かれて学習しています。

問1
(1) 木山さんたちの班は、食品ロスについて調べています。
木山さんたちの班では、食品ロスを減らすための具体的な取り組みについて資料をもとに話し合っています。次の □ は、そのときの会話の一部です。

> 木山：「食品ロスとは、まだ食べられるのに捨てられる食品のことだと学習しましたよね。その食品ロスを減らすための取り組みとして、『てまえどり』というものがあるみたいだよ〔資料1〕。」
>
> 高木：「『てまえどり』とは、購入してすぐに食べる場合には、商品棚の手前にある商品を取ることをすすめる取り組みだって。」
>
> 木山：「そうなんだね。でも、商品棚の手前にある商品を取ることと、食品ロスを減らすことには、どのような関係があるのかな。」
>
> 先生：「〔資料2〕と〔資料3〕をもとに考えると、食品ロスを減らすために『てまえどり』をすすめる理由が分かりませんか。」
>
> 木山：「そうか、 □ 。」

〔資料1〕「てまえどり」を呼びかける広告

〔資料2〕賞味期限のあつかいについて

賞味期限とは、おいしく食べることができる期限のことである。賞味期限を過ぎた商品は、すぐに食べられなくなるわけではないが、捨てることにしているお店が多い。

品質の変化 / 品質がよい / 安全に食べられる限界 / 製造日 / 賞味期限 / 製造日からの日数 ［期限表示］
参照：消費者庁

〔資料3〕商品の並べ方について

コンビニエンスストアなどでは、現在並べられている商品の後ろ（奥の方）に新しく仕入れた商品を並べる。特に、食品などを並べるときの基本となる。

新しく仕入れた商品を奥に追加 / 奥の方が賞味期限までの期間が長い / 手前の方が賞味期限までの期間が短い / （奥）/（手前）/ 商品→ / 商品棚→

木山さんは、会話の中の「そうか」に続けて □ で、食品ロスを減らすために『てまえどり』をすすめる理由について〔資料2〕と〔資料3〕の二つの資料をもとにして説明しています。あなたが木山さんだったら、どのように説明しますか。次の □ にかきましょう。

(2) 木山さんたちの班は、家庭の食品ロスの量の推移について、資料をもとに話し合っています。次の　　　は、そのときの会話の一部です。

井上：「日本では、家庭の食品ロスの量を、二〇三〇年度までに二〇〇〇年度の半分に減らすという目標を立てているそうだよ。二〇〇〇年度が四百三十三万トンだったから、目標値は、二百十六万トンだね。〔資料４〕を見ると、各家庭の努力によって、食品ロスはどんどん減少していることが分かるね。」

高木：「二〇一五年度から二〇二〇年度の五年間で四十万トン以上減っているから、同じペースで減っていくと考えれば、二〇三〇年度には、百六十九万トンになり、目標は十分に達成できそうだよ。」

木山：「そのようにも考えられるけど、私は少し心配だな。グラフの見方はいろいろあるから、最新の情報に着目して、二〇二〇年度から二〇二一年度の一年間で減った量をもとに考えてみると、目標が達成できないかもしれないよ。それはね、　　　。」

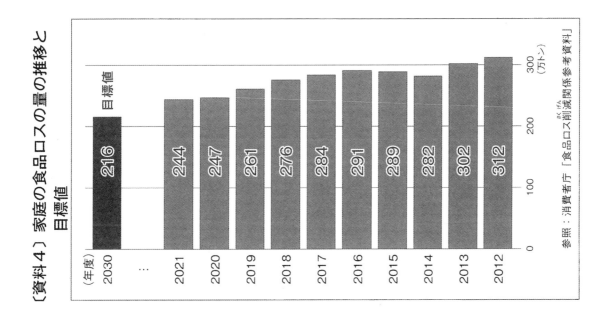

〔資料４〕 家庭の食品ロスの量の推移と目標値

2012	312
2013	302
2014	282
2015	289
2016	291
2017	284
2018	276
2019	261
2020	247
2021	244
…	
2030（目標値）	216

（万トン）

参照：消費者庁「食品ロス削減関係参考資料」

木山さんは、会話の中の<u>それはね、</u>に続けて、　　　で、目標値の二百十六万トン以下にならないかもしれないと考えた理由を、〔資料４〕をもとに説明しています。あなたが木山さんだったら、どのように説明しますか。〔資料４〕のどこに着目して考えたのかを明らかにして、次の　　　にかきましょう。

福岡県立中学校・中等教育学校

木山さんたちは、これまでの学習を通して、これからは、自分たちができることから食品ロスを減らしていくことが大切であることに気づきました。そして、自分たちと食品との関わり方をふり返りました。

あなたは、なぜ食品ロスを減らしていくことが大切だと思いますか。また、あなたがこれから食品ロスを減らすために、どのような取り組みをやってみたいですか。

取り組みの具体例を挙げ、次の【条件】に合わせて、解答用紙に三百字から四百字でかきましょう。

【条件】

次の①②についてかくこと
① これまでの学習から、なぜ食品ロスを減らしていくことが大切だと思うか
② これから、食品ロスを減らすために、どのような取り組みをやってみたいか

そのとき、次の【注意】にしたがって、解答用紙にかきましょう。

【注意】　◎　解答用紙には、題や氏名はかかないで、たてがきでかきましょう。
◎　一マス目からかきを始めましょう。
◎　段落は変えないでかきましょう。
◎　句読点やかぎかっこは、一字と数えましょう。
◎　文章を見直すときには、次の(例)のように、付け加えたり、けずったり、かき直したりしてもかまいません。

(例)

朝の会で、司会をしているとき、友達がやさしい意見を書いてくれました。

〔解答用紙〕

300

400

（解答用紙は別冊64P）（解答例は別冊36P）

1　としさんたちは、総合的な学習の時間で「ふるさとの歴史や文化を学ぶ」ことをテーマに、3人グループで地域の施設などを取材することになりました。次の 会話文 と【資料】を読んで、あとの(1)～(3)の問いに答えましょう。

会話文

> としさん：今日はまず、前回立てた計画を見直そう。学習のテーマは、「ふるさとの歴史や文化を学ぶ」だよね。
>
> あやさん：この【学校周辺の地図】にある有明遺跡、郵便局、清そう工場、はがくれ城に行く予定だったよね。
>
> そうさん：4か所も取材するのは、大変かもしれないね。
>
> としさん：それと、郵便局と清そう工場は、　ア　から、見直したほうがいいと思うよ。

【学校周辺の地図】

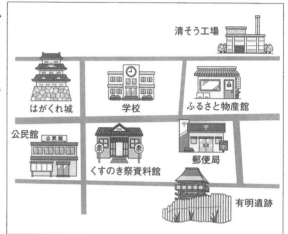

> そうさん：そうだね。取材先は、もう一度考えることにしよう。
>
> ……………（【資料】のように、取材先と取材する順番が決定）……………
>
> あやさん：取材をするには予約が必要だよね。電話で予約をするときに、どんなことを聞いたり、伝えたりする必要があるかな。
>
> そうさん：予約をするときは、取材に行く日や時間のほかに、　イ　や　ウ　も取材先に伝えたほうがいいよね。
>
> としさん：そうだね。電話で予約をするときのメモを作って、あとで先生にも見てもらおう。
>
> あやさん：取材したことは、プレゼンテーションソフトを使って発表するんだよね。カメラや学習用PCは持っていけるよ。それから、取材に向けて、インタビューをするときの質問を考えておかないといけないよね。
>
> そうさん：実際にインタビューをするときは、話し方や聞き方などの態度も大事だし、相手から知りたい情報を引き出すために、　エ　ことも大切だと思うよ。

【資料】 取材先と取材する順番

```
〈見直す前〉                    〈見直したあと〉

順番  │  取材先              順番  │  取材先
  1   │  有明遺跡              1   │  有明遺跡
  2   │  郵便局      ⇨        2   │  くすのき祭資料館
  3   │  清そう工場            3   │  はがくれ城
  4   │  はがくれ城
```

(1) 　会話文　で、としさんは、　　　　　　のように、「それと、郵便局と清そう工場
は、　ア　から、見直したほうがいいと思うよ。」と言っています。あなたなら、
どのように考えますか。次の《**条件1**》に合うように書きましょう。

《**条件1**》

> ・解答用紙の　ア　には、　会話文　や【資料】をもとに、取材先が、郵便局
> と清そう工場から、くすのき祭資料館に見直された理由を書くこと。
> ・解答用紙の　ア　は、「から」につながるように書くこと。

(2) 　会話文　で、そうさんは、　　　　　　のように、「予約をするときは、取材に
行く日や時間のほかに、　イ　や　ウ　も取材先に伝えたほうがいいよね。」と
言っています。あなたなら、どのように考えますか。次の《**条件2**》に合うように
書きましょう。

《**条件2**》

> ・解答用紙の　イ　と　ウ　には、取材の予約をするときに、取材に行く日
> や時間のほかに、取材先に伝えたほうがよいことを書くこと。
> ・解答用紙の　イ　と　ウ　は、1つずつ書くこと。

(3) 　会話文　で、そうさんは、　　　　　　のように、「実際にインタビューをする
ときは、話し方や聞き方などの態度も大事だし、相手から知りたい情報を引き出す
ために、　エ　ことも大切だと思うよ。」と言っています。あなたなら、どのように
考えますか。次の《**条件3**》に合うように書きましょう。

《**条件3**》

> ・解答用紙の　エ　には、実際にインタビューをするとき、相手から知りたい
> 情報を引き出すためには、どのようなことに気をつけて質問するとよいかを
> 書くこと。
> ・解答用紙の　エ　は、話し方や聞き方などの態度以外のことを書くこと。
> ・解答用紙の　エ　は、「こと」につながるように書くこと。

2 ニュージーランドにある小学校の児童が、かおりさんたちの学校を訪問することになりました。かおりさんたちは、交流会の内容について話し合っています。次の 会話文 と【資料1】、【資料2】を読んで、あとの(1)～(3)の問いに答えましょう。

会話文

> かおりさん：昨日、外国語担当のマイク先生に【交流会のプログラム案】を見せたら、交流会プログラム3番の体験活動についてのアドバイス（【資料1】）をもらったよ。これを参考にして、体験活動の内容を決めよう。
>
> 【交流会のプログラム案】
>
> 交流会プログラム
> 1. 開会
> 2. 学校しょうかい
> 3. 体験活動
> 4. 写真さつえい
> 5. 閉会
>
> こうたさん：そうだね。6年生が10人来るから、日本とニュージーランドの混合でチームをつくって、運動場でサッカーをしようよ。
>
> かおりさん：サッカーをするのも楽しいと思うけど、サッカーだとマイク先生からのアドバイスに合わないよ。
>
> ゆうかさん：それに、スポーツじゃなくてもいいんだよね。
>
> かおりさん：教室は、机といすを別の場所に移動させると広く使えるから、おたがいの国の伝統的なおどりをおどるのはどうかな。
>
> こうたさん：楽しそうだね。おたがいに教え合っていっしょにおどれるといいね。
>
> ゆうかさん：そうだね。そうすると、みんなで楽しめる体験活動になるね。
>
> かおりさん：それから、外国語の授業のときのように、積極的に英語でコミュニケーションをとることも大切だって、マイク先生が言っていたよ。
>
> ゆうかさん：自分たちの英語がちゃんと伝わるか、やってみようよ。
>
> かおりさん：うん。交流会プログラム2番の学校しょうかいも、英語で伝えられるようにがんばりたいね。
>
> こうたさん：そうだね。どのようなことを話したらいいかな。
>
> かおりさん：学校しょうかいで話す内容について、考えを整理するための図やふせん（【資料2】）を使いながら、みんなで考えてみよう。
>
> こうたさん：うん。じゃあ、話す内容がより伝わるようにするためには、どうしたらいいかな。
>
> かおりさん：話すときの声の大きさや表情などを意識することが大事だよね。
>
> ゆうかさん：本番では、しょうかいの仕方もくふうするといいよね。例えば、英語で学校しょうかいをするときに、 ア のはどうかな。そうすると、よりよく伝わる学校しょうかいになるんじゃないかな。

【資料1】 体験活動についてのアドバイス

① 日本とニュージーランドの、それぞれの独自の文化について学び合う活動がよい。
② 日本とニュージーランドの児童がコミュニケーションをとる必要がある活動がよい。
③ 運動場や体育館は使えないときがあるので、教室でできる活動がよい。
④ 体を動かす活動がよい。

【資料２】 考えを整理するための図やふせん

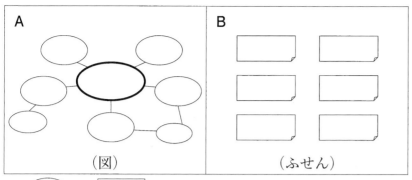

A
（図）

B
（ふせん）

※ ◯ 、 ▭ には、思いつくことを書き出します。

(1) 会話文 で、かおりさんは、「サッカーをするのも楽しいと思うけど、サッカーだとマイク先生からのアドバイスに合わないよ。」と言っています。あなたは、どのアドバイスに合わないと考えますか。次の《条件１》に合うように書きましょう。

《条件１》

・解答用紙の**記号**には、サッカーをすることはマイク先生のどのアドバイスに合わないのか、【資料１】の①〜④の中から2つ選び、その記号を書くこと。

(2) 会話文 で、かおりさんは、「学校しょうかいで話す内容について、考えを整理するための図やふせん（【資料２】）を使いながら、みんなで考えてみよう。」と言っています。あなたなら、【資料２】のAとBのどちらを使って考えますか。また、その理由は何ですか。次の《条件２》に合うように書きましょう。

《条件２》

・解答用紙の**記号**には、【資料２】から、AかBのどちらかを選び、その記号を書くこと。
・解答用紙の**理由**には、【資料２】から選んだ、考えを整理するための図またはふせんの特ちょうにふれながら、選んだ理由を書くこと。
・解答用紙の**理由**は、「から」につながるように書くこと。

(3) 会話文 で、ゆうかさんは、┈┈┈のように、「本番では、しょうかいの仕方もくふうするといいよね。例えば、英語で学校しょうかいをするときに、アのはどうかな。そうすると、よりよく伝わる学校しょうかいになるんじゃないかな。」と言っています。あなたなら、どのようなくふうをしますか。次の《条件３》に合うように書きましょう。

《条件３》

・解答用紙の アには、英語で学校しょうかいをするときに、よりよく伝わるものにするためのくふうを書くこと。
・解答用紙の アは、声の大きさや表情など、学校しょうかいをするときの態度以外のことを書くこと。
・解答用紙の アは、「のはどうかな」につながるように書くこと。

3 ゆきさんは、タブレット型端末を使いながらお父さんと話をしています。次の 会話文 と【資料１】～【資料４】を読んで、あとの(1)～(3)の問いに答えましょう。

会話文

お父さん：最近、テレビを見るよりタブレット型端末をよく使っているね。どんなことをしているの。

ゆきさん：インターネットで、お気に入りの動画を見たり、いろいろなことを調べたりしているよ。

お父さん：そうなんだね。使うのはいいけど、今日の新聞にちょっと気になる記事がのっていたよ。2012年と2022年を比べた、平日１日あたりのテレビとインターネットの平均利用時間（【資料１】）を見てごらん。

ゆきさん：この資料を見ると、10代から60代に共通する変化の様子が分かるね。

お父さん：インターネットは生活を便利にしているけど、インターネットなどを利用した犯罪に関するグラフ（【資料２】）を見ると、さまざまなトラブルが起こっていることが分かるね。それに、青少年を取りまくインターネットトラブル（【資料３】）も気になるね。

ゆきさん：これらの資料を参考に、小学生が安心してインターネットを使うためのルールを考えてみるね。

お父さん：フィルターバブル現象についての記事（【資料４】）も読むといいよ。

ゆきさん：フィルターバブル現象は、＊ＳＮＳや＊プラットフォームに ア という機能があるから起こるんだね。フィルターバブルのような状態にならないように、はば広く情報を得るためには、 イ ことも大切だね。

＊ＳＮＳ：ソーシャルネットワーキングサービスのことで、友達や同じ趣味の人同士などがインターネット上で交流できるサービスのこと

＊プラットフォーム：けんさくサービスや、動画・音楽、オンライン予約サービスなど、人と人、人と企業、企業と企業をインターネット上で結び付ける場のこと

【資料１】　平日１日あたりのテレビとインターネットの平均利用時間

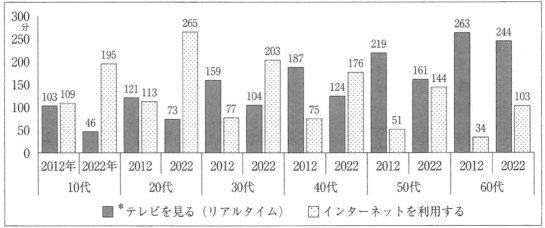

	2012年	2022年	2012	2022	2012	2022	2012	2022	2012	2022	2012	2022
テレビを見る（リアルタイム）	103	46	121	73	159	104	187	124	219	161	263	244
インターネットを利用する	109	195	113	265	77	203	75	176	51	144	34	103
	10代		20代		30代		40代		50代		60代	

■＊テレビを見る（リアルタイム）　　□インターネットを利用する

＊テレビを見る（リアルタイム）：放送中の番組をテレビでその時見ること　　（総務省令和４年情報通信白書　より）

【資料２】 インターネットなどを利用した犯罪に関するグラフ

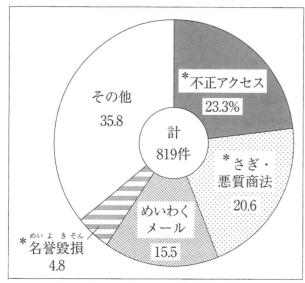

その他
35.8

＊不正アクセス
23.3%

計
819件

＊さぎ・
悪質商法
20.6

めいわく
メール
15.5

＊名誉毀損
4.8

＊不正アクセス：個人情報などを入手するために、他人のＩＤ・パスワードなどを悪用してネットワークに、しん入すること

＊さぎ・悪質商法：他人をだましてお金や物をうばったり、高額な商品などを無理に買わせたりすること

＊名誉毀損：人のほこりをきずつけること

（令和５年第３次佐賀県防犯あんしん計画　より）

【資料３】 青少年を取りまくインターネットトラブル

① スマートフォンが気になるあまり、日常生活に支障が出てしまう
② ＊自画撮り画像や、安易な気持ちで送った悪ふざけ画像
③ ゲームで高額の課金、オンラインショッピングサイトでの詐欺被害などお金に係わるトラブル

＊自画撮り：カメラ機能付きのけい帯電話やスマートフォンなどで、自分自身をさつえいすること

（内閣府ウェブサイト　より）

【資料４】 フィルターバブル現象についての記事

SNSやプラットフォームなどの多くは、私たちがどのようにサービスを利用しているかなどを分析・学習することによって、私たちが興味のある情報を自動的に選んで表示してくれます。たくさんの情報にあふれている現代社会においては、このような機能はとても便利です。

一方で、こうした機能によって「興味がないはず」と判断された情報は、自動的にはじかれてしまうため、実際に受け取れた情報がどれだけ偏ったものなのか、私たちは正確に知ることができません。

このように、自分の考え方や価値観のバブル（泡）に包まれたかのように、好みの情報に囲まれ、好みではない情報に接しづらくなる状態のことを「フィルターバブル」といいます。

（総務省情報通信白書 for Kids　より）

＊佐賀県立中学校

- 265 -

(1)　| 会話文 |で、ゆきさんは、「この資料を見ると、10代から60代に共通する変化の様子が分かるね。」と言っています。あなたなら、どのように説明しますか。次の《条件1》に合うように書きましょう。

《条件1》

> ・【資料1】の2012年と2022年を比べること。
> ・【資料1】をもとに、10代から60代に共通してみられる、平日1日あたりのテレビとインターネットの平均利用時間のそれぞれの変化について書くこと。

(2)　| 会話文 |で、ゆきさんは、「これらの資料を参考に、小学生が安心してインターネットを使うためのルールを考えてみるね。」と言っています。あなたなら、どのようなルールが必要だと考えますか。また、その理由は何ですか。次の《条件2》に合うように書きましょう。

《条件2》

> ・小学生が安心してインターネットを使うためのルールと、そのルールが必要だと考える理由を書くこと。
> ・【資料2】と【資料3】の内容を関連付けて書くこと。
> ・ルールと理由は、それぞれ1文で書き、つなぐ言葉を適切に使って2文で書くこと。

(3)　| 会話文 |で、ゆきさんは、[＿＿＿＿]のように、「フィルターバブル現象は、ＳＮＳやプラットフォームに| ア |という機能があるから起こるんだね。フィルターバブルのような状態にならないように、はば広く情報を得るためには、| イ |ことも大切だね。」と言っています。あなたなら、どのように考えますか。次の《条件3》に合うように書きましょう。

《条件3》

> ・解答用紙の| ア |には、フィルターバブル現象が起こるＳＮＳやプラットフォームの機能を書くこと。
> ・解答用紙の| ア |は、【資料4】の言葉を使って、「という機能」につながるように書くこと。
> ・解答用紙の| ア |は、20〜30字で書くこと。
> ・解答用紙の| イ |には、フィルターバブルのような状態にならないように、はば広く情報を得るために、あなたが大切だと考える具体的な行動を書くこと。
> ・解答用紙の| イ |は、「こと」につながるように書くこと。
> ・解答用紙の| イ |は、それぞれ15〜20字で書くこと。

（解答用紙は別冊67 P） （解答例は別冊37 P）

1 　さくらさんは、あおいさんと明日のクラス対こう球技大会について話をしています。 会話文1 を読んで(1)の問いに、 会話文2 を読んで(2)の問いに、 会話文3 を読んで(3)の問いに答えましょう。

会話文1

> さくらさん：先生から保護者が**応えんできる場所**をクラスごとに分けてほしいとたのまれたんだ。先生が【運動場の図】を方眼紙にかいてくれたよ。
>
> あおいさん：この【運動場の図】の色がついている部分（　の部分）が、保護者が**応えんできる場所**だね。でも、運動場には**木**があって、すべてのクラスの応えん場所を同じ形にすることができないから、難しそうだね。
>
>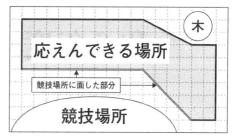
> 【運動場の図】
>
> さくらさん：そうだね。【運動場の図】の**競技場所に面した部分**（ ══ ）がすべてのクラスの応えん場所にふくまれるようにしてほしいとも言われたよ。
>
> あおいさん：そうなんだね。ところで、各クラスの応えんに来る保護者の人数は何人なの。
>
> さくらさん：1組は18人、2組は15人、3組は21人だよ。
>
> あおいさん：じゃあ、その人数に応じた広さになるように、3つに分けてみようか。

(1)　 会話文1 　で、あおいさんは、「その人数に応じた広さになるように、3つに分けてみようか。」と言っています。あなたなら、**応えんできる場所**をどのように分けますか。次の《条件》に合うようにかきましょう。

《条件》

> ・考えられる分け方のうち、1つをかくこと。
> ・【運動場の図】の**応えんできる場所**はすべて、いずれかのクラスの応えん場所にすること。
> ・解答用紙の【運動場の図】の**応えんできる場所**（　　の部分）には、各クラスの応えんに来る保護者の人数に応じた広さになるように、点線をなぞって線をかくこと。
> ・【運動場の図】の**競技場所に面した部分**（ ══ ）がすべてのクラスの応えん場所にふくまれるようにすること。ただし、各クラスの応えんに来る保護者の人数に応じた長さでなくてよい。
> ・各クラスの応えん場所に、1組は①、2組は②、3組は③のように書くこと。

佐賀県立中学校

会話文2

············ （その日の夕方） ············

さくらさん：みんな明日の球技大会を楽しみにしているから晴れるといいね。

あおいさん：そうだね。今、夕焼けが見えているから、明日は晴れると思うよ。

さくらさん：そういえば、この前、おばあちゃんも同じようなことを言っていたな。
　　　　　　でも、夕焼けが見えた日の次の日は晴れると予想できるのは、
　　　　　　どうしてなんだろう。

---

(2) 　会話文2　で、さくらさんは、「夕焼けが見えた日の次の日は晴れると予想
できるのは、どうしてなんだろう。」と言っています。夕焼けが見えた日の次の日の
天気が晴れと予想できるのはどうしてだと考えますか。日本における天気の変化の
特ちょうをもとに、夕焼けが見えることと次の日の天気は、どのように関係しているかが
分かるように、言葉で説明しましょう。

会話文3

············ （家に帰ったあと） ············

お 母 さん：明日は暑くなりそうよ。こまめに水分補給してね。

さくらさん：スポーツドリンクは自分で作ることができるって聞いたけど、
　　　　　　どうやって作ったらいいのかな。

お 母 さん：そういえば、この本に手作りスポーツドリンクの材料と分量（【表】）が
　　　　　　書いてあるよ。

【表】　手作りスポーツドリンクの材料と分量

材料	水	砂糖	塩
分量（g）	200	8	0.8

さくらさん：この【表】のとおり作ってみよう。

············ （スポーツドリンク作成中） ············

さくらさん：お母さん、大変。用意した水の中に砂糖と塩をまちがえて、反対の
　　　　　　量を入れてしまったわ。

お 母 さん：だいじょうぶよ、水と砂糖を増やせばいいじゃない。

さくらさん：そうか、それなら水と砂糖と塩の分量が、この【表】に書いてある
　　　　　　割合になるように考えてみるね。

---

(3) 　会話文3　で、さくらさんは、「水と砂糖と塩の分量が、この【表】に書いてある
割合になるように考えてみるね。」と言っています。水と砂糖と塩の分量が【表】に
書いてある割合になるようにするためには、水と砂糖をそれぞれ何g増やせばよい
ですか。数と言葉で説明しましょう。説明の中に式を使ってもかまいません。

2　　ゆきさんは、家族と昨日の花火大会について話をしています。会話文1を読んで
(1)の問いに、会話文2を読んで(2)の問いに答えましょう。

会話文1

> ゆきさん：昨日の花火大会で見た花火は、打ち上げられた花火が開き始めて、
> 　　　　　　しばらくしてから音が聞こえてきたけど、どうしてかな。
>
> お母さん：音の速さは光の速さよりおそいからだよ。
>
> お父さん：スマートフォンで花火が開く様子をさつえいしていたから、見てごらん。
>
> ゆきさん：動画を見ると、花火が開き始めてから2秒後に音が聞こえるね。
> 　　　　　　ところで、音の速さはどれくらいなの。
>
> お兄さん：音の速さは、秒速約340 mだよ。
>
> ゆきさん：そうなんだね。じゃあ、スマートフォンでさつえいした場所から、
> 　　　　　　この花火までのきょりは何mかが分かるね。この花火が開いたときの
> 　　　　　　実際の大きさっていったいどのくらいなんだろう。
>
> ……………　（お父さんがスマートフォンの画面を見せながら）　……………
>
> お父さん：これ（【太陽と月が同じ大きさに見える理由】）と同じように考えたら
> 　　　　　　分かると思うよ。
>
> 　　　　　【太陽と月が同じ大きさに見える理由】
>
> > 太陽の大きさは、月の大きさの約400倍ある。しかし、地球から
> > 太陽までのきょりは、地球から月までのきょりの約400倍あるので、
> > 地球から見ると大きな太陽でも月と同じ大きさに見える。
>
> ゆきさん：そうか、太陽の大きさをさつえいした花火の大きさに置きかえて、
> 　　　　　　月の大きさを卓球のボールの大きさに置きかえて考えるといいね。
>
> お父さん：さつえいした花火と同じ大きさになるように、卓球のボールを
> 　　　　　　スマートフォンでさつえいしてみてごらん。
>
> ゆきさん：スマートフォンから卓球のボールまでのきょりを20 cmにする
> 　　　　　　（【図1】）と、さつえいした花火と同じ大きさになったよ（【図2】）。
> 　　　　　　卓球のボールの大きさは直径4 cmだから、<u>さつえいした花火の
> 　　　　　　だいたいの大きさが分かるね。</u>

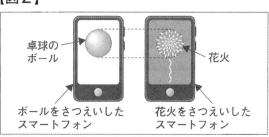

(1)　会話文1で、ゆきさんは、「<u>さつえいした花火のだいたいの大きさが分かる
ね。</u>」と言っています。さつえいした花火の実際の大きさは、直径約何mですか。
数と言葉で説明しましょう。説明の中に式を使ってもかまいません。また、
解答用紙の（　　　）には、さつえいした花火の実際の大きさを、四捨五入して
上から2けたのがい数で書きましょう。

ゆきさん：そういえば、昨日は花火大会の会場でわたあめをくれてありがとう。

お兄さん：どういたしまして。実は、わたあめを買ったお店は、わたあめを買うとミニゲームができて、そのゲームで予想が当たったから、わたあめをもう１つもらえたんだよ。

ゆきさん：そうなんだ。どんなゲームだったの。

お兄さん：お店の人と３回じゃんけんをして、コマを進めるんだけど、じゃんけんをする前に、コマが【ミニゲームのマス目】のどこのマスにとう着するか予想するゲームだよ（【ミニゲームの説明】）。

【ミニゲームのマス目】

ゆきさん：お兄ちゃんは、どのマスを予想したの。

お兄さん：☆のマスを予想し、☆のマスにとう着したから、わたあめをもう１つもらえたんだよ。

ゆきさん：すごいね。お店の人はじゃんけんで何を出したの。

お兄さん：お店の人は１回目に「グー」を、２回目に「チョキ」を、３回目に「パー」を出したよ。

ゆきさん：そうなんだ。お兄ちゃんがじゃんけんで何を出したか考えてみるね。

【ミニゲームの説明】

・コマは、はじめ【ミニゲームのマス目】の スタート のところにある。

・お店の人とじゃんけんを３回する。

・お店の人とじゃんけんをする前に、コマがとう着するマスを１つ予想し、予想が当たれば、わたあめがもう１つもらえる。

・じゃんけんは、「グー」は「チョキ」に "勝ち"、「チョキ」は「パー」に "勝ち"、「パー」は「グー」に "勝ち"、同じものを出したときは "あいこ" になる。

・コマがある位置のマスの形とじゃんけんの結果によって、コマは≪コマの進み方≫のように進む。

≪コマの進み方≫

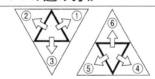

"勝ち" なら、①または④の向きに１マス進む
"負け" なら、②または⑤の向きに１マス進む
"あいこ" なら、③または⑥の向きに１マス進む

※ △ や ▽ は、コマがある位置

例えば、"勝ち" → "勝ち" → "勝ち" の場合、〇のマスにとう着する。
例えば、"勝ち" → "負け" → "あいこ" の場合、◇のマスにとう着する。

(2) 　会話文２　で、ゆきさんは、「お兄ちゃんがじゃんけんで何を出したか考えてみるね。」と言っています。あなたなら、どのように考えますか。【ミニゲームの説明】を参考にして、次の《条件》に合うように書きましょう。

《条件》

・考えられる組み合わせのうち、１つを書くこと。

・解答用紙の１回目、２回目、３回目には、「グー」「チョキ」「パー」の中から選び、それぞれ１つ書くこと。このとき、同じものをくり返し選んでもよい。

佐賀県立中学校

3　6月のある日の朝、そらさんは、お兄さんとはがくれ市にあるサンライズ運動公園に来ています。　会話文1　を読んで(1)の問いに、　会話文2　を読んで(2)の問いに、会話文3　を読んで(3)の問いに答えましょう。

会話文1

そらさん：1周700mと1周1500mの【ランニングコース】があるね。私は、1周700mのコースを走ろうと思うけど、お兄ちゃんは、どっちのコースを走ろうと思っているの。

【ランニングコース】

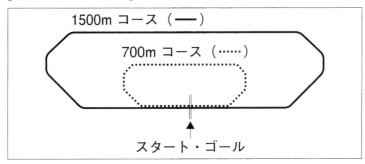

お兄さん：1周1500mのコースを走ろうと思っているよ。

そらさん：私とは別のコースだね。別のコースを走っても、1周したときにお兄ちゃんといっしょにゴールすることができたらいいな。

お兄さん：ぼくは、1kmを4分の速さで走るつもりだよ。

そらさん：私は、1kmを10分の速さで走るよ。1周したときにいっしょにゴールするためには、どうしたらいいか考えてみるね。

(1)　会話文1　で、そらさんは、「1周したときにいっしょにゴールするためには、どうしたらいいか考えてみるね。」と言っています。あなたなら、どのように考えますか。次の《条件1》に合うように、数と言葉で説明しましょう。説明の中に式を使ってもかまいません。

《条件1》

・そらさんは1kmを10分の速さで、700mのコースを走る。ただし、スタートしてからゴールするまで常に同じ速さで走るものとして考えること。

・お兄さんは1kmを4分の速さで、1500mのコースを走る。ただし、スタートしてからゴールするまで常に同じ速さで走るものとして考えること。

・解答用紙の説明には、1周したときにそらさんとお兄さんがいっしょにゴールするために、2人のうち、どちらが先にスタートし、もう1人は何秒後にスタートすればよいかが分かるように書くこと。

佐賀県立中学校

（走り終わったあと）

そらさん：そういえば、朝、明るくなるのが早くなったね。

お兄さん：日の出の時刻は、１年のうちで６月の今ごろが１番早いんだよ。

そらさん：そうなんだね。10月に、このサンライズ運動公園でスポーツの全国大会が
行われるみたいだけど、10月の日の出の時刻は、どれくらいなのかな。

お兄さん：はがくれ市の毎月１日と15日の日の出の時刻が書いてある【表】が、
家にあったと思うよ。

（家に帰ったあと、お兄さんが【表】を持ってくる）

お兄さん：ほら、これだよ。

【表】

	1 日	15日
月	6：07	5：49
月	5：31	5：19
月	5：11	5：09
月	5：13	5：21
月	5：32	5：42
月	5：53	6：02
月	6：13	6：23
月	6：37	6：50
月	7：04	7：15
月	7：22	7：23
月	7：15	7：04
月	6：47	6：29

そらさん：この【表】は上から順に、例えば、１月、２月、３月、……のように
並んでいるんだよね。

お兄さん：そうだよ。でも、破れてしまっていて１番上が何月かは分からないね。
これでは、10月の日の出の時刻も分からないよね。

そらさん：えっと、分かるかも。10月１日の日の出の時刻は ［ ア ］ だね。
この【表】を見ると、［ イ ］ 。

(2) ［会話文２］で、そらさんは、10月１日の日の出の時刻について、［ ］ の
ように言っています。あなたなら、どのように考えますか。次の《条件２》に合う
ように書きましょう。

《条件２》

・解答用紙の ［ ア ］ には、【表】にある時刻の中から、10月１日の日の出の時刻を
選んで書くこと。
・解答用紙の ［ イ ］ には、［ ア ］ の時刻を選んだ理由を書くこと。

会話文３

そらさん：10月に行われるスポーツの全国大会には、たくさんの人が来るんだよね。

お兄さん：そうだよ。スポーツの全国大会の開会式が行われる10月５日に向けて、ヒマワリを育てるボランティアをぼ集していたから、そらもやってみたら。

そらさん：いいね。でも、ヒマワリの花は７月や８月にさいているイメージがあるけど、10月５日にヒマワリの花がさいているようにすることはできるのかな。

お兄さん：くふうすれば、できるみたいだよ。

そらさん：そうなんだね。いろいろな情報を集めて、自分でも考えてみるよ。

……………… （集めた情報と考えたことを【ノート】にまとめる） ………………

【ノート】

《ヒマワリに関する情報》

・発芽に適した温度：20℃～25℃

・種をまいてから発芽するまでの日数：10日

・発芽してから花がさき始めるまでの日数：60日

・花がさいている期間：７日間

《はがくれ市の平均気温》

	平均気温（℃）
６月	23.5
７月	27.2
８月	28.2
９月	24.5
10月	20.1

《６月から10月までのカレンダー》

６月

日	月	火	水	木	金	土
						1
2	3	4	5	6	7	8
9	10	11	12	13	14	15
16	17	18	19	20	21	22
23/30	24	25	26	27	28	29

７月

日	月	火	水	木	金	土
1	2	3	4	5	6	
7	8	9	10	11	12	13
14	15	16	17	18	19	20
21	22	23	24	25	26	27
28	29	30	31			

８月

日	月	火	水	木	金	土
				1	2	3
4	5	6	7	8	9	10
11	12	13	14	15	16	17
18	19	20	21	22	23	24
25	26	27	28	29	30	31

９月

日	月	火	水	木	金	土
1	2	3	4	5	6	7
8	9	10	11	12	13	14
15	16	17	18	19	20	21
22	23	24	25	26	27	28
29	30					

10月

日	月	火	水	木	金	土
		1	2	3	4	5
6	7	8	9	10	11	12
13	14	15	16	17	18	19
20	21	22	23	24	25	26
27	28	29	30	31		

ヒマワリの種を７月 ウ 日にまけば、10月５日に花がさいているようにすることができる。平均気温がヒマワリの発芽に適した温度ではない月であっても、発芽させるために、 エ 。

(3) 会話文３ で、そらさんは、集めた情報をもとに、10月５日にヒマワリの花がさいているようにするための方法を考え、【ノート】の ┊┊┊┊ のようにまとめています。あなたなら、どのように考えますか。次の《条件３》に合うように書きましょう。

《条件３》

・解答用紙の ウ には、考えられる日にちのうち、１つを書くこと。

・ ウ は、【ノート】にある《ヒマワリに関する情報》のとおりに成長するものとして考えること。

・種をまいた日、発芽した日、花がさき始めた日は、それぞれ１日目として考えること。

・解答用紙の エ には、平均気温がヒマワリの発芽に適した温度ではない月であっても、発芽させるための方法を書くこと。

（解答用紙は別冊 70 P）（解答例は別冊 38 P）

1　ひかるさんたちは、A町公民館で行われる地域安全学習会について、実行委員の原さんに話を聞いています。

> ひかる　「わたしたちの町の地域安全学習会は、いつから行われているのですか。」
> 原さん　「5年前から毎年9月に行っています。」
> かれん　「参加する人は年々増えているのですか。」
> 原さん　「第1回から第4回までは順調に増えて、第2回は第1回の参加人数よりも3人増え、第3回は第2回よりも3人増えました。第4回は第3回よりもさらに5人増えています。」
> ひかる　「第5回はどうだったのですか。」
> 原さん　「第5回は第1回と同じ参加人数で _____ 人でした。この5年間の参加人数の平均は20人です。」

問題1　　_____　にあてはまる数を答えなさい。

　ひかるさんは、第6回地域安全学習会の参加を呼びかけるポスターをつくることになり、**下書き1**と**下書き2**を見比べながら友達と話をしています。

> ひかる　「**下書き1**から**下書き2**に書き直してみたよ。」

下書き1

第6回地域安全学習会のお知らせ

　川の写真やハザードマップを見ながら大雨の時にきけんな場所や、ひなんできる場所をいっしょに確にんしましょう。
　大人も子どももどなたでも参加できます。
　たくさんの方の参加をお待ちしています。
　日時は9月2日（土）の午前9時～正午までです。場所はA町公民館です。参加費はかかりません。8月26日（土）までに申しこんでください。

地域安全学習会
実行委員会

下書き2

第6回地域安全学習会のお知らせ

　川の写真やハザードマップを見ながら大雨の時にきけんな場所や、ひなんできる場所をいっしょに確にんしましょう。
　大人も子どももどなたでも参加できます。
　たくさんの方の参加をお待ちしています。

- ●日　時：9月2日（土）
　　　　午前9時～正午
- ●場　所：A町公民館
- ●参加費：無料
- ●申しこみ：8月26日（土）まで

地域安全学習会
実行委員会

> たつや　「**下書き2**は**下書き1**より目立つし、情報がわかりやすくなったね。」
> ひかる　「　　　　　ア　　　　　ことと
> 　　　　　　　　　イ　　　　　ことが
> よかったのかな。」
> かれん　「そうだね。書写の時間などで学習したことだね。第6回地域安全学習会には、たくさんの人が参加してくれるといいね。」

問題2　　ア 、　イ にはそれぞれどのような言葉が入るでしょうか。**下書き1**と**下書き2**を比べてわかったことについて、あなたの考えを書きなさい。

ひかるさんたちは、第6回地域安全学習会に参加し、川の様子がわかる**写真**や**資料**を見ながら話をしています。

写真

ひかる　「川の**外側**と**内側**では、流れる水の速さがちがうと学んだよね。」

かれん　「そうだね。この川は大きく曲がっているから、水が流れる速さのちがいは大きいと思うよ。」

たつや　「速さのちがいから、見えていない川底の形も予想できるね。川底の形を表した4枚の**資料**を使って考えてみよう。」

資料

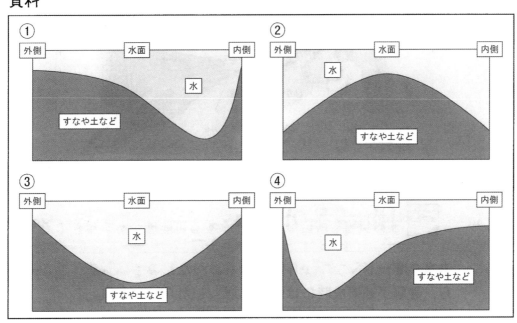

かれん　「理科の時間に学習した流れる水のはたらきから考えると**写真**の川の川底の形は、**資料**｜　**ア**　｜と予想できるね。」

ひかる　「そういえば、**写真**に写っている**川原**はどうして**内側**にだけできているのかな。」

かれん　「それは、｜　　　　　　　　**イ**　　　　　　　｜からと考えられるね。」

ひかる　「これも流れる水の速さが関係しているね。」

問題3　｜　**ア**　｜にあてはまる番号を**資料**の①〜④から**一つ**選んで書きなさい。

問題4　｜　**イ**　｜にはどのような言葉が入るでしょうか。あなたの考えを書きなさい。

ひかるさんたちは、次に自分たちの町の**洪水ハザードマップ**を見て話し合っています。

たつや　「大雨によって川がはんらんして多くの被害（ひがい）が発生しているとニュースで見たことがあるよ。災害はいつ、わたしたちの身の回りで起きてもおかしくないね。災害から身を守るためには何に注意すればいいのかな。」

かれん　「まずは、災害の状きょうに応じてどこに避難（ひなん）するかを日ごろから考えておくことが大切だね。わたしたちの町の**洪水ハザードマップ**で確認（かくにん）してみよう。」

洪水ハザードマップ

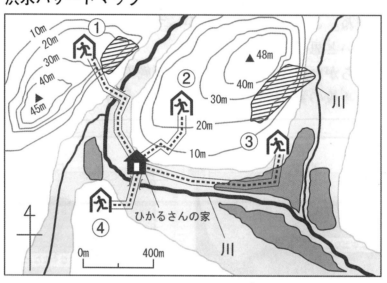

🏃	避難所
〜	川
▨	土砂（どしゃ）災害警戒（けいかい）区域（くいき）
┈┈┈	避難経路
□（白）	浸水（しんすい）する可能性がある深さ 0.5m未満
■（灰）	浸水する可能性がある深さ 0.5m〜3m未満

ひかる　「**洪水ハザードマップ**から考えると、わたしの家は**避難所④**が一番近いから、避難が必要な時にはそこに避難したらいいよね。」

かれん　「**避難所④**は　　　　ア　　　　から危ないよ。避難所　イ　が他の避難所と比べて　　　　ウ　　　　から一番安全に避難できると思うよ。」

ひかる　「なるほど。避難所までのきょりだけではなく、他のいろいろな情報をよく確認した上で、一番安全な避難経路で行くことができる避難所を考えておくことが大切だね。」

問題5　　ア　〜　ウ　にはどのような言葉または番号が入るでしょうか。あなたの考えを書きなさい。ただし、　イ　は**洪水ハザードマップ**の①〜④から一つ選んで書きなさい。また、　ウ　には、**洪水ハザードマップ**からわかることを**二つ**入れて書きなさい。

長崎県立中学校

2　つばささんたちは、総合的な学習の時間に、地域で働く方にインタビューをします。

つばささんたちは、コンピュータ関係の仕事をしている北さんにインタビューする内容を考えています。

つばさ　「どんな質問をしようか。」
みさき　「わたしは、『仕事はどのような感じですか。』と質問しようと思うよ。」
ひろき　「ちょっと待って。それだと北さんは答えにくいから、工夫したほうがいい
　　　　　のではないかな。」
みさき　「そうだね。それでは、『仕事をされてきた中で、一番うれしかったこと
　　　　　は何ですか。』という質問ならどうかな。」
つばさ　「いいと思うよ。答えやすくなったね。」

問題1　ひろきさんは、「北さんは答えにくいから、工夫したほうがいいのではないかな。」と言っています。答えにくい理由と、みさきさんはどのように工夫すればよいかについて、あなたの考えを書きなさい。

つばささんたちは、北さんの話の内容をメモにとりながらそれぞれが考えていた質問をしました。

北さん　「みなさん、そろそろ終わりの時間ですが、他に質問はありませんか。」
つばさ　「聞きのがしたことがあるので、教えていただけませんか。」
北さん　「どうぞ。」
つばさ　「[　　　　　　　　　　　　　　　　　　　　　　　]。」
北さん　「『すいすい漢字マスター』です。みなさんが使っているタブレットにも、
　　　　　入っていると思いますよ。」

つばささんのメモ

| うれしかったこと |
・自分の仕事がみんなによろんでもらえた
・学習ソフト「＿＿＿＿＿＿＿＿」をつくった
　　　　　　└─→　？　（あとできく）

| 大変なこと |
・みんなのいけんをまとめて仕事をすすめる
・つねにあたらしい知しきがひつよう

（北さんのかんそう）
・みんながねっしんに
　質問してくれた
・仕事をするいぎへの
　かんしんのたかさに
　とてもかんしんした

問題2　[　　]にはどのような言葉が入るでしょうか。**つばささんのメモ**を参考にして、あなたの考えを書きなさい。

問題3　つばささんのメモにある「いぎへのかんしんのたかさにとてもかんしんした」の部分を、漢字を使って適切に書きなさい。

つばささんたちはインタビューの後、北さんが作ったゲームをそれぞれのタブレットで遊んでみることにしました。

ゲームのスタート画面

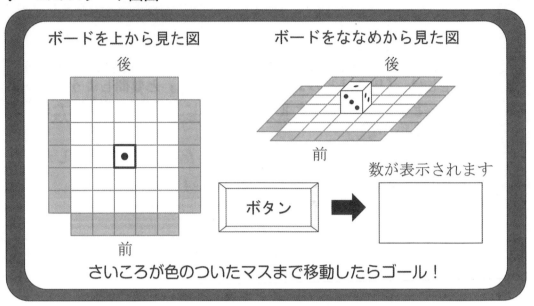

さいころが色のついたマスまで移動したらゴール！

つばさ　「**ゲームのスタート画面**には**ボードを上から見た図**と、**ボードをななめから見た図**があるね。ボードの中心にさいころが置いてあるよ。」

みさき　「**ボタン**をおすと、矢印の先に１から６のうち、いずれかの数が表示されるのだね。どういうゲームなのか、**ルール**を確認してみよう。」

ルール

・さいころの向かい合う面の目の数の和は７とする。
・１マスの大きさはさいころの面と同じ大きさとする。
・**ボタン**をおして表示された数によって、さいころがたおれて移動する。さいころの移動は【**移動のしかた**】のとおりとする。

> **【移動のしかた】**
> ○表示された数と同じさいころの目が上下の面にあるとき、さいころは移動しない。
> ○表示された数と同じさいころの目が側面にあるとき、その側面がマスとぴったり重なるようにとなりのマスにたおれて移動する。

つばさ　「わたしの**タブレットの画面**を見て【**移動のしかた**】をいっしょに確認しよう。最初に**ボタン**をおして１が表示されたよ。１の目は上の面なので移動しないね。次に**ボタン**をおすと６が表示されたよ。６の目は下の面なので、このときも移動しないね。」

みさき　「次は**ボタン**をおして２が表示されたね。このときは、さいころの２の目の面がとなりのマスにぴったり重なるように移動したね。」

つばささんのタブレットの画面

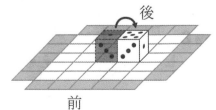

長崎県立中学校

つばさ　「それでは、**ゲームのスタート画面**にもどすね。それぞれでやってみよう。」

みさき　「わたしは**ボタン**をおした回数が　　　　　回でゴールしたよ。」
つばさ　「すごい、それは回数が一番少ないパターンだね。」
ひろき　「わたしは**ボタン**をおして表示された数が4→3→5→1の順なので、
　　　　　今、このマスにさいころが移動したよ。まだゴールできないな。」
つばさ　「わたしは**ボタン**をおして最初に5が表示されたよ。その後さらに**ボタン**
　　　　　を4回おして、最後に4が表示されてゴールできたよ。さいころは
　　　　　ボタンをおした後、毎回移動していたな。」
ひろき　「わたしも回数が一番少ないパターンでゴールしたいな。もう一回遊ぼうよ。」

問題4　　　　　　にあてはまる数を答えなさい。

問題5　ひろきさんは「今、このマスにさいころが移動した」と言っています。ひろき
さんのさいころがあるマスはどこですか。**解答用紙**のボードを上から見た図に
「○」を書き入れなさい。

問題6　つばささんがゴールしたとき、次の**ボード**を上から見た図の「★」のマスに
さいころがありました。つばささんのタブレットの画面にはどのような順で数
が表示されたと考えられますか。考えられる順番を、「5→」に続けて**二つ**
書きなさい。

ボードを上から見た図

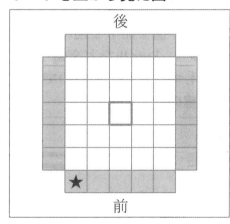

※ 　　 はスタート地点

3　ようこさんとおさむさんは、科学クラブの活動をしています。

　ようこさんたちは晴れた日の昼ごろに、長崎駅の新幹線ホームをさつえいしてきました。その時の**写真**を見ながら話をしています。

写真

ようこ　「新幹線ホームは、ずいぶん明るかったね。」

おさむ　「点灯している照明が少なくて、大きな屋根でおおわれているのに不思議だね。」

先　生　「よく気づきましたね。ホームを明るくするために、屋根にはとてもうすくてじょうぶな白いまくを使っているのですよ。どうしてかわかりますか。」

おさむ　「使われているまくは、　　　　　　　　　　という効果が高いから、晴れた日のホームは明るいのだと思います。」

先　生　「そのとおりです。このような屋根がいろいろな所で活用されています。」

問題１　　　　　　にはどのような言葉が入るでしょうか。あなたの考えを書きなさい。

　次に、長崎県を走行している新幹線の車両について話をしています。

おさむ　「新幹線の車両は、電気のはたらきで動いているのだよね。」

ようこ　「電気はどのように流れているのかな。」

先　生　「**新幹線の電気の通り道**を簡単な**図**にしました。**変電所**から送られた電気は、**電線**や**モーター**、**レール**などを通っています。そして電気のはたらきで**モーター**を回して走行しているのです。」

図　新幹線の電気の通り道

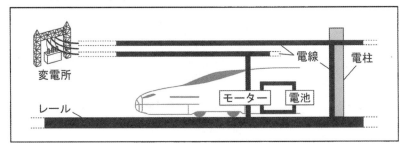

おさむ　「車両の外から電気が流れてくることを初めて知りました。」

ようこ　「これだと車両にのせてある**電池**は必要ないと思います。」

先　生　「そうですね。通常、**電池**ははたらいていません。なぜ車両に**電池**がのせられていると思いますか。」

おさむ　「**図**をもとに考えると、　　　　　　　　　　ためでしょうか。」

先　生　「よくわかりましたね。これは世界でも最先端の試みなのです。」

問題２　　　　　　にはどのような言葉が入るでしょうか。あなたの考えを書きなさい。

別の日にようこさんたちは、学校で育てている植物について話をしています。

けんび鏡

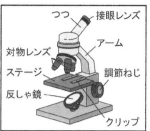

ようこ　「畑にカボチャの黄色い花がさいているね。」

おさむ　「カボチャの花には、おばなとめばながあって、おばなの花粉がめばなのめしべの先につくと実ができるよ。」

ようこ　「先生、カボチャの花粉は、どのような形をしているのか調べてみたいです。」

先　生　「それでは、**けんび鏡**で観察してみましょう。」

おさむ　「あれ。操作をまちがえたかな。暗いし、花粉が小さくてよく見えないな。」

ようこ　「わたしの観察した花粉を見て。明るくて表面の様子もくわしく見えるよ。」

おさむ　「ようこさんのようにするには、　　ア　　ことと　　イ　　ことが必要なのかな。」

ようこ　「そうね。さらに調節ねじを回して、はっきり見えたところで止めるといいよ。」

問題3　下の図1と図2は、おさむさんとようこさんが観察した様子です。図1、図2をもとに、明るくて表面の様子もくわしく見えるように、　ア　と　イ　に入る適切な**けんび鏡**の操作方法について、**けんび鏡**の各部分の名前をそれぞれ一つずつ使って書きなさい。

図1　おさむさんが観察した様子　　図2　ようこさんが観察した様子

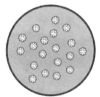

次にようこさんたちは、**マツ**について話をしています。

マツ

ようこ　「おばなから、けむりみたいなものが広がりました。」

先　生　「これが**マツ**の花のおばなとめばなですよ。少しふってみましょう。」

ようこ　「おばなから、けむりみたいなものが広がりました。」

先　生　「このけむりみたいなものは、**マツ**の花粉ですよ。」

ようこ　「カボチャのおばなをふっても**マツ**のように花粉は出ませんでした。」

先　生　「**マツ**もおばなの花粉がめばなに受粉しますが、どうしてこのようなちがいがあると思いますか。」

おさむ　「**マツ**は、花粉が　　　　　　　　　　　　　ことで受粉するからだと思います。」

先　生　「そうですね。それぞれの受粉の方法から考えることができましたね。」

問題4　　　　　　　　にはどのような言葉が入るでしょうか。あなたの考えを書きなさい。

長崎県立中学校

なおこさんとお姉さんは、長崎県外から遊びに来ている親せきのあやこさんと出かけています。

なおこ　「今日は風が気持ちいいね。」

あやこ　「さわやかな天気だね。向こうに大きな風車が見えるよ。」

お姉さん　「あれは風力発電の風車だよ。長崎県では、自然の力を利用した発電にも取り組んでいるよ。このような発電方法は、長崎県に限らず日本各地にあるみたいだね。」

なおこ　「自然の力を利用する発電方法に取り組む理由は、持続可能な社会づくりのためだと学習したよ。」

あやこ　「他にも何か理由があるのかな。」

なおこ　「日本には、天然ガスや石油などの ＿＿＿＿＿＿＿＿＿＿ からだと思うよ。」

問題1 ＿＿＿＿＿ にはどのような言葉が入るでしょうか。あなたの考えを書きなさい。

あやこ　「長崎県は海がきれいだね。向こうに見える島の海岸はとても入り組んでいるね。」

なおこ　「そうだね。長崎にはたくさんの島があって、島の形もさまざまだよ。」

お姉さん　「わたしが長崎県のホームページで調べたら、長崎県の海岸線の長さは島もふくめて約４１６６km あって、全国の海岸線の長さの約１２％にあたるそうよ。」

あやこ　「そうすると、日本全国の海岸線の長さは、約 ＿＿＿＿＿ km になるね。」

問題2 ＿＿＿＿＿ にあてはまる数を、**小数第1位を四捨五入して整数**で答えなさい。

長崎県立中学校

なおこさんたちは、伝統的なハタと呼ばれる凧を作っている森さんを訪問して、色つけ体験をすることにしました。

森さん	「今日は二つのハタに色つけ体験をしてもらいます。では、今配った**一つ目のハタ**に、筆と絵の具で色をつけていきましょう。下地の白い紙に赤と青を色つけして、3色の縞模様に仕上げましょう。」
なおこ	「どこにどの色をつければいいですか。」
森さん	「初めて体験する人には、真ん中には色をつけずに白のままにすることをおすすめしています。」
あやこ	「それはなぜですか。」
森さん	「真ん中を白のままにすると、真ん中以外の色つけがしやすくなり、きれいに仕上がる人が多いからですよ。」
なおこ	「わたしは真ん中を白のままにして作ってみよう。」
あやこ	「三人とも真ん中を白にすると、必ず同じ縞模様ができてしまうよね。」
お姉さん	「それでは、二人は真ん中を白にして、わたしは左上を白にして作ってみましょうか。」

一つ目のハタ

問題3　森さんは「真ん中を白のままにすると、真ん中以外の色つけがしやすくなり、きれいに仕上がる」と言っています。なぜ真ん中を白のままにすると、真ん中以外の色つけがしやすくなり、きれいに仕上がるのでしょうか。その理由について、あなたの考えを書きなさい。

問題4　あやこさんは「三人とも真ん中を白にすると、必ず同じ縞模様ができてしまう」と言っています。なぜ三人とも真ん中を白にすると、必ず同じ縞模様ができてしまうのでしょうか。その理由について、あなたの考えを書きなさい。

なおこ	「**一つ目のハタ**は上手にできて楽しかったな。」
森さん	「みなさんきれいにできましたね。二つ目のハタは、みなさんで模様を考えて3色でぬり分けてみませんか。」
お姉さん	「**一つ目のハタ**は、3色の縞模様の広さがちがっていたね。」
あやこ	「次は、色分けした部分のそれぞれの面積が同じになるようにしたいな。」
なおこ	「この**図案**のようにすると色分けした部分が同じ面積になるよね。」
あやこ	「どうしてそうなるのかな。」
なおこ	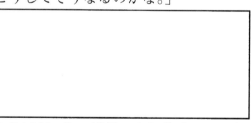
あやこ	「なるほど。その模様でぬり分けてみるね。」

図案

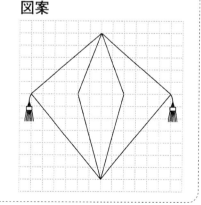

問題5　□□□□にはどのような説明が入るでしょうか。**解答用紙の図案**に説明に必要な直線をひき、あなたの考えを書きなさい。**解答用紙の図案**に説明のための文字や数字を書き入れてもかまいません。ただし、**図案**の点線(┄┄)は、ハタの模様の大きさをわかりやすくするために、等しい間かくでひいたものであり、模様ではありません。

令和6年度（2024年度）　**英語リスニング台本**

（チャイム1回）

　ただ今から，放送によるリスニングを行います。リスニングは，検査問題1番の問題1，問題2，問題3です。英語は，2回ずつ放送します。

　では，問題1にはいります。

　みきさんのクラスに，新しい英語の先生が来ました。先生の名前はジョンです。ジョン先生は，クラスのみんなに自己紹介をしてくれました。みきさんは，先生の自己紹介を聞きながらメモをとりました。メモの内容として最も適当なものを，次のア，イ，ウ，エの中から一つ選び，記号で答えなさい。英語は2回放送します。
　では，始めます。

Hello.　I'm John.　J-O-H-N, John.　I'm from America.　I like music.　I play the piano.　I don't play the guitar.　Nice to meet you.

　くり返します。（省略）

　問題2にはいります。

　ジョン先生は，英語の授業で，自分の住んでいた町について，3枚の絵を順番に見せながら紹介します。ジョン先生が見せた絵を，次のア，イ，ウ，エ，オから三つ選び，ジョン先生が見せた順番になるように正しく並べかえなさい。英語は2回放送します。
　では，始めます。

We have beautiful lakes and mountains in my town.　We enjoy fishing in summer.　It's fun.　We enjoy camping in winter.　It's exciting.

　くり返します。（省略）

　問題3にはいります。

　みきさんのクラスでは，ジョン先生が自分の住んでいた町を紹介してくれたお礼に，地域の祭りを紹介しようと考えました。そこで，1班から6班までの各班が，紹介する祭りのポスターを作成しました。ジョン先生とみきさんは，ポスターを見ながら話をしています。
　二人の会話を聞いて，ジョン先生がやりたいことをすべてできる祭りとして最も適当なものを，次の1班，2班，3班，4班，5班，6班のポスターの中から一つ選び，班の番号で答えなさい。また，選んだ理由を，ジョン先生がやりたいことをすべて含めて，日本語で書きなさい。英語は2回放送します。
　では，始めます。

Miki　: Look.　　We have many festivals in my town.

John　: Great.　　I want to go to the festivals with my friends.

Miki　: What do you want to do?

John　: I want to eat *takoyaki* at the festivals.　　My favorite food is *takoyaki*.

Miki　: Really?　　You can eat *takoyaki* at the festivals.

John　: And I want to enjoy music.　　I want to see fireworks, too.

Miki　: Me, too.

　くり返します。（省略）

　これでリスニングを終わります。ひきつづき，検査問題2番から3番までの解答を始めなさい。

　次の問題1，問題2，問題3は，リスニングです。

問題1　みきさんのクラスに，新しい英語の先生が来ました。先生の名前はジョンです。ジョン先生は，クラスのみんなに自己しょうかいをしてくれました。みきさんは，先生の自己しょうかいを聞きながらメモをとりました。メモの内容として最も適当なものを，次のア～エの中から一つ選び，記号で答えなさい。英語は2回放送します。

【みきさんのメモ】

ア
- 先生の名前
  Jonh
- アメリカ出身
- ピアノをひく

イ
- 先生の名前
  Jonh
- アメリカ出身
- ギターをひく

ウ
- 先生の名前
  John
- アメリカ出身
- ピアノをひく

エ
- 先生の名前
  John
- アメリカ出身
- ギターをひく

問題2　ジョン先生は，英語の授業で，自分の住んでいた町について，3枚の絵を順番に見せながらしょうかいします。ジョン先生が見せた絵を，次のア～オから三つ選び，ジョン先生が見せた順番になるように正しく並べかえなさい。英語は2回放送します。

ア

イ

ウ

エ

オ

熊本県立中学校

問題3　みきさんのクラスでは，ジョン先生が自分の住んでいた町をしょうかいしてくれたお礼に，
　　　　地域の祭りをしょうかいしようと考えました。そこで，1班から6班までの各班が，しょうかい
　　　　する祭りのポスターを作成しました。ジョン先生とみきさんは，ポスターを見ながら話をしてい
　　　　ます。
　　　　　二人の会話を聞いて，ジョン先生がやりたいことをすべてできる祭りとして最も適当なものを，
　　　　次の1班から6班のポスターの中から一つ選び，班の番号で答えなさい。また，選んだ理由を，
　　　　ジョン先生がやりたいことをすべてふくめて，日本語で書きなさい。英語は2回放送します。

モヤシの双葉は、マメの部分が二つに分かれている。たとえば、枝豆や空豆、落花生なども、豆が二つに分かれる。

マメ科植物の種子の二つに分かれた部分は、双葉になる部分である。マメ科の種子の中には胚乳がなく、双葉がぎっしりと詰まっている。そしてマメ科植物は、この厚みのある双葉の中に、発芽のための栄養分をためているのである。

米のように一般的な植物の種子は胚乳が大部分で、植物の芽になる胚の部分は、ほんの少しである。しかし、少しでも芽生えの部分が大きいほうが、他の芽生えとの競争に有利である。そのため、マメ科の種子は、エネルギータンクを体内に内蔵することで、限られた種子の中のスペースを有効に活用して、体を大きくしているのである。

マメ科植物は、生きるためのエネルギーをソナえている。そしてモヤシは、まさにそのエネルギーを使って成長している姿なのである。

（稲垣栄洋「ナマケモノは、なぜ怠けるのか？　生き物の個性と進化のふしぎ」による。一部省略がある。）

（注）
○湾曲＝弓なりに曲がっていること。
○光合成＝太陽の光エネルギーを利用して、二酸化炭素と水から栄養をつくること。
○軽油＝石油の原油からとれる油の一種。
○相当＝あてはまる。
○タンク＝水やガス、石油などをたくわえておく、大きな入れもの。

問題1　～～～線部A「ヤサイ」、～～～線部B「ソナ」をそれぞれ漢字に直して書きなさい。

問題2　――線部①「大切な双葉を守る」とありますが、双葉のどのようなようすのことを筆者は述べていますか。「双葉」という言葉のどのような「形」という言葉につながるように、二つ書きなさい。

問題3　――線部②「モヤシは光を浴びて光合成ができるわけでもないし、根っこから与えられるのは水だけである」とありますが、はるきさんは、イネとモヤシのちがいについて、次のようにまとめました。【イネとモヤシのちがい】の　□　に入るふさわしい内容を、マメ科の植物の芽生えの特ちょうにふれながら、イネについてまとめた部分の文章を参考に、六十字以上、八十字以内で書きなさい。

【イネとモヤシのちがい】

イネは、種子の中にある胚乳をエネルギータンクとしている。また、太陽の光に当たることで養分を作り、成長している。

一方モヤシは、

┌──────────────┐
│   │
│   │
│   │
│   │
│   │
│   │
│   │
│   │
└──────────────┘

問題4　【文章】を読んで、これまで植物を育てたり観察したりしたことをもとに、あなたが考えたことを書きなさい。（あとの〈条件〉にしたがって書くこと。）

〈条件〉
○【文章】の内容にふれながら書くこと。
○植物を育てたり観察したりした経験をふまえて具体的に書くこと。
○百六十字以上、百八十字以内で書くこと。
○解答用紙の◆の印から書き始め、段落は変えないこと。

※②は288ページから始まります。

2 はるきさんは生き物や植物に興味があり、図書だよりにしょうかいしてあったおすすめの本の「ナマケモノは、なぜ怠けるのか？　生き物の個性と進化のふしぎ」という【本】を読みました。

次の【文章】は【本】の一部で、はるきさんが印象に残った「モヤシ」について書かれた部分です。よく読んであとの問いに答えなさい。

【文章】

モヤシの姿は植物の強い生命力にあふれている。

植物の双葉の芽生えを思い浮かべると、短い茎に双葉を広げている。

ところが、どうだろう。モヤシは双葉を広げることなく、いきなり茎を長く伸ばしている。

これは、植物の芽生えとしては、なんとも不自然な形である。

モヤシは光を当てずに育てられる。そのため、モヤシ自身は、まだ地上にたどりつかず、土の中を伸びているつもりでいる。

つまり、モヤシは土の中を成長する姿なのである。

土の中にいるつもりなので、モヤシは双葉を広げることはない。双葉を閉じて守りながら、成長を続けていくのである。

そして、地上にたどりつくために、茎を長く伸ばす必要がある。しかし、地上に出て光を浴びるまでは、すべての成長に優先して茎を伸ばす必要があるのだ。

モヤシの茎が長いのはそのためなのである。

しかも、モヤシは頭を下げるように、双葉の部分を垂らした形をしている。

モヤシは土の中の成長の姿である。まっすぐに①伸びると、大切な双葉が土や石で傷ついてしまう。そのためモヤシは、大切な双葉を守るように、(注)湾曲させた茎で土を押し上げるように成長していくのである。

（中略）

モヤシは、今、まさに成長しているＡヤサイとして知られている植物である。

それは、モヤシが成長し続けているからだ。根っこを切られ、袋に詰められて、冷蔵庫の中に入れられても、モヤシは光を求めて成長することをやめない。モヤシが傷むのは、冷蔵庫の中でも、成長し続けるからなのである。

しかし、②モヤシは、植物が力強く成長する姿なのである。

しかし、②モヤシは光を浴びて(注)光合成ができるわけでもないし、根っこから与えられるのは水だけである。

この小さな植物の、どこにそれだけの栄養があるのだろう。

モヤシの成長のエネルギーは、種子の中にあるものがすべてである。モヤシだけではない。植物の種子の中には発芽のためのエネルギーが詰まっている。

たとえば、私たちが食べる米は、イネの種子である。

イネの種子の主な成分は、でんぷんである。でんぷんは生物が生命活動を行なう上でエネルギーとなる基本的な栄養分である。だからお米は、私たち人間にとっても重要な栄養源となるのだ。

これに対して、ガソリンで動くガソリン車と軽油で動くディーゼル車があるように、でんぷん以外のものをエネルギー源として使う種子もある。

たとえば、ヒマワリやナタネは、脂肪を主なエネルギー源としている。

ヒマワリやナタネから豊富な油が取れるのはそのためである。

モヤシの原料となるマメ科の植物は、たんぱく質を発芽のためのエネルギー源としている。（中略）

さらにマメ科の植物の芽生えには、ある特徴がある。

植物の種子には、植物の基になる胚と呼ばれる赤ちゃんの部分と、胚の栄養分となる胚乳という赤ちゃんのミルクに相当する(注)部分がある。

たとえばイネの種子である米では、玄米に胚芽と呼ばれる部分がついている。これが植物の芽生えとなる胚である。そして、胚芽を取り除いた白米はイネの種子の胚乳の部分である。つまり、通常私たちはイネの種子の胚乳だけを食べているのである。

ところが、マメ科の種子には胚乳がない。

このように、植物の種子には胚と胚乳があるのが一般的である。

ところが、マメ科の種子には胚と胚乳がない。

豆が大きく観察しやすい大豆のモヤシを観察してみることにしよう。

※次の問題は287ページです。

あきさんとけんさんは，熊本県の特産品や日本の農業について学習したことを話しています。次の会話文を読んで，あとの問いに答えなさい。

> あき「夏休みに道の駅に行ったら，すいかがはん売されていたよ。」
> けん「熊本県は日本一のすいかの産地だよ。」
> あき「熊本県以外には，どんな県がたくさんすいかを出荷しているのかな。」
> けん「すいかの産地について調べてみよう。」

二人は，東京と大阪の市場に集まるすいかの産地について調べ，**資料1**と**資料2**を見つけました。

資料1　東京都中央卸売市場に集まるすいかの
　　　　月別産地（令和4年4月～9月）
　　　　（東京都中央卸売市場計）

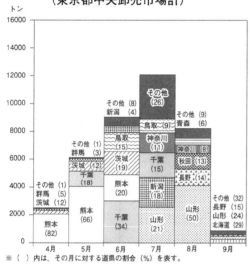

資料2　大阪中央卸売市場に集まるすいかの
　　　　月別産地（令和4年4月～9月）
　　　　（大阪中央卸売市場計）

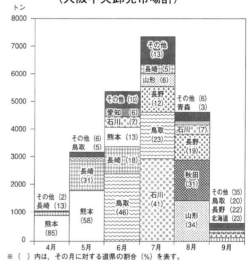

※（　）内は，その月に対する道県の割合（％）を表す。

（農畜産業振興機構資料より作成）

問題1

（1）資料1と資料2について，熊本県から東京と大阪の市場への出荷量が一番多いのはどちらも同じ月です。出荷量が一番多いのは何月か答えなさい。

（2）資料1と資料2について，熊本県からの4月の出荷量は，東京の市場と大阪の市場のどちらが多いですか。解答用紙の「東京」，「大阪」のどちらかを丸で囲みなさい。また，およその出荷量をもとに，選んだ理由を書きなさい。

　二人は，東京と大阪の市場に集まるすいかの量が一番多い7月に，何か特ちょうがないかと考えました。

（3）資料1と資料2について，7月の出荷量が東京と大阪のどちらの市場でも上位の5県にふくまれている県をすべて答えなさい。また，それらの県に共通する出荷の特ちょうについて，それらの県の東京都，大阪府との位置関係と出荷量を関連付けて書きなさい。さらに，生産者がそのような出荷を行うのはなぜか，あなたの考えを書きなさい。

> あき「熊本県はすいかをはじめ農業がさかんだよね。」
> けん「そうだね。そういえば，この前，家の近所で稲かりをしていたよ。」
> あき「米づくりについて学習したけど，米づくりにはさまざまな課題があったね。」
> けん「農家の人たちは，にない手不足の課題を補うために新しい取り組みを考えているよね。米づくりについて調べてみよう。」

二人は，米づくりについて調べ，**資料3**，**資料4**，**資料5**を見つけました。

熊本県立中学校

資料３　種もみのじかまきのようす

（農林水産省資料）

資料４　10a あたりの作業別労働時間（個別経営）（2021年）

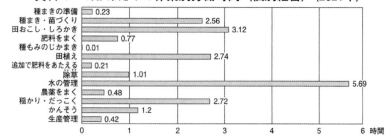

（農林水産省資料より作成）

資料５　米づくりカレンダーの例

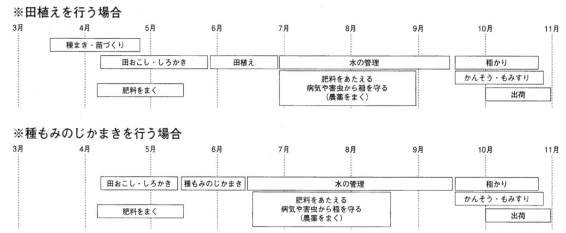

（農林水産省・北陸農政局資料より作成）

問題２

（１）新しい取り組みの一つとして資料３の種もみのじかまきがあります。種もみのじかまきを行うことでの良い点は何か，資料４と資料５から分かることをふまえて書きなさい。

（２）図１は，けんさんの家の近くの田と畑，果樹園の地図です。二人は，農業機械の自動運転に興味を持ち，図１の田の周りの草かりを無人で行うため，図３のプログラムを完成させます。自動草かり機は 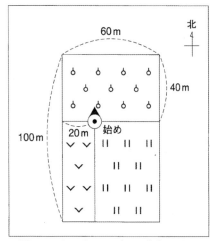 で表し，図１の位置から草かりを始めます。図１の田の周りの草かり（１周）ができるように，図３の①～⑥に入る命令を，次のア～ケからそれぞれ一つ選び，記号で答えなさい。ただし，自動草かり機は図１の田の周りを進み，命令を実行した場合の動きについては，図２を参考にしなさい。また，ア～ケを２回以上使用してもよいものとします。

ア　左に90度回転する　　イ　右に90度回転する　　ウ　180度回転する
エ　20m前に進む　　　　オ　40m前に進む　　　　カ　60m前に進む
キ　100m前に進む　　　　ク　１回　　　　　　　　ケ　２回

図１　けんさんの家の近くの地図

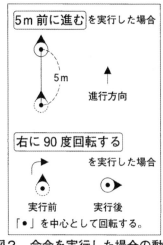

図２　命令を実行した場合の動き

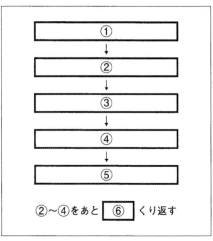

図３　二人が考えたプログラム

－ 290 －

（解答用紙は別冊75 P）（解答例は別冊40 P）

1 次の各場面におけるそれぞれの問題に答えなさい。

問題1　ゆうかさんは図書委員会で図書室の本の貸出冊数について話し合っています。まず，熊本県の小学生や中学生の読書活動について調べることになり，次の**資料1**を見つけました。**資料1**は熊本県の小学校と中学校からそれぞれ11校を選び，各学年1学級の児童・生徒を対象に調査した結果です。

（1）ゆうかさんは，**資料1**から分かることとして，次の①～④を考えました。①～④のそれぞれについて，正しければ「○」，正しくなければ「×」，正しいとも正しくないともいえなければ「△」として，解答用紙の「○」，「×」，「△」のどれか一つを丸で囲みなさい。

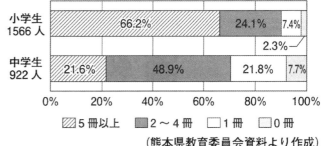

資料1　令和3年度　子どもの読書活動アンケート 本を1か月に読む量

（熊本県教育委員会資料より作成）

① 小学生で1か月に本を5冊以上読んでいる人数は，小学生全体の半分より少ない。
② 中学生で1か月に本を2冊読んでいる人数の割合は，16.3%である。
③ 1か月に本を1冊も読まない人数は，小学生より中学生の方が多い。
④ 1か月に本を2～4冊読んでいる人数は，中学生が小学生の約2倍である。

次に，ゆうかさんたちは，自分の学校の状きょうについて調べようと考え，5年生95人にアンケート調査を行いました。結果を集計すると，次のようになりました。

【アンケート調査の結果】

読書が好きですか。　　　　　　　　　　　　はい…84人　　いいえ…11人
10月に図書室で5冊以上本を借りましたか。　はい…41人　　いいえ…54人

二人は，【アンケート調査の結果】と調査用紙を見ながら話し合っています。

ゆうか「読書が好きだと答えている人は84人もいるね。」
れいじ「でも，10月に図書室で5冊以上本を借りた人は，41人しかいないよ。半分以上の人が10月に図書室で借りた本は5冊未満ということだね。」
ゆうか「『読書が好きですか』には，『いいえ』と答えているけど，『10月に図書室で5冊以上本を借りましたか』に『はい』と答えている人は，6人いるね。」

（2）二人は，【アンケート調査の結果】を表1に整理し直しました。【アンケート調査の結果】と二人の会話をもとに，表1の空らんに当てはまる数字を書き，解答用紙の表1を完成させなさい。

表1　アンケート調査の結果　　　　　　　　　（人）

		読書が好きか		合　計
		はい	いいえ	
10月に図書室で	はい			
5冊以上本を借りたか	いいえ			
合　計				95

問題2 さくらさんは環境委員会の取組で，毎日行うはみがきの時間の節水を呼びかけることにしました。そこで，節水を呼びかける前に全校児童380人に，うがいのときに水を流したままにしているかについてアンケート調査を行いました。その結果95人がうがいのときに水を流したままにしていることが分かりました。

（1）うがいのときに水を流したままにしている人は，全校児童の何％か求めなさい。

　　　アンケートの結果から，できるだけ多くの人に節水に取り組んでほしいと考え，10月から環境委員会で呼びかけを始めました。そして，取組による学校の水使用量の変化について，先生にたずねると，次のことが分かりました。

> 【取組による変化】
> 　9月の学校の水使用量は250m³ であった。
> 10月は9月より5％減った。
> 11月は9月より14.5％減った。

（2）11月の学校の水使用量は，10月の学校の水使用量と比べると何％減ったか求めなさい。また，言葉や式を使って求め方も書きなさい。

問題3 あきおさんのクラスでは，縦24cm，横45cm，高さ30cm の直方体の形をした水そうでメダカの飼育をしています。水そうには，石が入っています。あきおさんは，水そうの水がにごってきたので，水そうに入っている水の半分を入れかえようと考え，メダカを別にしたところ，水面の高さは26cmでした。水そうの底面の頂点をそれぞれA，B，C，Dとします（図1）。図1の水そうを図2のような状態までかたむけて水を捨て，水そうを図3の状態にもどしました。ただし，水そうのガラスの厚さは考えないものとし，水そうをかたむけるときは，辺BC が台からはなれないものとします。

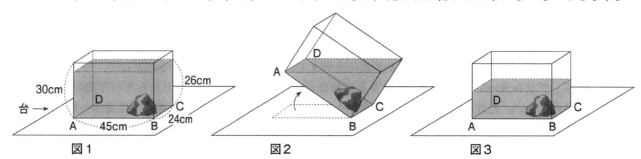

図1　　　　　図2　　　　　図3

（1）図3の水面の高さは何cm になるか求めなさい。

　　　図3の石を取り出したところ，水面の高さは13cmになりました（図4）。

（2）石の体積は何cm³ か求めなさい。

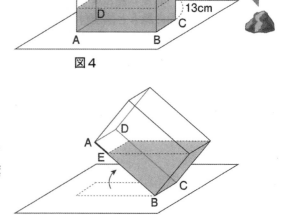

図4

（3）図5は，図4の水そうをかたむけて水を捨て，水そうに入っている水の量を最初（図1）の水の量の半分にしたものです。このときの辺AB 上の水面の位置をEとするとき，AE の長さは何cm か求めなさい。また，言葉や式などを使って求め方もかきなさい。

図5

2 けんとさんとなつみさんは，さいばい委員会で3月に行われる卒業式の会場にかざる花を育てよう と計画を立てています。

> けんと「熊本県の花は『リンドウ』だね。」
> なつみ「『リンドウ』は，深い青色の花だよね。」
> けんと「そうだね。『リンドウ』は3月ごろから新芽を出して，9月から11月の間に花がさくみたい だよ。」
> なつみ「3月の卒業式には，さいている花をかざりたいね。」
> けんと「3月の卒業式には，『リンドウ』をかざるのは難しいね。理由は，[＿＿＿＿＿]からだよ。」
> なつみ「確かにそうだね。他の植物も調べてみよう。」

問題1

（1）二人の会話の [＿＿＿＿＿] に入るふさわしい内容を書きなさい。

二人は，「リンドウ」以外の植物も調べて，表にまとめました（表1）。

表1　種まき時期と花がさく時期，草たけ（植物の高さ）

	植物	種まき時期	花がさく時期	草たけ（植物の高さ）
ア	クローバー	9月～11月	4月～6月	20cm～40cm
イ	パンジー	7月～10月	2月～5月	10cm～30cm
ウ	マリーゴールド	4月～6月	6月～11月	20cm～100cm
エ	アブラナ	9月～11月	12月～5月	80cm～150cm
オ	マツバボタン	4月～6月	6月～10月	10cm～20cm
カ	ノースポール	8月～11月	3月～6月	15cm～30cm

（2）二人は表1をもとに，卒業式にかざる花を考えています。卒業式にかざる花として，9月に種を まき，プランターで育てることができる植物はどれですか。表1のア～カからすべて選び，記号 で答えなさい。ただし，プランターで育てることができる草たけ（植物の高さ）は30cmまでとし ます。

（3）卒業式にかざる花を決めた二人は，プランターを 置く場所を考えています。図1は，二人の学校の配 置図です。図1のどこにプランターを置くとよりよ く成長すると考えられますか。図1のA～Eから 二つ選び，記号で答えなさい。また，選んだ理由を， 1日の太陽の動きと関連付けて書きなさい。

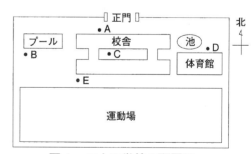

図1　二人の学校の配置図

6月の初めのころ，けんとさんは，アジサイの花には青色と赤色があることに気づいたので調べてみると，アジサイは，土が酸性かアルカリ性かによって花の色が変わること，さらに土が酸性の場合はアジサイの花の色が青色になることがわかりました。

　そこで，けんとさんは，酸性の液体肥料を加えるとアジサイの花の色が青色になるのかを調べようと思いました。まず，学校にある液体肥料が酸性であるかを確認するために，リトマス紙を使って調べました。

　けんとさんは，図2のようにリトマス紙を使っていたので，それを見たなつみさんが，【リトマス紙の使い方】について，次のように教えてくれました。

図2

【リトマス紙の使い方】
　①　リトマス紙を直接手でさわらず，　(ア)　で取り出す。
　②　リトマス紙を直接水よう液にはつけず，ガラス棒（かくはん棒）を使って水よう液をリトマス紙につける。
　③　使ったガラス棒（かくはん棒）で他の水よう液を調べることもあるので，ガラス棒（かくはん棒）を　(イ)　。

問題2

（1）【リトマス紙の使い方】の　(ア)　と　(イ)　に入る最も適当な言葉や内容をそれぞれ書きなさい。

　けんとさんは，なつみさんから聞いた【リトマス紙の使い方】で，液体肥料が酸性であるのかを調べました。

（2）液体肥料が酸性であるのかを調べるためには，何色リトマス紙を使用しますか。また，使用したリトマス紙が何色に変化すれば酸性であると言えますか。解答用紙のそれぞれの（　）の中にある「青」，「赤」のどちらかを丸で囲みなさい。

　けんとさんと話をしていたなつみさんも，家にあるアジサイの花を青色にしたいと思い，酸性の性質を持つミョウバンの水よう液をあたえようと考えました。

　なつみさんは，100mLの水にミョウバン25gを入れて混ぜたのですが，とけ残ったミョウバンがたくさん出てしまいました。

（3）とけ残ったミョウバンをすべてとかすために，なつみさんにアドバイスをします。どのようなアドバイスをしますか。次の①～③の（　）の中から適当なものをそれぞれ一つずつ選び，記号で答えなさい。

【アドバイス】
　ミョウバンは水の温度が低いと，とける量が①（ア　多い　イ　少ない）から，水の温度を②（ア　高く　イ　低く）した方がいいよ。もしくは，水の量を多くして，水の量に対するミョウバンの量の割合を③（ア　大きく　イ　小さく）した方がいいよ。

家のアジサイにミョウバンの水よう液を使ったなつみさんは，さいばい委員会で育てているアジサイにもミョウバンの水よう液を使ってみようと考え，先生に相談し，学校の理科室にある水よう液を使うことにしました。理科室には，試験管の中に，授業で使う「ミョウバンの水よう液」，「うすい塩酸」，「炭酸水」，「うすいアンモニア水」，「食塩水」，「石灰水」が準備されていましたが，ラベルがつけられていませんでした。

そこで，なつみさんは先生といっしょに，図3のように，Ⓐ，Ⓑ，Ⓒ，Ⓓの4回の実験や観察をもとに六つの水よう液を区別しました。

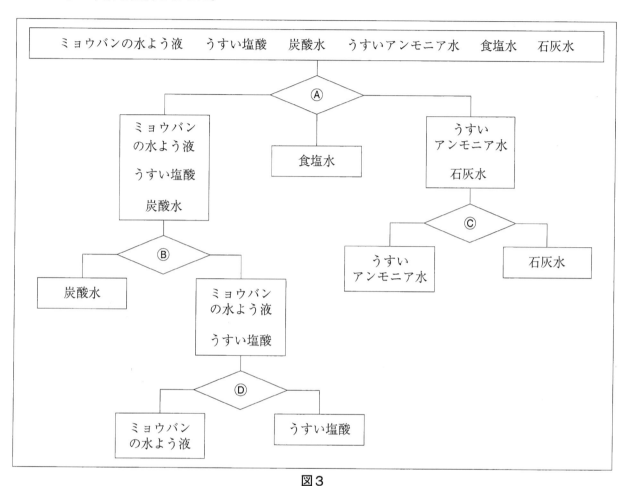

図3

なつみさんは，まず，六つの水よう液が酸性，中性，アルカリ性のどれであるのかを調べるために，Ⓐでは次のような実験をもとに区別しました。

【なつみさんの実験および区別方法】

Ⓐでは，BTB液を加えて区別する。

BTB液を加えて黄色を示すのは，ミョウバンの水よう液とうすい塩酸，炭酸水，緑色を示すのは，食塩水，青色を示すのは，うすいアンモニア水と石灰水である。

※BTB液とは，水よう液が酸性，中性，アルカリ性のどれであるのかを調べることができる液体のこと。

（4）次になつみさんは，Ⓑでは見た目で炭酸水と他の二つの水よう液を区別しました。他の二つの水よう液にはない，炭酸水だけの見た目の特ちょうを書きなさい。

（5）なつみさんは，Ⓒ，Ⓓでどのような実験や観察を行い，水よう液を区別したでしょうか。【なつみさんの実験および区別方法】のⒶを参考に，Ⓒ，Ⓓのそれぞれについて説明しなさい。

（解答用紙は別冊 77 P）（解答例は別冊 42 P）

令和6年度大分県立大分豊府中学校入学者選抜　適性検査Ⅰ

これから，放送による聞き取り問題を始めます。問題用紙は開かないでください。放送中は，メモ用紙にメモをとってもかまいません。放送は一度しか流しません。それでは，始めます。

次は　小山さんが学級でスピーチをしている様子です。

先生　それでは皆さん授業を始めます。始めのスピーチは小山さんです。小山さん、始めてください。

小山　はい。皆さんは言葉について考えたことがありますか？ 今日は言葉について話したいと思います。なぜ私がそのテーマを選んだかというと、国語の授業で敬語を学習したからです。敬語は、短い言葉で相手への敬意や気くばりを表すことができます。とても面白いと思いました。それで私は言葉に興味がわいて、言葉について調べたいと思いました。

　　　文化庁が全国の１６歳以上の男女にとったアンケートがあります。そのアンケートでは「日本語を大切にしていますか？」という質問に対して「大切にしていると思う」が 34.9% で「あまり意識したことはないが，考えてみれば大切にしていると思う」が 43.6% でした。その二つをあわせると「大切にしている」の合計は 78.5% となります。多くの人が日本語を大切にしていることが分かりました。

　　　そして「どんな言葉が美しいと思うか」という質問には「思いやりのある言葉」という答えが一番多かったです。私も「大丈夫?」と相手をきづかったり、「ありがとう」という感謝を表したりする思いやりのある言葉はとても美しいと思います。「がんばってね」など応援の気持ちがはいった言葉も、いいですよね。思いやりのある言葉は言った人も言われた人もよい気持ちになるという効果があります。また、思いやりのある言葉を使うと、毎日を明るく優しいものにできる効果もあると思います。皆さんは言葉を使うときに、そのような言葉の効果を考えたことがありますか？ 言葉は毎日何気なく使っていると思います。気にしなかった人もいるかもしれません。しかし、わたしは言葉について調べてみて、言葉を大切にして使って、毎日を良いものにしていきたいと改めて思いました。

先生　では、皆さん、質問のある人はいますか。それでは徳永さん、どうぞ。

徳永　はい。「どんな言葉が美しいと思うか」の質問の答えは「思いやりのある言葉」以外に何がありましたか？

小山　「思いやりのある言葉」が 63.3% と最も高かったのですが、その次が「あいさつの言葉」で、45.3% でした。

徳永　なるほど。たしかにあいさつをされたら気持ちがいいですよね。

小山　そうです。文化庁のアンケートでは他にも「どのような言葉に出会ったときに、心と心をむすぶ言葉の大切さを感じるか」という質問もあったのですが、それもやはり「あいさつ」がとても多かったです。「あいさつの言葉」も相手を思いやる言葉の一種だと思います。

徳永　そうなんですね。あいさつはとても大切だと改めて思いました。ありがとうございます。

先生　小山さん、言葉についてよく調べていますね。日ごろ何気なく使っている言葉ですが、改めて考えてみる必要がありますね。

以上で放送による聞き取りを終わります。問題用紙を開いて問題に答えなさい。

1 放送で聞いた内容について，（1）と（2）の問いに答えなさい。

（1）次は，小山さんがスピーチの準備で作成した【メモ】の一部です。

【メモ】

言葉を調べるきっかけ　→　国語の授業で[　A　]を学習したこと。

◎「日本語を大切にしているか」　→　多くの人が大切にしている。

◎「どんな言葉が美しいか」

　　　　　→　「思いやりのある言葉」63.3%　　その他　「あいさつ」など

・「あいさつ」は[　B　]と[　B　]を結ぶ言葉でもある。

・「思いやりのある言葉」の例（「大丈夫（だいじょうぶ）?」，「[　C　]」，「がんばってね」）

◎思いやりのある言葉の効果　→　[　　　　　D　　　　　]

① [　A　]に当てはまる言葉を書きなさい。

② 下線部について「大切にしていると思う」「あまり意識したことはないが，考えてみれば大切にしていると思う」の2つの答えを合わせて「多くの人が大切にしている」と小山さんはまとめました。その2つを合わせた割合（わりあい）として最も適当なものを，次のア〜エの中から1つ選び，記号で答えなさい。

ア　約60%　　イ　約70%　　ウ　約80%　　エ　約90%

③ [　B　]，[　C　]に当てはまる言葉をそれぞれ書きなさい。

④ [　D　]に当てはまる思いやりのある言葉の効果について，次のア〜エの中から2つ選び，記号で答えなさい。

ア　短い言葉で相手への敬意（けいい）を表すことができる。

イ　言った人も言われた人もよい気持ちになる。

ウ　日本語を大切にすることができる。

エ　毎日を明るく優（やさ）しいものにすることができる。

（2）聞き取った内容について，当てはまるものを，次のア〜エの中から1つ選び，記号で答えなさい。

ア　質問者は，小山さんに質問したあとに，気持ちの伝え方について話している。

イ　小山さんは，質問者の問いに答えたあと，さらに情報を加えて説明している。

ウ　質問者は，質問したことについて聞き，そのあとさらにくわしく質問をしている。

エ　先生は，日本語は日ごろ何気なく使っている言葉だが，とても美しいと言っている。

2 さおりさんは，平和について自分にも何かできることはないかと考えています。そこで，友だちと平和資料館に行って，館長の町田さんに話を聞きました。

【平和資料館の館長 町田さんの話】

> 「平和」や「戦争」など，みなさんは，日ごろあまり意識しないのではないでしょうか。しかし79年前，この大分の地にもたくさんの爆弾が落ちました。今も世界各地で戦争が起きています。私からみなさんに伝えたい「私たちが平和のためにできること」は3つあります。
>
> > **ア** まず「知ること」です。戦争についての本を読んだり，再現ドラマを見たりして戦争について知りましょう。資料館に行って実際に戦争に関するものを見てもよいですし，戦争について知っている人に直接，話を聞いてもよいでしょう。知らなければ戦争のおそろしさはわかりません。
>
> > **イ** また「話すこと」も大切です。知ったことや学んだことをそのままにせずに，学校やおうちで友だちや家族と話をしましょう。平和の大切さや戦争のおそろしさなどを人と話すことで，改めて気付くことがあります。そして「戦争は二度としない」という強い気持ちをもつことができます。
>
> > **ウ** そして「考えること」です。なぜ戦争が起きたか，どうしたら平和になるのかなど自分なりに考えてみましょう。いそがしい毎日の中では，戦争や平和について意識して考えていないと，すぐに他人事のようになってしまいます。また，考えることで自分の行動を変えることができます。

平和資料館から出たあと，さおりさんたちは次のような話をしました。

【平和資料館から出たあとの会話】

> **さおり** 町田さんの話を聞いて，私は「考えること」が大切だと思ったよ。自分のことばかり考えて相手の気持ちを考えないから，争いが起きるんだよね。それは国どうしでも友だちどうしでも同じだと思うよ。
>
> **みか** 私は「知ること」が大事だと思った。そういえば前におばあちゃんから戦争の話を聞いたことがある。私のまちにも何度も爆弾が落ちたらしい。みんなで川に飛びこんだり山へにげたりしたって聞いて，戦争ってこわいなって思ったよ。
>
> **とうま** 「話すこと」もやっぱり大事だよね。自分ひとりだけで考えたり，知ったりしても周りに広がっていかないし，多くの人と話すことが，平和な世の中につながることになると思う。

（1）「平和のために自分ができること」として，あなたの意見を次の 条件 にしたがって書きなさい。

条件

* 110字以上140字以内で書くこと。（句読点等の記号は1マスとする。）
* 1マス目から書き始め，段落は作らないこと。
* 最初に【平和資料館の館長 町田さんの話】のア〜ウの中の「知ること」「話すこと」「考えること」の言葉から大切だと思うことを1つ選んで書き，そのあと，選んだ理由を町田さんの話の内容にふれながら書くこと。
* 次に，これから自分がどう行動していきたいかを，自分が選んだア〜ウに関連させて，具体的に書くこと。

（2）さおりさんは，大分の戦争遺跡を見て歩くイベントに参加しました。次は，その時のことをクラスの人に伝えるために新聞にしたものです。

平和新聞

令和5年
大分小学校
6年2組
小山さおり

大分の戦争遺跡を知っていますか？

戦争遺跡を見てきました！

みなさんは、戦争遺跡を知っていますか？

戦争遺跡とは、戦争中に使った建物や戦争の被害にあったものを残したものです。

私は、「掩体壕（えんたいごう）」という戦争遺跡を見に行きました。

掩体壕は、戦争中に軍の飛行機をかくすために作られたものです。半円の形をしたコンクリートでできていて、穴が空いています。中は飛行機が入る穴が空いています。今は、周りは緑にAかこまれた、広々としたのどかな公園になっています。

こんな場所でも、戦争遺跡があることにおどろきました。そして、平和について考えることができました。

私は、今回の戦争遺跡の見学で感じたことがあります。それは、実際にB目で見ることが大切です。みなさんも、ぜひ戦争遺跡に足を運んでみてください。

【戦争遺跡について】

ここだけでなく、大分には、他にもたくさん戦争遺跡があるそうです。しかし、戦争遺跡は、時間が経つにつれてどんどん古くなって、Cしゅうふくが必要になるなど保存が難しくなってきているものも多いそうです。私はD大分の戦争遺跡を守っていくべきだと考えました。

大分豊府中学校

さおりさんは，作成した平和新聞を班で見てもらいました。そして，班の友だちから次のような意見をもらい，一部を書き直すことにしました。

みか　大分にも戦争遺跡があることを初めて知ったよ。興味深いね。

さおり　ありがとう。この新聞で何か変えた方がいいところはあるかな。

とうま　波線部A「かこまれた」，C「しゅうふく」は，習った漢字だから，漢字にした方がいいのかもしれない。

みか　確かに。あと，波線部Bの文は何か変じゃないかな。

さおり　あ，本当だね。「目で見ることの　　　　　」に変えておくね。

みか　写真は他にもあるのかな。

さおり　この新聞にのせた写真ともう一枚，【写真あ】があるよ。どちらを使おうかと迷ったのだけど，どちらがよいかな。

とうま　aこの新聞にのせるなら，【写真あ】の方がよいと思う。

さおり　そうだね。あと，波線部Dだけど，もっと「大分の戦争遺跡を守らなければならない」と強くみんなに思ってもらえるようにするためには，どうしたらいいだろう。

みか　bさおりさんの気持ちが伝わるような文を，もう少し付け加えたらいいかもしれないね。

さおり　ありがとう。書き直してみるね。

【写真あ】

①　波線部A「かこまれた」（送り仮名もふくむ），C「しゅうふく」を漢字に直しなさい。

②　波線部Bを，会話文中の　　　　　に入るように，正しく書き直しなさい。

③　下線部aについて，とうまさんが【写真あ】を選んだ理由を，考えて書きなさい。

④　下線部bについて，どのような内容の文を付け加えればよいと思いますか。次のア～エの中から最も適当なものを1つ選び，記号で答えなさい。

ア　古くなった戦争遺跡の保存と管理には，たくさんのお金がかかること。

イ　戦争遺跡の説明がわかるように，近くに資料館なども作るとよいこと。

ウ　戦争遺跡を守ることで，戦争のことを忘れずに，考えていくことができること。

エ　戦争遺跡は大分以外にもあり，原爆ドームなどの有名なものもあるということ。

3　先生とさおりさん，とうまさんは日本の人口の変化について話をしています。

先　生　調査開始以来初めて全都道府県で人口が減少したというニュースがありましたね。【資料1】からは，人口割合の変化が読み取れますよ。

さおり　【資料1】のように人口割合が変わっていることで，どんな問題が起きるのかな。

とうま　そうだなあ。お店にご飯を食べに行った時にロボットが食事を持ってきたことは何か関係があるのかな。

さおり　【資料1】を見ると，1990年以降，15～64歳人口の割合が減っていることがわかるから，とうまさんの行ったお店は，　　A　　ことを目的としているのかもしれないね。

先　生　ロボットなどの進んだ技術を使って，さまざまな問題を解決しようとしているスマートシティというものがあるようですよ。

さおり　私たちのまちにも問題があると思うので，スマートシティについて調べてみたいと思います。

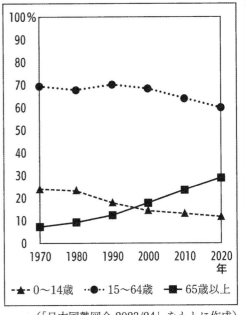

【資料1】年齢層別人口割合の推移

-▲- 0～14歳　　-●- 15～64歳　　-■- 65歳以上

（「日本国勢図会 2023/24」をもとに作成）

【さおりさんのメモの一部】

＜スマートシティとは＞
　IoT（モノのインターネット）やAI（人工知能）などの技術を使って，都市の中で起こる様々な問題を解決したり，人々が快適に暮らせるようにしたりする都市のこと。

＜可能になること＞

交通【スマート交通】	医療【スマート医療】
・位置情報データで交通渋滞を減らす ・自動運転で安全性を高める	・病院から遠くても医療を受けられる ・離れた家族の健康を見守る

産業【スマート産業】	防災【スマート防災】
・ロボットやドローンによって労働力を確保する ・人に代わって，ものの生産や配達などを行う	・地形や気象のデータをもとに最適な対策を決める ・適切な避難行動と災害対応ができるように備える

＜気付いたこと＞
　・個人情報を使って，様々なサービスをいつでもどこからでも受けることが可能となる。
　・私たちの生活を便利にしたり豊かにしたりできる。
　・技術を開発する場合には多額の費用がかかる。
　・1つの機器が故障すると都市全体への影響が大きい。
　・　　B　　という心配があり，悪用されれば，私たちがもっている基本的人権が守られない。

＜イメージ図＞

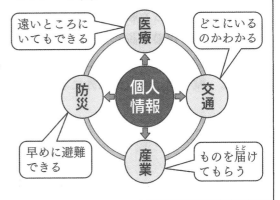

（1）　□ A □，□ B □に当てはまる適当な言葉を，次の□条件□にしたがってそれぞれ書きなさい。
　　　□条件□
　　　　＊　□ A □には，【資料１】を参考に考え，【さおりさんのメモの一部】から言葉を８字でぬき
　　　出して書くこと。
　　　　＊　□ B □には，【さおりさんのメモの一部】の＜イメージ図＞を参考にして適当な言葉を書
　　　くこと。

（2）会話文中の下線部について，次の【資料２】から，さおりさんのまちはどのような問題を抱えて
　　いると考えられますか。適当なものを，下の**ア〜エ**の中から**２つ**選び，記号で答えなさい。

【資料２】さおりさんのまちの状きょうと全国との比かく

項目	さおりさんのまち	全国
人口に占める高齢者の割合	68.6%	29.1%
高齢者の１日あたりの平均労働時間	5.3時間	6.8時間
人口に占める高齢者の自動車運転免許の保有率	18.5%	23.8%
高齢者一人世帯の割合	24.6%	12.1%

（「日本国勢図会 2023/24」，連合ウェブサイト，警察庁ウェブサイトをもとに作成）

　ア　全国と比べると，高齢化の進行は急であり，家族と暮らしている高齢者の割合が全国よりも高
　　　いと考えられる。
　イ　全国と比べると，高齢者の自動車運転免許の保有率が低いことから，公共交通機関が整備され
　　　ていないと生活が不便となることが考えられる。
　ウ　全国と比べると，高齢者の一人暮らしの割合が高いので，災害時に高齢者を避難させることに
　　　課題があると考えられる。
　エ　全国と比べると，高齢者の１日あたりの平均労働時間が短く，となりまちの職場まで働きに出
　　　ている高齢者が多いことが考えられる。

（3）次の【資料３】は，さおりさんのまちで高齢者にアンケート調査をした結果をまとめたものです。
　　この結果をふまえて，さおりさんが考えた理想のスマートシティとして**適当でないもの**を，【さお
　　りさんのメモの一部】や【資料３】をもとに，下の**ア〜エ**の中から**１つ**選び，記号で答えなさい。

【資料３】高齢者の一人暮らしで不安に思うこと（複数回答可）（上位３項目）

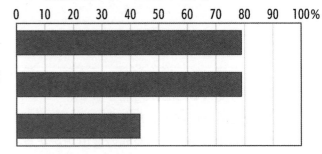

　ア　自動運転技術を取り入れて，公共交通サービスを充実させ高齢者の交通手段を確保する。
　イ　高齢者が自宅にいながら，遠く離れた病院の先生の医療を受しんできる。
　ウ　日常で必要な物をインターネットでこう入し，ドローンですぐに配達できる。
　エ　災害発生時に災害専用ホームページを新たに開設し，避難経路についての指示を行う。

大分豊府中学校

4　とうまさんとさおりさんは，縄文時代と弥生時代の生活について話をしています。

さおり　歴史博物館でもらったパンフレットに
　　　　のっている【資料1】を見ると，縄文
　　　　時代の季節ごとの食べ物と暮らしがわ
　　　　かるね。

とうま　うん，縄文時代はイノシシをとったり，
　　　　マグロをとったりして，ごちそうだっ
　　　　たんだね。

さおり　でも，[　　　　　　　　　　]から安定して
　　　　暮らせなかったんじゃないかな。

とうま　お米は食べていなかったのかな。

さおり　米作りは弥生時代に本格的に始まった
　　　　みたいだよ。

とうま　そうだったね。歴史博物館の館長さん
　　　　が「米作りによって，縄文時代よりも
　　　　人口が増えた」と言っていたね。

さおり　米作りによって，他にも変化したこと
　　　　があるかもしれないね。

とうま　これまで勉強したことを図にあらわし
　　　　てみるよ。米作りという言葉をスター
　　　　トにして関係する言葉を線でつないで
　　　　みれば何かわかるかもしれない。

【資料1】縄文時代の季節ごとの食べ物と暮らし

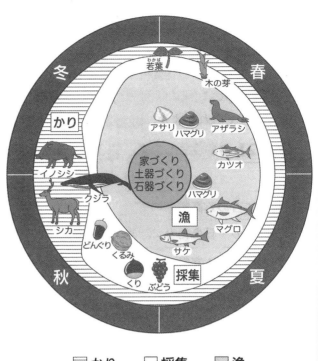

冬　春　秋　夏
若葉　木の芽　アサリ　ハマグリ　アザラシ　カツオ　かり　イノシシ　クジラ　シカ　どんぐり　くるみ　くり　ぶどう　ハマグリ　マグロ　サケ　家づくり　土器づくり　石器づくり　漁　採集

▤ かり　　□ 採集　　▨ 漁

【とうまさんの図】

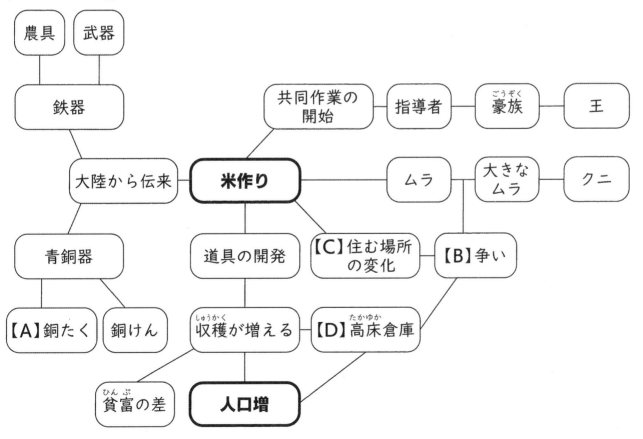

農具　武器

鉄器

共同作業の開始　指導者　豪族　王

大陸から伝来　米作り　ムラ　大きなムラ　クニ

青銅器　道具の開発　【C】住む場所の変化　【B】争い

【A】銅たく　銅けん　収穫が増える　【D】高床倉庫

貧富の差　人口増

大分豊府中学校

（1）会話文中の □□□□ に当てはまる言葉を，【資料１】にある，**かり**，**採集**，**漁**のいずれかを使って書きなさい。

（2）会話文中の下線部について，弥生時代に縄文時代よりも人口が増えた理由を，【とうまさんの図】からわかることをふまえて書きなさい。

（3）次の【資料２】と【資料３】は，【とうまさんの図】の【A】について，調べたときの資料をまとめたものです。銅たくはどのようなときに使われたと考えられますか。【資料２】と【資料３】から読み取れることをもとに，関連付けて書きなさい。

【資料２】銅たくを使っている様子（想像図）

（「NPO法人守山弥生遺跡研究会」ウェブサイトをもとに作成）

【資料３】銅たくと銅たくにえがかれた絵

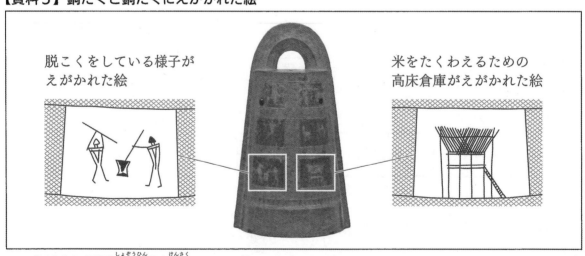

脱こくをしている様子が
えがかれた絵

米をたくわえるための
高床倉庫がえがかれた絵

（国立文化財機構所蔵品統合検索システム（https://colbase.nich.go.jp/collection_items/tnm/J-37433?locale＝ja）
をもとに作成）

（4）【とうまさんの図】の【B】について，ムラどうしで争いが起きた理由を【C】，【D】と関連付けて書きなさい。

（解答用紙は別冊 79 P）（解答例は別冊 42 P）

1　さとしさんは，家族で行ったドライブのときの写真を整理していました。その中にある写真を見て，ふと疑問をもったさとしさんは，お父さんにたずねてみることにしました。

さとし　　ねぇ，お父さん。【写真1】に写ってる標識は，カーブがあるから気をつけなさいっていう標識だよね。

お父さん　うん，そうだよ。スピードを出しすぎていると，カーブは危険だからね。

さとし　　この下に書いてある，「R＝500」って何なの。

お父さん　これはね，曲がっている部分が円の一部だと考えたときの，円の半径なんだよ。

さとし　　じゃあ，「R＝500」は，半径500　A　の円の一部ってことだね。

お父さん　そうだよ。つまり，この数字が　B　，カーブは　C　なって危険度が増すってことになるよね。

さとし　　そっかぁ，なるほど。

【写真1】

（1）会話文中の　A　に当てはまる単位を書きなさい。

（2）会話文中の　B　と　C　に当てはまる言葉の組み合わせとして正しいものを，次のア～エから1つ選び，記号で答えなさい。

	B	C
ア	大きければ大きいほど	きつく
イ	大きければ大きいほど	ゆるやかに
ウ	小さければ小さいほど	きつく
エ	小さければ小さいほど	ゆるやかに

（3）さとしさんとお父さんの会話が続きます。以下の会話文中の　D　と　E　に当てはまる数を書きなさい。

【写真2】

さとし　　じゃあ，【写真2】の標識は何なの。

お父さん　それは，坂のかたむき具合…つまり急な坂か，ゆるやかな坂かを表しているんだ。その標識の中の「7％」という数字の意味は，わかるかな。

さとし　　ええっと…，坂道の角度が7度ってことかな。

お父さん　それがちょっとちがうんだ。【図1】を見てごらん。この図はイメージだけど，かたむき具合7％とは，100mの横の移動に対して，その7％にあたる7mだけ高さが上がるっていうことを表しているんだ。

さとし　　へぇ。角度じゃないんだね。

お父さん　うん。角度とはちがうんだ。例えば，この坂のかたむき具合で，横の移動が300mだったとすると，高さは何m上がることになるかわかるかい。

さとし　　えっと…。そっか，高さは　D　m上がるね。こうやって，坂のかたむき具合を表してるんだね。でもこのときの【図1】の坂の角度って，いったい何度ぐらいなのかな…。

【図1】

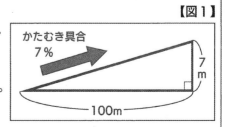

かたむき具合
7％

7m

100m

大分豊府中学校

【表】

角度	かたむき具合
0度	0.00%
1度	1.75%
2度	3.49%
3度	5.24%
4度	6.99%
5度	8.75%
6度	10.51%
7度	12.28%
8度	14.05%
9度	15.84%
10度	17.63%
11度	19.44%
12度	21.26%
13度	23.09%
14度	24.93%
15度	26.79%
16度	28.67%
17度	30.57%
18度	32.49%
19度	34.43%
20度	36.40%
21度	38.39%
22度	40.40%
23度	42.45%
24度	44.52%
25度	46.63%
26度	48.77%
27度	50.95%
28度	53.17%
29度	55.43%
30度	57.74%

お父さん　坂の角度を知るためには，【表】を使うんだ。見てごらん。この【表】では，角度とかたむき具合の関係を表してるんだよ。

さとし　えっ，そうなの。じゃあ，標識の「7％」は，かたむき具合が「7％」っていうことだから…。【表】にはちょうど「7％」はないけど，角度は約　E　度っていうことかぁ。

お父さん　そういうことだね。

さとし　なるほど。この【表】はすごいね。

お父さん　【表】をうまく使うと，角度とその横のきょりがわかれば，そのときの高さを求めることもできるんだよ。だからこれを利用して，実際の山の高さをある程度正確に求めることだってできるんだ。

次の週末，さとしさんはお父さんといっしょに，近くの山の高さを調べてみることにしました。そのために，お父さんは【図2】のような道具を作ってくれました。これは，50cmほどの棒に，分度器とひもの付いたおもりを取り付けたもので，このひもは常に地面に対して垂直になっています。

さとしさんは【写真3】のPの場所に立って，山の頂上を見上げます。そこで【図2】の道具を使って，視線と棒の角度を合わせたところ，ひもは分度器のちょうど74度の目盛りに重なっていました。

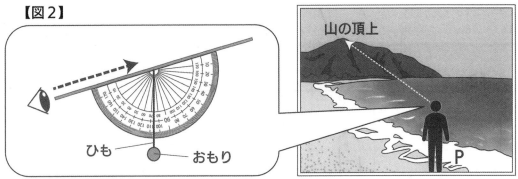

【図2】　ひも　おもり

【写真3】　山の頂上　P

次にお父さんは，今さとしさんがいる場所から，山の頂上の真下までのきょりをスマートフォンの地図アプリを使って調べました。すると，そのきょりは約2.36kmでした。

（4）ここまでの情報を使って，山の高さを求めます。次の問いに答えなさい。

①　下の図の中の，　F　～　H　に当てはまる数を書きなさい。

②　山の高さ　I　を求めなさい。また，どのようにして求めたか，式や言葉で説明しなさい。ただし，さとしさんの身長は考えないものとし，答えは，小数第一位を四捨五入して，整数にすること。

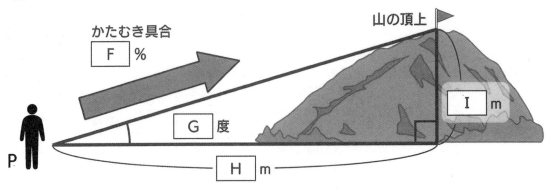

かたむき具合　F　％　　山の頂上　I　m　　G　度　　P　　H　m

2 さとしさんとのりこさんは，じゃんけんで勝負をしようということになりました。2人で25回の
じゃんけん勝負をして，多く勝った方を勝ちとします。

> **のりこ** 勝った回数を正確に記録するために，紙とえんぴつを準備しよう。
> **さとし** いや，その必要はないよ。右手でじゃんけんをするなら，左手だけで『5』よりずっと
> 大きい数まで数えることができるよ。今からその方法を説明するね。

さとしさんの説明した内容は次の通りでした。

まず，親指から小指まで，順番に㋐から㋔までの記号をつけます。

今回は，左手を使って説明しますが，右手でも同じように考える
ことができます。

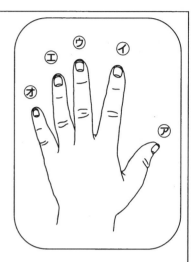

指の曲げのばしによって，『1』から順番に数の表し方を説明し
ます。

『1』は㋐をのばします。

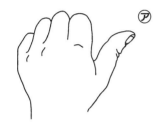

『2』は㋑をのばします。

『4』は㋒をのばします。

『3』は㋐と㋑をのばします。

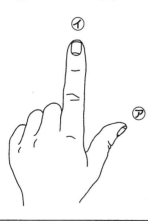

『5』は㋐と㋒をのばします。

大分豊府中学校

のりこさんは，指の曲げのばしをくり返しながら考えています。

> **のりこ** ちょっと待って。『1』は㋐だけ，『2』は㋑だけをのばすんだよね。それなのに『3』は㋒をのばすのではなく，㋐と㋑をのばすってことは…。
>
> **さとし** そうそう。『3』は『1＋2』だよね。だから『1』を表す㋐と，『2』を表す㋑をのばしているよ。
>
> **のりこ** ええっ。『3』は『1＋2』で表すのね。そして，『4』は㋒だけをのばしてるね…。
>
> **さとし** そうだよ。『4』は，㋐と㋑の2本では表せないから，その次の㋒を『4』と決めるんだ。
>
> **のりこ** ああ，そっか。だから『5』は㋐と㋒をのばして『 A ＋ B 』ってことね。
>
> **さとし** じゃあ，『6』はどの指をのばせばいいか，わかるかな。
>
> **のりこ** えっと…。あ，わかった。『6』は『 C ＋ D 』で表せるから E と F をのばせばいいのよね。
>
> **さとし** 正解。もうわかったね。

（1）会話文中の A ～ D に当てはまる数字を書きなさい。

（2）会話文中の E ， F に当てはまる指を記号で答えなさい。

（3）図のように，㋓だけをのばしたときに表す数字を書きなさい。また，なぜそうなるのか，説明しなさい。

（4）この方法を使って，片手だけで数えることのできる最大の数を書きなさい。

（5）このあと2人は，右手でじゃんけん勝負を25回行い，勝った回数を左手の指の曲げのばしによって数えていきました。その結果，さとしさんは14勝，のりこさんは11勝でした。

　　さとしさんの『14』と，のりこさんの『11』を左手で表すとき，それぞれどの指をのばせばよいか，のばす指を記号ですべて答えなさい。

3 さとしさんは，家で育てているアサガオについて，お母さんと話しています。

> **さとし** 花がさいていないアサガオがあるね。そういえば，このアサガオだけ，一晩中街灯の
> 光が当たる場所にあるな。
> **お母さん** そうか，夜の間ずっと光が当たっていることが関係しているかもしれないね。
> **さとし** 図書館でアサガオについて調べてみよう。

【図書館で調べてわかったこと】
・暗くしないとアサガオの花はさきません。
・アサガオのつぼみは切り取っても，水にさして，暗くしておくと，花はさきます。
・A アサガオの花がさく時刻は，時期によって異なります。

> **さとし** 暗くしないとアサガオの花はさかないって本に書いてあったよ。
> **お母さん** それで，うちのアサガオの花はさかないのか。
> **さとし** じゃあ，確かめてみよう。でも，どれくらいの時間暗くしたらいいのだろう。
> **お母さん** それなら，実際に暗くする時間の長さを変えてみて，調べてみるといいね。
> **さとし** 図書館で調べた，つぼみを切り取る方法でやってみよう。

【実験1】

＜実験方法＞

① アサガオのつぼみのくきを3cm残して切り取る。

② 【図1】のように，切り取ったつぼみのくきがつかるように，
水で満たした容器に入れたものを5つ準備する。

③ 【図2】のように，切り取ったつぼみはライトで光を当て，
明るくする。

④ 午後6時になったら，下の**イ～オ**は，【図3】のように，
段ボール箱をかぶせて暗くする。

⑤ 下の**ア～オ**のように，**ア**はそのままライトの光を当て続け，
イは午前0時，**ウ**は午前2時，**エ**は午前4時に段ボール箱を
取り，ライトの光を当てる。**オ**はかぶせたままにしておく。

⑥ 花がさいた時刻を記録する。

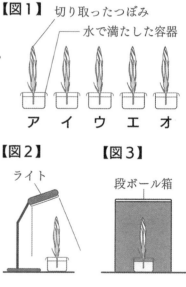

【図1】 切り取ったつぼみ／水で満たした容器

【図2】 ライト　**【図3】** 段ボール箱

＜実験結果＞

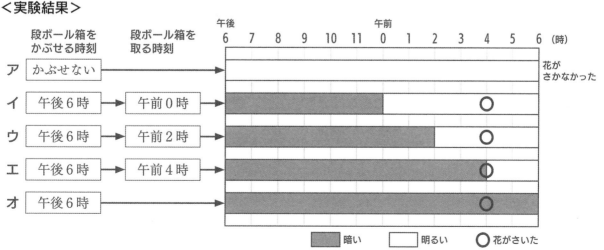

さとし	＜実験結果＞から考えてみると，アサガオの花がさくことと，[＿＿＿＿＿＿＿]は関係ないと言えそうだね。
お母さん	でも，**イ〜オ**は全て午前４時にさいているから，何かきまりがありそうだよ。
さとし	そうだね。Ｂ<u>アサガオの花がさくことと，暗くし始めてからの時間との間には，何か関係がありそうだね</u>。今度は，暗くし始める時刻をいろいろと変えて，実験してみるよ。

【実験２】

＜実験方法＞

① 【図４】のように，アサガオのくきを３cm残して切り取り，水で満たした容器に入れたものを３つ準備し，【実験１】と同じようにライトで光を当てる。

② 下の**カ**は午後１時，**キ**は午後３時，**ク**は午後５時に段ボール箱をかぶせ，全て午前５時まで暗くする。

③ 花がさいた時刻を記録する。

＜実験結果＞

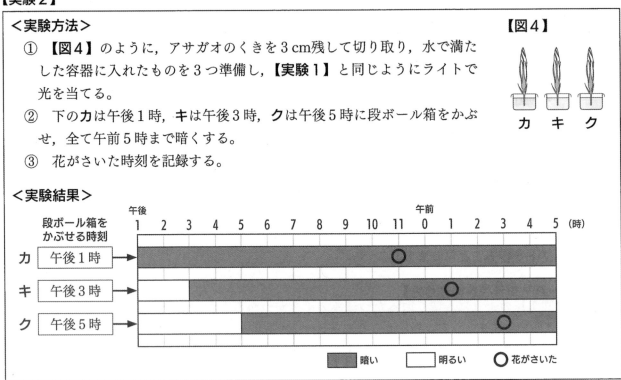

（1）【実験１】の**ア**は，何を確かめるために行った実験か，書きなさい。

（2）【実験１】の**イ〜オ**の＜実験結果＞から，どのようなことが言えるか，会話文中の[＿＿]に当てはまる言葉を書きなさい。

（3）会話文中の下線部Ｂについて，【実験２】の＜実験結果＞から，どのようなことが言えますか。次の 条件 にしたがって書きなさい。

条件

＊ 「アサガオの花は，」に続く１文で書くこと。

＊ 「時間」という言葉と具体的な数字を使って書くこと。

（4）【図書館で調べてわかったこと】の下線部Ａについて，７月と９月の花がさく時刻を比べると，どちらの方が，花がさく時刻が早いですか。【実験１】と【実験２】の結果をふまえて，花がさく時刻が早い月と，そのように考えた理由を書きなさい。

4 さとしさんは，ニュースで見たホーバークラフトについて，のりこさんと話しています。

新しく建造されたホーバークラフト

さとし	大分空港と大分市をつなぐホーバークラフトが復活するそうだね。
のりこ	どんな乗り物なのかな。
さとし	海の上でも，陸の上でも進むことができるそうだよ。 船体は少しういた状態で前に進むそうだね。
のりこ	でも，どうやって，海の上や陸の上を進むことができるのかな。
さとし	インターネットで調べてみたら，【図1】のように，船体の下に，ゴム製の「スカート」と呼ばれる部分があるんだって。 そして，プロペラとファンがついていて，A船体がういて前へ進むのに重要な役割をしているみたいだね。

【図1】（横から見た図）

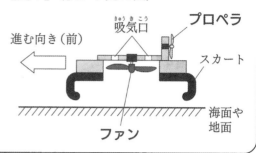

（イラスト及び図は大分県交通政策課ウェブサイトをもとに作成）

（1）会話文中の下線部Aについて，ホーバークラフトの船体がういた状態で前に進むために，【図1】にあるプロペラとファンが，それぞれどのような役割をしているか，書きなさい。

　さとしさんとのりこさんは，【手作りホーバークラフトの作り方】の【図2】のような手作りホーバークラフトを作ることにしました。

【手作りホーバークラフトの作り方】

＜使う材料＞
・モーター2個　　・プロペラ2つ^(注1)→［注1］　・単三かん電池2本
・電池ボックス2個　・ビニールぶくろ1枚　・導線
・両面テープ　　　・セロハンテープ　　　・スチレンボード^(注2)

（注1）… 1つはファンの役割をする　（注2）… 発ぽうスチロールを紙ではさんだ板

【図2】

（導線の一部は省略）

＜作り方＞
① 【図3】のように，穴をあけたスチレンボードの上に，プロペラを取り付けたモーター，かん電池と電池ボックスを取り付け，導線でつなぐ。
② 【図4】のように，セロハンテープで口を閉じたビニールぶくろのスチレンボード側とゆか側，それぞれに穴をあける。
③ 【図5】のように，穴をあけたビニールぶくろを，スチレンボードの下に両面テープではり付ける。

【図3】（上から見た図）

かん電池と電池ボックス　　スチレンボードにあけた穴　　プロペラとモーター

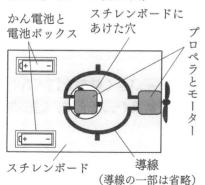

スチレンボード　　導線（導線の一部は省略）

【図4】

スチレンボード側にあけた穴

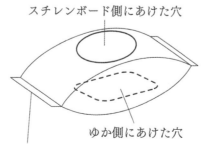

ゆか側にあけた穴

口を閉じたビニールぶくろ

【図5】（横から見た図）

かん電池と電池ボックス　　スチレンボード

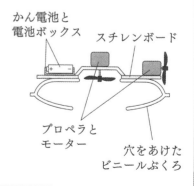

プロペラとモーター　　穴をあけたビニールぶくろ

（イラスト及び図はJAXAウェブサイトをもとに作成）

大分豊府中学校

（2）下の【図6】の⑦から始め，⑦で終わる回路を作るとすると，どのように導線をつなげていけば
よいか，次の 条件 にしたがって，記号⑰〜⑰の全てを使って，電流が流れる順に書きなさい。
ただし，2つのモーターどうしは，すでに導線でつなげているものとします。

条件
　＊　かん電池のつなぎ方は，直列つなぎとする。
　＊　⑰の部分は，かん電池の＋（プラス）極とつなぎ，⑰の部分は，かん電池の－（マイナス）
極とつなぐこととする。

【図6】（上から見た図）

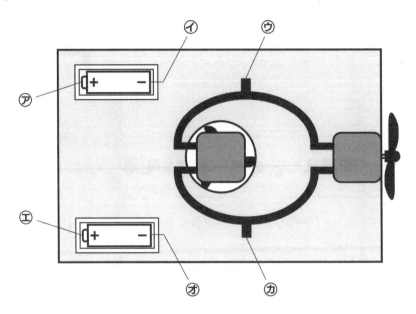

手作りホーバークラフトを作り，ゆかの上で走らせてみると，プロペラとモーターは2つとも回っ
たが，少ししか進みませんでした。このことについて，さとしさんとのりこさんが話をしています。

のりこ　何をどう改良すればいいのかな。何が関係してい
　　　　るのだと思う。
さとし　そうだね。ビニールぶくろのゆか側にあけた穴の
　　　　大きさが関係しているのではないかな。たぶん，
　　　　B適切な穴の大きさがあるのではないかな。
のりこ　実験をして確かめてみよう。

（導線の一部は省略）

（3）さとしさんは，会話文中の下線部Bのように予想しました。さとしさんはどのように考えて，下
線部Bのような予想を立てたのか，説明しなさい。

宮崎県立中学校・中等教育学校
（五ヶ瀬・宮崎西・都城泉ヶ丘）　**適性検査Ⅰ**（検査時間50分）

（解答用紙は別冊81P）（解答例は別冊43P）

課題1

　かなこさんは，同じ大きさの黒と白の立方体を使って，**写真**のような飾りを作ることにしました。飾りは，黒と白の立方体がすべて交互に組み合わさっており，大きな立方体の形をしています。

　かなこさんは，実際に，**図1**と**図2**の飾りを作り，ひろしさんと話をしています。

写真（立方体を組み合わせて作った飾り）

図1

図2

※どちらの飾りにも表面や中身にすき間はなく，黒と白の立方体がぴったりとくっついています。

会話1

ひろし：　とてもきれいな飾りができたね。**図1**の飾りには，黒の立方体が（　ア　）個，白の立方体が（　イ　）個使われているね。

かなこ：　そうだよ。**図2**の飾りは，全部で（　ウ　）個の立方体を組み合わせて作ったんだ。黒と白の立方体の数は同じかなと思ったけれど，（　エ　）の立方体のほうが，（　オ　）個多かったよ。

問い1　**会話1**の（　ア　），（　イ　），（　ウ　），（　オ　）にあてはまる数を答えてください。また，（　エ　）にあてはまる色を答えてください。

　次に，ひろしさんは，形やデザインを変えた飾りを作りたいと考え，2種類の飾りを作ることにしました。1つは，**図1**と同じ飾りで直線をひいたもの（**図3**），もう1つは，外から中が見えるとう明な立方体を組み合わせた飾り（**図5**）です。

図3

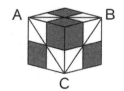

※**図1**と同じ飾りで，3つの頂点をA，B，Cとして，それぞれ直線をひいたものです。

図4（立方体をDEからFの方向に切った場合）

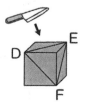

切り口の形

※DEとは，頂点Dと頂点Eを結ぶ直線のことです。

図5

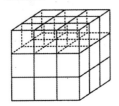

※同じ大きさの小さい立方体を，たて，横，高さ
にそれぞれ3個ずつ組み合わせたもので，すべて
の小さい立方体の中に，色のついたボールを入れる
ことができます。

図6 （ボールを入れた飾りを3つの方向から見た図）

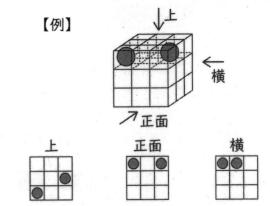

※【例】は，飾りの上から数えて1段目にボールを
2個入れた図を表しています。

2人は，ひろしさんが作った飾りについて，話をしています。

会話2

かなこ：	2種類の飾りを作ったんだね。図3は，どうやって形を変えるの。
ひろし：	図4のように，直線に沿って切ってみようと思うんだ。
かなこ：	切り口はどのようになるだろう。さっそく切ってみようよ。
ひろし：	すごい。①黒と白の模様ができたよ。
かなこ：	図5の飾りにも，同じ大きさのボールを，いくつか入れてみたんだね。
ひろし：	②上，正面，横の3つの方向から見ると，見え方がちがうよ。
かなこ：	私もひろしさんみたいに，オリジナルの飾りを作ってみよう。

問い2　会話2の下線部①について，図3を図4と同じようにABからCの方向に切ると，
切り口はどのようになりますか。次のア～エの中から1つ選び，記号で答えてください。
ただし，黒と白の立方体は，表面と同じ色が立方体の中までついているものとします。

ア　　　　　イ　　　　　ウ　　　　　エ

問い3　会話2の下線部②について，ひろしさんがボールを入れた飾りを，図6のように，
上，正面，横から見た図で表すと，下のようになりました。飾りの上から数えて1段目
から3段目に入っているボールの数を，それぞれ答えてください。

上　　　　　　　　　正面　　　　　　　　横

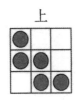　　　　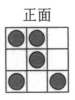

課題2

6年1組の図書係のさとしさんとひかりさんは，学級全員に読書に関するアンケートをとり，夏休みに読んだ本の冊数をまとめることにしました。資料は，学級を15人ずつの班（A班とB班）に分けて整理したものです。2人は，資料をもとに，A班とB班のどちらの班が，本をよく読んだといえるか，考えています。

資料

1組	読んだ本の冊数															合計	平均値
A班	2	3	5	5	5	5	5	7	8	8	9	9	10	10	11	102	6.8
B班	3	3	4	4	5	5	6	6	6	6	6	8	11	13	16	102	6.8

※資料は読んだ冊数が少ない方から順に並んでいます。また，資料の中の数を値といいます。

会話1

さとし：　図書係では，夏休みに本をよく読んだ班に賞状をおくることにしたよ。

ひかり：　いい考えだね。資料にまとめてみると，A班もB班も合計と平均値が同じ値になったね。

さとし：　そうなんだ。合計どうしを比べたり，平均値どうしを比べたりする方法では，どちらの班が本をよく読んだといえるか，判断できないね。

ひかり：　それなら，別の方法で比べてみようよ。

さとし：　そうだね。別の方法を考えて，どちらの班が本をよく読んだといえるか，判断してみよう。

問い1　会話1の下線部について，あなたならどのような方法を考えますか。資料をもとに，次の【条件】にしたがって，あなたの考えを答えてください。

【条件】

解答は，解答用紙にある 方法 → 説明 の順に記入してください。

(1) 方法 には，A班とB班を比べる方法を1つ書いてください。

(2) 説明 には，(1)の方法で比べた場合，A班とB班のどちらの班が，本をよく読んだといえるかを書いてください。また，そのように判断した理由も書いてください。

　6年2組の図書係のかずきさんとさちこさんは，1組と同じようにアンケートをとり，夏休みに読んだ本の冊数を調べました。2人は，調べた結果を**図書だより**にまとめています。

図書だより（一部）

「読書に関するアンケート」の結果を報告します。

◆ **アンケート結果**

○調査人数　学級全員30人

　　　　　　（A班16人，B班14人）

○学級全員が読んだ本の冊数　189冊

平均値は，
A班が7.0冊
B班が5.5冊
でした。

【グラフの見方】
1冊読んだ人が1人，
2冊読んだ人が3人
いることを表して
います。

◆ **グラフ**（アンケート結果より）

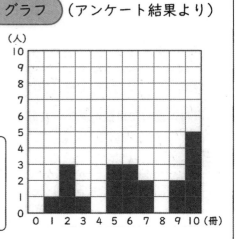

会話2

かずき：　アンケート結果をもとに，グラフを作ってみたよ。

さちこ：　読んだ本が0冊という人はいなかったね。①4冊と8冊のところを書き加えれば，グラフができあがるね。

かずき：　となりの3組の結果も気になるね。2組の全体の平均値より高いのかな。

さちこ：　結果が楽しみだね。アンケートを整理しながら，②平均値について，どのようなことがいえるか，考えてみたよ。

問い2　**会話2**の下線部①について，4冊と8冊のところを書き加えて，解答用紙にあるグラフを完成させてください。

問い3　**会話2**の下線部②について，さちこさんは，学級の平均値について，**ア**〜**エ**の考えをもちました。それぞれの考えが正しいかどうかを判断し，正しい場合は○，正しくない場合は×を解答用紙に記入してください。

　ア　6年3組が30人のとき，学級全体の平均値と読んだ冊数が同じになる人が，必ず1人はいる。

　イ　6年3組が30人のとき，それぞれが読んだ冊数と学級全体の平均値が，すべて同じになる場合がある。

　ウ　6年2組の全体の平均値は，A班とB班の平均値の和を2で割った値になる。

　エ　どの学級でも，学級全体の平均値より高い人と低い人の人数は，同じになる。

課題3

　たけるさんは，体育の時間にグラウンドを走ったときに，心臓（しんぞう）がドキドキしてみゃくはくが速くなっているのを感じました。そこで，走るとみゃくはくがどう変化するか調べてみることにしました。走る前，走っている間，走った後のみゃくはくは，次の 表1 のような結果になりました。たけるさんは，結果について先生と会話をしました。次の 会話1，会話2 は，そのときの様子です。

表1

	走る前	走っている間	走り終えた直後	走った後10分後	走った後20分後	走った後30分後	走った後40分後
1分間のみゃくはく数（回）	72	120	115	95	80	72	72

会話1

先　生：　走る前，走っている間，走った後のみゃくはくの変化で，どんなことに気づきましたか。
たける：　運動するとみゃくはく数が急に増えます。運動した後，時間がたつにつれてしだいに少なくなってきて，30分たつと，運動する前と同じみゃくはく数にもどっています。
先　生：　よく気がついたね。みゃくはくは，どの内臓のどのはたらきと関係があるかな。
たける：　心臓のはく動がみゃくはくとして表れます。
先　生：　では，運動しているとき，心臓のはく動が多くなるのは何のためだろう。血液のはたらきを思い出して，説明してごらん。

問い1　運動しているとき，心臓のはく動が多くなるのは何のためか，血液のはたらきと結び付けて，説明してください。

会話2

先　生：　植物も動物と同じ生き物ですね。植物は，私（わたし）たちと同じように呼吸（こきゅう）をしていると思いますか。
たける：　いいえ，思いません。植物は，光が当たっているとき，二酸化炭素を取り入れて，酸素を出しています。呼吸とは逆です。
先　生：　「光が当たっているとき」といいましたね。では，光が少ししか当たらないときや，光がまったく当たらないときはどうだろう。
たける：　調べてみます。

たけるさんは，植木鉢に植えた植物を使って，酸素と二酸化炭素の出入りを調べる実験を行いました。実験の目的 と 実験の方法 は，次のとおりです。ただし，空気は，袋から出入りしないものとします。

実験の目的

植物が二酸化炭素を吸収して，酸素を出すはたらきは，光の強さによって変わるかを調べる。

実験の方法

① 図A～Cのように，葉の枚数や大きさがほぼ同じ植物を用意し，ポリエチレンの袋で包んで，袋の中にストローで息を吹き込みました。
② 気体検知管を使って，袋の中の空気の酸素と二酸化炭素の割合を調べました。
③ 1時間後に②と同じ操作を行いました。
④ 調べた結果を 表2 にまとめました。

図

A 日の当たる場所に置いたとき

B 日かげに置いたとき

C 光が当たらないようにしたとき

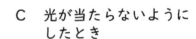

箱の中の様子

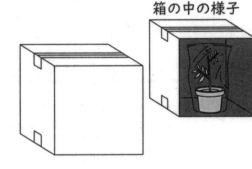

表2

時刻	A 日の当たる場所に置いたとき		B 日かげに置いたとき		C 光が当たらないようにしたとき	
	酸素	二酸化炭素	酸素	二酸化炭素	酸素	二酸化炭素
13時 実験開始	約18%	約4%	約18%	約4%	約18%	約4%
14時	約20%	約2%	約19%	約3%	約17%	約5%

問い2　植物を日の当たる場所に置いたときと日かげに置いたときの結果から，どのようなことがいえますか。実験の目的 をふまえて答えてください。

問い3　表2 から，植物は呼吸をしているといえますか。その理由も答えてください。

課題4

　かおるさんは，図書館で借りた本の中に，「私に支点をあたえよ。そうすれば地球も動かしてみせる。」という歴史上の人物の言葉を見つけて，てこに興味をもちました。次の **会話1**，**会話2** は，かおるさんとしげるさんの会話の様子です。

会話1

かおる：　てこってすごいんだね。「支点さえあれば地球でも動かすことができる。」と本に書いてあったよ。 しげる：　地球を動かす実験なんてここではできないから，単純な実験用のてこを使って，てこの実験をしてみよう。 かおる：　てこがつりあっているとき，どんなきまりがあるのかな。 しげる：　おもりの重さと支点からのきょりをかけ算したときの答えが，支点の右と左で同じときにつりあうようになっているよ。

　かおるさんとしげるさんは，**図1** のような実験用てこを使って，力の大きさをおもりの重さで表し，どんなときにつりあうか調べてみました。**資料** を参考にあとの問いに答えてください。

図1

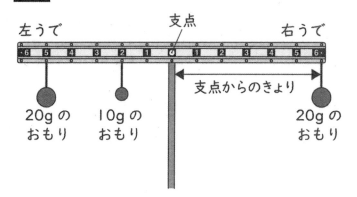

資料

てこのうでをかたむけるはたらきは，「おもりの重さ×支点からのきょり」で表すことができる。このはたらきが左右で等しいとき，てこは水平につりあう。 　**図1** の場合は， 左うで　10×2＋20×5＝120 右うで　20×6＝120

問い1　左うでのめもり3に30gのおもりをつるし，さらに左うでのめもり6に20gのおもりをつるして，てこが水平につりあうのは，右うでのめもり3とめもり5に10gのおもりをそれぞれ何個ずつつるしたときでしょうか。つるすおもりの数が少なくてすむ場合について答えてください。ただし，めもり3とめもり5の片方だけにおもりをつるしてもよいものとします。

会話2

しげる：　この実験用てこの片方につるすおもりを，ばねにしてみたらどうなるかな。 かおる：　おもしろそうだね。ここに3本のばねがあるよ。まずは，それぞれのばねののび方を調べてみよう。

かおるさんとしげるさんは，**図2**のようにＡ，Ｂ，Ｃの３本のばねにいろいろな重さのおもりをつり下げ，ばねの長さをはかりました。

図3は，３本のばねにつり下げたおもりの重さと，ばねの長さの関係をグラフに表したものです。

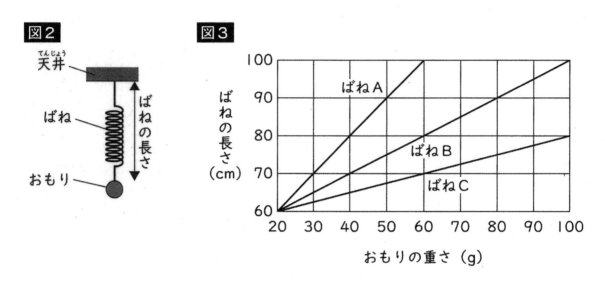

図2

図3

問い2　何もつるさないときのばねＡの長さは何 cm になるか，答えてください。

かおるさんとしげるさんは，**図4**のように，実験用てことゆかまでの高さを７５cm にして，右うでのめもり３のところに１００ｇのおもりをつるし，左うでのめもり６のところにゆかに固定したばねを取り付けました。

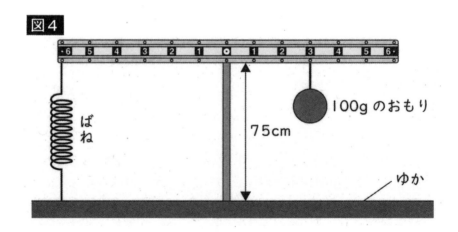

図4

問い3　３本のばねのうちの１本が，ちょうどてことゆかまでの高さと同じ７５cm の長さになったときに，てこは水平につりあいました。Ａ，Ｂ，Ｃのうち，どのばねを使ったのでしょうか。また，そう考えた理由を説明してください。ただし，ばねの重さは考えないものとします。

課題5

　ひとみさんのグループでは，自分が興味のある都道府県について調べ学習を行い，考えたことなどをグループで話し合いました。

会話1

ひとみ：	私は広島県について調べました。広島県には，中国地方の都市の中で一番人口の多い広島市があります。
たかし：	広島市では2023年，G7サミットが開催されていたね。G7の国は日本，アメリカ，カナダ，イギリス，フランス，イタリア，ドイツだね。
しんご：	G7の国はすべて※国際連合に加盟しているよ。国際連合はどのような組織なのかな。

※国際連合：1945年に世界の平和と安全を守るために設立された組織。加盟している国は，193か国（2023年現在）である。

問い1　ひとみさんは，しんごさんの疑問に対して，資料1，2を見つけました。
　資料1，2から読み取ることができない内容を，下のア～エから1つ選び，記号で答えてください。

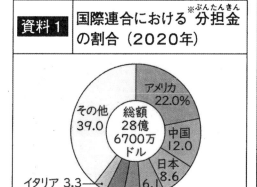

資料1	国際連合における※分担金の割合（2020年）

アメリカ 22.0%
その他 39.0
総額 28億6700万ドル
中国 12.0
日本 8.6
6.1
ドイツ
イタリア 3.3
フランス 4.4
イギリス 4.6

※分担金：加盟国が国際連合の活動のために出しているお金。

資料2	国際連合「安全保障理事会」について

【目的】
　世界の平和と安全の維持
【構成】
○　常任理事国5か国
　（中国，ロシア，フランス，イギリス，アメリカ）
　・　国際連合が発足してから変更はない。
○　非常任理事国10か国
　・　非常任理事国は任期が2年で，全加盟国の投票によって選ばれ，毎年半数が改選される。
【理事会の取り決め】
○　安全保障理事会の決議において，常任理事国の1か国でも反対した場合，成立しない。

ア　日本は加盟国の中で3番目に多く分担金を負担している。
イ　G7の国の中で常任理事国に入っている国は，3か国である。
ウ　分担金の割合上位7か国の中に，すべての常任理事国が入っている。
エ　安全保障理事会の決議において，14か国が賛成しても，フランスが反対すれば成立しない。

会話2

しんご：	私は山口県を調べました。一番西には，下関市があります。
ひとみ：	壇ノ浦の戦いで有名なところだよね。
たかし：	そういえばこの前，社会科の授業で「下関」という名前のついた条約が出てきたよね。
しんご：	明治時代に起きた日清戦争の後で結ばれた条約だったはずだよ。その戦争のことなど，先生に聞いてみよう。

問い2 しんごさんは，日清戦争のことについて先生に聞いたところ，資料3，4 をもらいました。しんごさんが考えたことの A と B にあてはまる内容を，資料3，4 をもとに答えてください。

資料3	日清戦争について
戦った国	清（今の中国）
戦争の起こった年	１８９４年
戦争の結果	日本が勝利
日本の戦死者	約１万４千人
日本が使った戦争の費用（当時の価値）	約２億３千万円
講和条約の名前	下関条約
条約の内容（主なもの）	・清が日本に賠償金を支払う。（当時の価値で約３億１千万円）・清が日本に遼東半島，台湾，澎湖諸島をゆずる。

資料4	日露戦争について
戦った国	ロシア
戦争の起こった年	１９０４年
戦争の結果	日本が勝利
日本の戦死者	約８万４千人
日本が使った戦争の費用（当時の価値）	約18億3千万円
講和条約の名前	ポーツマス条約
条約の内容（主なもの）	・賠償金はなし。・ロシアが日本に樺太の南半分をゆずる。
	条約の内容に国民が不満をもった。

しんごさんが考えたこと

どちらの戦争も日本が勝ったけど，日露戦争は日清戦争と比べて A にもかかわらず，ポーツマス条約の内容が下関条約と比べて B など，利益が少なかったことから，国民は不満をもったのではないかな。

会話3

たかし：　私は，下関市からすぐに行ける福岡県について調べました。
ひとみ：　地図を見ると，北九州と福岡に空港があるよ。

問い3 たかしさんは，福岡県の空港についてまとめた資料5 から，ある疑問をもち，資料6 から，その疑問に対する答えを予想しました。 A と B にあてはまる内容を，資料5，6 をもとに答えてください。

資料5	福岡空港と北九州空港の比較	
	福岡空港	北九州空港
① １日の乗降客数	58,542人	3,610人
② 国内線の就航路線	２７路線	１路線
③ 国際線の就航路線	１８路線	１路線
④ 営業時間（法律上ではなく実際の時間）	7時〜２２時	24時間営業

※①は２０１７年，②・③は２０２３年１０月現在　（「日本と世界の統計データ」他より作成）

資料6	空港の立地場所

北九州空港　人工の島に立地している。

福岡空港　博多　人が多く住んでいる場所に立地している。

小倉

たかしさんの疑問

福岡空港は北九州空港に比べて乗降客数や就航路線が多いのに，なぜ A のだろうか。

疑問に対する予想

人が多く住んでいるところに立地しており， B に配慮しているからではないか。

課題6

　たまきさんは，夏休みに家族旅行で京都と大阪に行きました。京都は平安京という都が置かれてから栄えたことを知り，平安時代の人々の生活について先生と話をしました。

会話1

先　生：	資料1 は，平安時代，ある地域に住んでいる人たちの[※]「戸籍」をグラフで表したものです。何か気づいたことがありますか。
たまき：	女性の割合が非常に高いです。
先　生：	そうですね。しかし，この戸籍は本当の情報ではありません。その理由は，資料2 を見れば分かると思います。どうでしょうか。
たまき：	なるほど。□□□□□ ために，戸籍には女性として申告していたのですね。

※「戸籍」：朝廷がどこにだれが住んでいるかを把握し，税や兵士を集めるための記録で，それぞれの地域から申告されたもの。

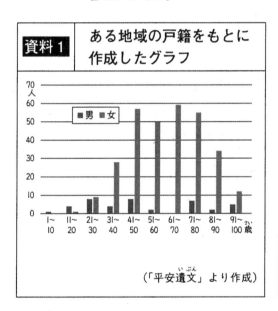

資料1	ある地域の戸籍をもとに作成したグラフ

（「平安遺文」より作成）

資料2	律令制で定められた「税」			

対　象	種別	税の名	内　容	負担の範囲
6歳以上の男女	品物	租	口分田の面積に応じて（稲の収穫の約3％）	口分田は，戸籍にもとづきあたえられる
[※]成人男性		調	特産物（絹・糸・布製品）	都まで運んで納める（食料は自分で負担）
		庸	麻布（労役の代わり）	
	労役	雑徭	年60日以内	池・堤などの土木工事
成人男性3〜4人に1人	兵役	軍団	年36日以内	食料・武具は自分で負担（調・庸などを免除）
		衛士	都で1年間	
		防人	九州北部で3年間	

※成人男性：21歳〜60歳までを表している。

問い1　会話1 の□□□□□にあてはまる内容を，資料2 をもとに答えてください。

問い2　たまきさんは，大阪に行った際に，ある古墳を見学しました。次の 説明 を読んで，たまきさんが通った 略地図 のルートとして適切なものを，後のア〜カから1つ選び，記号で答えてください。

説明

○　たまきさんが駅をおりてしばらく歩くと交番があり，道を聞くと「まず南に行って，病院のところで西に行くと消防署があるので，そこで聞きなさい。」といわれた。

○　次に消防署まで行くと「南に行くと図書館がある。そこから西に向かって行くと右手に神社があり，そのまま行くと交番があるのでそこで聞きなさい。」といわれた。

○　次に交番では，「南東に行くと消防署があるから，そこを南西に曲がれば博物館がある。」といわれ，そのとおりに行くと博物館があり，すぐそばの古墳を見学した。

ア　A駅→**1**のルート
イ　A駅→**2**のルート
ウ　A駅→**3**のルート
エ　B駅→①のルート
オ　B駅→②のルート
カ　B駅→③のルート

略地図

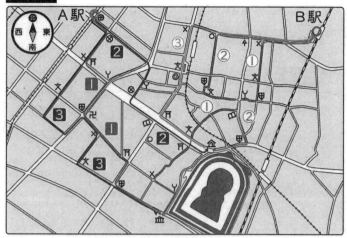

　たまきさんは，大阪を訪れた際のできごとについて **資料3，4，5** を見つけ，その資料をもとに友達と話しました。

会話2

たまき：	大阪では右のようなマークが貼ってある※「ハラール認証店」とよばれるお店を見つけたよ。
かいと：	なぜこのようなお店があるのだろう。
もとき：	**資料3** から　　**A**　　ということがわかるね。
あゆみ：	本当だ。**資料4，5** から　　**B**　　ためではないかな。

※ハラール認証店：
イスラム教徒の人々のための「ハラールフード」を提供しているお店。

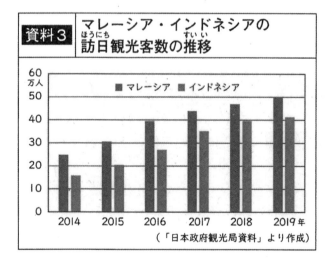

資料3　マレーシア・インドネシアの訪日観光客数の推移

（「日本政府観光局資料」より作成）

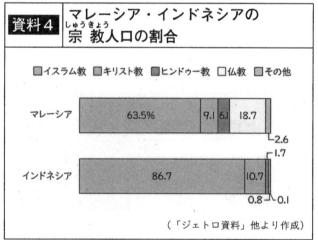

資料4　マレーシア・インドネシアの宗教人口の割合

　■イスラム教　■キリスト教　■ヒンドゥー教　□仏教　■その他

マレーシア	63.5%　9.1　6.1　18.7　2.6
インドネシア	86.7　10.7　1.7　0.8　0.1

（「ジェトロ資料」他より作成）

資料5　　イスラム教徒の食事について

　豚やアルコール（料理酒，みりんなどを含む），宗教上の適切な処理が施されていない肉を食べてはならない。食材だけでなく，料理をする場所や工程などにも細心の注意を払う。

問い3　**会話2** の　**A**　にあてはまる内容を，**資料3** をもとに答えてください。また，**B** にあてはまる内容については，**資料4，5** を関連づけて，**「食事」**という語句を使って答えてください。

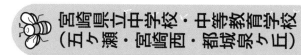

宮崎県立中学校・中等教育学校
（五ヶ瀬・宮崎西・都城泉ヶ丘）　作文　（検査時間四十分）

（解答用紙は別冊84P）（解答例は別冊45P）

課題用紙①

資料A、**資料B** を読んで、後の問いに答えてください。

資料A　　　　　　　　※がついている言葉は、後に説明があります。

　「自分の頭で考える」際には、「腑に落ちる」という感覚が一つの※バロメーターになります。本当に自分でよく考えて納得できたとき、私たちは「腑に落ちる」という感覚を抱きます。この感覚は大変重要です。

　ところが、「腑に落ちる」ことが、また少々軽視されているところがあります。たとえば、何か分からないテーマや事柄があったとして、それについて誰かが説明していたら、その説明を聞いただけで、もう分かったつもりになっている、といったことはないでしょうか。

　とくに最近は安直に「答え」をほしがる傾向があり、それに応じてきれいに整えられた「答え」や、一見「答え」のように見える情報が、※ネット空間などにはあふれています。ランキング情報やベストセラー情報などは、その最たる例です。あるいは情報がコンパクトにまとめられたテレビ番組もたくさんあります。多くの人が、分かった気になってコンビニへ買い物にでも行くかのように「答え」の情報に群がり、でいます。

　誰かの話をちょっと聞いただけで「分かった」と思うのは安易な解決法です。立派なそうな人の本を読んで「なるほど、その通りだな」と思い、翌日に反対の意見を持つ人の本を読んで「もっともだな」と思ったのでは、意味がありません。自分の頭で考えて、本当に「そうだ、その通りだ」と腹の底から思えるかどうか（腹落ちするかどうかと、腑に落ちるかどうか）が大切なのです。

　私自身は、人の話を聞いてすぐに「分かった」と思うことはほとんどありません。心の底から「分かった」と思えない間は、「そういう考え方もあるのだな」という状態で保留扱いにしておきます。否定もしません。結論を急いで「分かった」と思おうとするのは間違いのもとです。「腑に落ちる」まで自分の頭で考え抜いているかどうか、私たちはもう少し慎重になったほうがいいと思います。

（出口治明『人生を面白くする本物の教養』による）

　※バロメーター……物事を推し測ったり判断したりする基準や目安。
　※ネット空間……不特定多数の人が利用するインターネット上の空間。

【資料B】

こんな場面を想像してみてほしい。

君の足元に、一枚の絵が落ちている。「なんだ子どもの絵か、それにしてもくたくただな――」と、君は近くのゴミ箱に捨てようとする。しかしその時ふと、君は絵の片隅に小さなピカソ（Picasso）のサインを見つけてしまった。どうだろう。そのとたん、君は目に見えない力に※服従してはいないだろうか。

いじわるな性格で申しわけないが、ボクは時々子どもの図画コンクールの作品の中に、そっとピカソの絵をまぎれこませてみたくなる。いや、決してピカソの作品を※卑下しているわけじゃない。ただボクらが本当に彼の絵を自分自身の※感性でとらえているのかどうか、疑問に思えてくるんだ。ボクらはもしかしたら、ピカソ＝天才画家という世間の評価に※服しているんじゃないかってね。

ピカソにかぎらない。※革新的な作品を生み出した芸術家たちは、決してたやすく世の中に受け入れられることはなかった。最初はほとんど、見向きもされなかった。

ところが何かのきっかけで一度有名になると、描き損じてごみ箱に捨てられたデッサンの切れ端までが、シワをのばされて何億円もの値をつけられてしまう。

（行徒宗著『勉強っていやいやするもの？』による）

※ 服従 ……… 他人の意思に対して、すなおにそのまましたがうこと。

※ 卑下 ……… いやしめ見下すこと。

※ 感性 ……… 外界の刺激に対して、なんらかの印象を感じ取る、その人の心の働き。感受性。

※ 革新的 …… これまでの制度、習慣、方法などを変えて、新しくしようとするさま。

問い一　【資料A】に、「結論を急いで『分かった』と思おうとするのは間違うのもとです」とありますが、筆者がどのような考えからこう述べているのか説明してください。

問い二　【資料B】に、「ピカソ＝天才画家という世間の評価に屈しているんじゃないか」とありますが、「世間の評価に屈する」とはどういうことなのか説明してください。

問い三　【資料A】、【資料B】に共通している筆者の考えに対するあなたの考えを、次の（条件）にしたがって書いてください。

（条件）
① はじめに、【資料A】、【資料B】に共通している筆者の考えをまとめて書いてください。

② 次に、①で書いた筆者の考えをふまえたうえで、あなたが大切にしたい考え方について、自分の体験や具体例を示しながら書いてください。

③ 三百字以上、四百字以内で書いてください。

〔注〕

* 1　畏怖……おそれおののくこと。
* 2　造詣……学問・芸術などのある分野についての、深くすぐれている知識や理解。
* 3　トリビア……平凡でささいなこと（知識）。
* 4　LINE……無料通話やチャットができるアプリケーション。
* 5　YouTube……撮影したビデオ映像や、作成した動画ファイルなどをネット上に公開できる動画投稿・共有サイト。
* 6　TikTok……15秒〜1分程度の短い動画を作成・投稿できるアプリケーション。
* 7　SNS……人と人とを様々なつながりで結びつけ、交流をはかるウェブサービス。
* 8　井上選手……プロボクサーの井上尚弥選手。
* 9　玉石混交……すぐれたものと劣ったものが入りまじっていること。
* 10　探究……ものごとの真の姿をさぐり明らかにしようとすること。

問1　空欄　Ⅰ　〜　Ⅲ　に当てはまる最も適当な言葉を、ア〜オからそれぞれ記号で選び答えましょう。

　ア　あるいは　　イ　つまり　　ウ　例えば　　エ　なぜなら　　オ　ところが

問2　――線部①『タイパ（タイム・パフォーマンス）』とありますが、筆者はタイパについてどのようにとらえていますか。七十字以上、八十字以内で書きましょう。

問3　――線部②「ネットは私たちの使い方しだいで毒にも薬にもなる」とありますが、どのようなことですか。本文をもとに「ネットは私たちの使い方しだいで、」に続くかたちで、七十字以上、八十字以内で書きましょう。

問4　次は、本文を読んだ後の a さん〜 e さんの行動です。本文の要旨をふまえた行動として、最も適当なものを A〜E から記号で選び答えましょう。

A　a さん……ネットで興味をもった昆虫を、実際につかまえて、図鑑と照らし合わせて調べた。

B　b さん……夏休みの自由研究で、一つの web ページの内容を、自分なりにまとめて提出した。

C　c さん……一つの本のあらすじ動画を複数見比べ、読書感想文を書いてクラスで発表した。

D　d さん……「成績が必ず上がる」という参考書があることを知り、ひとまず買って、勉強した。

E　e さん……分かりやすい英語の解説動画を見て、辞書を使わずに、英語で文章を作った。

問5　次の 条件1〜条件5 に従ってあなたの感じたことや考えたことを書きましょう。

条件1　二段落構成とします。

条件2　第一段落では、本文の内容から感じたことや考えたことをまとめて一文で書き、第二段落では、それを今後のあなたの考え方や行動にどのように生かしていきたいか、これまでの自分の考え方や行動をふまえて書きましょう。

条件3　字数は四百字以内とします。

条件4　書き出しや段落を変えたときの空欄、句読点や記号なども字数に数えます。

条件5　題や名前を書かずに、一行目から書きましょう。

鹿児島県立楠隼中学校

― 328 ―

鹿児島県立楠隼中学校

次の文章を読んで、問1〜問5に答えましょう。なお、＊がある言葉には、後に〔注〕があります。

　私が「深み」を強調するのは、昨今の風潮に対する危機感でもあります。浅いもの、軽いものが求められ、「深み」のあるものは無視されたり、排除されたりする傾向が強いのではないでしょうか。

Ⅰ　「○○が健康にいい」という情報が広まると、翌日のスーパーからその商品が一気に消えたりする。別にそればかり食べていれば何もない。暇つぶしになるだけです。いいわけではないし、むしろ食べ過ぎれば弊害があるかもしれないのに、そこまでは考えない。とにかく表層的な情報に流されやすい気がします。

　一方で、私たちは「深み」に対する憧れや畏怖（＊1）もあると思います。例えば茶道やボクシングに造詣（＊2）の深い人がいれば、自分の好みは別として一目置くでしょう。その人が熱く語ったり、こちらの質問に即座に答えてくれたり、トリビア（＊3）的な知識を教えてくれたりしたら、素直にかっこよく見えるはずです。自分も何かについて熱く語れるような「深い人間」になりたいと、心のどこかで思っているのではないでしょうか。

Ⅱ　現実には、次々と入ってくる情報の処理に忙殺されて、つい「深み」のことを忘れてしまう。これは、ネットの利用と無縁ではないでしょう。例えばLINE（＊4）でのコミュニケーションは、徹底的に軽さが求められます。できるだけ短い言葉で、メッセージだけ伝え合う。そのやり取りに時間を取られると、必然的にものごとを深く考えたり学んだりする機会は減ります。

Ⅲ　かつて軽薄の象徴とされたテレビも、いつしか視聴者をYouTube（＊5）に奪われるようになりました。またそのYouTubeでさえ、昨今は10分前後の再生時間でも「長い」と敬遠され、最大1分のTikTok（＊6）に人気が集まっているようです。こうした軽さを求める風潮を象徴する言葉が、最近よく聞く①「タイパ」

（タイム・パフォーマンス）です。要するに、いかに短時間で効率よく知識や情報を吸収できるかを重視すること。映画やドラマを早送りで見るとか、小説の大作をあらすじだけ知って読んだ気になるというのも、その一例です。TikTokも、タイパの理にかなっているわけです。たしかに1分なら、いつでも気軽に見られます。しかしその気軽さがいいわけではないし、むしろ食べ過ぎれば弊害があるかもしれないのに、次々と見続けてしまう。結局、膨大な時間を費やしてしまうわけです。ではどういう「パフォーマンス」を得られるかといえば、おそらくは何もない。暇つぶしになるだけです。以前、TikTokのコメント欄に「一番タイパがいいと思っていたが、実は一番ムダだった」という投稿がありました。

　結局、短時間で得られること、簡単にわかることは、すぐに忘れてしまうものです。その時間をじっくり見たり読んだりすることに使っていれば、もっと大きなリターンを得られたかもしれない。その機会を逃しているという意味では、「タイパ」の追求は“損失”にも直結します。

　もちろん、ネットやSNS（＊7）が悪いと言っているわけではありません。むしろネットの浸透により、今まで知り得なかった広くて深い世界を知る機会は格段に増えました。YouTubeのように、私も活用しています。井上選手（＊8）の解説あるものの、探究（＊9）すればするほど知識や情報に出会えるのがネットのいいところです。それをきっかけにして、現場に行ってみようとか、関連する本を読んでみようとか、もっと深く知りたいという意欲が湧いてくるかもしれません。

　つまり、②ネットは私たちの使い方しだいで毒にも薬にもなるということです。主に“浅瀬”で遊んでいるばかりなら、その流れに歯止めをかけ、意図的に深みへ行ってみるような意識改革が必要ではないでしょうか。

（齋藤孝氏『「深みのある人」がやっていること』による）

－ 329 －

鹿 児 島 県 立 楠 隼 中 学 校　　適性検査Ⅱ　（検査時間45分）

（解答用紙は別冊86 P）（解答例は別冊46 P）

1　隼太さんと楠乃さんは，隼太さんが取り寄せた学校のパンフレットについて話しました。【会話】を読んで，問1〜問4に答えましょう。

【会話】

隼太：先日，楠隼中学校のパンフレットを取り寄せてみたんだ。「総合的な学習の時間」に，宇宙や ⓐロケット のことについて学ぶ「シリーズ宇宙学」がとても興味深かったよ。

楠乃：隼太さんは宇宙のことが大好きだものね。

隼太：肝付町には，ロケットの発射場があって，学校からロケットが飛んでいく様子が見えるんだよ。ただ，ロケットの発射は ⓑ風の強さ など，気象の条件に左右され，打上げが延期になることもあるらしいよ。

楠乃：学校からロケットが飛んでいく様子が見えるってすごいな。他に何か面白そうなことはある？

隼太：そうそう，楠隼中学校では，ⓒ中国語会話 を学ぶ時間もあるんだ。

楠乃：そうなんだ，英語だけでなく中国語も学習するんだ。2か国語も学ぶのは楽しそうだね。

隼太：中国語は2・3年生で学習するんだ。英語に加え中国語も学んだら世界への視野が広がるだろうな。

楠乃：楠隼中学校はいろいろなことをしているんだね。他にはどのようなことをしているの？

隼太：他には，「楠隼ダイアリー」という独自の ⓓ日記帳 に日々の記録を書いて，生活・学習の自己管理をしているみたいだよ。わたしも，楠隼中学校でたくさんの思い出を作りたいな。

問1 下線部ⓐについて，下の問いに答えましょう。

(1) ロケットが大好きな隼太さんは，写真のような実物の300分の1の大きさの模型（もけい）を買いました。この模型の白いロケットの高さは8cmです。実物のロケットの高さは何mか計算をして求めましょう。

(2) ロケットを打ち上げるには，新型ロケットを開発するための費用（開発費）と1回あたりの打上げ費用が必要です。

下の表は，A社，B社，C社それぞれの費用についてまとめたものです。新型ロケットの打上げ回数を5回とするとき，開発費を含めて5回の打上げに必要な費用が最も少なくなるのはA社，B社，C社のうちどの会社か答えましょう。また，選んだ理由を具体的な数字を用いて説明しましょう。ただし，開発費が必要となるのは1回のみとします。

	A社	B社	C社
新型ロケットを開発するための費用（開発費）	160億円	200億円	480億円
1回あたりの打上げ費用	100億円	80億円	50億円

問2 下線部ⓑについて，「風鈴（ふうりん）」は，風によって音が鳴るような仕組みになっています。図A，B2つの風鈴に同じ向きから同じ強さの風が当たったとき，Aの風鈴はあまり音が鳴らず，Bの風鈴は音がよく鳴りました。音の鳴り方に違いが出る仕組みについて答えましょう。ただし，2つの風鈴は，短冊（たんざく）の大きさ以外はすべて同じ条件です。

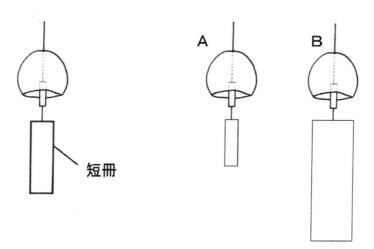

短冊

問3 下線部ⓒについて，**資料1**は中国で生産している主な穀物である米，小麦，トウモロコシのそれぞれの生産分布を，**資料2**は**資料1**の3都市の雨温図を，**資料3**は稲作の盛んなインドのコルカタの雨温図を示しています。**資料1**のうち，米の生産分布を示しているのはどれですか。**資料1**の**ア～ウ**から1つ選んで，記号を書きましょう。また，その理由を**資料3**の雨温図をもとに説明しましょう。

資料1　中国の主な穀物の生産分布

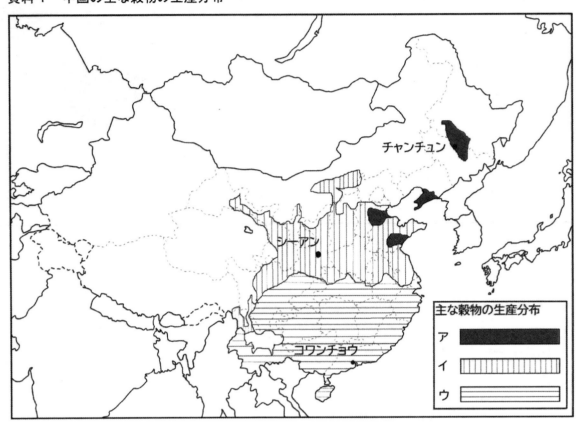

（「中国地理図集」などをもとに作成）

資料2　3都市の雨温図 （1991～2020年の平均値）

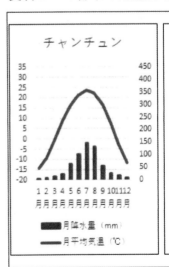
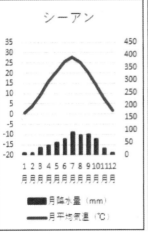
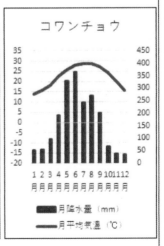

資料3
コルカタの雨温図
（1991～2020年の平均値）

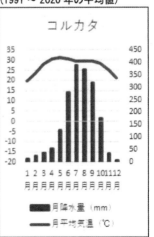

（気象庁データをもとに作成）

問4 下線部ⓓについて，隼太さんの冬休みの日記と，隼太さんと隼太さんの兄，楠乃さんの3人の会話文です。**【日記】**と**【会話】**を読んで下の問いに答えましょう。

【日記】

1月3日	兄と初売りに行った。たくさんの物が売られていて何を買うか迷ったが，①わたしは文房具を買った。よい買物ができたと思う。兄は，キャラクターのカードを買っていた。
1月4日	今日は楠乃さんが遊びに来たので，兄とわたしと楠乃さんの3人で遊んだ。3人ともキャラクターのカードを持っていたので，見せ合ったり，カードバトルをしたりした。楽しかった。②中には，3人が共通して持っている同じキャラクターのカードもあった。

【会話】

隼太：このキャラクターは，わたしのお気に入りなんだけど，お兄さんも楠乃さんも
持っているんだね。他にも同じキャラクターのカードがあるのかな？

楠乃：そうね。わたしと隼太さんが共通して持っている同じキャラクターのカードは
6枚あるね。

兄：わたしと隼太さんが共通して持っている同じキャラクターのカードは7枚，わ
たしと楠乃さんが共通して持っている同じキャラクターのカードは5枚だね。

隼太：ちなみに，お兄さんだけが持っているキャラクターのカードは13枚だよ。楠乃
さんだけが持っているキャラクターのカードは9枚，わたしだけが持っている
キャラクターのカードは11枚だね。

(1) 下線部①について，下の表は1月3日に行った初売りの品物の一部です。隼
太さんは持っていた1000円を出して，下の3種類の中から，最もおつりが少な
くなる組み合わせで買物をしました。その組み合わせを考え，おつりの金額を
答えましょう。ただし，同じ種類の品物を複数買ってもよいこととします。

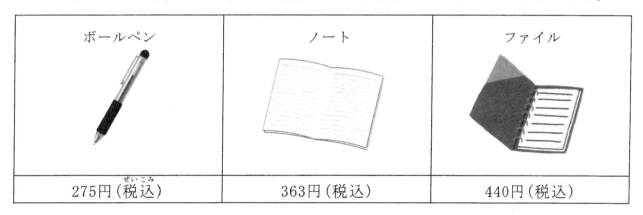

ボールペン	ノート	ファイル
275円（税込）	363円（税込）	440円（税込）

(2) 下線部②について，3人が持っているキャラクターのカードを，すべて合わ
せると60枚です。隼太さんは，3人が共通して持っている同じキャラクターの
カードを何枚持っていますか。**【会話】**をもとに，式や図，言葉などを使って
説明しましょう。

2　楠乃さんと隼太さんは夏の思い出について話しました。【会話】を読んで，問1〜問4に答えましょう。

【会話】

楠乃：今年の夏も本当に暑かったよね。わたしは今年，自由研究で⒜水溶液の実験をしたんだ。隼太さんの1番の夏の思い出は何かな？

隼太：家族でキャンプをしたことかな。キャンプ場では，走ったりボール遊びをしたりして⒝体を動かして遊んだし，夜は，星がとてもきれいで，⒞夏の大三角やたくさんの星座を観察できたんだ。楠乃さんの思い出は何かな？

楠乃：社会の宿題で，課題レポートのグループで集まって⒟選挙について調べたことかな。

問1　下線部⒜について，楠乃さんと隼太さんは，水の温度と物がとける量に着目して実験することにしました。温度の違う水100mLにミョウバンを計量スプーンですり切り1ぱいずつ入れて，何ばいまでとけるか調べました。下の表は，その結果をまとめたものです。下の問いに答えましょう。

水（100mL）の温度ととけたミョウバンの量

水の温度（℃）	20	40	60
とけたミョウバンの量	すり切り4はい	すり切り8はい	すり切り22はい

(1)　20℃の水を100mL入れた3つのビーカーを用意しました。同じ計量スプーンを使って，ミョウバンをすり切り3ばい入れ，じゅうぶんにかき混ぜたあと，ろ過した液をA，ミョウバンをすり切り5ばい入れ，じゅうぶんにかき混ぜたあと，ろ過した液をB，ミョウバンをすり切り7はい入れ，じゅうぶんにかき混ぜたあと，ろ過した液をCとします。このとき，A，B，Cのこさは，どのような関係になっていますか。下のア〜エから1つ選んで，記号を書きましょう。

　Aよりも Bの方がこい場合には，「A ＜ B」，AとBのこさが同じ場合には「A ＝ B」とします。

ア　A ＝ B，B ＝ C	イ　A ＜ B，B ＝ C
ウ　A ＝ B，B ＜ C	エ　A ＜ B，B ＜ C

(2) 隼太さんは「水の温度を上げて，さらに水の量も増やすことでより多くのミョウバンを水にとかすことができる」と考えました。この考えが正しいことを示すため，20℃の水を50mL入れたビーカー（E）と，60℃の水を100mL入れたビーカー（F）を用意し，ミョウバンをとかしました。その結果，（F）の方が，より多くのミョウバンがとけました。しかし，楠乃さんは，「この方法だと隼太さんの考えが正しいと説明する実験になっていない。」と言いました。この実験は隼太さんの考えが正しいといえる実験になっていません。この実験のよくない点と，どのような実験を行えばよいかを答えましょう。

問2　下線部ⓑについて，楠乃さんと隼太さんは，人のうでが曲がる仕組みについて模型を使って調べることにしました。

【会話】

楠乃：うでを曲げたりのばしたりするとき，骨（ほね）のまわりについている筋肉（きんにく）が骨を動かしているんだよね。

隼太：それでは，筋肉は骨にどのようについているのかモデルをつくって調べよう。

楠乃：なるほど。棒（ぼう）を骨，毛糸を筋肉，クリップを骨と筋肉のつなぎ目に見立てて考えてみるといいね。

隼太：わたしは，このように筋肉がついていると思うよ。

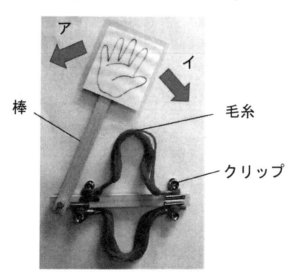

棒　　毛糸　　クリップ

隼太：あれ，これでは毛糸を引っ張っても，棒は**ア**の方にも**イ**の方にも動かないね。

楠乃：それでは，わたしは，**このようにクリップをつけてみるね。**

隼太：すごい。楠乃さんがつけたクリップの位置で毛糸を引っ張ると棒が動いたよ。ということは，筋肉はこのように骨についているはずだね。

---

(1) 下線部について，どのようにクリップをつけると，筋肉が骨を動かしていることが分かるのでしょうか。解答用紙の図に，筋肉のつき方が分かるようにクリップの位置を4か所「×」でかき入れ，毛糸を実線（ー）で表しましょう。また，骨を動かすために筋肉はどのようについているか「筋肉は」に続けて書きましょう。

(2) 次に隼太さんたちは，筋肉が縮んだりゆるんだりすることによって，うでを動かしていることを調べ，これは体じゅうの様々な筋肉も同じであることに気づきました。「ひざを曲げる」ときに縮む筋肉は，下の**ア**，**イ**のどちらの部分の筋肉ですか。また，「つま先をあげる」ときに縮む筋肉は，下の**ウ**，**エ**のどちらの部分の筋肉ですか。それぞれ記号を書きましょう。

ひざを曲げる　　　　　　　つま先をあげる

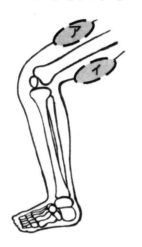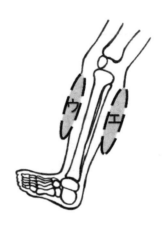

問3　下線部ⓒについて，下の絵は，隼太さんが日記にかいていたものです。

隼太さんは，星座早見を見て，夏の大三角と冬の大三角があることに気づきました。隼太さんは，星座早見にかかれている夏の大三角と，冬の大三角についてどちらの面積が大きいか気になり，調べることにしました。**図1**，**図2**は，星座早見からかき写した，夏の大三角と合同な三角形**アイウ**と，冬の大三角と合同な三角形**エオカ**です。三角形**アイウ**の面積と三角形**エオカ**の面積について説明しているものとして，最も適当なものを下の①～⑤から1つ選んで，番号を書きましょう。また，選んだ理由を式や図，言葉などを使って説明しましょう。ただし，定規・ものさし・コンパスを使用してもかまいません。

図1

図2

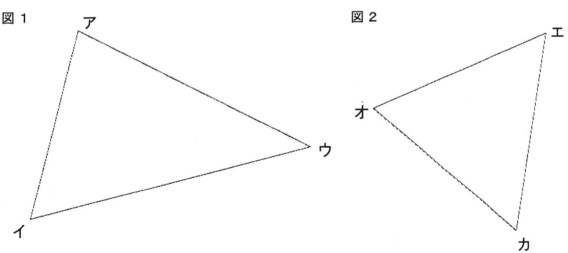

①　三角形**アイウ**の面積は，三角形**エオカ**の面積の約2倍である。
②　三角形**アイウ**の面積は，三角形**エオカ**の面積の約1.5倍である。
③　三角形**アイウ**の面積は，三角形**エオカ**の面積の約0.8倍である。
④　三角形**アイウ**の面積は，三角形**エオカ**の面積の約0.5倍である。
⑤　三角形**アイウ**の面積は，三角形**エオカ**の面積とほぼ同じである。

問4 下線部ⓓについて，楠乃さんは社会科のグループ活動の課題として選挙について調べました。すると，現在投票率の低下が課題であり，Ｋ市ではインターネットによる投票をすることでその課題を解消しようとしていることを知りました。楠乃さんはグループで協力してレポート用紙にまとめることになりました。下の**レポート用紙**はその作成途中のものです。あなたは，楠乃さんのグループの一員で，インターネット投票のよさと課題を書くことを担当しています。**レポート用紙**，**資料1**のＫ市が考えているインターネット投票の流れ，**資料2**の現在の投票の仕方，**資料3**の選挙の4つの原則をもとに，インターネット投票のよさと課題を考え，それぞれ1つずつ答えましょう。

レポート用紙

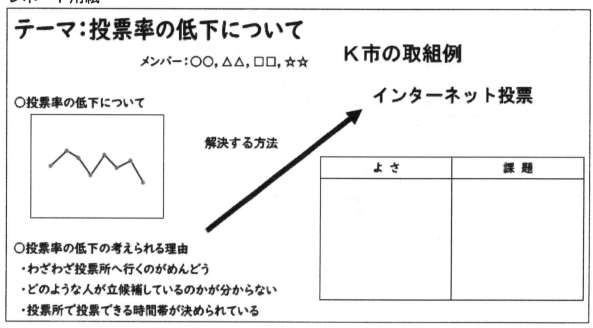

資料1　Ｋ市が考えているインターネット投票の流れ

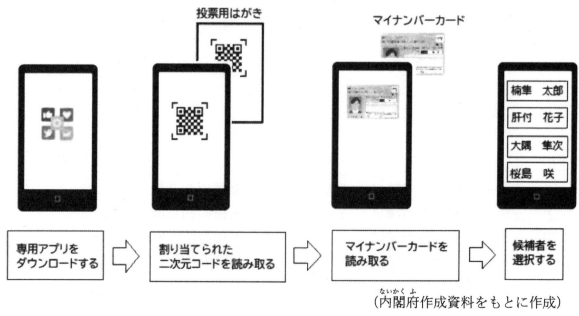

（内閣府作成資料をもとに作成）

*アプリ…アプリケーションの略。スマートフォン，タブレットなどで使用するソフトウェアの名称を示す。

*マイナンバーカード…個人番号（マイナンバー）が記された顔写真付きのカード。カードの表面には氏名，住所，生年月日，性別などが表示され，身分証明書などに利用できる。

資料2 現在の投票の仕方

決められたところへ行く

受付を行い，投票用紙をもらう

記さい台にて投票用紙を記入する

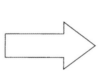

投票箱に投票用紙を入れる

（総務省ホームページをもとに作成）

資料3 選挙の4つの原則

普通選挙	満18才以上の全ての国民に選挙権（投票権）が与えられる
平等選挙	一人一票の選挙権（投票権）がある
直接選挙	選挙権（投票権）をもった人が議員を直接選ぶ
秘密選挙	だれに投票したか分からないように無記名で投票を行う

（解答用紙は別冊88Ｐ）（解答例は別冊48Ｐ）

鹿児島玉龍中学校

【課題１】鹿児島市に住んでいる小学校六年生の玉美さんと玉龍太さんが話をしています。【資料１】を読んで後の問いに答えなさい。

龍太　AI（エーアイ）が人の感性とか感覚を学習するようになっているんだってね。使えば使うほど、その人の好みを学習していくそうだよ。

玉美　ボットに人の感覚が分かるの？どんな情報から判断しているのかな？

龍太　それで気になって、AIと人間の感覚について書いてある文章を読んでみたんだ。

【資料１】

①人が運転しなくても、自動車が自分で考えて目的地まで連れて行ってくれる。何十年も前は夢として考えられていた「自動車が本当の『自動』車になる」といったことも、すでに実用化の段階にまで来ているようです。これまで人がしていたことを機械が自動的にできるようになったのは、AI（人工知能）が開発されたことによります。

②AIとは、人の知能の働きを人工的に実現しようとしたもののことをいいます。それは、ある情報を、あらかじめコンピューターにデータとして入力したり、そのデータをもとに、類似する事例を認識したり、論理的に判断したりするためのプログラムとして作られています。

③では、「感覚」という人の知能の働きについても、AIが実現することは可能なのでしょうか。感覚に着目して、人の知能と人工知能の関係をさぐりながら、その過程を見ていきましょう。

④みなさんは、人前で話したり、歌やダンスなどを発表したりするとき、「緊張して『どきどき』した。」と言ったことがあるでしょう。この「どきどき」のような、音や物事の様子を表した言葉のことを、「オノマトペ」といいます。オノマトペには「ざわざわ」など耳で聞いたことを表す言葉、「さらさら」や「きらきら」などものの手ざわりを表す言葉、「つるん」など鼻でかいだにおいを表す言葉、「こってり」など食べたときの食感や味を表す言葉などがあり、私たちはオノマトペを使って、自分の感覚を伝えることができます。（略）

⑤このように、人は、声に出すことで聞こえる音と意味との関係を細かに感じながら、音、見た目、手ざわり、におい、味などの感覚を、推測したり、表現したりしているのです。そしてそれは、人が身体を通して外の世界とつながっているからできることです。AIは、このような感覚を経験することもできません。AIには身体がありませんし、それらを知識として獲得することもできません。AIが、人が身体を通して得る感覚を知識として獲得するためには、それらを何らかの形でコンピューターに入力する必要があるのです。

6　では、人間の身体を通した感覚を、どのように知識として人工知能に取り込み、それをオノマトペのような言葉として使えるようにしていくのでしょうか。

7　私はまず、人の感覚を表すオノマトペを、数値化するシステムを作ることにしました。そのシステムについて、少しふれてみましょう。
　言葉はふつう、考えや気持ち、そのものの名前や意味を表すものですが、状況によってさまざまな伝わり方をすることがあります。そのため、言葉そのものに基準を決めて数値化するのは向いていません。一方、オノマトペはその音のもつ意味を一つ一つ分析した研究データがあるもので、ある程度、だれにでも分かりやすいように数値で示すことができます。例えば、「ぶ」や「わ」など、一つ一つの文字に対する音の印象について、言葉をこえた感覚をもっています。また、「ぶ」が「ぶわぶわ」や「ぶにゃぶにゃ」など、やわらかさを表現するときによく使われる音であることを、経験的に理解しています。

8　このような、言葉を音にした印象を、感覚的に理解する人間の特性を生かし、文字を一つ一つデータ化することにしました。そして、それぞれのオノマトペについて「明るい⇔暗い」、「温かい⇔冷たい」、「厚い⇔うすい」などの印象を四十三項目挙げて評価することで、オノマトペを数値化することに成功しました。（略）

9　AIを生かしたこのシステムを使うことによって、人々の感性に合うように作ったりするシステムは可能になりました。今後の実用化に向けて、このAIをさまざまなことに役立っていくのではないかと考えています。例えば、新商品の名前や広告コピーなどが、人の感覚に合うかどうかを確かめることができます。また、小説や歌詞、マンガなどに使う言葉について、適した言葉の使い方を見いだすこともあるでしょう。

10　AIを利用したオノマトペ生成システムから、私たちはふだん無意識に使っている言葉について、どのような良さやおもしろさを再発見したりすることもできます。それによって、この人間独自のものである感性を広げ、自身が最新技術を取り入れることで、日本語の良さやおもしろさを再発見したりすることが、新たな表現を生み出すこともできます。まだだ、私たちはふだん無意識に使っている言葉の使い方を見いだし自覚するだろう。

11　私たち人間は、言葉と向き合うことで、新しいイメージを広げ、自身が最新技術を取り入れていくことでしょう。今後も人間しかできないことに、②人間とAIが共存する新しい世界が開かれていくことでしょう。

※問題の都合上、一部省略しています。

（坂本真樹「AIで言葉と向き合う」による）

鹿児島玉龍中学校

問一 玉美さんは、この文章の——線部①を一文にまとめようとしています。正しくまとめているものをすべて選び、記号で答えなさい。

ア AIはあらかじめ人力された情報をもとに類似する事例を認識したり論理的に判断したりしている。

イ AIは論理的に判断するためのプログラムであり、人の知能の働きよりもたいていすぐれている。

ウ 事例を挙げず論理的に判断するためには、人の知能の働きを人工的に実現するAIを使うべきである。

エ 類似する事例を認識したり、論理的に判断したりするためのプログラムがAIは作られている。

オ 論理的に判断するためのデータをあらかじめ人力することに、人々は多くの時間を費やしてきた。

問二 次は龍太さんが⑦段落についてまとめたものです。（ ア ）・（ イ ）・（ ウ ）・（ エ ）に適当な言葉を答えなさい。ただし、（ ア ）・（ イ ）は当てはまる言葉を⑦段落から抜き出して書き、（ ウ ）・（ エ ）は当てはまる適当なオノマトペを二つ考えて書きなさい。

① オノマトペ ～本文から分かること～
「ぶ」や「わ」など一つ一つの文字に対する音の印象について、（ ア ）をもっている。
「ぶ」…ぶわぶわ、ぶにゃぶにゃ
→（ イ ）を表現するときに使われる音

② オノマトペ ～本文をもとに考えたこと～
「ぶ／（ぶ）」…ぶよぶよに、ぶよぶよよ
　→やわらかさ
「び／（び）」…びしゃびしゃ、ぴちゃぴちゃ
　→ぬれた感じ
「ぺ／（ぺ）」…ぺたぺた、ぺちゃぺちゃ
　→ぬれた感じ
「か／（が）」…かちかち、がらがら
　→かたい感じ
「こ／（ご）」…（ ウ ）、（ エ ）
　→かたい感じ

①と②を表にまとめると…

やわらかさ	ぬれた感じ	かたさ
・ぶわぶわ	・びしゃびしゃ	・かちかち
・ぶにゃぶにゃ	・ぴちゃぴちゃ	・がらがら
・ぶよぶよ	・ぺたぺた	（ ウ ）
	・ぺちゃぺちゃ	（ エ ）

問三　次の玉美さんと龍太さんの会話を読んで、あとの〔問い〕に答えなさい。

龍太　この文章にあるように、AIが人間の感覚や感性まで判断できるようになっているなら、いずれAIが人間の仕事をうばってしまうから共存なんてできない気がするなあ。

玉美　筆者はAIを活用することで私たち人間が新しいイメージを広げ、自身の感性をみがくことができるのではないかと言っているよ。

龍太　なるほど。言葉に関すること、小説や歌詞、マンガなどに新しい表現が広がる可能性があると書いているね。

玉美　うん。言葉以外の分野でも活用されているよね。例えば映像や動画、様々な分野でAIを上手に活用することができると思うな。チャンスやチャレンジの最初になるような。文章の最初に書かれているよね。

龍太　人間とAIが共存する世界かあ。どんなふうにAIを活用していったらいいのかなあ。空間と他にもスポーツでも使っているし、新しい世界が広がっていくところだよね。自動運転も新しい世界が広がっていくところだよね。

〔問い〕　②「人間とAIが共存する新しい世界」をつくっていくために、あなたは、今後AIをどのように活用していきたいと考えますか。あなたの考えを書きなさい。

【課題２】　玉美さんと龍太さんが、一分間スピーチの発表原稿(こう)について話をしています。

玉美　一分間スピーチの原稿できたの？

龍太　まだだけど、この歌「日新公(じっしんこう)いろは歌」の「敵(てき)となる人こそは己(おの)が師匠(ししょう)ぞ」という歌で何か話せないかなと思っているんだ。

敵となる人こそは己(おの)が師匠ぞと
　　　　　　　　（てきとなるひとこそはおのがししょうぞと）

思ひかくして　身をも*たしなめ
　　　　　　　　（おもいかえして　みをもたしなめ）

〔意味〕

敵となる人こそは自分にとってよく考えてみると、自分の師匠であると思いなおして、我が身を磨(みが)くべきである。敵こそは自分の師匠である。刺激(しげき)を与え、憎(にく)しみをあたえ、油断をさせず、自分を磨いてくれている。敵こそは自分の師匠であると思いなおして、我が身を磨くべきである。
（鹿児島県「語り継ぐふるさとの教え集」による）

玉美　敵となる人って・・・どういうこと？

龍太　この解説にこう書いてあるんだ。「敵となる人は、十分警戒しなければならない相手であるから、心にゆとりをもって学ぶべき点をよく見極め面と向かい合い、自分に取り入れ、また手本としても自分の生き方を改め向上してゆくことが大切である。」

玉美　敵ですらお手本や目標にするということなのね。現代の私たちなら、どんな勉強やスポーツで競い合う相手ととらえ直してもいいかな。私ならどんなスピーチにするかなあ。

問四　あなたなら、「敵となる人こそは・・・」の歌をもとにどのようなスピーチをしますか。次の〈条件〉にしたがって、あなた自身の経験をふまえて、一分間スピーチ発表原稿を作りなさい。

〈条件〉
①　自分にとってお手本・目標と思える人のことを書くこと。
②　あなた自身の経験をふまえてこれから心がけていきたいことを書くこと。
③　題名と名前は書かずに、原稿用紙の使い方にしたがって八行以上十行以内で書くこと。

※　歌・・・　南薩摩を治めた島津日新公が人生の教えを四十七首の和歌にして詠んだもの。第一首「いにしへの道を聞きても唱えても わが行ひにせずばかひなし（昔の立派な教えを聞いたり唱えたりしても、実行しなければ何の役にも立たない）」が有名。

※　たしなめ・・・　反省をうながす。

（解答用紙は別冊 89 P）（解答例は別冊 48 P）

Ⅰ　玉美さん、龍太さん、先生が鹿児島県についての調べ学習をしています。

玉美：去年は鹿児島県で大きなイベントがたくさんあったね。

龍太：夏の「かごしま総文 2023」や秋の「かごしま国体」・「かごしま大会」とかだね。かごしま国体では、鹿児島市でも陸上競技や水泳、柔道や卓球、バレーボールなどが行われて、たくさんの人が鹿児島県を訪れたね。

玉美：鹿児島県と熊本県、宮崎県、佐賀県の観光客数の移り変わりに関するこんなデータがあるよ。

【資料１】　鹿児島県・熊本県・宮崎県・佐賀県の観光客数の移り変わり

	２０１９年（令和元年）	２０２０年（令和２年）	２０２１年（令和３年）
鹿児島県	2120万人	1643万人	1935万人
熊 本 県	4889万人	3305万人	3244万人
宮 崎 県	1588万人	1020万人	1013万人
佐 賀 県	3393万人	2115万人	2086万人

（各県観光統計より作成）※数字は千の位を四捨五入して表記

龍太：２０１９年（令和元年）と２０２０年（令和２年）を比べるとどの県も２０２０年（令和２年）に観光客数が　　①　　いるね。

玉美：２０２０年（令和２年）に開催予定だったかごしま国体が、２０２３年（令和５年）に特別国民体育大会として開催されることになったのも、２０１９年（令和元年）から２０２０年（令和２年）に観光客数が　　①　　いることと関係があるみたい。②どんな理由があったのかな。

問１　　①　　に入る適切な言葉を答えなさい。

問２　　以下の文章は、下線部②の理由について述べている。空欄に入る適切な言葉を答えなさい。
（　　　　　　　　　　　　　　　）　が影響したから。

龍太：鹿児島県での国民体育大会の開催は、今回が２回目だよね。

玉美：前回は１９７２年（昭和４７年）に第２７回国民体育大会
（太陽国体）として開催されているよ。ということは、５１年
ぶりに鹿児島で開催されたんだね。この５１年で鹿児島県の様
子もいろいろと変わったんだろうね。人口など今との違いがあ
るのかな。

先生：③【資料２】を見てごらん。鹿児島県の人口を過去と比べて
みると、ずいぶん変わってきているのが分かるね。

玉美：６５歳以上や１５歳未満など、年齢によって分けて割合の変
化を読み取ると、鹿児島県の人口の移り変わりが分かるね。

龍太：④【資料２】【資料３】【資料４】から、鹿児島県の人口に関
する特徴が見えてくるね。

【資料２】鹿児島県の人口及び世帯数の移り変わり

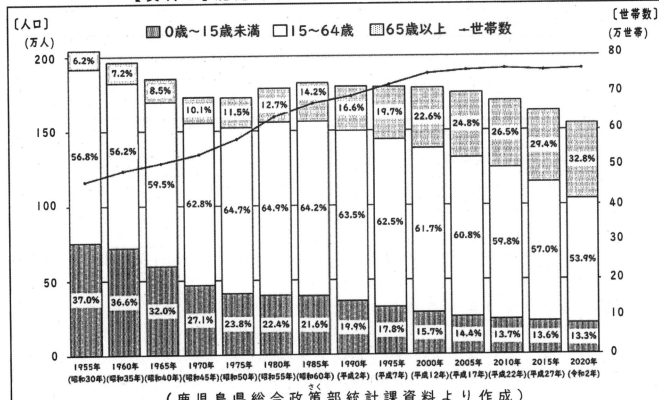

（鹿児島県総合政策部統計課資料より作成）

※　各棒グラフは、その年の総人口を示しています。
※　折れ線グラフは、世帯数を示しています。
※　世帯数とは、家計と住居を同じにする人々の集まりの数のことです。
※　棒グラフの中が３つに分かれているのは、各年の総人口に対する
　　０歳〜１５歳未満、１５歳〜６４歳、６５歳以上の人口の割合を示し
　　ています。

【資料３】２０１６年（平成２８年）
高齢者世帯における単身世帯の割合(わり)

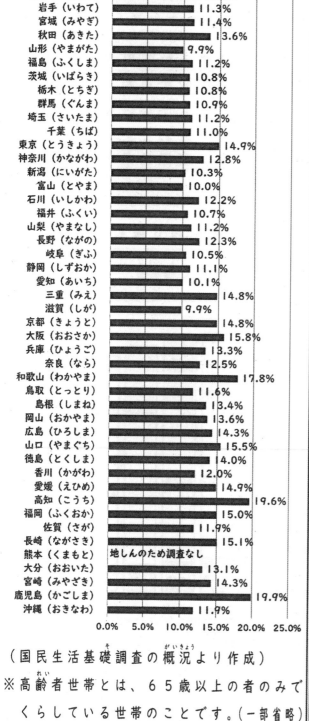

（国民生活基礎調査の概況(がいきょう)より作成）

※高齢者(れい)世帯とは、６５歳以上の者のみで
　くらしている世帯のことです。（一部省略）
※単身世帯とは一人くらしをしている世帯
　のことです。

【資料４】鹿児島県人口ピラミッド

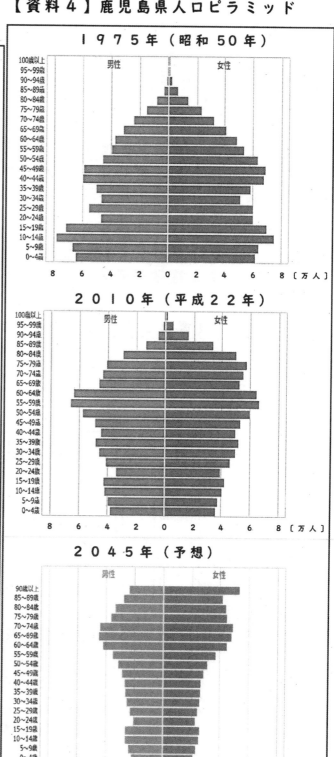

（統計ダッシュボード〔総務省統計局や
　国立社会保障・人口問題研究所のデー
　タを使用〕より作成）

問3　下線部③について、下のア〜オは、【資料２】から読み取れる１９５５年（昭和３０年）から２０２０年（令和２年）までの人口や世帯数の変化について述べています。ア〜オの事柄が起こった順番になるように、左から右へ記号を並べかえなさい。

ア　０歳から６４歳までの人口の割合が、初めて８０％を下回る。

イ　各年の人口の中での６５歳以上の人口の割合が、初めて０歳から１５歳未満の人口の割合を上回る。

ウ　世帯数が初めて６０万世帯より多くなる。

エ　０歳から１５歳未満の人口の割合が、初めて３０％を下回る。

オ　総人口が一番少なくなる。

問4　下線部④について【資料２】【資料３】【資料４】から読み取れることとして、次のア〜オの内容で正しいものには〇、正しくないものには×をつけなさい。また、【資料２】【資料３】【資料４】のどの資料をもとに考えたのか、使用した資料の数字を〔　〕に書きなさい。

記号	内容	〇か×	使用した資料の数字
ア	２０１６年（平成２８年）の鹿児島県の高齢者世帯における単身世帯の割合は、高知県より低く、全国で２番目に高い。		資料〔　　〕
イ	鹿児島県の２０４５年における９０歳以上の人口は女性より男性の方が多い。		資料〔　　〕
ウ	１９８５年（昭和６０年）から２０１０年（平成２２年）にかけて、鹿児島県の人口は減少傾向であるが、世帯数は年々増加傾向である。		資料〔　　〕
エ	２０１６年（平成２８年）の四国地方の県で、高齢者世帯における単身世帯の割合が全国平均より高いのは、２つの県である。		資料〔　　〕
オ	鹿児島県の１９７５年（昭和５０年）と２０４５年の人口を比べると、２０４５年の方が２０歳未満の人口が少ない。		資料〔　　〕

Ⅱ　玉美さんは、図画工作の時間に、たて２４㎝、横２８㎝の板１枚を使って、下のようなペン立てを作りました。

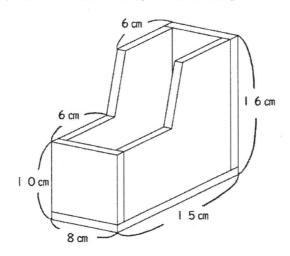

龍太：いいペン立てができたね。板１枚だけでよく作ることができたね。

玉美：板を切る前に、このペン立てを作るのに必要な形が全部用意できるか、板に線を引いて確かめてから作ったらうまくできたよ。板は少しあまったよ。

龍太：すごい。難しかったでしょう。

玉美：うん。板の厚さが１㎝あったから、それを考えながら線を引くのが難しかったよ。

> 問５　玉美さんは、どのように線を引いたでしょうか。下の方眼用紙に定規を使って線を引きなさい。下の方眼用紙は玉美さんが使った板と同じ大きさとします。また、マスの一辺は１㎝とします。

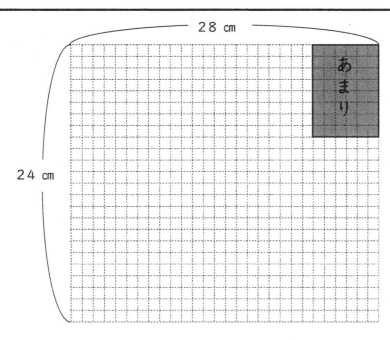

Ⅲ 玉美さんと龍太さんが、数に関する会話をしています。

龍太：完全数という数を知ってる？

玉美：いや、聞いたことないよ。

龍太：6の約数は1、2、3、6の4つで、6以外の約数を足して
みると、6になるよね。

玉美：1+2+3＝6だから、確かにそうだね。

龍太：こんなふうに、その数自身を除く約数の和がその数自身に等
しい整数を完全数というみたいだよ。

玉美：なんとなく分かったような気がするんだけど・・・、今言った
"その数自身"って具体的にはどういうこと？

龍太：さっきの例で言えば、"6"のことだよ。
ちなみに"28"や"496"も完全数なんだって。

玉美：なるほど、完全数と呼ばれる数は1つだけじゃないんだね。
だから"その数自身"という表現をするんだね。

問6　28が完全数であることを、言葉や式を使って説明しなさい。

龍太：完全数には他にもおもしろい特徴があって、1から順に並ん
だ整数の和で表すこともできるみたいだよ。

玉美：確かに28＝1＋2＋3＋4＋5＋6＋7となるね。
ところで、順に並んだ整数の和は、数の並びを逆にして書き並
べることで、簡単に求めることができるって知ってた？

$$1+2+3+4+5+6+7$$
$$7+6+5+4+3+2+1$$

こんなふうに、それぞれの点線で囲まれた上の数と下の数の和
が ア になることに気づくと、

$$\boxed{ア} \times \boxed{イ} \div \boxed{ウ} = 28$$

と計算で求めることができるんだよ。

龍太：おもしろい考え方だね。この考え方を利用すると、完全数の４９６が１からいくつまでの整数の和になるか考えることができそうだね。

玉美：うん。一緒にやってみましょう。

・・・（下のメモを書きながら）・・・

龍太：こんなふうに、考えることができるね。

玉美：いくつまでの整数になるか分からないから□で表しているんだね。

龍太：この後の式を作ってみよう。

玉美：よし、がんばるぞ。

２人のメモ

$$1 + 2 + 3 + \cdots \cdots \cdots \cdots + □$$
$$□ + \cdots \cdots \cdots \cdots + 3 + 2 + 1$$

・・・（２人は考えている）・・・

龍太：できた！完全数４９６は、１から エ までの整数の和になるよ。

玉美：本当だ。やったね。完全数について教えてくれてありがとう。

問７　 ア ～ ウ の中に入る数を答えなさい。

問８　上の エ の中に入る数を答えなさい。また、どのようにして考えたのか、その考え方を自分の言葉や式を使って説明しなさい。

Ⅳ　玉美さんと龍太さんが、ふりこ時計の前で会話をしています。

玉美：ふりこ時計は、ふりこがつねに一定の時間で往復する性質を
　　　利用していることを学習したよね。
龍太：どんなふりこでも同じ時間になるのかな。
玉美：いろいろなふりこを作って、ふりこの往復する時間をはかっ
　　　てみれば確かめることができるね。

　　玉美さんは、糸の長さやおもり
の重さ（個数）が異なるふりこを
【図１】のように作り、ふれはば
を変えて、ふりこＡ～Ｇが１０往
復するのにかかった時間をはかり
ました。その結果を【表１】にま
とめ、先生と龍太さんに見せまし
た。

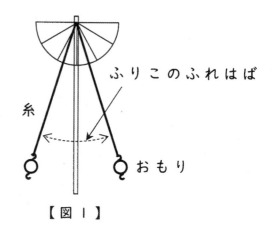

【図１】

【表１】ふりこが１０往復するのにかかった時間

ふりこ	糸の長さ	おもりの重さ	ふりこのふれはば	１０往復するのにかかった時間
Ａ	２５cm	１０グラム	３０°	１０.１秒
Ｂ	２５cm	２０グラム	２０°	１０.２秒
Ｃ	２５cm	３０グラム	２０°	１０.１秒
Ｄ	５０cm	１０グラム	１０°	１４.３秒
Ｅ	５０cm	２０グラム	２０°	１４.３秒
Ｆ	５０cm	２０グラム	３０°	１４.２秒
Ｇ	７５cm	２０グラム	２０°	１７.３秒

龍太：結果を見ると、１０往復するのにかかった時間が同じぐらい
　　　のふりこがあるね。
先生：１０往復で０.１秒ぐらいの差は、はかった時間に比べてとて
　　　も小さいので、その違いは考えないで同じ時間だと考えていい
　　　ですよ。

龍太：そう考えると、（　①　）のふりこと（　②　）のふりこを比べれば、ふりこが往復するのにかかる時間がふりこの重さと関係がないことが分かるね。

玉美：そうだね。同じように（　③　）のふりこと（　④　）のふりこを比べれば、ふりこが往復するのにかかる時間がふりこのふれはばと関係がないことも分かるね。

問９　（①）〜（④）に当てはまるふりこを、Ａ〜Ｇからそれぞれ選びなさい。

先生：この結果からどういうことが分かると思いますか。

玉美：ふりこが往復するのにかかる時間は、ふりこの重さやふれはばによっては変わらず、糸の長さだけで決まるというまとめになりそうですね。

龍太：ちょっと待って。実は私(わたし)もふりこを作って時間をはかってみたので、その結果も見てください。

【表２】龍太さんが作ったふりこが１０往復するのにかかった時間

	糸の長さ	おもりの重さ	ふりこのふれはば	１０往復するのにかかった時間
龍太	５０cm	３０グラム	３０°	１５.７秒

龍太：私が作ったふりこは、玉美さんが作ったＤ、Ｅ、Ｆのふりこと糸の長さが同じなのに、１０往復するのにかかった時間は大きく違(ちが)います。

先生：どういう方法ではかったのか、もう一度確かめてみる必要がありそうですね。

龍太さんが作ったふりこを確かめてみると、玉美さんが作ったふりことおもりのつるし方が違うことが分かりました。龍太さんは、おもりのつるし方を変えて、もう一度、１０往復するのにかかる時間をはかり直しました。

龍太：ふりこのおもりのつるし方を変えて、１０往復するのにかか
　　　る時間をはかり直してみたら、結果が１４.２秒になったよ。
玉美：ＤやＦのふりこが往復する時間と同じぐらいになったね。と
　　　いうことは、ふりこが往復するのにかかる時間は、ふりこの重
　　　さやふれはばによっては変わらず、糸の長さだけで決まるとい
　　　うまとめでよさそうだね。

問１０　　龍太さんのふりこについて、おもりのつるし方を変える前
　　　のおもりのつるし方として考えられるものを、下のア、イか
　　　ら選びなさい。
　　　　また、おもりのつるし方を変える前に１０往復するのにか
　　　かった時間が長かった理由を説明しなさい。

ア　　　　　　　　　　　　イ

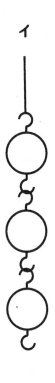

中高一貫校適性検査問題集バックナンバー　好評発売中！！

バックナンバー商品をお求めの場合は，通信販売にて販売しております。
★HP(https://www.kakyoushin.co.jp/)の申し込みフォームをご利用いただくと簡単にご注文いただけます。

2025年受検用

全国公立中高一貫校　適性検査問題集

初版発行　2024 年 7 月 1 日
編　　集　教育振興会編集部
発 行 所　(株) 鹿児島県教育振興会
　　　　　〒890-0056　鹿児島市下荒田 1 丁目 14 番 15 号
　　　　　ＴＥＬ：(代表) 099 (252) 2621
　　　　　ＦＡＸ：099 (252) 2623
　　　　　ＵＲＬ：https://www.kakyoushin.co.jp
　　　　　e-mai：kyoushin@kakyoushin.co.jp
　　　　　ISBN978-4-908507-28-1
印 刷 所　株式会社　新生社印刷

2025年受検用
全国公立中高一貫校

適性検査
問題集

解答例集

2025年受検用　全国公立中高一貫校

適性検査 問題集

解答例もくじ

解答例の見方

正答までの解き方を示したものには，**解き方**や，問題を解くための手がかりや解き方を示した**ヒント**，知っておくとためになる**ポイント**ものせてあります。また，解答例は教育振興会編集部が独自に作成したものです。

※解答例の追加や訂正がある場合，弊社HPにて随時お知らせ致します。

こちらからチェック→

適性検査

1 （8点　1−各2点，2−4点）

1　No.1　**B**　　No.2　**B**

ヒント

　選択肢のイラストから，何を問われるのか想定して英語を聞きましょう。

No.1　曜日とその日に食べたものの組み合わせを考えます。

No.2　移動経路と移動手段の組み合わせを考えます。

2　**C**

ヒント

会話の後半に

「I usually watch Exciting Volleyball at 7.」と

ありますが，これが何曜日のことか考えましょう。

2 （42点　1(1)−4点，(2)−6点，(3)−5点，(4)−7点，

　　　2(1)ア−5点，イ−4点，(2)ア−4点，イ−7点）

1(1)　**ウ**

ヒント

「下流域に安定して水を行き渡らせる」とあります。

(2)　**川に流す油や洗剤の量を減らすことで，川の水を汚さずにすむから。**

(3)　**37800**　m²

解き方

　堤頂長は 360 m であることから，堤頂長と向かいあった辺の長さは，$360 \times \frac{3}{4} = 270$ m。ダムの水をせき止める部分は台形であるので，面積は，

$(360 + 270) \times 120 \div 2 = 37800$㎡

(4)　**化石燃料を使って発電すると，地球温暖化の原因となる二酸化炭素が排出されるが，再生可能エネルギーを使って発電すると，二酸化炭素が排出されないから。**

2(1)ア　**9.3**　mm

解き方

水が流れたあとのみぞの幅の記録の平均は

$(8 + 11 + 9) \div 3 = 9.333\cdots$　およそ9.3mm

となります。

イ　う　A　え　C

ポイント

　地点Bのみぞの幅の平均は 4mm，地点Aのみぞの深さの平均は 5.3mm，地点Bのみぞの深さの平均は 3.2mm なので，土地のかたむきが大きい方が土地は大きくけずられるという予想は正しいと言えます。

(2)ア　**③**

ポイント

　流れる水の量が増えたときの変化について予想をしているので，紙コップの穴を増やすことで，流れる水の量を増やすことができます。

イ　**川の水の流れをおそくし，しん食したり運ぱんしたりするはたらきを小さくする**

3 （50点　1(1)〜(4)−各3点，(5)え−3点，お−6点，

　　　2(1)−3点，(2)−6点，3(1)か，き−各3点，く

　　　−4点，(2)−4点，(3)−6点）

1(1)　**ウ**

(2)　**40**　cm

解き方

　$1400000 \div 3500 = 400$ より，月の直径を 1mm とすると，太陽の直径は 400mm ＝ 40cm

(3)　**イ**

ヒント

月はおよそ 1 か月で満ち欠けをします。

(4)　**イ**

(5)え　$\frac{4}{9}$ 倍　　お　$\frac{9}{2}$ 倍

解き方

え　地球からアルタイルまでの距離を 2 から 3 にすると，距離は $3 \div 2 = 1.5$ 倍，表より，アルタイルの明るさは，$1 \div (1.5 \times 1.5) = \frac{4}{9}$ 倍。

お　元のアルタイルの明るさはベガの $\frac{1}{2}$ 倍，距離を変えたアルタイルの明るさは「え」より $\frac{4}{9}$ 倍なので，ベガの明るさの，$\frac{1}{2} \times \frac{4}{9} = \frac{2}{9}$ 倍，つまりベガの明るさは距離を変えたアルタイルの明るさの $\frac{9}{2}$ 倍になります。

2(1)　**エ**

ポイント🎼

ア…人口の割合が最も大きい身分は百姓です。

イ…農民は百姓の身分にふくまれ，人口の85％を占めています。

ウ…人口の割合が2番目に大きい身分は武士です。

(2) **百姓に確実に年貢を納めさせるために，共同責任を負わせたり，商品作物の栽培を制限したりしていた。**

ポイント🎼

　資料2から，江戸幕府の収入における年貢の割合が大きいことがわかり，資料3のような取り組みをすることで，年貢を確実に納めさせようとしたことがわかります。

3(1) か　7　部屋　　き　8　部屋

　　 く　60　番目

解き方✏️

　か　101，102，103，105，106，107，108より，7部屋。

　き　110，111，112，113，115，116，117，118より，8部屋。

　く　12，13，15，16，17で始まる部屋はそれぞれ8部屋あるから，7＋8×6＋5＝60部屋。

(2) 先生の部屋番号　**210**

解き方✏️

　21番目以降は，186，187，188，200，201，202，203，205，206，207，208，210
　19で始まる部屋はないことに注意しましょう。

(3) 部屋番号　**176**　　部屋番号　**200**

　　 部屋番号　**201**

ヒント🎼

　同じ1けたの数をかけて下1けたが一致するのは，0，1，5，6の4つです。予約したもっとも小さい部屋番号は161なので161，165，166，170，171，175，176，180，181，185，186，200，201，205，206，210があてはまります。また，図の⬚の部分に注目して，下2けたが一致するかを考えましょう。

$$\begin{array}{r} 185 \\ \times\ 185 \\ \hline 925 \\ 1480 \\ 185 \\ \hline 34225 \end{array}$$

※ 1，2 は，仙台二華中学校と同じ問題です。

3 （50点　　1(1)，(2)－各4点，(3)，(4)－各5点，(5)
　　　ア，イ－各4点，ウ－7点，2(1)－4点，(2)－6点，
　　　(3)－7点）

1(1) 銅像（　B　）→銅像（　A　）→銅像（　C　）

解き方✏️

　◯で囲った部分は同じ長さだから，残りの部分を比べます。まず，銅像Cよりも

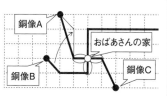

銅像Aの方が長いです。次に，銅像Bまでの道のりと同じ長さを書き加えて考えると，銅像Aよりも銅像Bの方が長いです。（マス目にそって歩くよりも，ななめに歩いた方が道のりは短くなります）よって，銅像B→銅像A→銅像Cの順です。

(2) **64**　％

解き方✏️

160÷250×100＝64％

(3) **50**　メートル

解き方✏️

1.2km＝1200m，44－20＝24分より，
1200÷24＝50メートル

(4) **1.5**　倍

解き方✏️

各銅像を5分間鑑賞することに注意すると，
(40－5×2)÷(30－5×2)
＝30÷20＝1.5倍

(5)ア　**0**　℃　　イ　**え**

ポイント🎼

　水は，冷やされて0℃まで下がるとこおり始め，すべて氷になるまで，0℃のままです。すべて氷になった後，さらに冷やすと，0℃よりも温度は下がります。

　ウ　**水はこおると体積が大きくなるので，水道管に残った水がこおって，水道管がこわれてしまうのを防ぐため。**

2(1)　**エ**

---

(2)　おおい堂が光堂を雨や雪，風などから保護していた

(3)　朝廷は，朝廷に従わない人たちを従わせたり，反乱をおさえたりするために軍を派遣し，戦いや支配のために胆沢城や志波城を築いて，北に支配領域を広げていった。

仙台市立中等教育学校（仙台青陵）

適性検査（総合問題Ⅰ）

1 （17点　1−各2点，2−4点，3−5点）

1(1)　あ　(2)　う　(3)　い　(4)　え

ヒント

(1)　on Saturdays, I always practice the piano with my mother in the morning.

(2)　I go to a tennis school in the afternoon on Saturdays.

(3)　On Sundays, I always clean my room in the morning.

(4)　Let's go to the festival together on Sunday afternoon.

2　お

ヒント

【メールのメッセージ】の「At the dance show, I play the drum.」で当てはまる人をしぼって【2人の会話】を聞くと「The second from the right」とあります。

3　お

ヒント

図4のグラフの28人にあたるのは屋台，「Oh, 36students enjoyed the Japanese culture event」から，残りのグラフの「24 ＋ 12（＝ 36）」のグラフか「19 ＋ 17（＝ 36）」のグラフのどちらかが日本文化体験イベントとなります。

2 （22点　1(2)，2(2)−各5点，他−各4点）

1(1)　い

解き方

いちごは 390 × 2 ＝ 780 円，りんごは 300 × 3 ＝ 900 円，ももは 150 ×（2 ＋ 3）＝ 750 円，みかんは 40 × 15 ＝ 600 円。よって，いのりんごです。

(2)　(a)　1400　　(b)　4

解き方

右図より，9：03から9：45までは（2番目に多い）−（1番少ない）＝ 180 円です。みかんの値段は 40 円，いちごとももの売上金額の差は 30 円だから，売上金額が2番目に少ない商品がみかんとなるように，みかんを4つ（160 円）買えばよいです。

商品名	売上金額(円)
りんご	900
いちご	780
もも	750
みかん	600

2(1)　A

解き方

条件1にしたがって動くと，4回動いたときに☆の位置に戻るから，99 ÷ 4 ＝ 24 あまり 3 より，☆ → H → F → A と，A の位置にいます。

(2)　位置　E　　方位　南

ヒント

1台目のロボットの動きは，右図のようになります。2台目のロボットも最初に3マス進むことと，1台目が通過していない F，G，H の位置を通過する方法を考えましょう。

(3)　ア　⑤　　イ　③　　ウ　①　　エ　⑥

ヒント

直後のロボットの動きに注目しましょう。

3 (21点 1(2), 4-各3点, 他-各4点)

1(1) あ, う, お

ポイント

川が曲がって流れているところでは, 流れの内側は丸みのある石の川原が広がっているところが多いですが, 外側はけずり取られたようながけが見られます。

(2) う

ポイント

川が曲がって流れているところでは, 内側と外側で流れの速さが異なり, 外側の方が, 流れが速いです。また, 外側の流れが内側より強く, 外側の方が深くなります。

2 反乱や病気, 自然災害などで苦しんでいる人々の不安を仏教の力で治めようとしたから。

3 18 時間 45 分

解き方

一人あたり1日3Lの水を必要としたとき, 1万人が3日間に必要とする水は, 3L×10000人×3日＝90000L。四つのじゃ口から毎分20Lの水を放出すると, 貯水そうの水がなくなるのは, 90000÷(20×4)＝1125より, 1125分後。1時間は60分だから, 1125÷60＝18あまり45より, 18時間45分。

4変化 再生可能エネルギーや原子力の割合が増加(石油, 石炭, 天然ガス(化石燃料)の割合が減少)している。

効果 地球温暖化の原因の1つと考えられる二酸化炭素が減少するという効果がある。

ポイント

石油や石炭などの化石燃料を使った発電では, 二酸化炭素を多く排出しますが, 再生可能エネルギーを使った発電をすることで, 二酸化炭素の排出を少なくすることができます。

適性検査 (総合問題Ⅱ)

1 (25点 2(1), 3(1), (2)順番-各3点, 他-各4点)

1 自然の家 C 駅 B

ヒント

図2のボーリング試料を左から①～④とすると, 会話から, 自然の家は③, 駅は②であることがわかります。①～④をぎょう灰岩の層が同じ位置になるように並べかえると, 右図のようになります。図1で, 等高線は10mごとに引かれているので, 地表面の高さがAとBは20m, CとDは10m違うことがわかります。右図より, 地表面の高さが20m違っているのは④と②, 10m違っているのは③と①なので, Aは④, Bは②, Cは③, Dは①であることがわかり, 自然の家はC, 駅はBとなります。

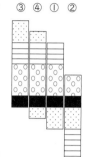

2(1) (水の量は)変化しない。

ポイント

実験1では, 葉と水面から水が出ていかないようにしているので, 水が葉からだけ出ていく場合, 試験管の中の水は減らないと考えられます。

(2) a＝c＋d－b

ポイント

a～dは, a:葉の表＋葉の裏＋茎から出る水の量, b:茎から出る水の量, c:葉の裏＋茎から出る水の量, d:葉の表＋茎から出る水の量を表しています。

3(1) 3:1:2

解き方

りかさんが10分間に植えることのできる本数は, 90÷45×10＝20本です。
「さとし→りか→先生→さとし」のときは, 「りか→先生→さとし→りか」のときより10本少ないので, さとしさんが10分間に植えることのできる本数は, りかさんより10本少ない10本です。また, 「先生→さとし→りか→先生」のときは, 「りか→先生→さとし→りか」のときより10本多いので, 先生が10分間に植えることのできる本数は30本です。よって, 先生:さとし:りか＝30:10:20＝3:1:2

(2) 順番　**先生→りかさん→さとしさん**

　　時間　**71**　分

解き方 🖊

　10分間に植えることのできる本数が多い人から先に順番が回ってくるようにした方がはやく植えることが出来ます。「先生→りか→さとし」と1回ずつ植えると，30分で，30+20+10 = 60 本植えることができます。152 ÷ 60 = 2 あまり 32 より，2回ずつ植えた時点で32本残り，先生が30本植えて残りの2本をりかさんが植えると終わります。りかさんは1分で2本植えるので，30 × 2 + 10 + 1 = 71 分かかります。

②　（14点　1, 2−各4点，3−各3点）

1　コイルの巻き数が少なくなり，電磁石の力が弱くなったから。

2　80　g

解き方 🖊

　てこをかたむけるはたらきは，(力の大きさ) × (支点からのきょり) で表されます。300 g のぬれたタオルを8の位置に干したときのかたむけるはたらきは

　300 × 8 = 2400　ぬれたシャツを6の位置に干したときにつり合ったので，ぬれたシャツの重さは

　2400 ÷ 6 = 400 g だとわかります。同様に，200 g のかわいたタオルを8の位置，かわいたシャツを5の位置に干したときにつり合ったので，かわいたシャツの重さは 200 × 8 ÷ 5 = 320 g だとわかるので，400 − 320 = 80 g の水が蒸発したことがわかります。

3(1)　**う**　と　**お**

ポイント 🎼

　角砂糖とスティックシュガーのとける速さを比較したいので，それ以外の条件をすべて同じにしておく必要があります。

(2)　**2.4**　倍

解き方 🖊

　図7より，11 g のシロップにふくまれる糖分は，

　$11 \times \frac{65}{100} = 7.15$ g　これは，スティックシュガー1本分の 7.15 ÷ 3 = 2.38…　およそ2.4倍の糖分

が入っていると言えます。

③　（21点　2(2)，3(2)−各4点，他−各3点）

1　11　時　**15**　分

解き方 🖊

　$(52 - 2) \div 40 = \frac{5}{4}$ 時間，　$2 \div 4 = \frac{1}{2}$ 時間

　$\frac{5}{4} + \frac{1}{2} = \frac{7}{4} = 1\frac{3}{4}$ 時間 = 1 時間 45 分

　午後1時の1時間45分前だから，11 時 15 分。

2(1)　**181.14**　L

解き方 🖊

　ドラムかんの体積は，30 × 30 × 90 × 3.14 = 254340㎤ = 254.34L，やけど防止の板の体積は，40 × 40 × 2 = 3200㎤ = 3.2L です。よって，水は最大 254.34 − 3.2 − 70 = 181.14L 入れることができます。

(2)　**72.5**　%

解き方 🖊

　(181.14 + 3.2) ÷ 254.34 × 100 = 72.47…より，小数第二位を四捨五入して，72.5%

3(1)　**4 : 8 : 3**

解き方 🖊

　A区画の面積は，2 × 3 × 10 = 60 ㎡，B区画の面積は，4 × 5 × 6 = 120 ㎡，通路の面積は，1 × 15 × 3 = 45 ㎡ より，60 : 120 : 45 = 4 : 8 : 3

(2)　縦（南北）**15**　本　　横（東西）**63**　本

解き方 🖊

　縦（南北）は16mごとに1本，横（東西）は8mごとに2本の通路で区切ります。255 ÷ 16 = 15 あまり 15 より，縦（南北）は15本，255 ÷ 8 = 31 あまり 7，31 × 2 + 1 = 63 より，横（東西）は63本です。

茨城県立中学校・中等教育学校

適性検査Ⅰ

1 （25点 問題1−各4点，問題2−6点，問題3 記号−4点，説明−7点）

問題1 式 3200×（1−0.1）　値段 2880（円）

> **ヒント**
> （定価の〇割引の値段）＝（定価）×（1−$\frac{\bigcirc}{10}$）

問題2 1.8（L）

> **解き方**
> 水そうの底から水面までの高さは，36×$\frac{5}{6}$＝30cmです。メダカ1ぴきあたりの水の量は，30×60×30＝54000cm³＝54L，54÷30＝1.8Lです。

問題3 記号 イ

説明　おじいさんの家の水そうに小石と水草を入れると水そうの底から水面までの高さが1cm高くなるので，その分の水の量を求めると，

　　　30×60×1＝1800で，1800（cm³）

あおいさんは，Aの水そうに入れる小石と水草をちょうど半分にするので，その分の水の量を求めると，

　　　1800÷2＝900で，900（cm³）

> **解き方**
> 11700cm³＝11.7L，メダカ1ぴきあたりの水の量を2L以上にするから，11.7÷2＝5.85より，メダカは最大5ひき買うことができます。

2 （25点 問題1−各4点，問2④−6点，⑤−7点）

問題1 ① ア　② イ　③ エ

> **解き方**
> ① （内側の正方形，2つの三角形，2つの三角形）とすると，（赤，青，黄），（青，赤，黄），（黄，赤，青）の3通り。
> ② （内側の正方形，3つの三角形，1つの三角形）とすると，（赤，青，黄），（赤，黄，青），（青，赤，黄），（青，黄，赤），（黄，赤，青），（黄，青，赤）の6通り。
> ③ 3＋3＋6＝12

問題2 ④ 5（倍）　⑤ 2.2（倍）

> **解き方**
> 右図のように，一番内側の黒の正方形の大きさで何個分になるかを考えます。図4全体は，4×4＝16個分です。黒の部分は，①〜③より，1＋2＋8＝11個分です。白の部分は16−11＝5個分です。よって，黒の部分の面積は，白の部分の面積の11÷5＝2.2倍です。

3 （25点 問題1−5点，問題2記号−3点，理由−5点，問題3−5点，問題4−7点）

問題1 ア ○　イ ×　ウ ×　エ ○

> **ポイント**
> イ：何もなしの室内の温度はおよそ35℃，緑のカーテンの室内の温度はおよそ33℃なので誤り。ウ：何もなしと緑のカーテンの最高温度は15時だが，すだれの最高温度は16時ごろであるので誤り。

問題2 記号 ア

理由　葉やその周りの熱をうばう

問題3 ア，ウ，エ

> **ヒント**
> 緑のカーテン全体の面積を1枚の葉の面積でわることで，緑のカーテン全体の葉の枚数を求めることができます。1枚の葉から出る水の量と全体の葉の枚数をかけることで緑のカーテン全体からでるおおよその水の量を求めることができます。

問題4 39（％）

> **解き方**
> 緑のカーテンがある部屋で設定温度を28℃から1℃上げたときの6日間の消費電力は，
> （1.08＋0.97＋0.39＋0.60＋0.74＋0.90）×$\frac{87}{100}$＝4.0716kWh　設定温度28℃で緑のカーテンがない部屋の6日間の消費電力は，
> 1.55＋1.40＋0.67＋0.90＋0.94＋1.25＝6.71kWh　よって，6日間の消費電力量の合計は，
> $\frac{（6.71−4.0716）}{6.71}$×100＝39.3…　およそ39％減少することになります。

④ （25点　問題1－8点，問題2－5点，問題3－5点，問題4－7点）

問題1　以外の条件を同じにするため。

問題2　ア　×　イ　×　ウ　○　エ　×　オ　○

問題3　①　エ　　②　ウ　　③　ア

問題4　（時速）**0.1152**（km）

解き方

　1.25 ÷ 5 ＝ 0.25 より，鉄の棒の先端が8mm動くのに0.25秒かかるので，秒速は，8 ÷ 0.25 ＝ 32 より秒速32mmです。

　これを分速になおすと，32 × 60 ＝ 1920，1920mm ＝ 1.92m より，分速1.92m，さらに時速になおすと，1.92 × 60 ＝ 115.2 115.2m ＝ 0.1152km より，時速0.1152km となります。

適性検査Ⅱ

① （25点　問題1〜問3－各5点，問4－各5点）

問題1　ア

問題2　野菜　ピーマン　　記号　イ

ヒント

　野菜…【メモ】の「茨城県からは1年を通して東京都中央卸売市場に出荷される」と「2022年9月から10月にかけてと2023年2月から6月にかけての東京都中央卸売市場への出荷量が前の月より増えている」のどちらも満たすものはどれか考えましょう。

　記号…【メモ】の「茨城県からは1年を通して東京都中央卸売市場に出荷される」から，あが茨城県，「東京都に近い県の出荷量が減少する冬は，あたたかい地方からの出荷量が多くなる」から，いが宮崎県，寒い時期の出荷量が少ないうが岩手県とわかります。

問題3　イ

ポイント

　ア，ウ，エもそれぞれ奈良時代の人々の税や負担の内容です。

問題4　(1)　エ
　　　　　(2)　ウ

解き方

　割合ではなく総額に注目しましょう。

　1890年と1910年の生糸の輸出の割合は，大幅には変わっていないが，輸出総額は1890年の5660万円から1910年の4億5843万円と約9倍になっています。

　※それぞれ生糸の輸出額を求めると，
　1890年…5660 × 0.245 ＝ 1386.7万円
　1910年…45843 × 0.284 ＝ 13019.412万円

② （25点　問題1〜問題3－各5点）

問題1　C　→　F　→　A

ポイント

　Cは京都府，Fは兵庫県，Aは広島県にあります。
　B…岩手県，D…群馬県，E…栃木県。

問題2　ア　○　イ　×　ウ　×　エ　×

ポイント

　イ…北関東工業地域は内陸部にあり，高速道路の周辺で発達しています。

　ウ，エ…京葉工業地域は機械工業よりも化学工業の割合が大きく，他の工業地域と比べても，その割合が最も大きいです。

問題3　記号　ア

　①　北海道の年間旅客数と合わない。

　②　北海道の他の空港の旅客数がふくまれる。

ヒント

　北海道と同じように，東京都や沖縄県も各空港の年間旅客数と各都県の年間旅客数が異なることから，どのような共通点があるか考えてみましょう。

③ （24点　問題1(1)－6点，(2)A－2点，B－4点，問題2(1)C－2点，D・E－4点，(2)－6点）

問題1(1)　①　×　②　○　③　○　④　○　⑤　×

　　　　(2)　A　役割　　B　社会の役に立つ

左列

①：おねえさんが「ひろしさんは，会社員について知りたいのかな」と確認しています。⑤「そうなんだ」「すごいね」等のことばが見られます。また，会社とはどのようなものなのかを「メンバー」「チーム」という言葉を手がかりにして読み取りましょう。

問題2(1)　C　好き

　　　　　D　知識　　E　能力

　　(2)　ア，オ

筆者の伝えたいことが，どこに書かれているかを探しましょう。最後の段落に「何かを勉強するということは，自分の人生の選択肢を増やすということ」「選択肢の多い人生の方が楽しい」とあります。

4　（26点　問題1－6点，問題2－4点，問題3－6点，問題4－10点）

問題1　ウ，オ

問題2　エ

問題3　土手をふんで固める

問題4　祖父のやさしさを伝えるために，やわらかい印象をあたえる「ほほえみ」を使いたい

CとDのちがいは「ほほえみ」と「笑顔」です。短歌で漢字とひらがなの印象のちがいについて，資料4に「漢字はかたい印象」「ひらがなはやわらかい印象」とあります。

右列

適性検査

1　（20点　問1－4点，問2－16点）

[問1]　ウ

ウ…4月の1人あたりの平均貸出冊数は12.9冊。6月の1人あたりの平均貸出冊数は26.2冊であることから，6月は4月の2倍以上であることがわかります。

ア…4月から5月にかけての高学年の1人あたりの平均貸出冊数は，減っています。

イ…1人あたりの平均貸出冊数が最も少ない月は，4月。貸出冊数の最も少ない月は，低学年は7月，高学年は9月です。

エ…7月の貸出冊数は，中学年が低学年を上回っています。

[問2]　A　イ　　B　ク　　C　ウ　　D　ア

会話を読んでいくと，D（カーペットの近く），C（机に最も近い場所），A（貸出カウンター），Bの順に何を置くことにしたかがわかります。

2　（18点　問1－12点，問2－6点）

[問1]　①　鳴き声

　　　　②　つばめが夏に子育てをする

　　　　③　帰

①は俳句に出てくる「歌心」「聞く」から音に関することだと考えられます。②は図3の「つばめの1年」から，7月に子育てをしていることがわかります。③は，「8月ごろに東南アジアへもどっていく」という内容から「帰る」という言葉を導き出すことができます。

[問2]　イ

図7の型紙の下部部分の長方形が十字になるようにはり合わせを考えましょう。

3 （22点　問1－4点，問2－18点）

[問1]　ウ

ヒント

太陽は東の空からのぼってきて南の空を通って西の空にしずんでいきます。かげは，太陽の反対側にできるので，かげができやすいのはウとエ。また，校庭の南東は水たまりができやすいので，校庭の南西であるウが適していると考えられます。

[問2]　①　**300**　mL　　②　**250**　mL

　　　　③　**50**　mL

解き方

水と洗たくのりと台所用洗ざいの比は，10：5：1で，1人分のシャボン液160mLの分量は，水が100mL，洗たくのりが50mL，台所用洗ざいが10mLです。1年生18人分用につくったシャボン液は，水が2000mL（2L），洗たくのりが900mL，台所用洗ざいが180mL入っています。6年生23人分用に必要な分量は，水が2300mL，洗たくのりが1150mL，台所用洗ざいが230mLです。よって，水を2300－2000＝300mL，洗たくのりを1150－900＝250mL，230－180＝50mL加えればよいです。

4 （20点　問1－6点，問2－14点）

[問1]　エ

ヒント

消しゴムをほった部分に色はつかないことや文字が逆になることに注意しましょう。

[問2]　**80**　まい

〔求め方〕

みさきさんの円の並べ方では，円を縦に3段，横に5列並べられることになる。よって，1枚のステッカー用紙から作ることができるステッカーの数は，

3×5＝15（枚）

参加者の人数は，

400＋300＋5×50＋2×100＝1150（人）

どの種目も，ステッカーを10枚ずつ多く作

るので，全部で，

1150＋10×4＝1190（枚）

したがって，

1190÷15＝79　あまり5となるので，

ステッカー用紙は**80枚必要**となる。

ヒント

そうたさんの円の並べ方では，297÷60＝4あまり57より，横に4列並べますが，みさきさんの円の並べ方では，横に4＋1＝5列並べることができます。1枚のステッカー用紙から作ることができるステッカーの数と必要なステッカーの枚数を求めましょう。

5 （20点　問1－6点，問2－14点）

[問1]　**3**　位

解き方

各組の1位または姉のチームのベスト記録よりタイムの早いチームは，1組目が3チーム，2組目が1チーム，3組目が1チームだから，3＋1＋1＝5，8－5＝3より，4組目の3位以内に入ればよいです。

[問2]

①	■	○	
②	×	×	○
③	×	○	
④	×	×	×

⑤	×	×	○
⑥	×	○	
⑦	○		

ヒント

まず，Hの記録が1m35cmであることから，④にあてはまる結果がわかります。次に，AとDの記録が1m45cmで，このときの結果が「×○」と同じことから，×の合計数に注目して，①，②にあてはまる結果を考えましょう。残り③，⑤，⑥，⑦については，記録が1m40cmであることから，「○」「×○」「××○」のいずれかが入るので，×の合計数に注目してあてはまる結果を考えましょう。

― 10 ―

適性検査1

【問題1】

(1) 1か月間で5回以上図書室に行く人のわり合

ヒント
令和4年9月には5回以上図書室に行く人の割合は46%ですが、11月には57%になっています。

(2) 5 日間

【理由】
1日に18さつてん示するので、20日間では、18×20＝360で、360さつ分てん示できる。しょうかいする本は72さつなので、360÷72＝5から、1さつあたり5日間てん示できる。

ヒント
(1冊あたり展示できる日数)＝(20日間で展示できる本の冊数)÷(紹介する本の冊数)

(3)①

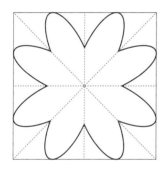

ヒント
手順4の図の太線を、手順3→手順2→手順1の順に図にかきこんで考えましょう。

② 2〜6年生は、自分が読んでよかった本のしょうかいを、ジャンルごとに色のちがう花型のカードに書いてください。花型カードは木の絵の近くにあります。書けたら昼休みに図書委員にわたしてください。みんなで花がいっぱいさいた木を作りましょう。

ヒント
2〜6年生に、「おすすめの本の木」を作るためにおねがいすることを書きましょう。「本の紹介カード」を書いてもらうため、カードの内容や色、置き場所、集め方を知らせましょう。

(4) ジャンルビンゴという活動を考えました。ビンゴカードのます目にジャンル名を書いたものを用意し、各ジャンルの本の貸し出しがあるたびに、ます目にスタンプをおします。列がそろったら、記念品をわたします。

【問題2】

(1) 準備は大変だけれど、はん全員で協力でき、来てくれた家族に喜んでもらえる

ヒント
この学習発表会が「授業で学んだことを家族に発表する」ものであることと、ゆうきさんの会話に「先生は、班全員で協力して取り組めるような内容にしようと言っていましたね」とあることに着目しましょう。

(2) グループの人に、音楽に合わせてとんでいる様子を、動画さつえいしてもらう。

(3) 国語 班

【理由】
発表に使える時間は、5時間目が40分、6時間目が22分である。国語はんと音楽はんの発表は、5時間目と6時間目に分けるので、5時間目に体育はんと音楽はん、6時間目に国語はんの発表を行えばよい。だから、4番目は国語はんになる。

ヒント
発表に使える時間は、5時間目が開会式（5分）をのぞいた40分、6時間目が全員での合唱（10分）と家族へのプレゼント（8分）と閉会式（5分）をのぞいた22分です。

(4) 13 m 30 cm

解き方
1つのトートバッグに必要な布の大きさを求めると、横の長さは、32＋2×2＝36cm、縦の長さは、24×2＋2.5×2＝53cmです。購入する生地の幅は110cmだから、36×3＝108cm、53×2＝106cmより、横に3枚分とります。縦には75÷3＝25枚分の長さが必要なため、53×25＝1325cm＝13m25cmより、10cm単位で販売されているから、13m30cmです。

(5) 今日のために、発表内容や練習計画を考えて準備してきました。今日は、3つのはんに分かれて、学んだ

ことを発表します。わたしたちが協力して取り組むす
がたを見てもらえたらうれしいです。

ヒント

資料から、これまでの練習のことや発表する内容に
ついて読み取り、まとめましょう。

群馬県立中央中等教育学校

適性検査Ⅱ
【問題】
問一　（○）ぬりはしばこ
　　　（　）ぬりばしばこ

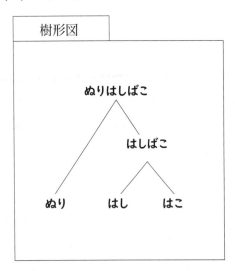

樹形図

ぬりはしばこ

はしばこ

ぬり　　はし　　はこ

解き方

「にせたぬきじる」の樹形図を参考に考えましょう。
まず、「はし」と「はこ」をくっつけると、連濁が起こっ
て「はしばこ」ができあがります。次に「ぬり」と「は
しばこ」をくっつけると、「はしばこ」はすでに濁音
がふくまれているため、ライマンの法則により連濁が
起こりません。

問二　濁点の有無で意味の違いが生まれ、日本人がこの
　　　違いがわかるのは、二つの単語から新しい単語を作
　　　る時に、二番目の先頭の音に濁点が付く「連濁」と、
　　　二番目の単語が濁音を含むため連濁が起きない「ラ
　　　イマンの法則」を無意識的に知っているからだと発
　　　見できる。

ヒント

筆者は、濁点で意味の違いが出ることや、違いがわ
かることについて、「この不思議を発見できるのが、
言語学の魅力の一つです」と答えています。

問三　夏場のエアコンの不使用は、二酸化炭素のはい出
　　　を減らせるが、熱中症の危険が高まる。

ヒント

傍線部②のあとに「たとえば」「逆に」とあるので、
環境問題における身近な具体例を考えましょう。「ト
レードオフ」とは、「何かを得るために何かを失う」と
いう関係性のこと」です。得るものと失うものの例を
環境問題において考えましょう。

問四　環境問題に関する選択にはそれぞれ長所と短所が
　　　あり、冷静に客観的な判断をすることが求められ、
　　　ときには、複数の選択肢を併存させるリスクヘッジ
　　　という考え方が必要になることもあるため、解決が
　　　難しいから。

ヒント

最後の段落で、筆者は「環境問題に関する選択には、
このようなトレードオフが存在」し、「トレードオフ
が存在するとき、答えはひとつに決まらない」とのべ
ており、そのことについて具体的に説明しています。

問五　私は、疑問を持ち、物事の長所と短所を考えると
　　　いう姿勢で研究をしていきたいです。日常生活で疑
　　　問に思ったことをもとに研究テーマを決めたいと思
　　　います。また、研究の取り組み方法の長所と短所を
　　　考えることは、研究のデータを多く集め、研究を
　　　よりよいものにすることにつながると思います。

※掲載分の各校の独自問題については，各校の解説ページをご覧ください。

適性検査Ⅰ

1 （100点）

〔問題1〕（20点）

文章1

自分の気持ちを保つ　という効果。

文章2

わずかなくふうでうまくいくことに気づく　という効果。

> **ヒント**
>
> 文章1 では「自分の気に入った詩の言葉を心の中でつぶやく行為」の意味，文章2 では，芭蕉が「口のなかで千回でも唱えてみよ」とおっしゃっていたことの意味の説明に着目しましょう。

〔問題2〕（20点）

あのきれ～ように。

> **ヒント**
>
> 文章1 に短歌は3首ありますが，その中で筆者が想像した情景について2文で書かれているものを探しましょう。

〔問題3〕（60点）

　私は，これからの学校生活で仲間と過ごしていく上で，まず多くの作品にふれていろいろな言葉を知り，使えるようになりたいです。次に，相手の立場や気持ち，理解度に配りょした言葉を使っていきたいです。

　文章2で筆者は，芭蕉の「高く心を悟りて，俗に帰るべし。」という言葉について，「むかしのひとの作品や精神をしっかり学ぶとともに，生活する人びとの気持ちになってこそ，すばらしい俳句が生まれるのだ」と伝えています。そして，「学問をひけらかすのは嫌み」で「日常生活のなかから，俳句のおもしろさを発見することがだいじ」だとしています。

　私は，芭蕉と文章2の筆者の言葉から，言葉の知識を増やすこと以上に，相手に不快な思いをさせず，相手にわかりやすい言葉を選ぶ能力が必要だと感じました。例えば，自分の得意分野について仲間に話すとき，仲間が言葉の意味を理解しないまま会話を進めても，会話を楽しむことはできません。相手にとってわかりやすい言葉を選び，それを用いて会話を楽しめるようにしていきたいです。

適性検査Ⅱ

1

〔問題1〕

〔太郎さんの作業〕

かく→切る→切る→切る→切る→切る→切る

〔花子さんの作業〕

かく→かく→かく→かく→かく

〔6枚のマグネットシートを切り終えるのにかかる時間〕

（　**40**　）分

> **ヒント**
>
> 「かく」作業は花子さん，「切る」作業は太郎さんの方が早く行うことができます。

〔問題2〕

〔得点板の数字を 456 から 987 にするのにかかる最短の時間〕（ 16 ）秒		
〔　4　〕→〔　6　〕	一の位と百の位のボードを入れかえる。	
〔　6　〕→〔　9　〕	6のボードを180度回す。	
〔　5　〕→〔　8　〕	5にマグネットを2個つける。	
〔　4　〕→〔　7　〕	4にマグネットを1個つけて2個取る。	
〔　　　〕→〔　　　〕		

> **ヒント**
>
> 6のボードは180度回すと9のボードになるから，まずは，一の位の6のボードと百の位の4のボードを入れかえます。

2

〔問題1〕（選んだ一つ）AからC

　航空機と鉄道の利用わり合は，AからBはほぼ同じであるのに対して，AからCは航空機の方が高い。その理由としては，AからCの航空機と鉄道の料金は，ほぼ変わらないが，航空機の所要時間が約半分だからと考えられる。

〔問題2〕

〔「ふれあいタクシー」の取り組みが必要になった理由〕

　人口が減少し，路線バスの本数が減少したE町が，移動することにこまっている人を対象とした交通手だんを用意するため。

〔「ふれあいタクシー」導入の効果〕

　75さい以上の人の多くが，利用者証を得て，「ふれあいタクシー」を利用して買い物や病院へ行くことができるようになった。

③

〔問題1〕

　750gの金属をのせて調べたときも1000gの金属をのせて調べたときも，おもりの数は手順6の板のときが最大であった。そして，手順6の板のみぞの方向に対して糸の引く方向はすい直であり，キャップのみぞの方向に対して手で回す方向もすい直であるから。

〔問題2〕

〔組み合わせ〕2号と5号

〔理由〕実験2では同じでなかった条件のうち実験3では同じにした条件は，重さである。1号と3号のすべり下りる時間が同じなのに，1号と6号のすべり下りる時間は同じではなかった。だから，すべり下りる時間が同じになるのは，一番下の板の素材が同じ場合だと考えられるから。

※ほかに「4号と6号」の組み合わせも可。

※配点は各校で異なります。詳細は，各校のホームページ等でご確認ください。

適性検査Ⅱ

② （40点）

〔問題1〕 （26点）

(1)

	2010年		2020年	
世界全体	98.8	1.2 減少	97.6	2.4 減少
アジア	104.0	4.0 増加	106.0	6.0 増加
アフリカ	95.2	4.8 減少	89.7	10.3 減少
ヨーロッパ	101.2	1.2 増加	101.5	1.5 増加
北アメリカ	100.3	0.3 増加	100.1	0.1 増加
南アメリカ	94.3	5.7 減少	91.5	8.5 減少
オセアニア	98.7	1.3 減少	101.0	1.0 増加

解き方

　森林面積の2000年に対する割合の求め方は，（2010年もしくは2020年の森林面積）÷（2000年の森林面積）×100，

　増加と減少の割合の求め方は，（森林面積の2000年に対する割合）－100です。

(2)

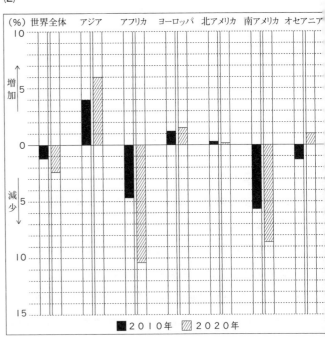

(3) 選んだ地域：アフリカ

　森林面積が減少しているのは，一人当たりの国民総所得が増えているので，産業が発達して木材の利用量が増えているからだろう。また，人口も増えているので，一人当たりの利用量が変わらない場合でも，全体の利用量が増えているからだろう。

〔問題2〕（14点）

　　まず，世界の森林面積を増加させるためには，世界各地で植林を進めていくことが必要だと思われる。このことは，地球温暖化を食い止めるための対策となるからである。次に，世界の森林面積を減少させないためには，資料6の，パルプやチップの生産を減らすことが必要だと思われる。例えば，世界では情報産業が進んでおり，本の代わりに電子書籍を発行するように世界中で取り組んでいけば，世界の森林面積の減少を防ぐことができるからである。（205字）

適性検査Ⅲ

1　（60点）

〔問題1〕（15点）

(1) 選んだ図：図1と図2

　　図1と図2を比べると，同じような波の形をしているが，よく見ると山の部分や谷の部分にちがいが見られる。人はこのちがいを聞き分けてだれが話しているかを区別している。

(2) 選んだ図：図2と図3

　　同じ人でも，直接の声と電話の声では，オシロスコープで見るとその波の形がちがうため，聞き間ちがえると考えられる。

〔問題2〕（25点）

(1) 自分の声を他のアマガエルとずらして鳴くことで，メスにそれぞれの鳴き声を区別して聞いてもらうためではないか。

(2) 近くのオスが鳴いた後に鳴いていると考えられる。図5の波の形から，それぞれのアマガエルの鳴き始め時こくが少しずつずれているため。

(3) 田んぼに生息しているそれぞれのアマガエルの鳴き声に反応して光るそうちを置き，そのアマガエルが鳴いた時に光るようにして，それぞれのアマガエルの鳴いているタイミングを見えるようにして比べる。

〔問題3〕（10点）

　　みんなが鳴く時と，みんなが鳴かない時がある。いつも鳴いていると天てきにおそわれるかもしれないから。

〔問題4〕（10点）

　　人が乗っていないときには運転を止めるエスカレーター。使わないときに止めることで電気を節約することができるから。

2　（40点）

〔問題1〕（15点）

(1)

メンバー	Aさん	Bさん	Cさん	Dさん	Eさん
プレゼント	②	①	⑤	③	④
	③	①	④	⑤	②
	②	③	④	⑤	①
	②	④	⑤	③	①

など

ヒント
　　①，②，⑤のプレゼントを希望している人は2人ずつ，③，④のプレゼントを希望している人は3人ずついます。

(2) ⑧のプレゼントと⑩のプレゼントに注目すると，この二つのプレゼントをほしいと思っているメンバーがSさんしかいない。これらのプレゼントをことなる二人にわたすことができないと，メンバーとプレゼントをどのような組み合わせにしても，自分のほしいプレゼントがもらえないメンバーがいることになる。

ヒント
　　1つのプレゼントに対してほしいと思っているメンバーが最低2人必要です。

〔問題2〕（10点）

グループ	Aさん	Bさん	Cさん	Dさん	Eさん
グループ	Rさん	Qさん	Pさん	Sさん	Tさん

ヒント
　　図6に示した組み合わせをもとに考えるとよいでしょう。まずはグループ1の5人の中から，最初に引いた人とのペアを組み，それ以外のペアを優先順位を考えながら決めてみましょう。

〔問題3〕（15点）

ゆうきさんがタッチする人数：　**5**　人

理由：

　タッチする人数が9人である人がタッチできる人は，次の3人をのぞく9人である。

　　・自分自身

　　・自分とダンスがペアになった人

　　・タッチする人数が0人である人

　この9人は，タッチする人数が10人である人，タッチする人数が9人である人と必ずタッチするので，2人以上とタッチすることになる。しかし，タッチした人数が全員ちがうようにするためには，タッチする人数が1人の人がいなければならないから，その人は，この9人以外である。だから，タッチする人数が9人の人とダンスがペアだった人は，タッチする人数が1人の人ということになる。

　同じように考えて，タッチする人数が8人である人とダンスがペアだった人はタッチする人数が2人である人，タッチする人数が7人である人とダンスがペアだった人はタッチする人数が3人である人，タッチする人数が6人である人とダンスがペアだった人はタッチする人数が4人である人ということになる。

　ゆうきさんのダンスのペアはいないので，ゆうきさんがタッチする人数は5人である。

ヒント

　ゆうきさんが「一人もタッチしない人と，10人とタッチする人はダンスでペアであったことが分かるね」と言っています。同じように考えると，「1人とタッチする人は，9人とタッチする人とペア」となります。

適性検査Ⅲ

1 （50点　問題1，問題2－各15点，問題3－20点）

〔問題1〕　およそ　**2**　時間　**45**　分　**36**　秒

解き方

　$100 \div 9 = 11$ あまり1より，お客さんが9席一度に入れ替わる回数は11回です。また，100人目のお客さんがお店を出るのにも13分48秒かかることから，13分48秒 $= 13\frac{48}{60}$ 分 $= 13\frac{4}{5}$ 分より，$13\frac{4}{5} \times 12 = 165\frac{3}{5}$ より，165分36秒 $=$ 2時間45分36秒です。

〔問題2〕　小盛　**3**　人　　　　並盛　**32**　人

　　　　　大盛　**5**　人　など

ヒント

　40人のお客さんで，$400 - 273 = 127$ 個の小分けのそばが使われたことがわかります。

〔問題3〕　1万円札　**1**　枚　　　5千円札　**10**　枚

　　　　　千円札　**72**　枚　　　500円玉　**8**　枚

　　　　　100円玉　**97**　枚　　　50円玉　**48**　枚

　　　　　10円玉　**90**　枚

解き方

　例えば，1人のお客さんが1万円札でしはらったとき，1万円札は1枚増え，おつりは $10000 - 380 = 9620$ 円だから，5000円札が1枚，1000円札が4枚，500円玉が1枚，100円玉が1枚，10円玉が2枚減ります。出したお金と枚数の増減について，表にすると下の図の通りです。

		枚数の増減						
		1万円札	5千円札	千円札	500円玉	100円玉	50円玉	10円玉
	開店前	0	10	50	10	50	10	50
出したお金	10000円	1	-1	-4	-1	-1		-2
	5000円		1	-4	-1	-1		-2
	1000円			30	-30	-30		-60
	500円				20	-20		-40
	580円				5	-10	5	15
	530円				5	-5	-5	15
	380円					114	38	114
	閉店後	1	10	72	8	97	48	90

※枚数の増減…○枚増えた→＋○，△枚減った→－△

2 （50点　問題1－20点,問題2,問題3－各15点）

〔問題1〕　1 月 2 日 と 1 月 3 日
　　　　　2 月 1 日 と 2 月 3 日
　　　　　3 月 1 日 と 3 月 2 日
　　　　の組み合わせのいずれか1つ

ヒント
　○＋△＋□＝○×△×□となるような，○，△，□
の組み合わせを考えましょう。

〔問題2〕　みさきさんの1セット目　**白・白・白・青**
　　　　　りょうさんの2セット目　**白・赤・赤・赤**

ヒント
　りょうさんの2セット目終了後の合計得点は5点だ
から，みさきさんについて，1セット目の得点が3点
より，2セット目の得点は，3点または4点になれば
よいことがわかります。みさきさんが2セット目を行
うとき，残りのカードの枚数は8枚だから，4色のう
ち，2色の枚数が4枚ずつ，残り2色の枚数が0枚で
あれば，どのような取り出し方をしても3点または4
点になります。これをもとに，みさきさんの1セット
目とりょうさんの2セット目の得点がともに3点とな
るような組み合わせを考えましょう。

〔問題3〕

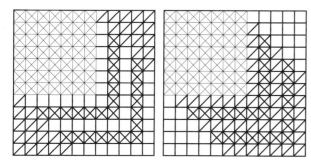

ヒント
　みさきさんの考え方⑧から，上に重ねる折り紙の色
は,下の折り紙の色と異なっていた方がよさそうです。

東京都立桜修館中等教育学校

適性検査Ⅱ

1 （40点　問題1－14点,問題2－6点,問題3－
　　20点）

〔問題1〕　たたみの短い辺と長い辺の長さの比は1：2
　　　　なので，長い辺の長さは
　　　　　$92.5 \times 2 = 185$cm
　　　　たたみ1まい分の面積は
　　　　　$92.5 \times 185 = 17112.5$cm^2
　　　　たたみ6まい分の面積は
　　　　　$17112.5 \times 6 = 102675$cm^2
　　　　1m$^2 = 10000$cm^{2}なので,
　　　　　$102675 \div 10000 = 10.2675$m^2
　　　　たたみをしけるスペースは
　　　　　$9 \times 7 \times \dfrac{1}{3} = 21$m^2
　　　　たたみ6まい分の面積は，たたみをしけるス
　　　　ペースよりも小さいことが分かるから。

ヒント
　たたみ6枚分の面積と教室の広さの$\dfrac{1}{3}$の面積（た
たみを敷けるスペース）を求めて比べましょう。

〔問題2〕

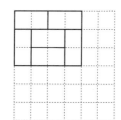

ヒント
　条件の②から，①の四角形の長い辺が4ます，短い
辺が3ますになるような敷き方を考えましょう。また,
4枚のたたみの角が1か所に集まらないように気をつ
けましょう。

〔問題3〕
〔対戦表〕

	おさむ	さくら	みやこ	ひとし	合計ポイント
おさむ		0	1	4	5
さくら	2		2	1	5
みやこ	0	0		4	4
ひとし	0	0	0		0

〔集計表〕

おさむさんの集計表

	さくら	みやこ	ひとし	合計
残り札数	×	5	17	22

さくらさんの集計表

	おさむ	みやこ	ひとし	合計
残り札数	8	7	5	20

〔対戦表〕

	おさむ	さくら	みやこ	ひとし	合計ポイント
おさむ		0	4	1	5
さくら	1		2	2	5
みやこ	0	0		4	4
ひとし	0	0	0		0

〔集計表〕

おさむさんの集計表

	さくら	みやこ	ひとし	合計
残り札数	×	18	4	22

さくらさんの集計表

	おさむ	みやこ	ひとし	合計
残り札数	5	8	6	19

など

ヒント

会話の内容から，右の　　の部分に数をあてはめることができます。また，「さくらさんが2位」「おさむさんとさくらさんの合計ポイントが同じ」「最も多い合計ポイントと，次に多い合計ポイントの差は1ポイント」から，おさむさんが1位であることや，　　に0が入ることがわかります。

	おさむ	さくら	みやこ	ひとし	合計
おさむ		0			
さくら					
みやこ	0	0		4	
ひとし		0	0		

適性検査Ⅱ

2 （40点　問題1，問題2－各15点，問題3－10点）

〔問題1〕　山城

やましろでは，1185年から1202年と1221年から1235年で比べると，米や布などの表し方が23件から5件へと減り，ぜにでの表し方が7件から60件に増えており，ぜにで土地の価ちを表すやり方が増えている。

ヒント

変化がはっきりとしている地域を選びましょう。

〔問題2〕　慶長小判と元禄小判

けい長小判は，金が約3.9もんめふくまれていたが，元ろく小判では約2.7もんめに減っている。しかし，小判全体の重さは変わらないことから小判の価ちが下がったと考えられる。

安政小判と万延小判

安政小判は，金が約1.4もんめふくまれていたが，万延小判では約0.5もんめに減っている。小判全体の重さに対する金のふくまれる割合は変わらないが，小判の重さが軽くなっていることから小判の価ちが下がったと考えられる。

〔問題3〕

1890年ごろから産業かく命が本格的に日本でも始まり，工場や会社が多く生まれ，これらの工場や会社が機械を取り入れたり，新しい工場を建設したりすることでお金が多く必要となったため，1893年に銀行の設立を容易にする銀行条例が出され，新しい銀行が急げきに増えた。

ヒント

先生の後半の話をまとめましょう。

適性検査Ⅲ

1 (50点 問題1－10点, 問題2－15点, 問題3－25点)

〔問題1〕 選んだ頂点 **B**

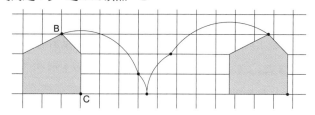

選んだ頂点 **C**

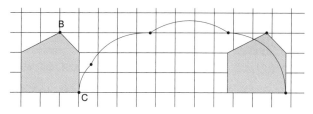

> **ヒント**
> えがく曲線は, 半径の異なる円の円周の一部を組み合わせたものになります。

〔問題2〕

　人数に注目すると, 1, 2, 4, …と増えていくので, 1つ前の数字の2倍になることをルールとする。

128番目の人のかさ **閉じる**

> **解き方**
> 　1＋2＋4＋8＋16＋32＋64＝127より, 次の128人は「閉じる」のポーズをとります。

〔問題3〕 説明

　図10の小さい円の半径を12cmとして, 小さい円の中心をつないでできる正五角形の一辺の長さは,

　12×2＝24cm。

　五つの小さい円のそれぞれの中心をすべて通る円の半径は, 30－12＝18cm。

　また, その円周の長さは,

　18×2×3.14＝113.04cm。

　円周を5等分すると, 113.04÷5＝22.608cm。

　これは正五角形の一辺の長さ24cmより小さくなってしまっているので, つじつまが合わない。

> **ヒント**
> 　正五角形の1辺の長さと, 5つの小さい円のそれぞれの中心をすべて通る円の円周の, 五等分の長さを求めて比べましょう。

2 (50点 問題1, 問題3－各20点, 問題2－10点)

〔問題1〕

濃縮還元果汁の製造方法ですぐれている点

　果実のままより水を少なくした分, 軽くて運びやすい。

ストレート果汁の製造方法ですぐれている点

　果実をしぼるだけなので, 製造の手順が少ない。

〔問題2〕

　さとう水の表面には, 水のつぶと, さとうのつぶがならぶことになる。水は水面からじょう発できるが, さとう水はさとうのつぶが水面にならんでいる場所では, 水がじょう発するのをじゃますから, 水だけよりじょう発しにくくなる。

〔問題3〕

　実験1より, こおるのは水は速く, 水に混ざりものがあるジュースはおそい。冷とう庫の冷気は容器の外側から伝わるので, 実験2の食べにを入れた水は, 水の部分だけが先にこおり始めて, 容器内の外側の近くに水の氷ができる。食べにがとけている部分はこおるまで時間がかかるので, 真ん中付近に集まってこおることになり, 色が分かれる。

適性検査Ⅲ

1 （50点　問題1－10点，その他－各20点）

〔問題1〕　自分で決めた時間　**1分間**

答え　**1280 回転**

他は，「1秒間で21回転」「1時間で76800回転」

解き方

360 ÷ 8 ＝ 45 より，45 コマで1回転していることになります。1分は60秒なので，960 × 60 ＝ 57600 より，1分で57600コマ撮影できるから，57600 ÷ 45 ＝ 1280　よって，1分間で1280回転します。

〔問題2〕　回転　**する**

＜理由＞

実験2より，発電する板の全体に紙が置かれて，太陽光が当たらない発電する板が1まいでもあるとプロペラは回転しない。実験2実験3より接続点から接続点までの全ての発電する板のそれぞれ半分に太陽光が当たればプロペラは回転する。よって①④⑤に紙が置かれているとき，全ての発電する板において，半分以上に太陽光が当たっているので回転すると考えられる。

〔問題3〕　電流の大きさ　**36**　mA

＜考え方＞

2まい目から3まい目に紙の重さを重くしたときに必要な電流の大きさが8mA増えていた。よって，0.34gの分だけ重さが増えたときに必要な電流がどれくらい増えるのか比の考えを使って考える。

0.54 ： 8 ＝ 0.34 ： □

$\square = \dfrac{8 \times 0.34}{0.54}$

□ ＝ 5.03mA　小数第一位を四しゃ五入して5mAとなる。したがって，31mA ＋ 5mA より36mAとなる。

2 （50点　問題1－10点，その他－各20点）

〔問題1〕　ア　**(25 － 20) ÷ 0.1**

残りの巻き数　**50**

ヒント

（←→の部分の長さ）

÷ （トイレットペーパーの厚さ）

＝ （残りの巻き数）

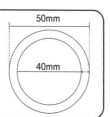

〔問題2〕　イ　**25 × 25 × 3.14 － 20 × 20 × 3.14**

残りの長さ　**7065**　mm

ヒント

図1のトイレットペーパーの立体の体積は，直径が50mm，高さが110mmの円柱の体積から，直径が40mm，高さが110mmの円柱の体積をひくことで求められます。また，この体積を0.1でわるとトイレットペーパーの残りの長さとなります。

〔問題3〕　縦　**36**　cm　　横　**36**　cm

高さ　**44**　cm

ヒント

体積の決まった直方体の表面積を小さくするためには，なるべく立方体に近い形に積み上げればよいです。できる段ボール箱について，縦を 120 × ○mm，横を 120 × △mm，高さを 110 × □mm とすると，トイレットペーパーの個数について，○ × △ × □ ＝ 36 が成り立つので，○，△，□にあてはまる数を考えましょう。

適性検査Ⅱ

1 （40点　問題1－10点，その他－各15点）

〔問題1〕

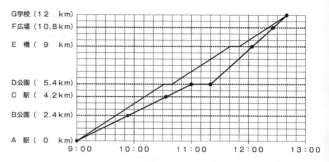

ヒント

グラフの1目もりは，縦が0.6km，横が10分です。12kmの道のりを，9時に出発して，途中10分間ずつ2回休憩し，12時40分にゴールに到着するためには，12 ÷ 200 ＝ 0.06 より，分速0.06kmの同じ速さ（10分間に0.6km進む）で歩く必要があります。

〔問題2〕 メダルを100個以上作ることが **できない**

〔説明〕

切り取った折り紙をすべてつなげたときの長さは，

$(15 - 0.5) \times 8 \times 16 + 0.5 = 1856.5$（cm）

メダルを100個作るために必要な長さは，

$(6 \times 3.14 + 0.5) \times 100 = 1934$（cm）

したがって，切り取った折り紙をすべてつなげたときの長さより，メダルを100個作るために必要な長さのほうが長いから，16まいの折り紙ではメダルを100個作ることはできない。

ヒント②

切り取った折り紙をすべてつなげたときの長さとメダルを100個作るために必要な長さを，0.5cm以上重ねてはることに注意して，それぞれ求めましょう。

〔問題3〕

表1

表1	企画1 得点	企画2 得点	企画3 得点	得点の 合計	総合 順位
Aチーム	1	4	5	10	2位
Bチーム	4	5	0	9	3位
Cチーム	3	4	4	11	1位

表2

表2	企画1 1時間あたりに 進んだ道のり	得点	企画2 クイズの 正答数	得点	企画3 見つけた鳥の 種類の数	得点	得点の 合計	総合 順位
Aチーム	3.2km	0.8	8問	0.8	8種類	1	2.6	1位
Bチーム	4km	1	10問	1	0種類	0	2	3位
Cチーム	3.6km	0.9	7問	0.7	4種類	0.5	2.1	2位

〔あなたが選ぶ決め方〕 **みつこさんの案**

〔理由〕

　他のチームの結果に関わらず，自分たちのチームの得点が決まるから。

〔あなたが選ぶ決め方〕 **たかおさんの案**

〔理由〕

　企画1，2，3の異なる数値どうしを比べることができるから。

ヒント②

みつこさんの案は，企画ごとに得点の基準が定められています。たかおさんの案は，割合を使って，得点を求めます。

神奈川県立中等教育学校

適性検査Ⅰ

問1 （40点　各20点）

(1) ②，③，④

解き方

①〔標石1〕から〔標石2〕までの長さです。

⑤4mちょうどになるようにつくられています。

(2) **512mちょうどである。**

解き方

$12 + 4 \times 125 = 512$ m

最初に装置を置いたときの長さを足すのを忘れないように注意しましょう。

問2 （70点　(1)ア－10点，その他－各20点）

(1)ア　⑥　イ　⑤

解き方

$(17 \times 2 + 13 + 11 \times 3 + 9 \times 2 + 7 + 5 \times 2 + 3 \times 3) \div 4 = 124 \div 4 = 31$ より，　い　にあてはまる数は31

実際に可能かどうか調べてみると，下の表のように箱を使うとき，4人とも31cmとなり，最も多く使った人は$2 + 2 + 1 = 5$（個）の箱を使います。

長さ (cm)	17	13	11	9	7	5	3	合計
個数 (個)			2			2	1	5個
	1		1				1	3個
	1		1				1	3個
			1	1	1			3個

(2)ア　①　イ　⑤

解き方

いずれの場合も，最も低くなる場合，最も高くなる場合から考えていき，実際にその通りにできるか考えていきましょう。例えば，それぞれ最も低い3cmの辺が高さとなるように積み上げた場合，$3 \times 14 = 42$となり，4で割り切れない数になります。

〇最も低くなる場合

　1人だけ7cm，5cmを1つずつ積み上げ，残りの3人は3cmを4つずつ積み上げたとき，4人とも12cmとなり，このときが最も低くなります。

〇最も高くなる場合

１人だけ８cmを２つ，５cmを２つ，３cmを１つ積み上げ，残りの３人は15cm，11cm，3cmを１つずつ積み上げると，４人とも29cmとなり，このときが最も高くなります。

問3 （70点 (1)－20点，(2)ア－20点，イ－30点）

(1) ④

解き方

A…たんぱく質は主に体をつくる働きをします。

B…170 × 0.21 = 35.7，210 × 0.17 = 35.7
より，同じなので正しい。

C…450 × 10000 ÷ 100 = 45000より，5000L
より多いので誤りです。（10kg = 10000 g）

D…［会話文］の14行目，15行目のじろうさん
の発言より正しい。

E…11 ÷ 3 = 3.66…より，4倍以下です。

よって，正しいのはBとDです。

(2)ア ② イ ④

解き方

ア 含まれるたんぱく質の合計は，

30 × 0.21 + 35 × 0.15 = 6.3 + 5.25 =
11.55 g

11.55 ÷ 55 × 100 = 21より，21%です。

イ あ…60 ÷ 0.15 = 400

い…300 ÷ 100 × 2060 = 6180

う…400 ÷ 100 × 250 = 1000

6180 ÷ 1000 = 6.18 倍

問4 （80点 (1)ア－20点，イ－30点，(2)－30点）

(1)ア ③ イ ⑦

解き方

ア カードは取られる順に，２→４→１→５となり，
３が残ります。

イ たろうさんが取ったカードは４と５なので，
その和は，4 + 5 = 9です。

(2) ②

解き方

カードはb→d→a→eの順に取られ，cの位置にあるカードが残ります。たろうさんはb，aのカードを，かなこさんはd，eのカードを取ることになり，

かなこさんが５のカードをeの位置に置き，それ以外のカードは，たろうさんが４と２と１のカード，かなこさんが３のカードをひいています。ここで，かなこさんが取るdの位置に置くカードの番号を決めて，たろうさんが勝ちとなる場合を考えると，dが２のとき，かなこさんの２枚のカードの和は7，たろうさんが３と１のカードをひいたとき，２枚のカードの和は4，cの位置に４となり偶数なので，かなこさんは7点，たろうさんは8点で，このときだけたろうさんが勝ちとなります。よって，a＝１，b＝３か，a＝３，b＝１の２通りとなります。

※かなこさんのひく１枚は５とわかっているので，もう１枚を１からあてはめて，たろうさんが勝てる方法を考えていきましょう。

問5 （40点）

わたしは，クイズ大会を提案します。提案するクイズ大会は，他学年の児童とチームを作って参加し，チームで相談してからクイズに答えることにより，交流を楽しむ大会です。

ポイント

活動の内容と，どのような場面で他学年の児童と交流することができるかを想像して，自分の言葉で説明しましょう。

適性検査Ⅱ

問1 （70点 (1)－30点 (2)－40点）

(1) ②，④，⑤

(2) ヘボン式のローマ字表記は，英語の表記に近い表記です。また，つづりから日本語の発音が導き出せるように工夫したことで，英語話者にとって，実際の音を正確に推測しやすい表記となっています。

ヒント

「どの言語の表記に近いか」「工夫」「誰にとって何をしやすい」と同じような表現を，資料から探すようにしましょう。

問2 （80点 各20点）

(1)ア ①　イ ②

解き方

ア 「畑は正方形にはしない」という条件があるので、Aを縦1m、横2mの長方形とするとき、Bは、縦1m、横7mの長方形となります。

その面積は、1×7＝7 m²

イ 畑の大小関係から、Aの畑の横の長さは最大4m、縦の長さは最大7mとなります。

この範囲で、<u>4つの畑の面積の大小関係に注意して長さを決めると</u>、Aの畑の横の長さが4m、横の長さが6mのとき、面積4×6＝24 m²、Dの畑の面積は、5×9＝45 m²

その差は、45－24＝21 m²

(2)ア ②　イ ③

解き方

ア 注意点に従って決めていくと、 あ はタマネギ、 い はジャガイモ、 う はキュウリ、 え はキャベツとなります。

イ キャベツを1、ダイコンを2、タマネギを3、ネギを4として順に並べるとき、すべての組み合わせは、1234、1243、1324、<u>1342</u>、1423、<u>1432</u>、<u>2134</u>、<u>2143</u>、2314、<u>2341</u>、2413、<u>2431</u>、3124、<u>3142</u>、3214、3241、3412、3421、4123、<u>4132</u>、4213、4231、4312、4321の24通り。これを区画ABCDの順で考えると、Bの位置に2、Cの位置に1、2がくるものは注意点からのぞかれるので、下線の8通りが残ります。

問3 （70点 (1)-20点 (2)ア-20点，イ-30点）

(1) ④

解き方

3×2＋5＝11試合

(2)ア ⑤　イ ③

解き方

［会話文2］から、3組と4組と5組、1組と2組と6組がそれぞれ同じグループだとわかります。優勝したのは1組（全試合で勝利）なので、3組と4組は

よって、もう一方の準決勝は1組と2組。5組と2組がトーナメントで対戦したのは1回戦で、また、6組は1回戦の第1試合に出場しているので、B組の1位は1組、2位は6組、3位は2組と決まります。また、他方のA組の1位は3組、2位は5組、3位は4組です。

問4 （80点 各20点）

(1)ア ③　イ ④

解き方

ア 2列目、4列目がぬりつぶされているのは4行めです。

イ 110100はCを行うと0が0個、1が2個、0が1個、1が1個、0が2個だから、02112
これにDを行うと、■は3個で奇数だから、102112となります。

(2)ア ⑤　イ ②

解き方

ア 1行め…011211、2行め…11221、3行め…0021111、4行め…011112、5行め…001212、6行め…0222より、6＋5＋7＋6＋6＋4＝34個

イ 1行め…010000
2行め…111100
3行め…010000
4行め…010110
5行め…100000
6行め…100111

よって、2列めが4個で最も多くなります。

岡山県立中学校・中等教育学校

適性検査Ⅰ

課題1

(1) スイッチの数　3　（個）

組み合わせ　エオカ（アオカも可）

解き方

　すべての電球を点灯させる場合を考えると，すべてのスイッチを入れる必要があります。そこから，電球A，Bだけを点灯させる場合にはスイッチ⑰，電球A，Cだけを点灯させる場合にはスイッチ④を切ればよいことがわかります。同様に，電球B，Cだけを点灯させる場合にはスイッチ⑦か⑨を切ればよいので，スイッチ⑦か⑨と，スイッチ⑦と⑦の3個を取り外すことができます。

(2) （電球Aは電球Bの）$\frac{3}{4}$（倍電気代がかかる。）

【新しい点灯計画】

（正答例1）

電球の種類＼点灯時間帯	17〜18時	18〜19時	19〜20時	20〜21時	21〜22時	22〜23時	合計点灯時間
電球A		○		○		○	3時間
電球B	○	○	○	○	○	○	6時間
電球C	○			○	○		3時間

（正答例2）

電球の種類＼点灯時間帯	17〜18時	18〜19時	19〜20時	20〜21時	21〜22時	22〜23時	合計点灯時間
電球A	○	○		○		○	5時間
電球B		○		○			2時間
電球C	○		○	○	○	○	5時間

ヒント

　$2.7 \div 3.6 = \frac{3}{4}$より，電球Aは電球Bの$\frac{3}{4}$倍電気代がかかります。また，$4.5 \div 3.6 = \frac{5}{4}$より，電球Cは電球Bの$\frac{3}{4}$倍電気代がかかります。ここで電球Bを1時間点灯させたときに必要な電気代を1とすると，$\frac{3}{4} + \frac{5}{4} = \frac{8}{4} = 2$より，電球Bを2時間点灯させたときの電気代と電球AとCを1時間点灯させたときの電気代の合計が等しいことがわかります。これをもとに，自治会からの追加のリクエストをふまえて新しい点灯計画を考えましょう。

課題2

(1) ものは温度が高くなると体積が大きくなり，温度が低くなると体積が小さくなる。

(2) 雨がしみこむときに小さいつぶは水といっしょに流

され，大きいつぶが残される

(3) C（の葉に対して，）でんぷんがないことを調べる。

F（の葉に対して，）でんぷんがないことを調べる。

課題3

(1) 90（円で売ればよい）

解き方

　$80 \times 100 = 8000$より，仕入れ値の合計は8000円。

$8000 - 100 \times 65 = 1500$，$1500 + 1650 = 3150$より，残りの35個を3150円で売り切ったとき利益は1650円となるから，$3150 \div 35 = 90$より，残りのパンは1個あたり90円で売ればよいです。

(2)

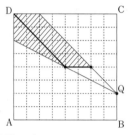

記号　ウ

説明

図2から，点Pの位置から見えなくなるゆかのはん囲⑩は台形となり，

⑩の面積は$(2 + 4) \times 4 \div 2 = 12\text{m}^2$となる。

点Qの位置から見えなくなるゆかのはん囲⑩は，図3のように三角形と平行四辺形を合わせた図形となり，

⑩の面積は$2 \times 4 \div 2 + 2 \times 4 = 12\text{m}^2$となる。

よって，⑩と⑩の面積は等しい。

ヒント

　点Dと仕切りの左はしの点を結ぶと，しゃ線の部分は三角形と平行四辺形に分けることができます。また，右図のように，底辺と高さの長さが等しい3つの三角形に分けられるので，それを利用して求めることもできます。

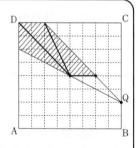

(3) （正答例1）

（レシート番号）①④⑤（から，）料金（は）重さ（に比例していることがわかる。）（なぜなら，）重さが2倍，4倍となると，それにともなってもう一方の料金も2倍，4倍となっているから。

（レシート番号）①③⑥（から，）料金（は）距離（に比例していることがわかる。）（なぜなら，）距離を x（km），料金を y（円）とすると，y の値を x の値で割った商は決まった数の 80 になっているから。

適性検査Ⅱ

課題1

(1) 「虫」で終わるもの……飛んで火にいる夏の虫，泣き虫，腹の虫　など

「虫」から始まるもの…虫がいい，虫の知らせ，虫の居所が悪い　など

(2) 考えすぎてしまういまの若い人

(3) B　まずは仕事をやってみて，続けてみること

C　始めから自分の中にあって，それが何か理解した上で生かすもの

D　仕事や出会いによって変化し，あわてて探し求めなくても自然とにじみ出る

課題2

（私は　 A 　を選びました。なぜなら，）

私はだれにでも友達と話すような話し方をしてしまうからです。例えば，授業で校長先生にインタビューしたとき，「校長先生，何が好きなん。」と言ったことがありました。担任の先生に「好きですか，でしょ。」と注意されたので，「校長先生は何が好きですか。」と言い直しました。これからは，目上の人と話をするときや授業中の発言では，「です」や「ます」をつけるなど，相手の立場や状きょうを考えた言葉を使うようにします。

課題3

(1) （地図中のアから）南に向かって約 300 m 進むと神社があるので，その交差点を西に曲がって約 100 m 進むと目的地の図書館に着く。

(2) ・資料1から読み取ったこと

森林におおわれている割合が大きいほど生息している絶めつ危ぐ魚種の数が多いことが分かる。

・資料2から読み取ったこと

森林の多い山は森林の少ない山にくらべて，川や海の生き物が必要とする栄養が多く流れ出して，多くの種類の魚がいることが分かる。

・森林が漁業にあたえるえいきょう

森林の働きによって，多くの種類の魚が生息することができるようになり，漁かく量の増加にえいきょうをあたえている。

(3) 林業で働く人の減少と高れい化の課題を解決するために，森林かん境税を林業に必要な機械を買うための補助金として使うことによって，少ない人数や高れい者でも森林の手入れがしやすくなる。

広島県立広島中学校

適性検査1

1

（仕事の分担表）

ヒント

仕事にかかる時間の総和は 15 時間なので，1 人あたり 3 時間の仕事になるように考えてみましょう。また，花子さん（A）が参加できない時間があるので，まずは花子さんの分担から決めてみましょう。

2 実験方法

氷とポリエチレン袋を用意し，氷の重さ，ポリエチレン袋に氷を入れて密封した後の全体の重さを量る。

氷を入れて密封したポリエチレン袋を冷凍庫の中に入れておく。

3 週間後にポリエチレン袋を冷凍庫からとり出し，氷を入れたポリエチレン袋の重さと，袋から取り出した氷の重さを量る。

予想が正しい場合の実験結果

3 週間後の氷を入れたポリエチレン袋の重さは変化していないが，氷の重さは小さくなっている。

考え方

氷の表面から水が水蒸気になって出ていったとすると，氷の重さは小さくなっていると予想できます。また，水が空気中に出ていったとすれば，氷と空気を合わせた重さは変わらないと予想できます。

3 旗1枚の縦の長さ（**60**）cm

　　旗1枚の横の長さ（**90**）cm

　　布と絵の具の合計金額（**2120**）円

　　（合計金額を求めた考え方）

　　布の金額は，60×2×13＝1560円

　　青の絵の具をぬる面積は，

　　60×60÷2＝1800cm^{2}より，青色の絵の具は2

　　本必要で，その金額は140×2＝280円

　　赤の絵の具をぬる面積は，

　　30×60＝1800cm^2

　　青色の絵の具と同様に2本必要なので，赤色の絵の

　　具の金額は280円

　　よって合計金額は，

　　1560＋280＋280＝2120円

ヒント

　横の長さは，縦の長さの1.5倍の長さです。どちらも整数になるように決めましょう。

4 　A　に入る言葉　容器の中の水の量

　　B　に入る言葉　容器の底から水面までの高さ

　そのように考えた理由

　　実験結果を見ると，容器の底から水面までの高さが高い容器イの方が，せんを抜いてから，容器の底から水面までの高さが0cmになるまでの時間が短いので，水の出る勢いが強いと考えられるからです。

5 　1から6までの数の和は21であり，例えば頂点Aと頂点Gに集まった3つの面に書かれた数は重ならないので，和が同じになるとすると，21÷2＝10.5だが，3つの数の和が10.5になることはないから。

適性検査2

1 　私は，「6年生全員で学校ビオトープの手入れをすること」を提案します。環境委員の取り組みだけでは不十分だった手入れを6年生全員で行えば，ビオトープの環境が整い，野生の生き物が暮らしやすくなるからです。

　　手入れは，当番を決めて学校のある日には毎日交代で行います。ビオトープに行く機会が増え，自分達で手入れをするため，ビオトープやそこに暮らす生き物への興味が深まることを期待できます。また，環境が

整えばトンボの産卵などの季節の変化を観察しやすくなり，授業以外の時間にビオトープに行く児童が増えると思います。

2 　明治時代の新政府が改めた税のしくみについて，これまでの資料1のように年貢で税を納める方法では，国の収入は米の収穫量に左右されていたが，資料2のように地券を発行し，土地の価格の3％を現金で納める地租改正によって国は安定した収入を得ることができた。日本では明治維新によって大きな変革が行われ，新政府は天皇中心の国家を目指し，外国の制度や文化を取り入れるために，資料3のような，廃藩置県や岩倉使節団の派遣，殖産興業による官営工場の建設，徴兵令などを行った。

3 　略

広島市立広島中等教育学校

適性検査1

【問題1】

〔問1〕ア

ヒント

　「タイパ」が良いとは，「時間に対する効果」がある，つまり「短い時間で高い満足度を得られる」ことです。

〔問2〕自らの経験の中で答えを見つけるまでじっと黙って待つ姿勢。

ヒント

　筆者の例や会社の例にあるように，人は「何も言わずに話を聞く」ことや，「答えを見つけられるような場をつくる」ことができます。一方，AIは「自らの経験の中で答えを見つけるまでじっと黙って待っていてはくれない」とあります。

〔問3〕イ

〔問4〕

　　私は，学習や趣味，スポーツなどにおいて，効率を求めることに賛成です。なぜなら時間は限られていて，決められた時間で学習やスポーツに取り組み，趣味を楽しむなど時間をうまく使うことが大切だと思うからです。

　　例えば学習面では，「何時まで取り組む」という目標を決めると，計画的に学習を進めることができると思い

ます。スポーツも，競技の時間や練習時間が限られてい
るものが多く，決められた時間でどのように競技や練習
をするかを考えることが大事です。また，趣味について
も，時間の使い方が上手な友達は，趣味の読書をする時
間を一日三十分と決めて楽しんでいます。効率を求める
と，計画を立てて取り組むことが上手になると思います。

【問題2】

〔問1〕　省略

〔問2〕

（1）　他の年代よりも投票率が低くなっている。

（2）　省略

〔問3〕　省略

適性検査2

【問題1】

〔問1〕　8

解き方✏

9.5 ÷ 1.2 = 7.9…より，小数第1位を四捨五入し
ておよそ8倍。

〔問2〕　イ　60　　ウ　480　　エ　27
　　　　オ　1.728　　カ　$\frac{216}{125}$

解き方✏

イ　3 × 5 × 4 = 60

ウ　（3 × 2）×（5 × 2）×（4 × 2）
　　= 6 × 10 × 8 = 480

エ　ウの解き方の二重線部より，すべての長さが3
　　倍になると，体積は，3 × 3 × 3 = 27 倍にな
　　ります。

オ　1.2 × 1.2 × 1.2 = 1.728

カ　$\frac{6}{5} × \frac{6}{5} × \frac{6}{5} = \frac{216}{125}$

〔問3〕　お得なのは　ビッグサイズ　のほう
　　理由
　　　　13.75 ÷ 11 = 1.25 より，ビッグサイズの高さは
　　　　普通サイズの 1.25 倍
　　　　8.75 ÷ 7 = 1.25 より，ビッグサイズの直径は普
　　　　通サイズの 1.25 倍
　　　　1.25 × 1.25 × 1.25 = 1.953125 より，
　　　　ビッグサイズの体積は普通サイズのおよそ2倍。

また，300 ÷ 160 = 1.875 より，ビッグサイズの
値段は普通サイズのおよそ 1.9 倍。

値段の 1.9 倍よりも体積の2倍の方が大きいので，
ビッグサイズはお得だといえます。

【問題2】

〔問1〕　あ　68　　　　い　9600
　　　　う　30200　　え　200

解き方✏

あ　116 − 48 = 68 人

い　200 × 48 = 9600 円

う　500 × 1 + 300 × 67 + 9600 = 30200

え　大人1人と中学生1人の差額の分だけ多くな
　　るから，500 − 300 = 200

〔問2〕A　中学生　　B　大人

〔問3〕　38（人）

解き方✏

　う　から，68 人全員が中学生のとき 30000 円
36000 − 30000 = 6000，　え　から，大人が1人
増えると入場料の合計金額は 200 円増えるから，
6000 ÷ 200 = 30 より，大人は 68 人全員が中学生
だったときよりも 30 人多い。よって中学生の人数は，
68 − 30 = 38 人となります。

〔問4〕　108 人がすべて小学生だった場合，入場料の
　　　　合計は 21600 円となります。大人と小学生の入
　　　　場料の差は 300 円で，31100 円と 21600 円
　　　　の差額 9500 円は 300 円でわることができない

ヒント✏

問1から問3までの解き方をもとに考えましょう。

【問題3】

〔問1〕　水温が低い

ヒント✏

実験2と実験4の条件を比較すると，実験2の方
が水温が低く，あまり発芽していないことが読みとれ
ます。

〔問2〕　実験3　と実験4（実験7と実験8）

ヒント✏

空気のありなし以外の条件が同じ実験どうしを比べ
ることで種の発芽に空気が必要であることを示すこと

－ 27 －

ができます。

〔問3〕 **イ レタス ウ ダイズ エ 光**

ヒント

　実験4と実験8の結果を比べると，光をあてないレタスの種は発芽の割合が小さくなっているのに対してダイズは発芽の割合が変わっていないことから，ダイズの発芽には光が必要ではないことがわかります。

〔問4〕 **肥料がない状態でダイズがどれくらい成長するのかを調べることで，肥料がある状態とのちがいを調べることができるから。**

【問題4】

〔問1〕 ① **17**　　② **16**

　　　　③ **14960**　　④ **935**

解き方

　秒速20mで進む救急車が340m移動するのにかかる時間は，340 ÷ 20 ＝ 17秒　サイレンの音が聞こえるまでには1秒かかるので，サイレンの音を聞く時間は17 － 1 ＝ 16秒間です。また，17秒間にサイレンが発生させたふるえの回数は

　880 × 17 ＝ 14960回なので，いちとさんが16秒間に聞くサイレンの音の空気のふるえの平均は14960 ÷ 16 ＝ 935Hzになります。

〔問2〕 **救急車が340m離れた地点まで移動するために必要な時間は17秒間。いちとさんが340m離れた地点を通過するときに救急車から出たサイレンの音を聞くのは，さらにその1秒後なので，いちとさんは，17 ＋ 1 ＝ 18（秒間）サイレンの音を聞くことになります。**

　　　　　　　　　　　　　　　　18秒間

〔問3〕 **831**（Hz）

解き方

　いちとさんは，救急車が17秒間に出したサイレンの音を18秒間で聞くので，いちとさんが聞く音の振動数は，14960 ÷ 18 ＝ 831.1…　およそ831Hzになります。

福山市立福山中学校

検査1

問題1

設定した空の貯金箱の重さ　100グラム

50円硬貨の枚数　20枚，100円硬貨の枚数　50枚

合計金額　6000円

理由　空の貯金箱の重さを100グラムに設定すると，硬貨の重さの合計は320グラム。硬貨の重さの合計が整数になるように考えると，4.8 × 5 ＝ 24より，100円硬貨5枚の重さは24 g　100円硬貨の重さの合計を240グラムとすると，100円硬貨の枚数は240 ÷ 24 × 5 ＝ 50（枚）50円硬貨の枚数は80 ÷ 4 ＝ 20（枚）合計金額は，100 × 50 ＋ 50 × 20 ＝ 6000（円）3500円をこえているので，条件にあう。

ヒント

　100円硬貨の1枚の重さだけが小数の値なので，重さの合計が整数値になる枚数を考えたほうが組み合わせを考えやすくなります。正答例のように，4と24は4の倍数なので，硬貨の重さの合計が4の倍数となるように設定してみましょう。

問題2

条件　紙コップ・細いタコ糸・2m

理由　紙コップ・太いタコ糸・3mで作った糸電話の空気のふるえの大きさの平均は6くらいなので，資料3から空気のふるえの大きさの平均が13以上になる糸電話の条件のうち，1つの条件だけが同じものを選べばよいから。

問題3

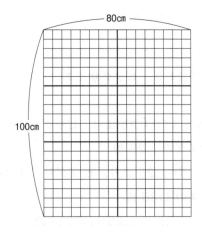

理由　今使っている箱の体積は，

　　　30 × 45 × 25 = 33750（cm³）

　　　新しくつくる箱の体積は，

　　　40 × 40 × 30 = 48000（cm³）

　　　となり，今使っている箱よりも体積が大きくなる

　　　から。

問題4

選んだ資料　4

〔資料からわかること〕

　不要になった衣料品の約7割がごみとして処分され，再利用はほとんどされていない。

〔関連づけてわかること〕

　世界の人々の多くは安全な水を様々な用途で使っており，特にTシャツを作る際に多くの水を使っている。それにもかかわらず，不要になった衣料品の約7割がごみとして捨てられるので，安全に使える水を無駄遣いしている可能性がある。

問題5

| A | ⇒ | D | ⇒ | H | ⇒ | I | ⇒ | J | ⇒ | F | ⇒ | B | ⇒ | F | ⇒ | J | ⇒ | G | ⇒ | J |

| A | ⇒ | D | ⇒ | E | ⇒ | B | ⇒ | F | ⇒ | J | ⇒ | G | ⇒ | J |

ヒント②

　問題用紙のマス目をもとに考えていくと，上のマスは移動だけで10秒かかるので，荷物をのせて移動する時間は18秒，下のマスは移動だけで7秒かかるので，荷物をのせて移動する時間は21秒となります。

検査2

問題1

①　自分にない何かが相手にはあることを理解し，その違いをお互いにリスペクトすることで，自己肯定感を高めあうことができる

ヒント②

　筆者は，「自分にない何かが相手にはある」こと，「相手にない何かが自分にはある」ことについて，「お互いにリスペクトしている」と述べています。そして，「リスペクトしてくれているに違いないと思う」と，「自己肯定感が高ま」ると考えています。

②　私はこれからの中学校生活で，自分との共通点が少ない人とも積極的に話すことができるようにがんばっていきたいと思います。

　小学校生活で私は，共通のしゅ味を持つ人や住んでいる地域が同じ人と仲良くしており，そうでない人とはあまり話をしていませんでした。しかし，中学校には別の地域から入学してくる人も多く，自分との共通点だけではなく，相違点に目を向けて友達づくりをすることが大事だと思います。そこで私は，同じクラスや部活動に所属する人に自分から話しかけ，相手が好きなことについて聞き，相手のことを知るようにしたいと思います。そして，自分とはちがう考え方であってもそれを認め合えるような関係を築きたいです。

問題2

記号　A

記事　「災害に強いまち」とは，今後発生が予想される地震や水害などの災害から町を守り，被害を最小限に止めることができるまちのことです。災害からまちを守るために，福山市では整備を行っています。浸水対策として，河川の樹木の伐採，土砂の撤去，排水ポンプ場や貯水施設の整備を行っています。また，災害時にはトイレを使えなくなることが多く，体調不良につながりやすいです。トイレが確保できるかどうかは命にかかわるため，福山市ではくみ取りが不要で衛生的なマンホールトイレの整備を進めており，現在は六十八基を整備しています。

徳島県立中学校・中等教育学校

検査Ⅰ
課題１
（問１）　ウ

（問２）　イ　オ

（問３）　エ

（問４）　ウ

課題２
（問１）　イ

（問２）　エ

（問３）　**自由**

（問４）　はじめの５字　**そうした限**

　　　　おわりの５字　**が読書だ。**

（問５）　**想像力を全開にして読んだ**

（問６）　**これまでに記おくの中にちく積されているさま**
　　　　ざまな知識や出来事や思いが連想される（ことが，）

（問７）　ア

（問８）　イ

課題３
（問１）　ア

（問２）　エ

（問３）　**いねからもみをとる場面**

（問４）　グラフ　**B**

　　　　船で輸送する長所

　　　　半導体等電子部品などの小さくて軽いものを運
んでいる航空機に対して，船は，乗用車などの重
い荷物を一度に多く運ぶことができる。

（問５）　**原料や製品を船で運びやすいから。**

（問６）　**税金を納める義務**

　　　　子どもに教育を受けさせる義務

（問７）　**ウ→ア→エ→イ**

（問８）　**生産額や従業員数が減ってきていることから，**
　　　　社会のニーズを見通した，新たな「ものづくり」
　　　　をして，その製品を消費者に買ってもらうこと
　　　　で，生産額を増やすとともに、伝統的な技術を受
　　　　けつぐあとつぎの確保につなげていきたいという
　　　　思い。

資料5から，生産額と従業員数が年々減っており，資料6から，後継者不足や職人の高齢化が読み取れます。よって，それらの現状の問題を解決するために，職人さんたちが新たな「ものづくり」に取り組んでいると考えられます。

課題4　私は，長なわとびがよいと思います。なぜなら，一体感を味わうことができるからです。同じチームの仲間が，かけ声をかけて協力したり，いっしょに回数を数えたりして一体感が生まれ，仲良く楽しめます。さらに，長なわとびは，なわ一本でできるので，準備が簡単で，気軽に取り組むことができます。

　中には，長なわとびが苦手な人もいると思います。そこで，苦手な人も楽しんで参加できるように，ルールをくふうしたらよいと思います。例えば，とぶのが苦手な人は，なわをとばないで下をくぐってもよいとすれば，安心して参加することができます。だれもが参加しやすいルールにすると，みんなで仲良く楽しむことができると思います。

「折り紙遊び」を選んだ場合には，「くわしい折り方がわからない」人たちに，折り方がわかるような見本を準備したり，グループの中で教え合いをしたりすることで参加しやすくなるという内容を書きましょう。

検査Ⅱ
課題1
（問1）　**10.5**（倍）

$2100 \div 200 = 10.5$ 倍

（問2）　①　**12**（cm²）

図の三角柱の底面は，底辺が6cm，高さが4cmの三角形だから，$6 \times 4 \div 2 = 12cm^2$

　　　②　**サラダ油**（の量を）**5**（mL増やせばよかった。）

酢30mLを使用したときに混ぜるサラダ油の量は，$30 : \square = 2 : 3$ より，$\square = 30 \times \dfrac{3}{2} = 45mL$
$45 - 40 = 5$ より，サラダ油が5mL不足しています。

（問3）　①　**8150以上8249以下**

十の位を四捨五入して8200になる数のはん囲を求めましょう。

　　　②　**0.6**（本）

各年度の出場した試合数の合計とヒットの本数の合計を求めると，試合数は，$5 + 10 + 15 = 30$ 試合
ヒットの本数の合計は，
$5 \times 0.4 + 10 \times 0.4 + 15 \times 0.8$
$= 2 + 4 + 12 = 18$ 本
よって平均は，$18 \div 30 = 0.6$ 本
※各年度の平均の合計を3で割らないように注意。

（問4）　**24**（才）

未来日記が今から$\square$年後のものだとすると，そのときの年れいは，$\square$を使って，
$(12 + \square) \times 3 = 60 + \square$，$36 + 3 \times \square = 60 + \square$
$3 \times \square - \square = 60 - 36$，$2 \times \square = 24$，$\square = 12$
未来日記のたけしさんの年れいは，$12 + 12 = 24$ 才

課題2
（問1）　脈はく

（問2）　あ　イ
　　　い　心臓から肺に送られた血液は，肺で二酸化炭素を出し，酸素を受け取る（からです。）

（問3）　ウ

（問4）　**6912**（L）

1日は$24 \times 60 = 1440$分で，1回のはく動で60mL $= 0.06$Lの血液が送り出されるので，心臓が1日に送り出す血液の量は，
$1440 \times 80 \times 0.06 = 6912$L

（問5）　**2つ以上の条件を同時に変えると，どの条件が結果に関係しているかわからなくなる**（からです。）

（問6）　**4**（倍）

（問7）　（記号）**イ**

（1本目のくぎから真下に）**10**（cm）

考え方

　2本目のくぎを1本目のくぎの真下に打っているので，1往復する時間が，長い方のふりこの半分の時間と短い方のふりこの半分の時間になるふりこをつくることができます。実験結果から，アとイのふりこの1往復する時間の和が0.9＋1.1＝2.0秒になるので，1往復する時間が1.0秒になるふりこをつくることができます。よって，2本目のくぎの位置は，ふりこの長さが20cmになるように，1本目のくぎから真下に10cmのところに打ちます。

（問8）　（メトロノームのおもりを）**上**（に移動させる。）

［理由］

［実験結果］から，ふりこの長さが長いほどふりこの1往復する時間は長くなっていることがわかる。おもりを上に動かすと支える点からの長さが長くなり，1往復する時間は長くなるから。

課題3

（問1）　**正しくない**

［理由］

1・2・3年生で的当てと書いた人数は
200×0.22＝44で，44人
4・5・6年生で的当てと書いた人数は
240×0.2＝48で，48人になり，1・2・3年生で的当てと書いた人数より4・5・6年生で的当てと書いた人数のほうが多いから。

考え方

　割合だけ比べると1・2・3年生の方が大きいですが，人数がことなるので，それぞれの人数をもとに計算して人数を求めましょう。

（問2）　**2**（cm）

解き方

　4すみに取れる正方形の1辺の最大の長さは5cm
1cmから5cmまでの，箱の容積を求めると，下の表のようになるので，2cmのときが容積は最も大きくなります。

辺の長さ（cm）	1	2	3	4	5
容積（cm³）	180	256	252	192	100

（問3）　**33**（分）**36**（秒）

解き方

　1分12秒＝72秒，48×3＝144，72×2＝144より，折りづるをさとるさんが3個，ゆうきさんが2個つくるのにかかる時間はどちらも144秒なので，144秒で3＋2＝5個の折りづるをつくることになります。
よって，70÷5＝14，144×14＝2016秒
2016秒＝33分36秒

（問4）

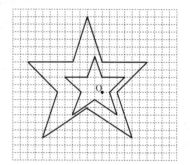

ヒント

　点Oと，星のマークの頂点が方眼の目と重なっている点の2点を通り，長さが2倍になるように拡大図の頂点をとっていきましょう。

（問5）　**4**（分）

［考え方］

　グラフより，1分間に印刷できる枚数は，印刷機Aが50枚，印刷機Bが40枚である。
実際に印刷にかかった時間は，
印刷機Aで4分間印刷した枚数が50×4＝200で，200枚だから，残りの枚数を印刷機Bで印刷するには（480－200）÷40＝7で，7分かかり，とちゅうでいろいろとためした5分間もあわせると，4＋5＋7＝16で，16分となる。

はじめから印刷機Bを使うと印刷にかかる時間は 480 ÷ 40 = 12 で，12 分だから 16 − 12 = 4

よって，4分短くなる。

ヒント

まず，印刷機A，Bが1分間に印刷できる枚数をグラフから求めてみましょう。

(問6) ① あ　5　　い　3
　　　　　う　5　　え　1

解き方

円の半径を小さい方から順に1，2，3とすると，面積は，小さい方から，1 × 1 × 3.14 = $\underline{1}$ × 3.14，
2 × 2 × 3.14 = $\underline{4}$ × 3.14，3 × 3 × 3.14 = $\underline{9}$ × 3.14
と表せます。

10点の部分の面積は，
$\underline{9}$ × 3.14 − $\underline{4}$ × 3.14 = $\underline{5}$ × 3.14

20点の部分の面積は，
$\underline{4}$ × 3.14 − $\underline{1}$ × 3.14 = $\underline{3}$ × 3.14

□ × 3.14 の □ の部分が面積の比となるから，
あ：い = 5：3　う：え = 5：1

② 5（回）

解き方

しおりさんがあと10回投げたときの内わけは，30点が5回，20点が2回，10点が1回，0点が2回となり得点の合計は，30 × 5 + 20 × 2 + 10 × 1 = 200点となります。それまでにしおりさんが40点多いので，みつるさんが10回投げて，200 + 40 = 240点をこえる得点をとる必要があります。

ここで，30点の回数を8，7，6，5と減らしていったときに240点をこえられるかどうかを表で調べると，4回のときは残りの6回が20点に当たっても合計得点が240点で，上回ることができません。よって，少なくとも5回当てなければいけません。

30点	8	7	6	5	4
20点	0	2	3	5	6
10点	1	0	1	0	0
0点	1	1	0	0	0
合計	250	250	250	250	240

愛媛県立中等教育学校

1

(1) 白米　少量

(2) ア　周りにいる人を明るく

ヒント

太陽の「明るい光を放っていて」が，田中さんの「明るい性格」を例えています。「空を明るくする」ことが田中さんのどのようなところを表しているかを考えましょう。

(3) イ　図書館は（ 遊園地 ）だ。
　　理由　図書館と（ 遊園地 ）の，
　　　　〔多くの種類のものがあって，楽しめる〕
　　ところが似ているから。

2

(1) ア　10　　イ　4

(2) ウ　144

解き方

図1の方法で考えると，白い碁石は，黒い碁石よりも縦横に4個ずつ少ないから，16 × 16 = 256個ある。

よって，20 × 20 − 256 = 144個

図2の方法で考えると，1つのわくの中に黒い碁石は，18 × 2 = 36個あり，わくが4つあるので，36 × 4 = 144個となります。

(3) （ 288 ）個

解き方

図2と同じように，外がわの黒い碁石を4つのわくで囲むと，104 ÷ 4 = 26 より，外がわには27個の碁石が縦横に並んでいることになります。

今度は図2と同じ方法で，24 × 3となるように黒い碁石を4つのわくで囲むと，24 × 3 × 4 = 288 より，黒い碁石の個数は288個となります。

3

(1) ウ

解き方

ウ…2012年の日用品雑貨販売機の台数の全体にしめる割合は16.8％。2022年は5.1％であるので3分の1以下です。

(2)　あ　**人**がたくさん集まる

(3)　**エネルギー**を無だなく使える。

4

(1)　ア　**58**

(2)　（　**11.1**　）cm³

解き方

　　銅の1cm³当たりの重さは9.0gなので，100gの
ときの体積は，1×$\frac{100}{9}$＝11.11…　よって，11.1cm³

(3)　イ　**王かんと同じ重さ**　　ウ　**王かん**

考え方

　　金と銀では，銀の方が1cm³当たりの重さが軽いの
で，同じ重さでは銀の方が体積は大きくなります。王
かんに銀が混ざっていると金のかたまりよりも体積が
大きくなるので，王かんの方があふれた水の体積が大
きくなります。

5

(1)　ウ

ヒント

　　4点A，G，H，Bを結んでできる四角形は，辺の
長さが2cmと1cmの長方形です。

(2)　あ　B, D, H, F

ヒント

　　4点A，G，I，Cを結んでできる四角形は，辺の
長さが2cmの正方形で，面積は4cm²です。できる正
方形の面積はその半分です。

(3)　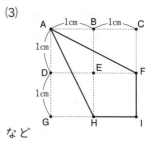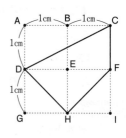
など

(4)　四角形

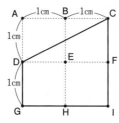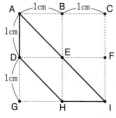

面積　（　**3**　）cm²　面積　（　**1.5**　）cm²など

6

(1)　あ　ア

ヒント

　　「火山」，「地熱発電」ということばから考えてみま
しょう。

(2)　とら　ウ　　いぬ　サ

(3)　〔**地域の名所や特産品などを全国に広める**〕
　　ことを目的として導入された。

(4)　資料6　休養日を取り入れてゆとりのある日程にす
　　　　　　ること。

　　　資料7　クーリングタイムを取り入れて試合中に休
　　　　　　息をとること。

ヒント

　　それぞれの資料から，暑い時期にプレーする選手に
対して，どのような配慮がなされているか読み取って
みましょう。

福岡県立中学校・中等教育学校

適性検査 I

1

問1　水は空気に比べて，温度変化による体積の変化が小さいから，水の量を増やして空気の量を減らすと，ストロー内の水面が上がる幅を小さくできるんだよ。

問2　支点　C　　方法　ウ

　　　理由　支点から作用点までのきょりが短い方が小さい力でものを持ち上げることができるから。

2

問1

【地域発見フィールドワーク計画書】			
回る順番	場所	場所で過ごす時間	次の場所への出発時間
	駅前公園		9：00
1	農園	45　分間	9：51
2	歴史博物館	40　分間	10：36
3	お城	48　分間	11：32
4	木工所	60　分間	12：37
	みんなの森		

考え方

　フィールドワークに使える時間は，9時から12時45分までなので，3時間45分＝225分。

　そのうち，必ず立ち寄る木工所，お城での体験活動の時間をひくと，225 − 60 − 30 ＝ 135（分），また，残り2つの体験活動の時間の合計は85分または90分使うことになります。これらの時間をのぞくと，残りの時間は45分または50分。この時間から移動時間をひいたものが，お城の中を見学する時間となります。お城と木工所は連続して行くと移動時間がかからないので，残りの2つをどのように選ぶか考えましょう。

問2

(1)　　6　まいずつ

解き方

　図2の小さな正六角形の辺，対角線の延長線をひくと，右図のように，小さな正六角形のまわりにアが18まい並びます。しきつめるアとイのまい数は同数で，イはアを2まい並べたものだから，ア，イのまい数を□まいとする

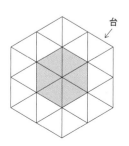

と，□＋□×2 ＝ 18 が成り立ちます。

　　□×3 ＝ 18，□ ＝ 18÷3 ＝ 6 より，しきつめるまい数は6まいずつです。

(2)　（例）

ヒント

　まず対称の軸を決めて，対称な図形になるように8枚色をぬってみましょう。

適性検査 II・作文

3

問1(1)　賞味期限を過ぎた商品は，捨てることにしているお店が多くて，コンビニエンスストアなどでは，手前の方に賞味期限までの期間が短い商品が置かれ，奥の方に新しく仕入れた商品が置かれているから，手前にある商品を取ることで，捨てられる商品を減らすことにつながるね。

ヒント

　資料2から，賞味期限を過ぎた商品のとりあつかいについて読み取り，資料3から，お店での商品の並べ方に賞味期限がどのように関係しているか考えてみましょう。

(2)　2020年度から2021年度の1年間に減った量に着目すると，3万トンしか減っていないから，同じペースで減っていくと考えれば，2030年度には217万トンになり，目標にとどかないからだよ。

問2　私は，地球のかん境を守ることにつながるから，食品ロスを減らしていくことが大切だと思います。家庭の食品ロスの量が減ることでごみが減り，ごみを燃やす時の二酸化炭素のはい出量も減らすことができます。食品ロスを減らすためには，私たち一

人一人が意識をもち，行動を起こす必要があります。まず，買い物のときには必要以上の量を買わず，賞味期限や消費期限を守り，食品を無だにしないようにすることが大切です。また，スーパーマーケットやコンビニエンスストアで食品ロスを減らそうと行っている「てまえどり」などの取り組みを支えんし，ＳＮＳやインターネットを通して広めることが，消費者としての意識の向上につながると思います。食品ロスのさく減は，地球のかん境を守るうえで大事な取り組みだと思います。少しの工夫や意識の変化で食品ロスを減らすことができると思うので，日々の生活の中で自分たちにできることに取り組んでいきたいと思います。

適性検査Ⅰ

1 （15点 (1)－5点，(2)－4点，(3)－6点）

(1) 有明遺跡やはがくれ城との距離が遠い

(2) イ 訪問する人数

ウ 取材の方法 （順不同）

(3) 質問に優先順位をつけておく

2 （16点 (1)－4点，(2)，(3)－各6点）

(1) ①，③

(2) 記号 Ａ（Ｂ）

理由 思いついたことの関係性が一目で分かる

（思いついた内容が見やすい）

(3) しょうかいする物の写真をいっしょに提示する

ヒント

相手に何かを伝えるときに，どのようにくふうすれば相手に伝わりやすくなるかを考えましょう。

3 （19点 (1)－4点，(2)－7点，(3)－8点）

(1) 2012年と2022年を比べると，10代から60代すべての年代でテレビの平均利用時間は減少しており，インターネットの平均利用時間は増加している。

(2) スマートフォンなどでインターネットを使用する時間や，使用するサイト，アプリを制限するルールが必要だと考えます。なぜなら，使用する時間やサイト，アプリを制限することで，日常生活に支障をきたさず，不正アクセスなどのトラブルが起きる可能性を減らせるからです。

(3) ア 私たちが興味のある情報を自動的に選んで表示する（23字）

イ 新聞やニュースなどからも情報を得る（17字）

適性検査Ⅱ

1 （18点 (1)－6点, (2)－4点, (3)－8点）

(1)

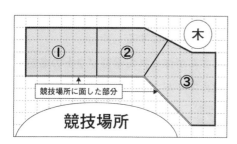

考え方

　下の図のように, 応えんできる場所の面積を, ア, イ, ウの3つに分けて求めると,

　　$4 × 10 ＋ (4 ＋ 6) × 4 ÷ 2 ＋ 6 × 2 ＝ 72$

また, 1組, 2組, 3組の保護者の人数の比は,

$18 : 15 : 21 ＝ 6 : 5 : 7$ です。

　広さは人数に応じて決めるので,

1組は, $72 × \dfrac{6}{6 ＋ 5 ＋ 7} ＝ 72 × \dfrac{6}{18} ＝ 24$

2組は, $72 × \dfrac{5}{18} ＝ 20$

3組は, $72 × \dfrac{7}{18} ＝ 28$

図のイの部分をどのようにわけるか考えましょう。

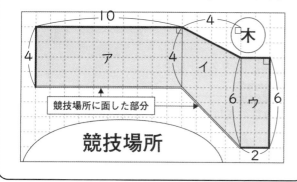

(2) 日本の天気は雲の動きにつれて西から東に変わるという特ちょうがあり, 夕焼けが出ているということは, 西の空に雲がなく晴れていることがわかるから。

(3)

説明　$8 ÷ 0.8 ＝ 10$ より, まちがえて塩を【表】の分量の10倍入れたことになるので, 水と砂糖も【表】の分量の10倍入れるとよい。

　　増やす水の量は, $200 × 10 ＝ 2000$, すでに200 g 入っているので, $2000 － 200 ＝ 1800$ g

　　増やす砂糖の量は, $8 × 10 ＝ 80$, すでに0.8 g 入っているので, $80 － 0.8 ＝ 79.2$ g

水を（1800）g, 砂糖を（79.2）g 増やせばよい

2 （13点 (1)－8点, (2)－5点）

(1)

説明　スマートフォンでさつえいした場所から花火までのきょりは, $340 × 2 ＝ 680$ より, 680 m

　　$680 ÷ 0.2 ＝ 3400$ より, スマートフォンでさつえいした場所から花火までのきょりは, 卓球のボールとスマートフォンのきょりの3400倍ある。さつえいした花火と卓球のボールの大きさが同じだから, 花火の大きさは, 卓球のボールの大きさの3400倍となる。よって, 花火の大きさは,

　　$0.04 × 3400 ＝ 136$ より, 約140 m

　　さつえいした実際の大きさは, 直径約（140）m

(2) 1回目　パー　2回目　パー　3回目　グー

　　1回目　グー　2回目　チョキー　3回目　グー

　　など。

ヒント

　スタート地点から1マスしか進んでいないので, 3回のうち, 同じマスにもどる移動をしたと考えられます。

3 （19点 (1)－8点, (2)－5点, (3)－6点）

(1)

説明　そらさんが1周にかかる時間は,

　　$1000 ÷ 10 ＝ 100$, $700 ÷ 100 ＝ 7$分

　　お兄さんが1周にかかる時間は,

　　$1000 ÷ 4 ＝ 250$, $1500 ÷ 250 ＝ 6$分

　　$7 － 6 ＝ 1$, 1分＝60秒より,

　　そらさんが先にスタートし, お兄さんは60秒後にスタートすればよい。

(2) ア　6 : 13

　　イ　日の出の時刻は, 1年のうちで6月の今ごろが1番早いとあり, 表から日の出の時刻が1番早い「5 : 11」が6月1日だとわかるから。

(3) ウ　（7月）26（日）

　　エ　日の直接あたらない暗い場所など, 発芽に適した温度で育てればよい。

ヒント

　10月5日が71日目から77日目の間になるように, ヒマワリの種をまく日を決めましょう。

適性検査

1 (37点 問題1，問題4－各6点，問題2－各4点，問題3－3点，問題5ア－5点，イ－3点，ウ－6点)

問題1　16（人）

解き方

　第1回，第5回の参加人数を□人と表すと，

第2回は，□＋3（人）

第3回は，□＋3＋3＝□＋6（人）

第4回は，□＋6＋5＝□＋11（人）と表すことが出来ます。5年間の参加人数の平均から，5年間の参加人数の合計は，20×5＝100（人）で，これを□を用いて表すと，

□＋□＋3＋□＋6＋□＋11＋□＝□×5＋20（人）

となります。□×5＋20＝100だから，

□×5＝80，□＝80÷5＝16より16人です。

問題2ア　題字を大きくした

　　　イ　日時などの情報をかじょう書きにした

問題3　④

ポイント

　川が曲がっている部分では，外側の方が流れが速くなり，内側の方が流れが遅くなります。水の流れが速いほどしん食のはたらきが大きくなるので，川岸や底がけずられます。

問題4　内側は流れがゆるやかで，運ぱんされてきたすなや土などがたい積する

問題5ア　川をわたることになる

　　　イ　②

　　　ウ　土砂災害警戒区域の近くや浸水する可能性がある避難経路を通らない

ポイント

　避難所①，④に行くためには，川をわたる必要があります。避難所③に行くためには，浸水する可能性がある場所を通る必要があります。

2 (37点 問題1，問題2－各5点，問題3－6点，問題4－4点，問題5－7点，問題6－10点)

問題1　あいまいな質問は答えにくいので，具体的に答えられる質問にする

問題2　北さんが作られた学習ソフトの名前を，もう一度教えてください

ヒント

　学習ソフトの名前の部分が空らんになっており，「？」が書いてあります。

問題3　意義への関心の高さにとても感心した

問題4　3（回）

解き方

　移動しない目が1回も出ずに済んだ場合，スタート位置から色のついた面までの3マス移動すれば最短でゴールできます。

問題5　ボードを上から見た図

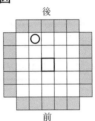

※□はスタート地点

解き方

　3の目の裏は4なので，後ろに1マス移動→3が上の面にあるので移動しない→2の目のウラは5なので，左に1マス移動→1回目の移動後，1の面は後ろからみた面に見えるので，後ろに移動。

問題6　5 →（1）→（3）→（6）→ 4

　　　　5 →（3）→（2）→（1）→ 4

ヒント

　最初が5，その位置から4回でゴールできる道順は3通りあります。そのうち，最後に4が表示されてゴールできる方法を2通りあげましょう。

3 (25点 問題1－5点，問題2－6点，問題3－各4点，問題4－6点)

問題1　太陽の光を取りこむ

問題2　停電しても走行できるようにする

問題3ア　反しゃ鏡の向きを変える

　　　イ　対物レンズを高い倍率のものにかえる

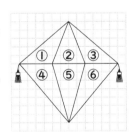

ポイント

けんび鏡で，小さいものを細かく確認する場合は，対物レンズを倍率の高いものに変える必要があり，視野を明るくするためには，反しゃ鏡で光が多く入るようにする必要があります。

問題4　風によって運ばれる

4（31点　問題1，問題3－各4点，問題2－7点，問題4－6点，問題5－10点）

問題1　資げんが少ない

問題2　34717（km）

解き方

4166÷0.12＝34716.6…より，約34717km

問題3　赤と青がとなり合わないようにすることで，となりの色どうしが混ざらず色つけできるから。

問題4　真ん中を白にすると，左上から順に赤，白，青か，青，白，赤の2種類の縞模様しかできないので，三人のうち二人は必ず同じ縞模様になってしまうから。

問題5　三角形は，底辺の長さと高さが等しければ，面積も等しくなる。図のように直線をひくと，底辺の長さと高さの等しい三角形①，②，③の面積は等しくなる。同じように，三角形④，⑤，⑥の面積も等しくなるので，三角形①と④，②と⑤，③と⑥を合わせた面積は等しくなる。だから，色分けした部分のそれぞれの面積が同じになる。

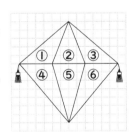

熊本県立中学校

適性検査Ⅰ

1（10点　問題1，問題2－各2点，問題3－6点）

問題1　ウ

ヒント

「I play the piano.」→ピアノを弾く
「I don't play the guitar.」→ギターを弾かない

問題2　ウ　→　ア　→　エ

ヒント

lake：湖　　mountain：山　　fishing：釣り
camping：キャンプ

問題3　（　4　）班

選んだ理由（日本語で）

ジョン先生は，祭りで，たこ焼きを食べたい，音楽を楽しみたい，花火を見たいと言っているから。

ヒント

festival：祭り　　music：音楽　　firework：花火

2（35点　問題1－各2点，問題2－各3点，問題3－10点，問題4－15点）

問題1　A　野菜　　　B　備え

問題2　双葉を閉じている　形
　　　　双葉の部分を垂らした　形

ポイント

「双葉」という言葉を必ず使い，「形」につながるように書きましょう。

問題3　胚乳がなく，種子の中につまった双葉をエネルギータンクとしている。また，それを体内に内蔵して，そのエネルギーを使って成長している。

ポイント

前に書かれてあるイネの文章にならって「～をエネルギータンクとしている。また，～成長している。」という形で書きましょう。

問題4　私は，アサガオの成長を毎日観察し，観察日記を書いた経験があります。アサガオはモヤシとはちがい，芽が出たらすぐにふた葉を広げました。時間と共に変化していくアサガオの姿を通して，

私は植物が生きていることを実感しました。いつも習い事や宿題で時間がなく，あまり自然に目を向けることがなかった私にとって，アサガオの観察は自然を感じることのできるいい機会となりました。

3 （35点　問題1(1)－3点，(2)－7点，(3)県名－2点，出荷の特ちょう－4点，理由－5点，問題2(1)－10点，(2)－4点）

問題1(1)（　5　）月

(2)　熊本県からの4月の出荷量が多い市場　東京

理由

　熊本県からの4月の出荷量は，東京が約2000トン，大阪が約1000トンだから。

(3)　県名

　鳥取県，　山形県

出荷の特ちょう

　それらの県から近い市場により多く出荷している。

理由

・輸送費が安いから。

・より新鮮なすいかを届けることができるから。

ポイント

　出荷先が近いことによる生産者のメリットを考えてみましょう。

問題2(1)　種まき・苗づくりと田植えには多くの労働時間が必要だが，種もみのじかまきを行うことで，これらのことが一度に行え，さらに種もみのじかまきの労働時間が短い。このことから，種もみのじかまきを行うことで，労働時間の短縮（作業の効率化）ができることが良い点である。

(2)　①　イ　　②　オ　　③　イ　　④　カ

　　⑤　イ　　⑥　ク

（別解）

　　①　ウ　　②　カ　　③　ア　　④　オ

　　⑤　ア　　⑥　ク

解き方

　田の地図記号は「 II 」。図1から，田は縦60m，横40mとわかります。

適性検査Ⅱ

1 （40点　問題1(1)－各1点，(2)－6点，問題2(1)－5点，(2)－8点，問題3(1)－4点，(2)－5点，(3)－8点）

問題1(1)　①　×　　②　△　　③　○　　④　×

解き方

①小学生の5冊以上の割合は66.2%なので，半分より多い。

②2～4冊の割合が48.9%であるが，2冊の割合が16.3%であるかどうかはわからない。

③小学生は，$1566 \times 0.023 = 36.018$

中学生は，$922 \times 0.077 = 70.994$ より，中学生の方が多い。

④小学生は，$1566 \times 0.241 = 377.406$

中学生は，$922 \times 0.218 = 200.996$ より，中学生が小学生の約0.53倍。

(2)　表1　アンケート調査の結果　（人）

		読書が好きか		合計
		はい	いいえ	
10月に図書室で5冊以上本を借りたか	はい	35	6	41
	いいえ	49	5	54
合計		84	11	95

ヒント

　ゆうかさんの最後の会話から，「読書が好きですか」に「いいえ」と答え，「10月に図書室で5冊以上本を借りましたか」に「いいえ」と答えている人は，$11 - 6 = 5$ より，5人いることがわかります。

問題2(1)　（　25　）%

解き方

$95 \div 380 \times 100 = 25$ （%）

(2)　（　10　）%減った

求め方

10月の学校の水使用量は

$250 \times 0.95 = 237.5$ より　237.5 m³

11月の学校の水使用量は

$250 \times 0.855 = 213.75$ より

213.75 m³

10月から11月の水使用量は

237.5 － 213.75 ＝ 23.75 より　23.75

m³　減っている。これより

23.75 ÷ 237.5 ＝ 0.1 なので，10月と

比べると11月は10％減っている。

問題3(1)　（　15　）cm

解き方

図2より，水の入っている部分は三角柱だから，

45 × 30 ÷ 2 × 24 ＝ 16200（cm³）

これを水そうの底面積でわればよいから，

16200 ÷（45 × 24）＝ 16200 ÷ 1080 ＝ 15（cm）

(2)　（　2160　）cm³

解き方

(1)より，水面の高さが 15 － 13 ＝ 2（cm）下がっ

ているから，石の体積は，

1080 × 2 ＝ 2160（cm³）

(3)　（　9　）cm

求め方

石の体積は2160cm³なので，図1の水の体

積は 45 × 24 × 26 － 2160 ＝ 25920

より　25920cm³

これより，図5の水の体積は12960cm³で

あればよい。

図5の水は三角柱になっているので，

（辺BEの長さ）× 30 ÷ 2 × 24 が12960

になるとよい。

辺BEの長さは 12960 ÷ 360 ＝ 36 より

36cmなので，45 － 36 ＝ 9

したがって，AEの長さは9cmである。

2 （40点　問題1(1)－3点，(2)－4点，(3)－6点，

問題2(1)－各3点，(2)－3点，(3)－6点（①，②

完答3点），(4)－2点，(5)－各5点）

問題1(1)　リンドウは，9月から11月の間に花がさく

(2)　記号（　イ　，　カ　）

ポイント

種まき時期に9月がふくまれていること，花がさく

時期に3月がふくまれていること，草たけが30cm以

下になることの3点を満たす植物を選びましょう。

(3)　記号（　B　）（　E　）

理由

太陽は東からのぼり，南を通って西にしず

むため，建物の南側にある場所は日当たりが

良いから。

問題2(1)　（ア）　ピンセット　（イ）　水で洗う

(2)　（　青　）色リトマス紙を使用する。

使用したリトマス紙が（　赤　）色に変われ

ば酸性である。

(3)　①　イ　　②　ア　　③　イ

(4)　あわが出ている。

(5)　Ⓒでは，においで区別する。

においがするものがうすいアンモニア水であ

る。

（別解1）

二酸化炭素を入れて区別する。

二酸化炭素を入れて白くにごるものが石灰

水である。

（別解2）

熱して（水を蒸発させて）区別する。

熱して（水を蒸発させて）白い固体が残った

ものが石灰水である。

Ⓓでは，熱して（水を蒸発させて）区別する。

熱して（水を蒸発させて）つぶが出てきたも

のがミョウバンの水よう液である。

（別解1）

においで区別する。

においがするものがうすい塩酸である。

（別解2）

金属（鉄やアルミニウムなど）を入れて区別

する。

金属（鉄やアルミニウムなど）を入れてあわ

が出てきたものがうすい塩酸である。

（別解3）

温度を下げて区別する。

温度を下げてつぶが出てきたものがミョウバ

ンの水よう液である。

適性検査Ⅰ

1(1) ① 敬語（けいご）

② ウ

③ B 心（こころ）　　C ありがとう

④ イ　エ

(2) イ

ポイント

小山さんは，質問者の問いに答えたあと，文化庁のアンケートの他の質問の結果についても話しています。

2(1) わたしは「知ること」が大切だと思います。なぜなら，町田さんの言うように知らなければ，戦争の本当のおそろしさはわからないからです。わたしも戦争について知らないことが多く，よくわかっていません。これをよい機会として，戦争に関する本を読み，正しく理解したいと思います。

(2) ① A 囲まれた　　C 修復

② 目で見ることの　大切さです。

③ 半円のえんたいごうの形や，周りの緑に囲まれた広々とした様子がわかるから。

④ ウ

3(1) A 労働力を確保する

B 個人情報が流出してしまう

(2) イ　ウ

ポイント

ア…さおりさんのまちは，全国に比べて高齢者一人世帯の割合が高いです。

エ…となりまちの職場まで働きに出ているかどうかは読み取れません。

(3) エ

ポイント

さおりさんは，「災害発生時に災害専用ホームページを新たに開設」するのではなく，「適切な避難行動と災害対応ができるように備える」と述べています。

4(1) かりをしても食べ物が手に入らないことがある

(2) 米作りの道具が開発されて収かくが増えたり，高ゆか倉庫で米をたくわえたりすることによって，安定して食料が得られるようになったから。

(3) 米の収かくが増えることをいのるとき。

(4) 米作りに適した土地や他のムラがたくわえた米を手に入れようとしたから。

ポイント

Cから，米作りに適した土地を求めて住む場所を移動していること，Dから，作った米をたくわえるようになったことが読み取れ，それがどのようにBの争いにつながるか考えてみましょう。

適性検査Ⅱ

1(1) m

(2) ウ

ヒント

たとえば半径の異なる2つの円の周りを走るとき，大きい円と小さい円ではどちらが走りやすいかイメージしてみましょう。

(3) D 21 m　　E 4 度

解き方

D…$300 \div 100 = 3$，$7 \times 3 = 21$

E…【表】の6.99％が7％にもっとも近いから，角度は約4度

(4) ① F 28.67 ％　　G 16 度
　　H 2360 m

解き方

$90 - 74 = 16$より，角度は16度（G），【表】より，16度のときのかたむき具合は28.67％（F）

問題文より，山の頂上の真下までのきょりは2.36km

2.36km＝2360 m（H）

② I 677 m

説明

横のきょりが100 mのときに，高さは28.67 mだから，

横のきょりが2360 mになったときの高さは，

$28.67 \times \dfrac{2360}{100} = 676.612$

小数第一位を四しゃ五入すると，677（m）

2(1) A **1**　　B **4**　　C **2**　　D **4**

(2) E **⊘**　　F **⊙**

(3) 数字 **8**

説明

　　⑦，⑦，⑦がそれぞれ『1』『2』『4』を表す

ので，それらすべてをのばして『1＋2＋4＝7』

であるから，その次の①は，『8』を表す。

(4) **31**

解き方

　(3)の説明をもとに考えると，⑦，⑦，⑦，①がそれ

ぞれ『1』『2』『4』『8』を表すので，それらすべ

てをのばして『1＋2＋4＋8＝15』であるから，

その次の⑦は，『16』を表します。よって，⑦までを

加えた，15＋16＝31が数えられる最大の数とな

ります。

(5) さとしさん　⑦，⑦，①

　　のりこさん　⑦，⑦，①

解き方

　さとしさん…14＝2＋4＋8

　のりこさん…11＝1＋2＋8

3(1) アサガオの花は，暗くしないとさかないことを確

かめるために行った実験。

(2) 暗くする時間の長さ

ポイント

　実験結果では，暗くしなかったアサガオは花がさか

ず，暗くしたアサガオは，暗くした時間の長さに関係

なく花がさいたことから，暗くする時間の長さが関係

ないことが読みとれます。

(3) アサガオの花は，暗くし始めてから10時間で

さく。

(4) **9** 月

　理由

　　アサガオの花は，暗くし始めてから10時間で

さくので，7月よりも暗くなる時こくが早い9月

の方が，早くさくと考えたから。

4(1) ファンは，空気を送ることで船体をうき上がらせ

る役わりがあり，プロペラは，空気を後ろ向きに押

し出し，船体を前に進める役わりがある。

(2) ⑦→（⑦）→（⑦）→（⑦）→（①）→⑦

　　⑦　→　①　→　⑦　→　⑦　も可

(3) あなの大きさが大きすぎると，空気の出る量が多

くなり，あなの大きさが小さすぎると，空気の出る

量が少なくなるので，うき上がらせる力が弱くなる

と考えたから。

宮崎県立中学校・中等教育学校

適性検査Ⅰ

課題1

問い1　ア **4**　　イ **4**　　ウ **27**

　　　　エ **黒**　　オ **1**

解き方

　ア，イ…上の段，下の段に白，黒の立方体が2個

ずつあります。

　ウ，エ，オ…上の段，真ん中の段，下の段をそれぞ

れ上からみると，次の図のようになります。

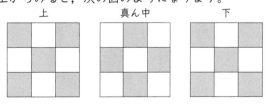

問い2　**イ**

ヒント

　右図のように，図3の

正面に見える黒い立方体

の3点を通る直線で切ら

れています。

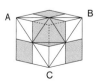

問い3　1段目　2個　2段目　1個　3段目　2個

ヒント🔑

　上の面のAは横からはGの位置にあるので，位置が決まります。また，上の面のAの位置が定まったことで，上の面のBは，正面のCの位置にあり，これも位置が決まります。同じようにして，他の球の位置を決めていきましょう。

上

Ⓐ	Ⓓ	G
Ⓑ	Ⓔ	H
Ⓒ	Ⓕ	Ⓘ

正面

Ⓐ	Ⓓ	G
B	Ⓔ	H
Ⓒ	F	Ⓘ

横

Ⓐ	Ⓓ	G
B	Ⓔ	H
Ⓒ	F	I

課題2

問い1

方法1　A班とB班の最頻値を比較してみる。

説明1　A班の最頻値は5冊，B班の最頻値は6冊で，B班の方の数値が大きいので，B班の方が本をよく読んだと言える。

方法2　A班とB班の中央値を比較してみる。

説明2　A班の中央値は7冊，B班の中央値は6冊で，A班の方の数値が大きいので，A班の方が本をよく読んだと言える。

ヒント🔑

　代表値で比べてみましょう。平均値以外の代表値として，最頻値や中央値があります。

問い2

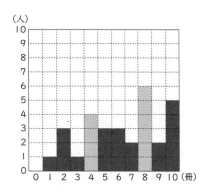

解き方✏

　グラフから4冊と8冊の人数の合計は，

30－1－3－1－3－3－2－2－5＝10より，

10人となります。また，学級全員か読んだ本の冊数とグラフから，10人が読んだ本の冊数は，

189－1－6－3－15－18－14－18－50

＝64より，64冊となります。

　下の表から，8冊が6人，4冊が4人のとき，冊数が64冊となります。

8冊	10人	9人	8人	7人	6人
4冊	0人	1人	2人	3人	4人
合計	80冊	76冊	72冊	68冊	64冊

問い3　ア　×　　イ　○　　ウ　×　　エ　×

解き方✏

　ア…1組の例のように，平均値が小数となる場合もあり，必ず1人いるとは限りません。

　イ…たとえば全員が3冊読んだ場合，平均値も3冊となります。

　ウ…（学級全体が読んだ本の冊数）÷（学級の人数）より，平均値は，189÷30＝6.3（冊）。一方，ウの考えで求めた場合，(7.0＋5.5)÷2＝6.25（冊）となります。

　エ…たとえば，1組のように，平均値の6.8冊より低い人が30人中18人となるように，必ず半分ずつになるとは限りません。

課題3

問い1　運動に使われる筋肉に酸素や養分をふくんだ血液を多く送るため。

ポイント🎵

　血液には，全身の血管をめぐりながら，養分や酸素，二酸化炭素などを運ぶはたらきがあります。

問い2　植物に当たる光の強さが弱いと，二酸化炭素を吸収して酸素を出すはたらきも弱くなるということが言えます。

問い3　植物は呼吸をしていると言えます。なぜなら，植物に光が当たらないようにしたCでは，酸素の割合が小さくなり，二酸化炭素の割合が大きくなっているからです。

課題4

問い1　めもり3に2個，めもり5に3個つるしたとき

考え方🔑

　左のてこのうでをかたむけるはたらきは，

30×3＋20×6＝210　めもり3と5につるす10gのおもりの個数を変えたときの，てこのうでを

かたむけるはたらきは，表のようになります。

個数	0	1	2	3	4	5	6	7
めもり3	0	30	60	90	120	150	180	210
めもり5	0	50	100	150	200			

　表から，めもり3に7個つるしたときと，めもり3に2個，めもり5に3個つるしたときにつり合うことがわかります。よって，最もつるすおもりの数が少なくてすむのは，めもり3に2個，めもり5に3個つるしたときになります。

問い2　40㎝

考え方

　図3から，ばねAの長さは，おもりの重さが10g増えると10㎝のびることがわかります。20gのおもりをつるしたとき，ばねAの長さは60㎝になるので，おもりをつるさないときのばねAの長さは60－20＝40㎝になると考えられます。

問い3　ばね　ばねB

　　　理由　右うでをかたむけるはたらきは
　　　　　　3×100＝300　ばねは左うでのめもり6につるされているので，このばねが
　　　　　　300÷6＝50（g）分の力でゆかから引かれていればよいと考えられます。また，このときのばねの長さは75㎝なので，図3より，おもりの重さが50gでばねの長さが75㎝になるのはばねBだとわかります。

課題5

問い1　ウ

ポイント

ウ…分担金の割合上位7か国の中に，ロシアは入っていません。

問い2　A　日本の戦死者や日本が使った戦争の費用が多かった
　　　　B　賠償金がない

問い3　A　24時間営業ではない
　　　　B　周辺の住民に対する夜間の騒音

課題6

問い1　税の負担を軽くする

ポイント

　資料2から，男性の方が女性よりも税などの負担が大きかったことが読み取れます。

問い2　エ

問い3　A　マレーシアとインドネシアからの観光客数が年々増えている
　　　　B　マレーシアとインドネシアはイスラム教徒が多く，イスラム教には，食べ物に関する細かいきまりがあるため，食事ができるお店を簡単に選べるようにする

作文

問い一　自分の頭で考えて，納得できるかどうかが大切だという考え。

ヒント

　筆者は，16～18行目で「自分の頭で考えて～（腹落ちするかどうか）が大切なのです」と考えを述べています。

問い二　自分自身の感性でとらえることをせず，世間の評価を受け入れること。

問い三　資料Aと資料Bの筆者は，どちらも「自分のまわりにある情報は，自分でよく考えて判断するべきである」という考えが共通しています。最近は，インターネットやSNS上にだれでも簡単に情報を発信することができるため，正しい情報や誤った情報であふれています。そのため，自分でよく考えずにその情報を信じこんでしまうと，誤った情報にまどわされる危険性があります。例えば，健康に関する情報や商品の効果などを信じこんでしまうと，健康ひ害を招く可能性があります。また，誤った情報を拡散することで他の人を誤解させ，不安や混乱を招くことも考えられます。だから私は，インターネットやSNS上で見かけた情報やうわさ話については，しん重に検証したり複数の情報源を参照したりすることが重要だと思います。自分でその情報についてよく考え，情報の信頼性を確かめることが，大切になってくるのではないかと思います。

適性検査Ⅰ

問1　Ⅰ　ウ　Ⅱ　オ　Ⅲ　ア

問2　タイパとは，知識や情報を短時間で効率よく吸収することを重視することであるが，短時間で得られることや簡単にわかることは，すぐに忘れてしまうものである。

ヒント
直後にある「要するに」は直前の文や語句をまとめるときに使う言葉です。

問3　（ネットは私たちの使い方しだいで，）私たちに，ものごとを深く考える機会を失わせてしまう可能性と，新たな知識や情報と出会わせ，もっと深く知りたいという意欲を湧かせる可能性をあわせもつこと。

ヒント
ネットを使うことの，悪いところ（毒）といいところ（薬）を考えましょう。

問4　A

問5　私はこの文章を読んで，今後はインターネットやＳＮＳで情報を得たときに，その情報についてもっと深く考えたり，自分でも実際に調べたりしようと思いました。

　私もよくＹｏｕＴｕｂｅやＴｉｋＴｏｋを利用しますが，得た情報について深く考えたことはあまりありませんでした。そのため，得た情報の大半をよく覚えていません。だから，今までの私はただのひまつぶしで時間を無だにしていたと思います。先日，ＳＮＳで地震時のつ波や救助要せいの誤情報がＳＮＳで拡散されてしまったというニュースを見ました。これは，自分の得た情報について深く考えなかったことが原因だと思います。今後は，得た情報について深く考えたり，自分で調べたりすることで，その情報の信ぴょう性を確認し，自分の知識のはばを広げようと思います。情報が簡単に手に入れられる便利なインターネットやＳＮＳを，安全に有意義に利用していきたいです。

適性検査Ⅱ

1

問1(1)　**24**（ｍ）

解き方
300 × 8 = 2400cm
100cm＝ｌmより，2400cm＝ 24 m

(2)　（選んだ会社）　**B**（社）
（選んだ理由）
　　5回打ち上げたときにかかる総合的な費用は，Ａ社が660億，Ｂ社が600億，Ｃ社が730億でＢ社がもっとも少ないから。

解き方
Ａ社…160 ＋ 100 × 5 = 660 億円
Ｂ社…200 ＋ 80 × 5 = 600 億円
Ｃ社…480 ＋ 50 × 5 = 730 億円

問2　Ｂの風鈴の方がＡの風鈴より短冊の大きさが大きいため，より多くの風が当たり，音がよく鳴る。

問3　（記号）　ウ
（理由）
　　コワンチョウは，コルカタの雨温図と同様に，年間降水量が多く，年間を通して温暖な気候と判断できるから。

ポイント
アはとうもろこし，イは小麦の生産分布です。

問4(1)　**10**（円）

解き方
ボールペンを２本，ファイルをｌ冊買うとき，
1000 − (275 × 2 ＋ 440) = 1000 − 990 = 10（円）
※それぞれの商品をｌ種類だけ買う場合，ボールペンは最大３本，ノートは最大２冊，ファイルは最大２冊まで買うことが出来ます。買うボールペンの本数をｌ本ずつ増やしたとき，残りの金額で買える商品の組み合わせを考えていきましょう。

(2)　兄，隼太さん，楠乃さんがそれぞれ自分だけが持っているカードの合計が 13 ＋ 11 ＋ 9 = 33（枚）
　　3人のカードをすべて合わせると 60 枚なの

で，2人以上が共通して持っているカードは

　　60 － 33 ＝ 27（枚）

　　兄と隼太さんが共通して持っているカードの合計は　7×2 ＝ 14（枚）

　　兄と楠乃さんが共通して持っているカードの合計は　5×2 ＝ 10（枚）

　　隼太さんと楠乃さんが共通して持っているカードの合計は　6×2 ＝ 12（枚）

　　すべて合わせると 36 枚になり，27 枚より 9 枚多い。

　　よって，隼太さんが持つ，3人が共通して持っている同じカードの枚数は，9÷3 ＝ 3（枚）である。　　　　　　（答え）　3　枚

2

問1(1)　イ

ポイント

　20℃の水 100mL にとけるミョウバンの量は，すり切り4はい分なので，Aのこさは，すり切り3はい分になります。また，100mL 加えるミョウバンの量を増やしても 70℃の水 100mL にとけるミョウバンの量は変わらないので，BとCのこさはすり切り4はいとかしたときと同じになります。

(2)　（実験のよくない点）

　　水の量と温度の2つの条件を変えて，実験を行っている点。

（行う実験）

　　水の量だけを変えて，ミョウバンがとける量を調べる実験。

ポイント

　水の温度と水にとけるミョウバンの量の関係は表からわかっているので，水の量だけを変えた実験を行えば隼太さんの考えが正しいことを説明できます。

問2(1)

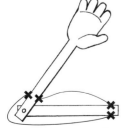

（筋肉は）　関節をまたいでついている。

(2)　（ひざを曲げる）　イ，（つま先をあげる）　ウ

ヒント

　筋肉は縮むことで筋肉のついている方に体を動かすので，それぞれの動きをするときにどの関節がどの方向に動いているのかを考えましょう。

問3番号　②

　説明　三角形アイウの底辺をイウとすると底辺が 7.8cm，高さが 4.5cm である。三角形エオカの底辺をオカとすると，底辺が 5.1cm，高さが 4.5cm である。高さが同じなので，底辺の長さを比べればよい。したがって 7.8÷5.1 ＝ 1.529 … となり，約 1.5 倍である。

ヒント

　それぞれの三角形の辺の長さを測ってみましょう。

問4　（よさ）

　・いつでも投票ができる。

　・どこでも投票ができる。

（課題）

　・マイナンバーカードさえあれば，別の人が投票してしまうかもしれない。

　・指示によって意図的に投票が行われるかもしれない。

　・投票するしゅん間が周りに見られてしまうかもしれない。

ヒント

　インターネット投票は，現在の投票のように決められたところへ行く必要がなく，マイナンバーカードがあればいつでもどこでも投票ができます。一方で，マイナンバーカードが盗まれたり，他人の指示で投票したり，投票している画面を周りに見られたりしてしまう可能性があるため，資料3の原則が守られない場合が考えられます。

適性検査Ⅰ

問一　ア、エ

問二　ア　言葉をこえた感覚　　イ　やわらかさ
　　　ウ　こちこち　　　　　　エ　ごつごつ

ヒント

　空らんにあてはまる言葉を探すときは，空らん前後の言葉を手がかりにしましょう。

問三　資料の分せき結果をまとめるときにAIを活用したいです。集計をAIで効率的に行い，結果の考察には人間の知恵を組み合わせることで，よりよいデータを作れると思います。

問四　私は陸上クラブに所属しています。そのクラブには私の目標であり，ライバルである先ぱいがいます。先ぱいとの競争に負けたことでリレーの選手に選ばれなかったときは，正直，先ぱいのことをにくみました。しかし，その先ぱいがいるから，もっと速くなるために練習にはげむことができるし，なにより，先ぱいの走りから学ぶこともあります。今後は，先ぱいとせっさたくますることで自分の能力を向上できるよう心がけていきたいです。

適性検査Ⅱ

Ⅰ

問1　減って

問2　新型コロナウイルス感染症の流行

問3　エ→ウ→イ→ア→オ

解き方

　エ－1970年に27.1%となり，初めて30%を下回っています→ウ－折れ線グラフが1980年に60万世帯を初めて上回りました→イ－1995年に65歳以上の人口の割合が19.7%となり，0歳から15歳未満の人口の割合である17.8%を初めて上回りました→ア－2000年に0～15歳未満の人口の割合が15.7%，15～64歳の人口の割合が61.7%で，合計で77.4%となり，初めて80%を下回りました→オ－2020年の棒グラフの長さが一番短いので総人口が一番少ないです。

問4　ア　×　資料［3］　　イ　×　資料［4］
　　　ウ　○　資料［2］　　エ　×　資料［3］
　　　オ　○　資料［4］

解き方

　ア－資料3から，鹿児島県は19.9%，高知県は19.6%であり，全国で1番高いので×，イ－資料4から90歳以上の人口の棒グラフは男性より女性の方が長いので×，ウ－資料2から，総人口を表す棒グラフが年々短くなっていくことから，人口は減少傾向であるが，世帯数を表す折れ線グラフは右上がりで，年々増加傾向なので○，エ－資料3から，四国地方の県で全国平均の13.1%より高いのは，徳島県の14.0%，愛媛県の14.9%，高知県の19.6%の3県なので×，オ－資料4から，1975年の0～4歳，5～9歳，10～14歳，15～19歳の男女いずれも6万人前後だったが，2045年は2万人前後となっているので○。

Ⅱ

問5

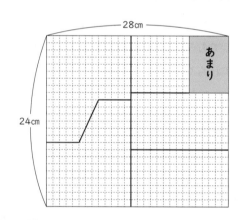

ヒント

　必要な形は全部で5枚です。このうち，右図の①と②，④と⑤は合同な形になります。

　必要な形の長さを組み合わせて28cm，24cmになる場合や，あまりの

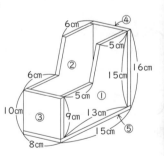

部分の6cm，8cmの長方形をのぞいた22cm，16cmの組み合わせができないか考えてみましょう。

Ⅲ

問6　28の約数は1，2，4，7，14，28の6つで，28以外の約数を足してみると，

1 + 2 + 4 + 7 + 14 = 28 となり，その数自身
をのぞく約数の和がその数自身となるので，28 は
完全数である。

ヒント

　会話中で完全数として挙げられている「6」に関する説明の部分を参考にしましょう。

問7　ア　8　イ　7　ウ　2

ヒント

　1 + 7 = 8，2 + 6 = 8，3 + 5 = 8，4 + 4 = 8…
と，8 が 7 個あり，また，同じ数を 2 回足したことになります。

問8　エ　31

《考え方》

（1 + □）× □ ÷ 2 = 496，（1 + □）× □ = 496 × 2，（1 + □）× □ = 992 より，2 つの連続する自然数の積が 992 となる組み合わせを求めると，

992 = 2 × 2 × 2 × 2 × 2 × 31，

992 = （2 × 2 × 2 × 2 × 2）× 31，

992 = 32 × 31 であることがわかる。

　これより，□は 31

ヒント

　点線で囲んだ数のかたまりの数は，□より 1 多くなることに着目しましょう。

Ⅳ

問9　①　B　　②　C　　③　E　　④　F

ヒント

　ふりこが往復する時間が同じぐらいのふりこのうち，調べたい条件以外は同じ条件になっているふりこを選びましょう。

問10　おもりのつるし方を変える前　イ

　　　理由　ふりこの長さは，糸の長さではなく，つる
　　　　　　したおもりの中心までの長さなので，イのお
　　　　　　もりのつるし方では，ふりこの長さが長く
　　　　　　なっているのと同じ状態になってしまうか
　　　　　　ら。

.

2025年受検用
全国公立中高一貫校

適性検査
問題集

名前

6年　　　組

名前　_____

2025年受検用
全国公立中高一貫校

適性検査問題集

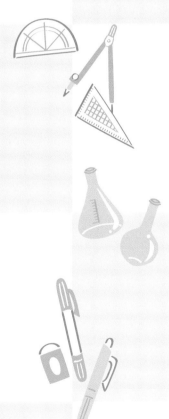

解答用紙集

2025年受検用　全国公立中高一貫校
適性検査 問題集
解答用紙集
もくじ

〈注意〉 ̄ ̄ ̄ の欄に記入してはいけません。

問題の番号			解 答 を 記 入 す る 欄
1	1	No. 1	
		No. 2	
	2		
2	1	(1)	
		(2)	
		(3)	（　　　　　　　　）m²
		(4)	
	2	(1) ア	（　　　　　　　）mm
		(1) イ	う（　　　　）　え（　　　　）
		(2) ア	
		(2) イ	

問題の番号			解 答 を 記 入 す る 欄
3	1	(1)	
		(2)	(　　　　　) cm
		(3)	
		(4)	
		(5)	え $\left(\dfrac{\quad}{\quad} \right)$ 倍
			お $\left(\dfrac{\quad}{\quad} \right)$ 倍
	2	(1)	
		(2)	
	3	(1)	か (　　　　　) 部屋
			き (　　　　　) 部屋
			く (　　　　　) 番目
		(2)	先生の部屋番号 (　　　　　)
		(3)	部屋番号 (　　　　　)
			部屋番号 (　　　　　)
			部屋番号 (　　　　　)

受　検　番　号	

*

問題の番号			解　答　を　記　入　す　る　欄
3	1	(1)	銅像（　　　　）→銅像（　　　　）→銅像（　　　　）
		(2)	（　　　　　　　　　　　　　）％
		(3)	（　　　　　　　　　　　　　）メートル
		(4)	（　　　　　　　　　　　　　）倍
		(5) ア	（　　　　　　　　　　　　　）℃
		イ	
		ウ	
	2	(1)	
		(2)	
		(3)	

－ 4 －

総 合 問 題 Ⅰ　解 答 用 紙

受 検 番 号 _____

検査問題の番号			解答を記入する欄
1	1	(1)	
		(2)	
		(3)	
		(4)	
	2		
	3		

*

2	1	(1)	
		(2) (a)	
		(2) (b)	
	2	(1)	
		(2) 位置	
		(2) 方位	

*

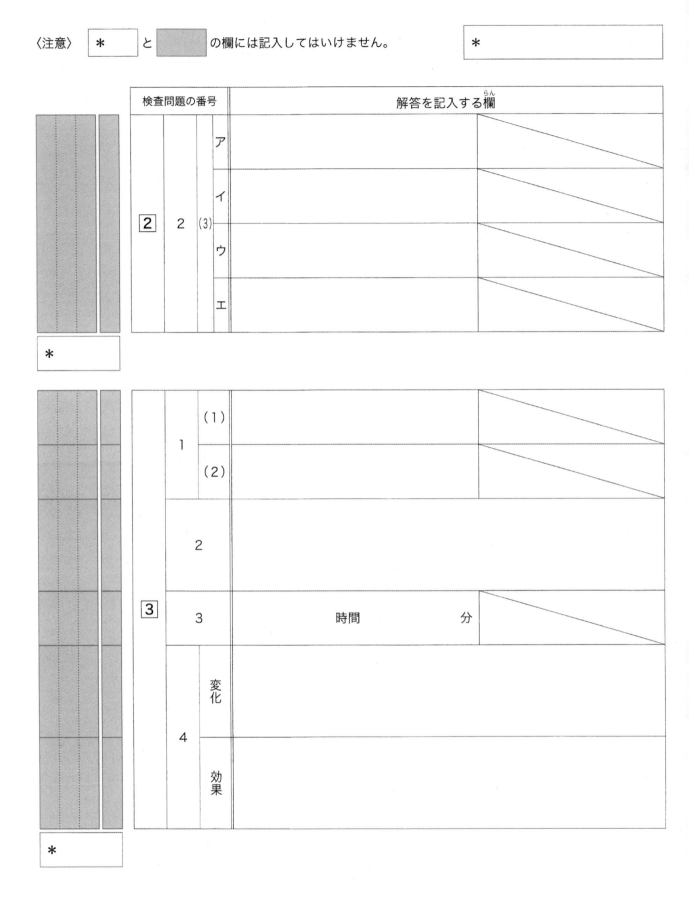

総合問題Ⅱ　解答用紙

受　検　番　号	

検査問題の番号			解答を記入する欄	
1	1	自然の家		
		駅		
	2	(1)		
		(2)	a ＝	
	3	(1)	（先生）　　（さとしさん）　（りかさん） 　　　　：　　　　：	
		(2) 順番	→　　　　　　　　→	
		時間	分	

検査問題の番号			解答を記入する欄	
2	1			
	2		g	
	3	(1)	と	
		(2)	倍	

＊

検査問題の番号			解答を記入する欄		
3	1		時 　　　　分		
	2	(1)	L		
		(2)	％		
	3	(1)	（A区画）　　（B区画）　　（通路） 　　：　　　：		
		(2) 縦（南北）	本		
		横（東西）	本		

＊

| 受検番号 | | 令和6年度　適性検査Ⅰ　解答用紙 |

1

問題1	式	
	値段	円
問題2		L
問題3	記号	
	説明	

2

| 問題1 | ① | | ② | | ③ | |
| 問題2 | ④ | 倍 | ⑤ | 倍 |

解答するときの注意

解答を直すときには、**消しゴムを使ってていねいに消して
から直しなさい。**次のように、付け加えたり、けずったり
してはいけません。

聞 い て 素早く
× | 指 | 示 | を | 出 | し | て | 、 | 行 | 動 | す | る | 。 |

3

		ア	イ	ウ	エ
問題1					
問題2	記号				
	理由				からだよ。
問題3					
問題4		%			

(理由欄に 15)

4

問題1	コイルの巻き数				

(15)

問題2	ア	イ	ウ	エ	オ

問題3	①	②	③	

問題4	時速	km

解答するときの注意

解答を直すときには、**消しゴムを使ってていねいに消して**
から直しなさい。次のように、付け加えたり、けずったり
してはいけません。

✕　｜指｜示｜を｜出｜し｜そ｜、｜行｜動｜す｜る｜。｜

（聞 い て　素早く）

1

問題1		
問題2	野菜	記号
問題3		
問題4	(1)	(2)

2

問題1	(東京駅) → ☐ → ☐ → ☐ → (博多駅)

問題2	ア	イ	ウ	エ

問題3	記号	
	①	新千歳空港の年間旅客数は、
	②	北海道の年間旅客数には、

3

問題1	(1)	①	②	③	④	⑤

	(2)	A	B					

問題2	(1)	C	D	E
	(2)			

4

問題1		
問題2		

問題3

				5					10

問題4

Cの案を選んだ理由は、

（30）

からだ。

（40）

適 性 検 査 解 答 用 紙【1】

	受 検 番 号	番

		【1】	【2】	計
得 点		※	※	※

※ ☐ らんには何も記入しないこと。

1

[問 1] ☐ ※

[問 2]

A		B	
C		D	

※

2

[問 1]

①	
②	
③	

※

[問 2] ☐ ※

3

[問 1] ☐ ※

[問 2]

①	mL
②	mL
③	mL

※

適 性 検 査 解 答 用 紙【2】

受 検 番 号 　　　　　　　　番

得 点	【2】※

※ 　　　　　 らんには何も記入しないこと。

4

[問 1]

	※

[問 2]

まい

〔求め方〕

※

5

[問 1]

位

※

[問 2]

①	
②	
③	
④	

⑤	
⑥	
⑦	

※

－ 14 －

適性検査Ⅰ　解答用紙（2枚中の1）　（令和6年度）	受検番号		氏名	

【問題1】

(1)

(2)

　　　　　日間

【理由】

(3)

①

②

（1字あけずに，「→」から横に書きましょう。また，段落（だんらく）での改行はしないで続けて書きましょう。句読点も一字に数えます。）

→

(100字)

(120字)

(4)

（1字あけずに，「→」から横に書きましょう。また，段落（だんらく）での改行はしないで続けて書きましょう。句読点も一字に数えます。）

→

(80字)

(100字)

【問題2】

(1)

(2)

（1字あけずに，「→」から横に書きましょう。また，段落での改行はしないで続けて書きましょう。句読点も一字に数えます。）

→ 　　　　　　　　　　　　　　　　　　　　　　　　（20字）

　　　　　　　　　　　　　　　　　　　　　　　　　（40字）

(3)

　　　　　班

【理由】

(4)

　　　　　m　　　　　c m

(5)

（1字あけずに，「→」から横に書きましょう。また，段落での改行はしないで続けて書きましょう。句読点も一字に数えます。）

→

　　　　　　　　　　　　　　　　　　　　　　　　　（80字）

　　　　　　　　　　　　　　　　　　　　　　　　　（100字）

※ 群馬県立中央中等教育学校

適性検査Ⅱ 解答用紙	（令和六年度）	受検番号		氏名	

問一 （どちらかに〇）

（　）ぬりはしはり

（　）ぬりはしはり

樹形図

問二

問三

問四

問五　（一字あけずに書きましょう。また、段落での改行はしないで、続けて書きましょう。）

120

※　東京都立中学校・中等教育学校共同作成問題

解答用紙　適性検査Ⅰ

受検番号	

得点	
※	

※のらんには、記入しないこと。

1

〔問題1〕

文章1 ［　　　　］という効果。　※

文章2 ［　　　　］という効果。　※

〔問題2〕

［□□□□］〜［□□□□］　※

〔問題3〕

（原稿用紙：20字×22行、20・100・200・300・400・440字目に目盛り）　※　※　※　※

解答用紙　適性検査Ⅱ

1

〔問題1〕

〔**太郎**さんの作業〕

〔**花子**さんの作業〕

〔6枚のマグネットシートを切り終えるのにかかる時間〕　（　　　　　）分　※

〔問題2〕

〔得点板の数字を４５６から９８７にするのにかかる最短の時間〕（　　　　　）秒

〔　　　　　〕 ➞ 〔　　　　　〕

〔　　　　　〕 ➞ 〔　　　　　〕

〔　　　　　〕 ➞ 〔　　　　　〕

〔　　　　　〕 ➞ 〔　　　　　〕

〔　　　　　〕 ➞ 〔　　　　　〕　　　　　　※

2

〔問題1〕

（選んだ一つを○で囲みなさい。）

　　　　　　　　ＡからＣ　　　　　　　ＡからＤ

　　　　　　　　　　　　　　　　　　　　　　　　　　　　※

〔問題2〕

〔「ふれあいタクシー」の取り組みが必要になった理由〕

〔「ふれあいタクシー」導入の効果〕

　　　　　　　　　　　　　　　　　　　　　　　　　　　　※

3

〔問題1〕

〔問題2〕

〔組み合わせ〕

〔理由〕

※

※

解答用紙　適性検査Ⅱ

2

〔問題1〕

（1）

森林面積の２０００年に対する割合（わりあい）と、増加と減少の割合（数値は％）

	2010年		2020年	
世界全体	98.8	1.2減少	97.6	2.4減少
ア ジ ア				
アフリカ				
ヨーロッパ				
北アメリカ	100.3	0.3増加	100.1	0.1増加
南アメリカ				
オセアニア				

※

（2）

（％）世界全体　アジア　アフリカ　ヨーロッパ　北アメリカ　南アメリカ　オセアニア

■２０１０年　▨２０２０年

※

（3）

選んだ地域	

※

〔問題２〕 （横書きで書きなさい）

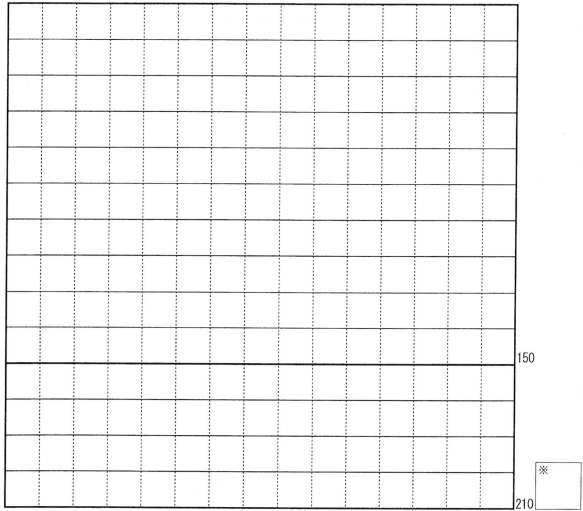

150

※

210

解答用紙　適性検査Ⅲ

1

〔問題1〕

（1）

選んだ図… _____ 、 _____

（2）

選んだ図… _____ 、 _____

※

〔問題2〕

（1）

（2）

※

受　検　番　号	得　　　　　点
	※

※のらんには、記入しないこと

〔問題2〕

（3）

※

〔問題3〕

※

〔問題4〕

※

2

〔問題1〕

(1)

メンバー	Aさん	Bさん	Cさん	Dさん	Eさん
プレゼント					

(2)

〔問題2〕

グループ1	Aさん	Bさん	Cさん	Dさん	Eさん
グループ2	さん	さん	Pさん	さん	さん

※

※

〔問題3〕

ゆうきさんがタッチする人数：	人

理由：

※

解答用紙　適性検査Ⅲ

1

〔問題1〕

およそ		時間		分		秒

※

〔問題2〕

小盛（もり）	並盛（なみ）	大盛
人	人	人

※

〔問題3〕

1万円札	5千円札	千円札
枚（まい）	枚	枚

500円玉	100円玉	50円玉	10円玉
枚	枚	枚	枚

※

2

〔問題1〕

月　　　　　　日	月　　　　　　日

※

〔問題2〕

りょうさんの 1セット目	黒　・　白　・　赤　・　赤
みさきさんの 1セット目	・　　　・　　　・
りょうさんの 2セット目	・　　　・　　　・

※

〔問題3〕

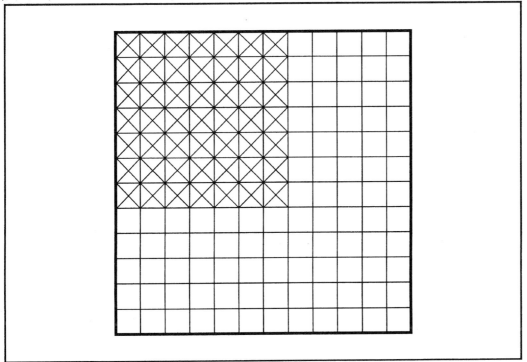

※

解答用紙　適性検査Ⅱ

1

〔問題1〕

※

〔問題2〕

〔図〕

※

〔問題3〕

〔対戦表〕

	おさむ	さくら	みやこ	ひとし	合計ポイント
おさむ					
さくら					
みやこ					
ひとし					

〔集計表〕

おさむさんの集計表

	さくら	みやこ	ひとし	合計
残り札数				

さくらさんの集計表

	おさむ	みやこ	ひとし	合計
残り札数				

※

解答用紙　適性検査Ⅱ

2

〔問題1〕

山城　　・　　大和　　・　　その他の近畿地方

※

〔問題2〕

慶長小判と元禄小判　　・　　安政小判と万延小判

※

〔問題3〕

※

解答用紙　適性検査Ⅲ

1

〔問題1〕

選んだ頂点	B　・　C

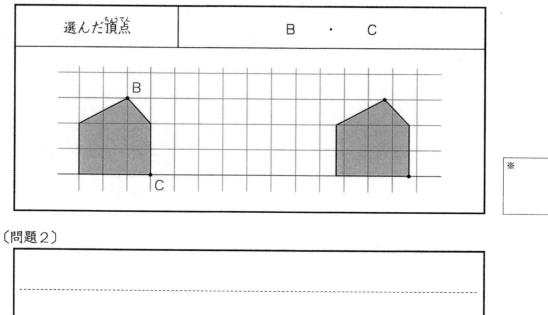

※

〔問題2〕

１２８番目の人のかさ	開く　・　閉じる

※

〔問題3〕

説明

※

2

〔問題１〕

濃縮還元果汁（のうしゅくかんげんかじゅう）の製造方法ですぐれている点

※

ストレート果汁の製造方法ですぐれている点

※

〔問題２〕

※

〔問題３〕

※

- 33 -

解答用紙　適性検査Ⅲ

1

〔問題1〕

自分で決めた時間	１秒間 ・ １分間 ・ １時間
答え	

※

〔問題2〕

回転	する ・ しない
〈理由〉	

※

〔問題3〕

電流の大きさ	ミリアンペア mA
〈考え方〉	

※

2

〔問題1〕

ア	
残りの 巻き数	

※

〔問題2〕

イ	
残りの 長さ	mm

※

〔問題3〕

縦	cm
横	cm
高さ	cm

※

1

〔問題1〕

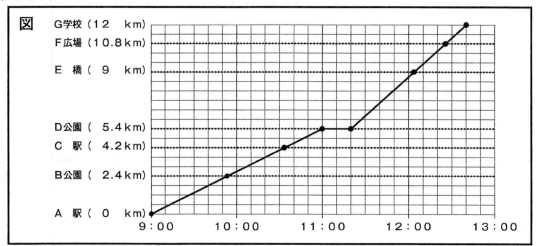

〔問題2〕

メダルを１００個以上作ることが［　できる　・　できない　］

〔説明〕

〔問題3〕

表1	企画1 得点	企画2 得点	企画3 得点	得点の 合計	総合 順位
Aチーム					位
Bチーム					位
Cチーム					位

表2	企画1 1時間あたりに 進んだ道のり	得点	企画2 クイズの 正答数	得点	企画3 見つけた 鳥の種類の数	得点	得点の 合計	総合 順位
Aチーム	km		8問		8種類			位
Bチーム	km		10問		0種類			位
Cチーム	km		7問		4種類			位

〔あなたが選ぶ決め方〕 **昨年の決め方・みつこさんの案・たかおさんの案**
〔理由〕

適性検査 I 　解答用紙 （令和6年度）

氏名	

受 検 番 号

注意事項

1 HBまたはBのえんぴつ（シャープペンシルも可）を使用して，◯ の中をぬりつぶすこと。

2 答えを直すときは，きれいに消して，消しくずを残さないこと。

3 数字や文字などを記述して解答する場合は，解答欄からはみ出さないように，はっきり書き入れること。

4 解答用紙 をよごしたり，折り曲げたりしないこと。

良い例	悪い例		
●	�﹨線	◉小さい	はみ出し
	◯丸囲み	☑レ点	うすい

問1

(1)	※ 解答欄は裏面にあります。
(2)	※ 解答欄は裏面にあります。

問2

(1)	ア	① ② ③ ④ ⑤ ⑥ ⑦
	イ	① ② ③ ④ ⑤ ⑥ ⑦ ⑧
(2)	ア	① ② ③ ④ ⑤ ⑥ ⑦
	イ	① ② ③ ④ ⑤ ⑥ ⑦

問3

(1)		① ② ③ ④ ⑤ ⑥ ⑦ ⑧
(2)	ア	① ② ③ ④ ⑤
	イ	① ② ③ ④ ⑤

問4

(1)	ア	① ② ③ ④ ⑤
	イ	① ② ③ ④ ⑤ ⑥ ⑦
(2)		① ② ③ ④ ⑤

問5

(問い)	※ 解答欄は裏面にあります。

氏 名		受検番号					

問1 (1)

問1 (2)

m ちょうどである。

問5 (問い)

※表紙の──**注　意**──の5をよく読んで書きましょう。
　なお，この問題は，ひらがなやカタカナのみで書いてはいけません。

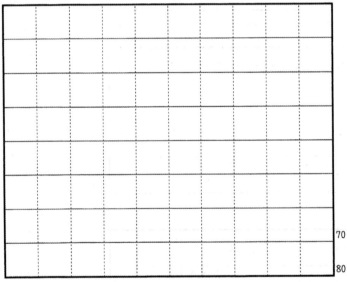

適性検査Ⅱ 　解答用紙　（令和6年度）

氏名	

受 検 番 号

問 1

（1）	※ 解答欄は裏面にあります。
（2）	※ 解答欄は裏面にあります。

問 2

（1）	ア	① ② ③ ④ ⑤ ⑥
	イ	① ② ③ ④ ⑤ ⑥
（2）	ア	① ② ③ ④
	イ	① ② ③ ④ ⑤ ⑥ ⑦

問 3

（1）		① ② ③ ④ ⑤ ⑥ ⑦
（2）	ア	① ② ③ ④ ⑤ ⑥
	イ	① ② ③ ④ ⑤ ⑥ ⑦ ⑧ ⑨

問 4

（1）	ア	① ② ③ ④ ⑤
	イ	① ② ③ ④
（2）	ア	① ② ③ ④ ⑤ ⑥
	イ	① ② ③ ④ ⑤ ⑥

問１（１）

問１（２）

※表紙の――**注 意**――の５をよく読んで書きましょう。

　なお，この問題は，ひらがなやカタカナのみで書いてはいけません。

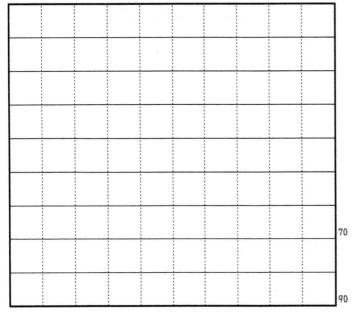

課題1

（1）

スイッチの数	
	個
組み合わせ	

（2）

解答らん

　電球Aは電球Bの □ 倍

　電気代がかかる。

【新しい点灯計画】

点灯時間帯　電球の種類	17〜18時	18〜19時	19〜20時	20〜21時	21〜22時	22〜23時	合計点灯時間
電球A				○			時間
電球B				○			時間
電球C				○			時間

課題2

（1）

説明

（2）

解答らん

（3）

（　　　）の葉に対して、（　　　　　　　　　　　　　　　　　　　　　　　　　　　）
（　　　）の葉に対して、（　　　　　　　　　　　　　　　　　　　　　　　　　　　）

課題3

(1)

	円で売ればよい。

(2)

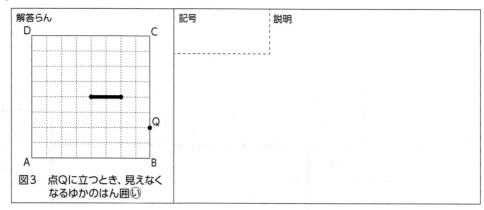

解答らん

図3　点Qに立つとき、見えなく
なるゆかのはん囲⑩

記号　　　　　説明

(3)

解答らん

レシート番号 ⬚ から、⬚ は ⬚ に比例していることがわかる。

なぜなら、⬚

課題1

（1）

（2）A　　15字

（3）B　　20字

C　　30字

D　　35字

課題2

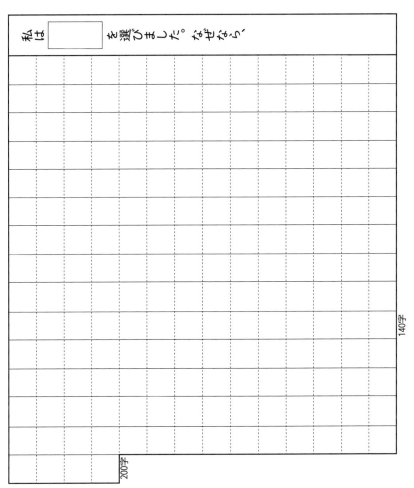

私は□を選びました。なぜなら

140字

200字

課題3

（1）

地図中のアから

（2）

資料１から読み取ったこと

資料２から読み取ったこと

森林が漁業にあたえるえいきょう

（3）

受検番号　第　　　番

適性検査1　解答用紙

得点

1

(仕事の分担表)

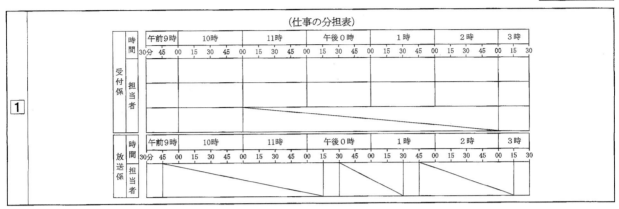

2

(実験方法)

(予想が正しい場合の実験結果)

3

旗1枚の縦の長さ（　　　）cm、旗1枚の横の長さ（　　　）cm
布と絵の具の合計金額（　　　）円

(合計金額を求めた考え方)

4

A　に入る言葉（　　　　　　　　　　　　　　　）
B　に入る言葉（　　　　　　　　　　　　　　　）

(そのように考えた理由)

5

適性検査2　解答用紙

受検番号　第　　番

得点

1

100字　　200字　　250字

2

3

1

2

100字　　200字　　250字

解答用紙　適性検査1

受　検　番　号

【問題1】

〔問1〕

〔問2〕

〔問3〕

〔問4〕

100

200

240

300

※　広島市立広島中等教育学校

解答用紙　適性検査1

受　検　番　号

【問題2】

| 〔問1〕 | A | | | | | | | | | | | | | | | | | | | |
| | B | | | | | | | C | | | | | | | | | | | | |

| 〔問2〕 | (1) | |
| | (2) | |

〔問3〕

解答用紙　適性検査２

受 検 番 号

【問題1】

〔問1〕	ア　　　　　　　　　　　　倍		
〔問2〕	イ　　　　　　cm³	ウ　　　　　　cm³	
	エ　　　　　　倍	オ　　　　　　倍	カ　　　　　　倍

〔問3〕

お得なのは　　　　　　　　　　　　サイズの方

【理由】

【問題2】

〔問1〕	あ	い	う	え
〔問2〕	A	B		
〔問3〕	人			
〔問4〕				

【問題3】

〔問1〕	ア	
〔問2〕	実験　　　　と　　実験	
〔問3〕	イ　　　　　　ウ　　　　　　　エ	
〔問4〕		

【問題4】

〔問1〕	①	②	③	④
〔問2〕				＿＿＿秒間
〔問3〕	Hz			

受検番号　第　　　　番

※

検査1　解答用紙

問題1

設定した空の貯金箱の重さ		グラム
50円硬貨の枚数	枚	100円硬貨の枚数　　枚
合計金額		円

〔理由〕

1※

問題2

条　件	

〔理由〕

2※

※

検査1　解答用紙

問題3

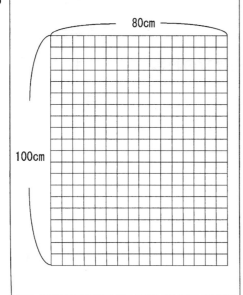

〔理由〕

3※

問題4

選んだ資料	3	4	5
〔資料からわかること〕			
〔関連づけてわかること〕			

4※

問題5

A	⇒		⇒		⇒		⇒		⇒		⇒		⇒		⇒		⇒		⇒	J

A	⇒		⇒		⇒		⇒		⇒		⇒		⇒	J

5※

検査2　解答用紙

受検番号　第　　　番

※

問題1

① （60字）

② （300字）

検査 2　　解答用紙

受検番号　第　　　番

※　□

問題 2

記号　□

「災害に強いまち福山」

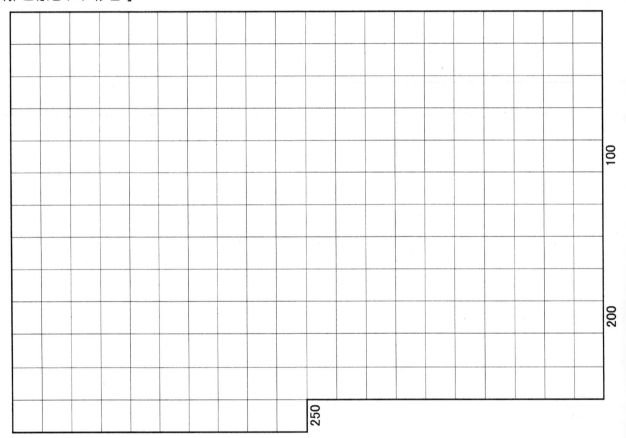

（100字・200字・250字の原稿用紙）

受検番号	

県立中学校及び県立中等教育学校適性検査　検査Ⅰ　解答用紙（1）

【課題1】

(問1)

(問2)

(問3)

(問4)

【課題2】

(問1)

(問2)

(問3)

(問4)

はじめの5字					おわりの5字					

(問5)

(問6)

											12										
												35				40	ことが、				

(問7)

(問8)

【課題3】

(問1)

(問2)

(問3)

(問4)

グラフ	
船で輸送する長所	

(問5)

(問6)

(問7)

→　　　→　　　→

(問8)

受検番号

県立中学校及び県立中等教育学校適性検査　検査Ⅰ　解答用紙（２）

【課題４】

13行

15行

県立中学校及び県立中等教育学校適性検査　検査Ⅱ　解答用紙（1）

課題1】

（問1）
	倍

（問2）
①
	cm²

② （　　　　　　　　　　）の量を（　　　　　　　　　　）mL増やせばよかった。

（問3）
①

②
	本

（問4）
	才

課題2】

（問1）

（問2）
あ

い　　　　　　　　　　　　　　　　　　　　　　　　　　からです。

（問3）

（問4）
	L

（問5）
　　　　　　　　　　　　　　　　　　　　　　　　　　　からです。

（問6）
	倍

（問7）
記号（　　　　　　　　）　　1本目のくぎから真下に（　　　　　　　　）cm

（問8）
メトロノームのおもりを（　　　　　　　　）に移動させる。

［理由］

県立中学校及び県立中等教育学校適性検査　検査Ⅱ　解答用紙（２）

【課題3】

（問1）

［どちらかを選び、○で囲みなさい。］	正しい　　　　　正しくない

［理由］

（問2）

	cm

（問3）

分	秒

（問4）

（問5）

	分

［考え方］

（問6）

① あ（　　　　　） い（　　　　　）

う（　　　　　） え（　　　　　）

② 回

受検番号		氏　名	

令和6年度県立中等教育学校入学者選考適性検査解答用紙（1枚目）

1	(1)		
	(2)	ア	
	(3)	イ	図書館は（※　　　　　　　　　　　　　）だ。
			図書館と（※　　　　　　　　　　　　）の、
		理由	⌈　　　　　　　　　　　　　　　　　⌉
			ところが似ているから。

2	(1)	ア		イ	
	(2)	ウ			
	(3)	（　　　　　　　　　）個			

3	(1)		
	(2)	あ	
	(3)		

1	2	3

令和6年度県立中等教育学校入学者選考適性検査解答用紙（2枚目）

4	(1)	ア		(2)	（　　　　　　　　　）　c m³
	(3)	イ			
		ウ			

5

(1)

(2) あ

(3)

(4) 四角形

面　積　（　　　　　　　　　　）　c m²

6

(1) あ

(2) とら　　　　　　　　　　　　　いぬ

(3) 〔　　　　　　　　　　　　　　　　　　　　　　〕

ことを目的として導入された。

(4)

資料6

資料7

1	2	3		4	5	6	合　計

※　福岡県立中学校・中等教育学校（育徳館・門司学園・輝翔館・宗像・嘉穂）

1 問1

問2

【支点】	【理由】
【方法】	

2 問1

【地域発見フィールドワーク計画書】			
回る順番	場所	場所で過ごす時間	次の場所への出発時刻
	駅前公園		９：００
1		分間	：
2		分間	：
3		分間	：
4		分間	：
	みんなの森		

問2

（1）　会話の中の ☐ に入る数を、次の ☐ にかきましょう。

☐ まいずつ

（2）　下の ☐ の図形に、エの二等辺三角形を使った部分に色をぬって、田中さんが作ろうとしている模様を3つ作りましょう。ただし、回転すると同じものは1つとします。また、色をぬるときは、はみださないように注意しましょう。

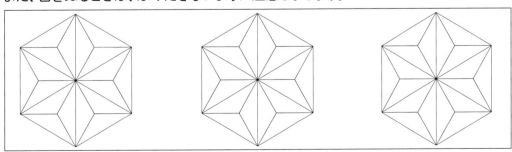

3

問1

(1)

（２）

問2
〔解答用紙〕

〔解答用紙〕

300

400

※　佐賀県立中学校（香楠・致遠館・唐津東・武雄青陵）

受検番号

適性検査Ⅰ　解答用紙

1 (1)

ア	
	（から）

(2)

イ	
ウ	

(3)

エ	
	（こと）

受検番号 ☐

適性検査Ⅰ　解答用紙

2 (1)

記号		

(2)

記号	
理由	(から)

(3)

ア	(のはどうかな)

受検番号 ☐

適性検査Ⅰ　解答用紙

3 (1)

(2)

(3)

ア												
								20				
				30	という機能							

イ												
			15				20	こと				

※左からつめて、横書きで書くこと。

受検番号

適性検査Ⅱ　解答用紙

1 (1)

【運動場の図】

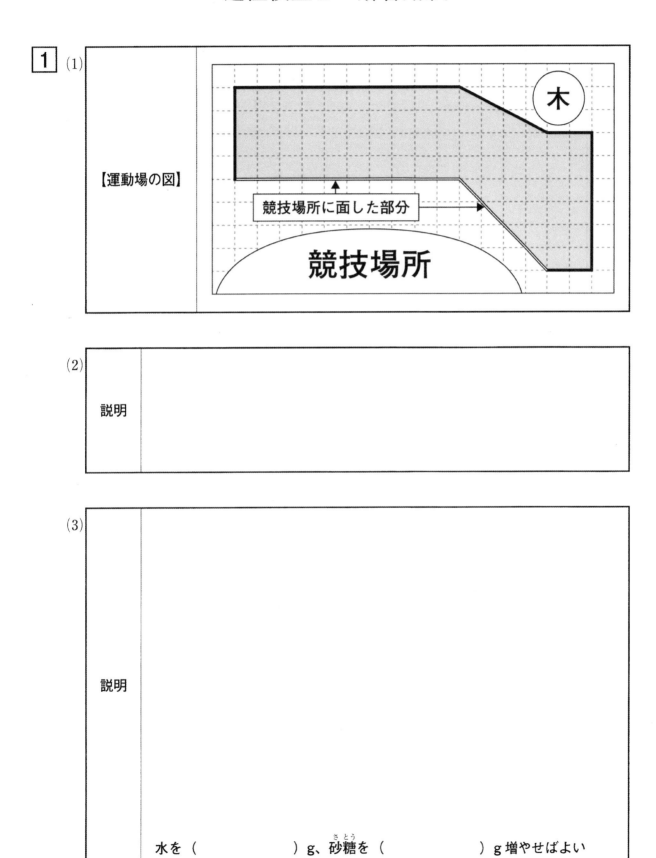

競技場所に面した部分

競技場所

木

(2) 説明

(3) 説明

水を（　　　　　）g、砂糖を（　　　　　）g増やせばよい

受検番号 [____]

適性検査Ⅱ　解答用紙

2 (1)

説明	

さつえいした花火の実際の大きさは、直径約（　　　　　　　　）m

(2)

1回目	2回目	3回目

受検番号

適性検査Ⅱ　解答用紙

3 (1)

説明

(2)

ア

イ

(3)

ウ　（7月）　　　　（日）

エ

解答用紙 令和6年度県立中学校入学者選抜適性検査

1

問題1		人
問題2	ア	
	イ	
問題3	ア	
問題4	イ	
問題5	ア	
	イ	
	ウ	

2

問題1	
問題2	
問題3	
問題4	回
問題5	ボードを上から見た図

後

前

※ □ はスタート地点

問題6	5→（　　）→（　　）→（　　）→4
	5→（　　）→（　　）→（　　）→4

3	問題1		
	問題2		
	問題3	ア	
		イ	
	問題4		

4	問題1		
	問題2	km	
	問題3		
	問題4		
	問題5		図案

受検番号　□

適性検査問題Ⅰ解答用紙（その１）

1

問題1	記号（　　　　　　　　）
問題2	→　　　　　　　　　　　　　→
問題3	（　　　　　　　　）班
	選んだ理由（日本語で）

受検番号

2

問題1

A

B

え

問題2

形

形

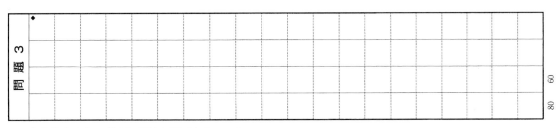

問題3

60
80

◆の印から書き始め、段落は変えないこと。

問題4

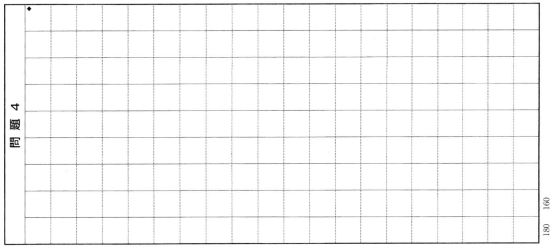

160
180

◆の印から書き始め、段落は変えないこと。

3

問題1	（1）	（　　　　　　）月					
	（2）	熊本県からの４月の出荷量が多い市場 　　　　東　京　　・　　大　阪					
		理由					
	（3）	県名					
		出荷の特ちょう					
		理由					
問題2	（1）						
受検番号	（2）	①	②	③	④	⑤	⑥

1

問題1	(1)	①		○		×		△
		②		○		×		△
		③		○		×		△
		④		○		×		△

(2)

表1　アンケート調査の結果　　　　（人）

		読書が好きか		合　計
		はい	いいえ	
10月に図書室で 5冊以上本を借りたか	はい			
	いいえ			
合　計				95

問題2	(1)	(　　　　　　　) %
	(2)	(　　　　　　　) %減った
		求め方

問題3	(1)	(　　　　　　) cm
	(2)	(　　　　　　) cm³
	(3)	(　　　　　　) cm
		求め方
	受検番号	

2

問題1	（1）	
	（2）	記号（　　　　　　　）
	（3）	記号（　　　）（　　　）
		理由
問題2	（1）	（ア）　　　　　　　　　　　（イ）
	（2）	（　　青　・　赤　）色リトマス紙を使用する。 使用したリトマス紙が（　　青　・　赤　）色に変われば酸性である。
	（3）	①　　　　　　　②　　　　　　　③
	（4）	
	（5）	Ⓒでは， Ⓓでは，

受検番号

適性検査Ⅰ　解答用紙（その１）

得　点

点

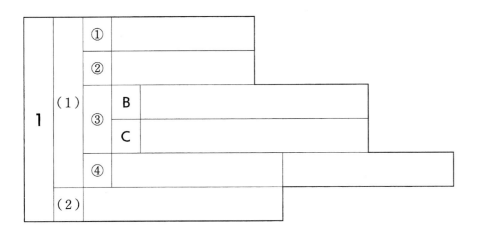

1 (1) ① ② ③ B C ④ (2)

（　　　）点

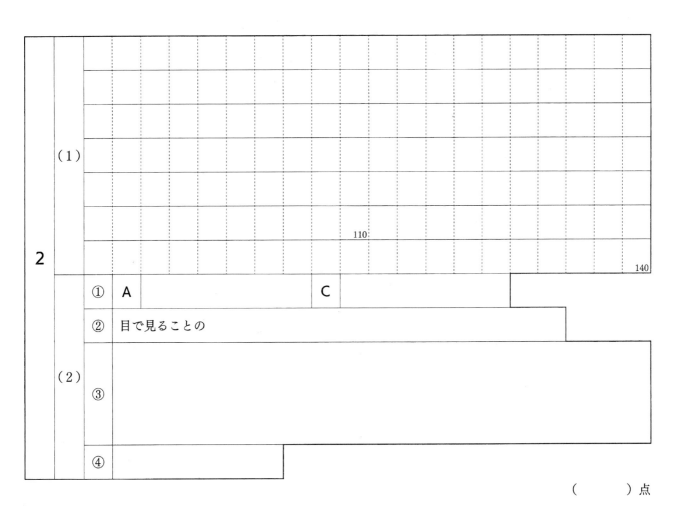

2 (1)

110
140

(2) ① A C
② 目で見ることの
③
④

（　　　）点

適性検査Ⅰ　解答用紙（その２）

3	（1）	A								
		B								
	（2）									
	（3）									

（　　　）点

4	（1）	
	（2）	
	（3）	
	（4）	

（　　　）点

適性検査Ⅱ　解答用紙（その１）

1	（1）					
	（2）					
	（3）	D		m	E	度
	（4）	①	F　　　　　%	G　　　度	H　　　m	
		I　　　m				
		②	説明			

2	（1）	A	B	C	D
	（2）	E	F		
	（3）	数字			
		説明			
	（4）				
	（5）	さとしさん			
		のりこさん			

（　　　）点

適性検査Ⅱ　解答用紙（その２）

3	（1）	
	（2）	
	（3）	アサガオの花は，
		月
	（4）	理由

（　　　）点

4	（1）	
	（2）	㋐ → （　　　　） → （　　　　） → （　　　　） → （　　　　） → ㋑
	（3）	

（　　　）点

※ 宮崎県立中学校・中等教育学校（五ヶ瀬・宮崎西・都城泉ヶ丘）

受検番号		氏　名	

【1枚目】

○　　　　　　　　　○

令和6年度
宮 崎 県 立 五 ヶ 瀬 中 等 教 育 学 校
宮 崎 県 立 宮 崎 西 高 等 学 校 附 属 中 学 校
宮 崎 県 立 都 城 泉 ヶ 丘 高 等 学 校 附 属 中 学 校
適性検査Ⅰ　解答用紙

（注意）※印のところは
　　　　記入しないこと

※計	

課題1

問い1	ア	個	イ	個	ウ	個
	エ		オ	個		
問い2						
問い3	1段目	個	2段目	個	3段目	個

※ 課題1

課題2

問い1	方法
	説明

※ 課題2

問い2

問い3	ア		イ		ウ		エ	

受検番号		氏　名		【2枚目】

令和6年度

宮崎県立五ヶ瀬中等教育学校
宮崎県立宮崎西高等学校附属中学校
宮崎県立都城泉ヶ丘高等学校附属中学校
適性検査Ⅰ　解答用紙

（注意）※印のところは記入しないこと

※計	

課題3

問い1	
問い2	
問い3	

※　課題3

課題4

問い1		
問い2		cm
問い3	ばね	
	理由	

※　課題4

| 受 検 番 号 | | 氏 　 名 | | 【3枚目】 |

令和6年度

宮 崎 県 立 五 ヶ 瀬 中 等 教 育 学 校
宮 崎 県 立 宮 崎 西 高 等 学 校 附 属 中 学 校
宮 崎 県 立 都 城 泉 ヶ 丘 高 等 学 校 附 属 中 学 校

適性検査Ⅰ　解答用紙

(注意)　※印のところは
　　　　記入しないこと

| ※計 | |

課題5

問い1	
問い2	A
	B
問い3	A
	B

※　課題5

課題6

問い1	
問い2	
問い3	A
	B

※　課題6

- 83 -

作文用紙

受検番号 [　] 氏名 [　]

○　　　　　　　　　　○

問い一

※一

問い二

※二

問い三　　　○題や氏名を入れずに一行目から書いてください。

※三

100

200

300

※計

400

（注意）※印のところは記入しないこと

- 84 -

令和六年度　鹿児島県立楠隼中学校入学者選抜　適性検査Ⅰ　解答用紙

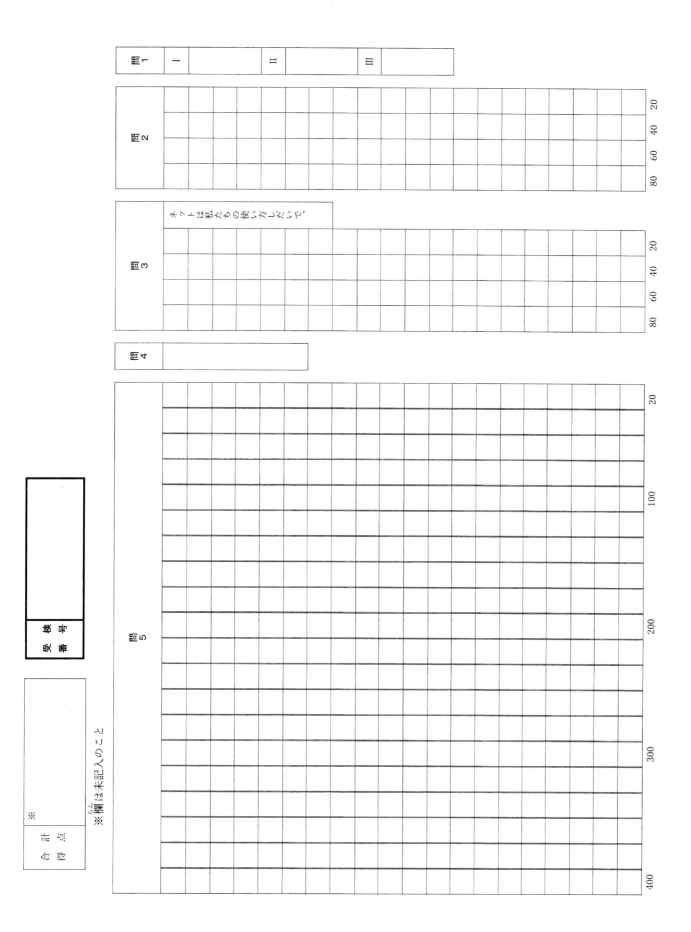

| 問1 | Ⅰ | | Ⅱ | | Ⅲ | |

問2

問3　ネットは私たちの使い方だって

問4

問5

受検番号

※合計得点

※欄は未記入のこと

1	問1	(1)	m	
		(2)	（選んだ会社） 社	（選んだ理由）
	問2			
	問3		（記号）	（理由）
	問4	(1)	円	
		(2)	（答え）　　　枚	

2	問1	(1)	
		(2)	（実験のよくない点） （行う実験）
	問2	(1)	（筋肉は）
		(2)	ひざを曲げる ┊ つま先をあげる ┊
	問3	番号	説明
	問4		（よさ） （課題）

| 受 検
番 号 | | 合 計
得 点 | ※ |

令和六年度　鹿児島市立鹿児島玉龍中学校　適性検査Ⅰ　解答用紙

問一

問二

ア

イ

ウ　　　　　　　　　　　　　　　　　　エ

問三

〔問○〕

問四

受検番号

解答用紙　適性検査Ⅱ

問1	観光客数が（ 　　　　　　　　　　　　　　　　　　　　　）いる
問2	（ 　　　　　　　　　　　　　　　　　　　）が影響したから。

問3

□ ➡ □ ➡ □ ➡ □ ➡ □

問4

	記号	○か×	使用した資料の数字
問4	ア		資料〔　　　〕
	イ		資料〔　　　〕
	ウ		資料〔　　　〕
	エ		資料〔　　　〕
	オ		資料〔　　　〕

問5

28cm

24cm

あまり

問6	
問7	ア　　　　　　イ　　　　　　ウ
問8	完全数496は、1から　エ　　　　　　までの整数の和になる。 《考え方》
問9	①　　　　　②　　　　　③　　　　④
問10	おもりのつるし方を変える前：（　　　） 《理由》

100字

200字

300字

400字

100字

200字

300字

400字

100字

200字

300字

400字

名　前

2025年受検用
全国公立中高一貫校

適性検査
問題集

6年　　　組

名　前